교사 · 상담자 · 학부모가 알아야 할

진로학업설계 지도방법

임은미 · 정성진 · 강혜정 · 이성자 · 정지영
김혜영 · 유미옥 · 김순미 · 유아신 공저

학지사

고등학생의 진로학업설계 지도방법:
교사 · 상담자 · 학부모를 위한 지침서

오늘을 살아가며 내일을 준비하는 고등학생에게는 자신의 삶, 진로, 학업을 관통하는 주도적인 '진로학업설계 역량'이 필요합니다. 교사, 학부모, 상담자는 모두 각자의 위치에서, 학생 한 명 한 명이 건강하고 행복하게 성장하여 미래사회를 이끌어 가는 주역으로 자리매김하기를 바라며 자신의 역할을 수행합니다. 이들은 이전 세대와 다르게 급변하는 직업세계에서 효과적인 도움을 제공하고 싶은 소망을 지니고 있습니다.

이 책은 교사, 학부모, 상담자가 이 시대 고등학생들의 '진로학업설계 역량'을 키워 주기 위해 무엇을 알고 어떻게 접근해서 학생들을 도와야 할지에 대한 답을 제공하기 위한 것입니다. 이를 위해 다음과 같이 내용을 구성하였습니다.

제1부에서는 진로학업설계 역량의 필요성, 기반, 원리, 학생의 진로발달 진단방안을 4개의 장으로 제시하였습니다. 진로학업설계 역량이 왜 필요한지, 그것을 기르기 위해 어떤 기반과 원리들을 이해해야 하는지, 학생을 진로발달의 관점에서 어떻게 바라봐야 할지를 알려 주고 있습니다.

제2부에서는 학생의 진로학업설계 역량을 기르기 위한 지도방안을 6가지 진로발달 상태별로 6개 장에 나누어 소개하였습니다. 제5장은 진로발달에 흥미가 없는 진로무동기 학생의 진로지도, 제6장은 희망 직업의 이름 정도만 막연하게 알고 있는 정도의 진로발달에 머물러 있는 진로미결정 학생의 진로지도, 제7장은 직업에 대한 지식이 부족한 채 자신이 하고 싶은 일(직무)이 무엇인지 정도는 알고 있는 진로미결정 학생의 진로지도, 제8장은 관심학과(전공)가 생겼다고 말하는 정도의 진로미결정 학생의 진로지도, 제9장은 잠정적으로 진로를 결정한 진로결정 학생의 진로지도, 제10장은 진로를 결정했다고 스스로 생각하는 학생을 위한 진로학업설계지도입니다.

제3부에서는 진로학업설계 역량의 주요 결과물 중 하나인 진로 포트폴리오 설계방법을 제시하고, 아울러 스스로 설계한 진로학업설계에 맞추어 자기주도적인 학습자로서 교과목

을 선택하고 주체적으로 학교 생활을 하도록 돕는 방안을 2개의 장으로 구분하여 소개하고 있습니다.

제4부에서는 학생들의 진로학업설계 능력이 자라는 동안 지근거리에서 그 필요를 민감하게 인식하며 도움을 제공할 교사, 학부모, 상담자의 역할을 정리하여 2개의 장으로 제시하였습니다.

이 책의 집필진은 진로교육 및 상담에 대한 학문적 연구를 바탕으로 진로지도의 현장에서 학생, 학부모, 교사들에게 진로교육 및 상담을 제공하고 있습니다. 이론과 현실의 간극을 메워 가며 체계적인 진로지도와 상담의 방안을 찾고자 노력한 결실을 모아 이 책을 집필하였습니다. 이 책이 새로워진 직업세계와 진로교육 및 상담의 현장에서 교사, 학부모, 상담자 모두가 효과적으로 진로지도를 해 나가는 데 보탬이 되기를 기원합니다. 마지막으로, 이 책의 중요성을 인정하고 흔쾌히 출판을 허락해 주신 학지사의 김진환 대표님과 효과적인 내용 전달을 위해 정성스럽게 편집해 주신 유가현 선생님께 감사드립니다.

2025년

저자 일동

차례

제2부 진로학업설계 실전 가이드

제3부 진로학업설계 실천을 위한 출발

제4부 교사, 상담자, 학부모의 역할

제 1 부

진로학업설계 들어가기

교사·상담자·학부모가 알아야 할

진로학업설계 지도방법

제1장

진로학업설계의 필요성

미래사회는 'VUCA', 즉 변동성(Volatility), 불확실성(Uncertainty), 복잡성(Complexity), 모호성(Ambiguity)을 특징으로 한다(OECD, 2018). 이러한 예측하기 어려운 사회를 살아가기 위해서는 자신만의 기준과 관점을 가지고 다양한 대안 중 하나를 선택하고 실행에 옮기며 책임지는 과정이 중요하다. 일련의 선택과 실행 과정이 모여 개인의 삶과 진로가 만들어지기 때문에 학교 교육 및 제도도 변화되고 있다. 특히 고교학점제 도입에 따라 자신의 진로와 적성에 적합한 수강과목을 선택하고 이수하는 과정은 학생이 자신을 삶과 진로의 주인공으로서 자리매김하면서 미래사회를 살아가기 위한 필수적인 경험이라고 볼 수 있다.

진로학업설계는 학생이 자신의 진로 및 적성에 따라 수강과목을 선택해서 학습하는 과정을 계획하는 것이다. 고교학점제 도입으로 다양한 기회와 체험을 통해 자신의 적성과 능력을 충분히 탐색하고, 자신의 진로와 연계한 과목을 능동적으로 선택하는 역량이 중요해졌다. 진로학업설계 과정을 통해 생애 전반에 걸쳐 자신의 삶을 설계하고 관리할 수 있는 역량 및 자신의 삶과 진로에서 책임감을 높일 수 있을 것이다.

1. 미래사회와 교육의 변화

사회 변화에 따른 평생학습의 필요성 저출산 · 고령화 및 의료기술 발달로 인해 초고령 사회로 진입하고 있으며, 사물, 공간 등 모든 것이 인터넷으로 서로 연결되어 정보가 생성 · 수집 · 공유 · 활용되는 초연결 사회의 모습이 가시화되고 있다. 또한 인간지능과의 협력뿐만 아니라 서로 다른 기술 및 산업 분야와 지식을 공유하고 융합하여 문제를 해결하고 더 나은 서비스를 제공하는 초지능 사회로 변화하고 있다. 지식의 양이 급증하고 있어서 누군가 먼저 배워서 가르치려 할 때 이미 그 지식은 시대에 동떨어진 지식일 수 있으며, 지금은 무엇인가를 알고자 할 때 교육기관이나 교사를 찾기보다 인터넷 검색을 하게 되는 경우가 많다. 학교 교육을 통해 학생들은 자신의 미래 삶과 진로 및 요구되는 역량을 준비해야 하지만, 학교에서 배운 지식만으로는 평생을 살아가기 어렵고 전 생애 동안 지속적으로 성장해야 하므로 전 생애 평생학습이 요구된다.

평생교육은 학습의 결과를 제도적으로 인정받는지에 따라 공식적 · 비공식적 유형으로, 학습 과정의 구조화와 체계화에 따라 형식적 · 비형식적 유형으로 구분될 수 있다. 점차 교육과정상 유연성을 허용하는 비형식화와 교육 결과를 공적으로 인증하는 공식화가 강화되는 경향이 있다. 평생교육 기관은 「평생교육법」에 따라 설치되는 교육기관으로 '학력인정 교육기관'과 '학력미인정 교육기관'으로 구분할 수 있다. 학력인정 교육기관은 일반 학교들처럼 운영되며 학위도 자체적으로 수여하는 반면, 학력미인정 교육기관은 평가인정을 받은 다음 학점은행제를 통해서 학위를 수여할 수 있다. 학력인정 교육기관에는 전공대학, 사내대학, 원격대학 등이 있으며, 학력미인정 교육기관에는 학교형태의 평생교육시설, 학교부설, 원격교육형태, 사업장 부설, 시민사회단체 부설, 언론기관 부설, 지식인력개발 형태, 시도평생교육진흥원, 평생학습관 등이 존재한다.

평생학습 참여율이 매년 증가하는 추세를 보였으나, 코로나19가 발생한 이후에 감소하다 다시 증가하는 추세이다. 만 25~79세 성인 10명 중 3명 정도가 평생학습에 참여하는 것으로 나타났고, 형식교육보다 비형식교육의 참여율이 훨씬 높았다. 여성이 남성보다 평생학습율이 높았고, 연령대가 낮고 학력이 높을수록 평생학습 참여율이 높았다. 한편, 지역 규모가 작고 취약계층일수록 평생학습 참여율이 낮은 것으로 나타났다(교육부, 한국교육개발원, 2023).

학교 교육의 변화 방향 교육 현장은 학생들이 미래사회의 변화 및 시대적 요구에 적응할 수 있도록 도와야 하며, 학교 교육은 학생들에게 평생학습의 토대가 될 수 있도록 변화되어야 한다. 이를 위해 단순한 지식 전달을 넘어 핵심 원리나 역량, 기술 활용 능력에 초점을 맞추고, 다른 분야와의 상호작용을 장려함으로써 다양한 네트워크에서 지식을 공유 · 활용 · 생산할 수 있도록 해야 한다. 또한 학생의 성장 및 배움의 수준과 속도를 고려한 개별화 교육을 통해 학생의 다양성을 인정하고 학습권을 보장해야 하며, 하나의 정답이 아니라 수많은 정보를 선별하고 활용하여 저마다의 해답을 찾아 나갈 수 있도록 비판적 사고능력과 창의적 사고능력 향상을 위해 노력해야 한다. 더불어 타인과의 비교를 통한 성공보다는 이전의 자신과의 비교를 통한 성장에 초점을 맞추고, 경쟁보다는 서로 돕고 상생하는 문화를 조성해야 하며, 학생의 윤리의식 및 인성 교육을 강화할 필요가 있다. 이러한 시대적 변화와 교육 현장의 변화 과정에서 가장 중요한 것은 학습자 스스로 자신의 삶과 진로에 맞는 유의미한 학습 경험을 주도적으로 선택하고 설계하며 책임감 있게 실천해 나갈 수 있도록 지도하고 지원하는 것이다.

1) 교육과정의 변화 추세

교육과정 재설계의 필요성 학교 교육과정은 학생들이 변화하는 세상을 준비하기 위해 '무엇을' 배워야 하는가에 주목하여 깊이(depth)와 유연성(versatility)에 초점을 맞춰 재설계되어야 한다(Holmes, Bialik, & Fadel, 2020). 이를 위해, 첫째, 삶과 연계한 깊이 있는 학습이 필요하다. 학생들은 학습 과정에서 사전 지식과 경험, 사고 기능을 활용하여 자신이 배우고 있는 것을 정교하게 의사소통할 수 있어야 하며, 학습 결과물이나 수행 등은 학생 자신과 다른 이에게 의미와 가치가 있어야 한다. 둘째, 교과 간 연계와 통합이 중요하다. 정해진 답을 찾기보다 학생들이 주체가 되어 지식을 탐구하는 과정에 초점을 두고 스스로 질문하고 답을 찾는 기회를 제공하고 지식 및 교과 간 통합, 더 나아가 지식과 자신의 삶을 통합할 수 있게 도와야 한다. 셋째, 학습 과정에 대한 성찰이 중요하다. 성찰은 비판적 관점으로 메타인지 기능과 창조적 능력을 사용하는 것을 의미하며, 성찰을 통해 학생들은 학습 경험에 의미를 부여하고 그것을 자신의 삶에 적용하고 실천하게 된다.

우리나라 교육과정 그동안 우리나라 교육과정은 사회 및 시대적 변화를 반영하여 미래사회를 살아갈 학생들이 자기 주도적으로 삶을 이끌어 가고, 창의적이고 교양 있으며 더불어 살아가는 능력을 함양할 수 있도록 지속적으로 개선되어 왔다(교육부, 2022). 우리나라 교육이 추구하는 인간상은 다음과 같이 4가지로 제시되고 있다. 첫째, 전인적 성장을 바탕으로 자아정체성을 확립하고 자신의 진로와 삶을 스스로 개척하는 '자기 주도적인 사람', 둘째, 폭넓은 기초 능력을 바탕으로 진취적 발상과 도전을 통해 새로운 가치를 창출하는 '창의적인 사람', 셋째, 문화적 소양과 다원적 가치에 대한 이해를 바탕으로 인류 문화를 향유하고 발전시키는 '교양 있는 사람', 넷째, 공동체 의식을 바탕으로 다양성을 이해하고 서로 존중하며 세계와 소통하는 민주시민으로서 배려와 나눔, 협력을 실천하는 '더불어 사는 사람'이다. 한편, 최근 학생의 실제 삶 속에서 무언가를 할 줄 아는 실질적인 능력 함양을 위해 역량이라는 개념이 도입되었다. 이에 따라 교육이 지향해야 할 가치와 교과교육 방향을 토대로 미래사회에 대응하기 위한 6가지 핵심역량을 체계화하여 '자기관리 역량' '지식정보

처리 역량' '창의적 사고 역량' '심미적 감성 역량' '협력적 소통 역량' '공동체 역량'으로 제시하고 있다.

개정 교육과정의 방향 최근 개정된 교육과정은 미래사회가 요구하는 '포용성과 창의성을 갖춘 주도적인 사람'이라는 비전에 따라 다음과 같은 4가지 방향을 제시하고 있다.

첫째, 미래 변화를 능동적으로 준비할 수 있도록 역량 및 기초 소양 함양 교육이 강화되어야 한다. 이를 위해 모든 교과 학습과 평생학습의 기반이 되는 언어 · 수리 · 디지털 기초 소양과 지속가능한 미래를 위한 공동체 역량이 강조되고 있다. 또한 기후변화와 환경 재난 등에 대응하고 환경과 인간의 공존을 추구하며, 지속가능한 삶에 적극적이고 책임감 있게 참여하는 내용이 강화되고 있다.

둘째, 학생의 자기 주도성, 창의력과 인성을 키워 주는 개별 맞춤형 교육이 강화되어야 한다. 이를 위해 학교급 전환 시기에 필요한 학습과 학교생활 적응을 위한 진로 연계 교육 도입 및 학생 맞춤형 과목 선택권 확대, 학습에 대한 성찰과 책임이 강조되고 있다.

셋째, 학교 현장의 자율적인 혁신을 지원하고 유연하게 교육과정을 개선할 수 있도록 해야 한다. 이를 위해 학교 자율시간으로 지역 연계 교육 및 학교와 학생의 필요에 따른 다양한 선택과목 개설 활성화, 교과 간 연계와 통합, 학점에 기반의 유연한 교육과정, 진로 선택 및 융합 선택과목 재구조화를 통한 학생 과목 선택권 확대 등으로 변화하고 있다.

넷째, 학생의 삶과 연계된 깊이 있는 학습을 위한 교과 교육과정 개발이 필요하다. 이를 위해 단순 암기 위주의 교육방식에서 탐구와 개념 기반의 깊이 있는 학습으로 전환하고, 디지털 · 인공지능을 기반으로 학생 참여형 · 주도형 수업 및 학습의 과정을 중시하는 평가로 개선하며, 학습에 대한 성찰이 강조되고 있다.

2) 대학 및 대입 제도의 변화

미래사회에서 새로운 인재에 대한 요구 빠르게 변화하는 현대사회의 복잡성과 불확실성으로 인해 다양한 분야에서 변화가 요구되고 있다. 특히 학령인구가 급감하면서 고등교육이 보편화되고 있으며 다양한 가치로 인해 대학교육에 대한 인식이 변화되고 있다. 또한 소위 좋은 대학을 나와도 취업이 보장되지 않고 학력보다는 실무능력이 중요시되면서 대학 진학에 대한 효용성이 떨어지고 있다. 대학은 획일적 교육이나 세분화된 전공별 교육을 통한 규격화된 산업 분야에 유용한 인재를 양성하던 것에서 벗어나지 않으면 존재 가치를 잃어버릴 위기에 처해 있으며, 변화하는 미래에 기대되는 사회적 역할과 요구되는 새로운 인재에 대해 고민해야 한다.

대학의 전공 간 융합을 통한 통합적 학습으로의 변화 지나치게 세분화된 학과는 교수와 학생의 지적·인간적 교류와 협력을 막는 고립된 시스템으로 작용할 수 있다. 다양한 학문 분야와 소통하며 융합적으로 학습할 기회를 막을 수 있으며, 평생 직업이라는 개념이 사라지고 직업 전환이 빈번해지는 시대와도 부합하지 않는다. 이에 우리나라 교육부에서도 융합형 인재 양성이라는 대학의 역할을 강조하면서 산업 간 경계가 모호해지고 융합화되는 사회의 변화에 맞춰 대학에서도 입학 전형부터 무전공 선발을 확대하라고 요구하고 있다(권오현 외, 2022). 이를 위해 학생에게 다양한 경험 및 전공을 넘어 다양한 학습 경험을 제공할 수 있게 교육과정을 개편해야 하며, 학생의 진로에 부합하는 부전공이나 복수 전공, 비교과 프로그램도 다양화할 필요가 있다. 더불어 대학은 사회 및 환경의 변화에 대처하고 기술의 윤리적 활용을 통한 지속가능한 세상을 만드는 일에 동참하기 위해 다양한 공동체에서 책임과 역할을 배우고 정서적 성숙, 공감, 협력을 배우는 공간이 되어야 한다.

대입 전형방법의 다양화 현행 대학입학전형시행 수립의 기본 원칙은 학교 교육 정상화와 사교육비 절감 및 대학입학전형 간소화로 대학입학전형의 공정성과 투명성 확보를 위해 노력하고 있다(한국대학교육협의회, 2023). 대입전형은 각 대학에서 여러 기준을 만들어 우수한 학생을 뽑는 과정으로 크게 정시와 수시로 구분된다. 정시는 수능성적 위주의 전형과 실기 위주의 전형으로, 수시는 학생부교과, 학생부종합, 논술, 실기 위주의 4가지 전형으로 나뉜다. 이 외에 특별한 경력이나 소질 등 대학이 제시하는 기준 또는 차등적인 교육적 보상기준에 의한 전형이 필요한 자를 대상으로 학생을 선발하는 전형인 특별전형이 존재한다.

대입 전형별 모집 방침의 차별화 학생부위주전형 유형에서 학생부 이외의 제출 서류는 학생부 기재 내용을 보완·확인하기 위한 자료로 한정한다. 공인어학 성적과 교과 관련 외부수상실적 제출은 엄격히 금지하도록 하고 있으며, 교과학습발달상황, 비교과 활동(창의적 체험활동 등) 사항 등을 대학 및 모집 단위 특성에 맞게 평가하게 된다. 여기에는 학생부 교과 성적을 중심으로 평가하는 학생부교과전형과 입학사정관 등이 참여하여 학생부를 중심으로 학생을 종합평가하는 학생부종합전형이 포함된다. 학생부종합전형은 학교 교육과정을 통해 성장한 학생의 성취 결과와 성장 과정에서 보이는 발전 가능성과 잠재력을 평가하는 전형이다. 학생부종합전형에서 학생의 역량을 평가하는 방식은 '학업성취' 및 '세부능력 및 특기사항'을 통한 정성평가 외에도 수업 참여도와 역할 등 수업태도, 수행평가, 학업수행과정에서의 주도적인 태도와 탐구 능력, 교과 독서의 경험, 지적 호기심의 발현 사례와 해결 방법 및 완성도 등 여러 경험의 결과를 평가한다. 학생부교과전형은 교과 성적이 정량평가로 반영되고 수능위주전형에서는 교과 성적이 반영되지 않는 경우가 대부분이지만, 최근에는 학생부교과전형과 수능위주전형에 교과목의 정성평가가 도입되고 있다. 교과목의 정성평가는 학생이 이수한 교과목이 무엇이며 그 교과목을 통해 어떤 학습의 경험을 했느냐를 살피는 것이다. 교과목의 정성평가에서는 학습의 과정에서 자기를 성장시키는 교과를 선택한 학생이 긍정적으로 평가될 수 있다.

2. 진로와 학업의 연계

청소년기 주요 과업과 진로교육의 목적 청소년기의 주요 과업은 자신의 인생을 설계하면서 진로를 탐색하고 선택해 나가는 것으로 이는 향후 성숙한 직업인으로 성장하는 밑거름이 된다. 이에 대한 중요성을 인식하여 국가 차원에서는 학생 개개인의 진로 설계 및 실행능력을 강화하고 주도적인 삶을 살아갈 수 있도록 「진로교육법」 제정과 더불어 자유학기제, 진로교육 집중학년 · 학기제, 고교학점제 도입 등 다양한 제도적 노력을 하고 있다. 「진로교육법」에서 진로교육의 목적을 "학생에게 다양한 진로교육 기회를 제공함으로써 변화하는 직업세계에 능동적으로 대처하고 학생의 소질과 적성을 최대한 실현하여 국민의 행복한 삶과 경제사회 발전에 기여하는 것"으로 밝히고 있다. 즉, 학교 진로교육은 학생들이 미래인재로서 필요한 역량을 갖추고, 진로 · 직업의 의미와 개인 삶의 연계성을 성찰하며, 직업 세계에 대응하는 주도적이고 실천적인 태도를 기를 수 있도록 도와야 하며, 학생이 명료화한 진로 결정에 따라 필요한 학업을 선택하여 이수할 수 있도록 조력해야 한다.

1) 학교에서 진로학업설계의 필요성

맞춤형 진로교육의 필요성 다양성이 강조되는 사회에서는 평균적 교육에서 벗어나 개인의 특성, 능력, 잠재력 및 상황과 환경을 고려하여 학생의 꿈, 진로에 부합하고, 개인적 성장에 초점을 둔 맞춤형 개별교육의 필요성이 증가하고 있다. 학생들은 학교 교육을 통해 시민으로 성장할 수 있는 공통 역량과 자신의 미래를 설계하고 준비할 수 있는 개별 역량을 키울 수 있어야 한다. 또한 평생교육 시대에 교육의 필요성과 가능성을 파악하고, 자신의 미래를 주체적으로 탐색하고 연계하며 주도적으로 설계해 나갈 수 있어야 한다. 학생에 따라 고등학교가 마지막 교육기관이 될 가능성이 있기 때문에 초중고 교육과정에서 지속적으로 연계하여 학생들이 자신의 진로를 충분히 탐색하고 준비할 수 있는 학생 맞춤형 진로교육이 이루어질 필요가 있다. 그러나 지금까지 학교 진로교육은 자기 이해를 위한 직업심리검사 실시 및 진로와 직업 탐색에 집중되어 있었고, 단회성 교육이나 행사로 진행되어 학생의 성장과 변화를 지속적으로 추적하기 어려웠다. 또한 획일적인 교육과정으로 인해 학생들은 자신의 진로와 학업의 관련성을 생각하거나 경험하기 어려웠다.

학교에서의 맞춤형 진로교육은 학생이 자신의 진로를 결정하고 학교 교육과정 안에서 체계적으로 진로설계를 해 나갈 수 있도록 지원하는 과정이라고 볼 수 있다. 이를 위해 진로와 교육과정이 연계될 필요가 있으며, 획일화된 교육과정에서 벗어나 학생의 과목 선택권과 학습권을 보장해야 한다. 교사는 모든 학생의 학습권 보장이라는 공교육 책무를 수행하기 위해 모든 학생이 자신이 선택한 진로에 필요한 학습을 할 수 있도록 도와야 하며, 학생은 충분한 탐색을 통해 주도적으로 자신의 진로를 선택하고 그에 맞는 교육과정을 설계하고 실행해 나가는 것이 필요하다.

자기주도적 진로학업설계의 중요성 학생의 자기주도적 진로학업설계는 자신의 미래를 체계적으로 준비하는 중요한 과정이며, 이를 통해 학생들은 학교 교육에 참여하는 것에 대한 의미와 목적을 인식하고 진로와 학업을 능동적으로 실천하게 된다. 진로학업설계 과정에서 제공되는 상담과 지원 과정을 통해 학생들은 학교 교육에서 자신이 존중받고 있음을 인식하게 된다. 또한 그 과정에서 자신의 진로에 대해 숙고하고 논의하면서 진로성숙도가 향상될 수 있으며, 교육과정을 자신의 진로를 개척하기 위한 중요한 과정 중 일부로 인식하게 된다. 더불어 과목 선택과 이수에 대해 책임감 있게 실천하게 되면서 시민으로서의 필요한 역량을 함양할 수 있으며, 진로에 따른 학업 계획을 수립하고 실천하는 과정은 앞으로의 생애 설계와 실행의 기초가 될 수 있다.

학생 주도성(agency) 담론 형성 배경

- OECD DeSeCo(Definition and Selection of Key Competencies; 1997~2003) 프로젝트의 2.0 버전인 OECD Education 2030 프로젝트에서 시작
- OECD Education 2030 프로젝트 1주기 사업(2015~2018년): 미래사회에 필요한 역량을 재정립하고 회원국 간 합의를 거쳐 새로운 학습 프레임워크를 개발하여 교육의 과정이자 목적으로 학생 주도성을 강조함
- OECD는 학습 프레임워크를 나침반 형태로 제시: 학습이 단순히 교사의 지시로 이루어진다기보다 학생 스스로 맥락을 통해 다양한 의미를 탐색하고 좀 더 책임감 있는 방식으로 학습해야 한다는 것을 강조
- OECD Education 2030 프로젝트 2주기 사업(2019년~): 1주기 사업을 통해 개발한 학습 프레임워크를 위해 구체적으로 필요한 교육 시스템, 학습환경, 교수 및 평가 방법 등을 개발 중

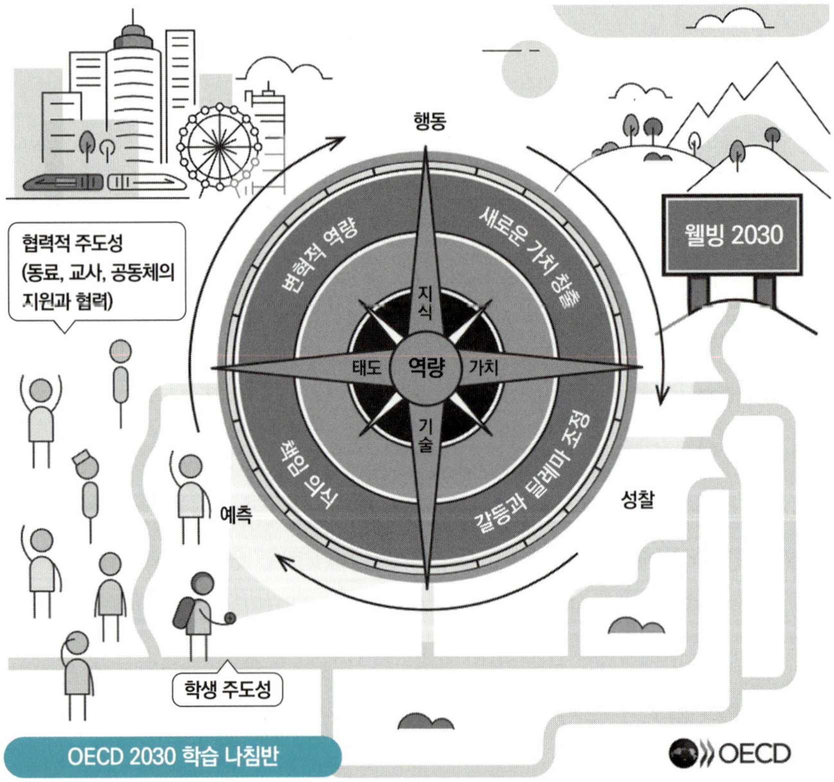

[그림 1-1] OECD 2030 학습 나침반

출처: 김종윤(2020).

- 나침반은 교육의 지향점인 개인과 공동체의 웰빙으로 나아가기 위한 길을 안내하는 역할을 하고, 학생이 나침반을 들고 있는 모습은 학생의 주도성을 나타냄
- 학생이 주도성을 갖추거나 발휘한다는 것은 자기 자신과 자신을 둘러싼 세상에 긍정적인 영향을 미치고자 하는 마음가짐을 가지고 실제로 행동하는 것을 의미하며, 학생들은 이러한 능력을 바탕으로 자신의 학습을 주도적으로 설계하고 수행한다는 것을 의미함
- 협력적 주도성은 교수 · 학습 과정을 학생, 교사, 학부모, 지역사회가 공동으로 창조하는 것을 의미함. 학생은 타인 및 주변 환경과 상호작용하면서 자신과 공동체의 일을 주도적으로 결정할 수 있는 능력인 주도성을 발휘하며 학습과 행동의 방향을 설정하게 됨
- 학생 주도성은 OECD Education 2030 프로젝트에서 미래사회에 필요한 역량으로 제시하고 있는 변혁적 역량(새로운 가치 창출, 갈등과 딜레마 조정, 책임 의식)과 핵심 기반(지식, 기술, 가치, 태도)을 성취할 수 있는 전제 조건임

출처: OECD(2019 a, b, c, d).

2) 고교학점제와 주도적 진로학업설계

학교현장에 고교학점제 도입 고교학점제는 학생의 기초 소양과 기본 학력을 바탕으로 진로 · 적성에 따라 과목을 선택하고, 이수 기준에 도달한 과목에 대해 학점을 취득 · 누적하여 졸업하는 제도이다(교육부, 2022). 이는 예측할 수 없는 미래사회에서 자신의 진로와 삶에 대한 적극성, 주도성, 책임감을 지닌 인재로 성장할 수 있도록 다양한 교육과정을 제공하고, 모든 학생의 잠재력 및 역량을 함양할 수 있도록 돕기 위해 전국의 마이스터 고등학교, 특성화 고등학교에 이미 도입되었고, 일반계 고등학교는 단계적으로 적용해 2025년부터 전면 시행된다. 우리나라 중등교육에 있어 큰 변화인 고교학점제는 학생의 '선택권'을 보장하고, 자기 주도적인 학습을 실천하여 학생 스스로 전 생애적인 관점에서 진로 설계를 할 수 있는 기초를 마련하는 데 그 의의가 있으며, 스스로 진로를 설계하는 자기 주도적 학습자 양성에 목적이 있다. 고교학점제가 도입되면서 학생들에게 다양한 선택과목을 제공하고, 학생들이 자신의 진로와 적성에 맞는 과목을 주도적으로 선택할 수 있도록 지원함으로써 맞춤형 교육과정이 실현될 수 있으며, 학생의 개별적인 수요를 반영한 교육과정의 구성에 근거한 수강 신청과 수업이 실제로 학교 현장에서 구현될 수 있게 된다.

학교 · 교사 · 학생 · 학부모 모두가 갖추어야 할 적극적이고 주도적인 자세 이러한 변화에 대응하기 위해 교사와 학교뿐만 아니라 학생과 학부모의 적극적이고 주도적인 자세가 중요하다. 고교학점제 시행을 위해 학생들이 자신의 진로 설계를 바탕으로 다양한 교과목 중에서 어떤 과목을 선택하고 학습할지에 대한 구체적인 계획을 세우고, 계획대로 학습하고 이수하여 졸업할 수 있도록 돕기 위해 모든 과정에 대한 실제적인 진로학업설계를 위한 지도가 필요하다. 이제 학교 진로교육은 학생의 진로 · 진학 상담 및 지도를 넘어 학교 교육과정 안에서 체계적으로 진로 설계를 해 나갈 수 있도록 지원해야 한다. 즉, 학생이 자기 이해를 통해 진로를 결정하고, 자신의 진로 · 적성과 연계된 과목을 선택하고, 선택한 과목을 이수하여 졸업할 수 있도록 학업을 계획하고 실천하는 과정에 대해 상담하고 지원하는 모든 과정을 포괄해야 한다. 이를 통해 학생들은 자신이 바라는 진로를 스스로 개척할 수 있는 역량과 인성을 구축하고 이후 희망 진로로 나아갈 수 있게 된다.

고교학점제에서 교사의 역할 교사는 학생과 소통하면서 학생 자신과 원하는 진로에 대해 충분히 분석하고 종합할 수 있도록 돕고, 필요한 교육과정과 프로그램의 요구사항을 파악해야 한다. 또한 학교 교육과정에서 개설된 과목에 대한 구체적인 정보를 제공해야 하고, 학생이 선택한 맞춤형 교육과정을 이수할 수 있도록 필요한 지원을 해야 하며, 진로학업계획을 수행하는 과정에서 발생한 어려움을 해결하기 위해 지속적으로 관심을 가져야 한다. [그림 1-2]는 고교학점제에 따른 학사제도 운영 방안을 나타낸 것이다. 교사는 각각의 과정에서 학생에게 필요한 도움 및 자신의 역할을 인식하고 적절한 도움을 제공해야 한다.

학생의 진로학업설계를 위해 필요한 지도 학생들의 진로학업설계를 위해 진로지도, 과목선택지도, 과목이수설계지도, 학업관리지도가 필요하다(정미라 외, 2021). 진로지도는 학교 교육 안에서 자신의 미래를 체계적으로 탐색하고 준비할 기회를 마련하여 모든 학생이 진로개발역량을 함양하고 주체적으로 살아갈 수 있도록 돕는 데 목적이 있다. 이를 위해 학생의 특성, 관심, 유형 등에 따른 맞춤형 진로지도를 실시하고, 학생이 자기 주도적으로 진로 정보를 탐색하고 활용하여 진로를 결정할 수 있도록 지원하며, 다양한 활동에서 깊은 성찰을 통해 자신에 대해 알아 가고 자신에게 적합한 직업을 찾아가도록 지도하는 것이 중요하다. 진로와 교육과정을 연계한 과목을 선택하도록 돕는 과목선택지도는 학교 교육과정 안에서 일상적으로 행해지는 진로교육이다. 선택과목은 미래 종사할 직업의 역량을 키우는 토대가 될 수 있고, 이수 여부가 고등학교 졸업을 위한 중요한 요건이 될 수 있으므로 과목

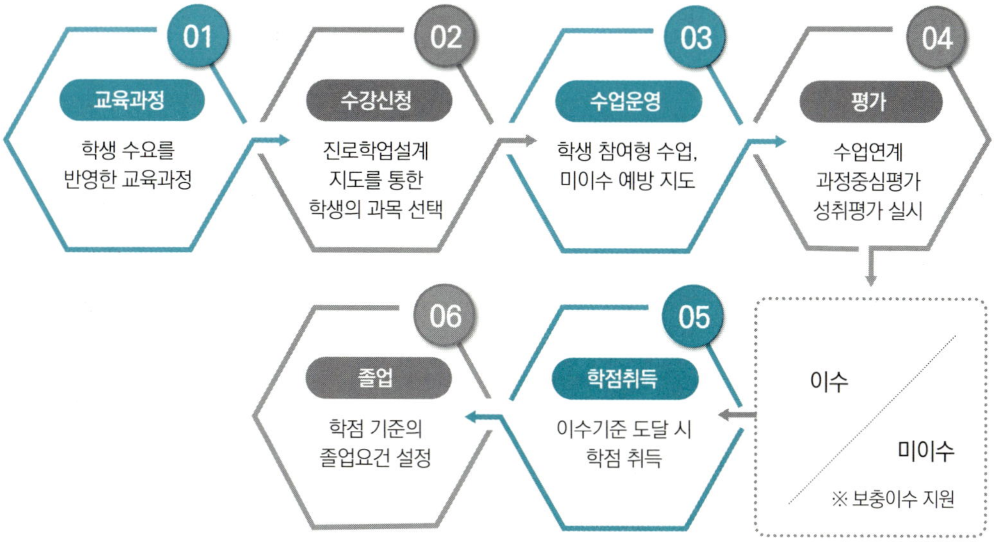

[그림 1-2] 고교학점제에 따른 학사제도 운영

출처: 고교학점제 홈페이지(https://www.hscredit.kr/hsc/intro.do).

선택에 대한 학생 자신이 책임을 인식할 수 있도록 지도해야 한다. 이를 위해 선택할 수 있는 과목에 대한 자세한 정보와 자료를 제공하고 유의사항에 대해 안내해야 한다. 과목이수설계지도는 고등학교 3년간 학습할 교과목에 대한 로드맵을 그리는 과정을 돕는 것으로 과목 선택을 넘어 학교생활 전반에 걸친 맞춤형 학교생활 계획을 지도해야 한다. 교육과정 편성 운영지침과 과목 이수 시기에 대해 안내 및 대학모집 단위별 최저 이수 학점을 고려하고, 자율활동, 동아리활동, 진로활동, 주제 탐구활동, 방과후학교 활동 등 교과 외 프로그램 등에 대한 계획을 세울 수 있도록 도와야 한다. 학업관리지도는 지속적인 맞춤형 지원을 통한 책임교육을 실현하기 위해 지속적으로 이루어져야 한다.

3. 진로학업설계의 목표

1) 진로학업설계

자기 이해 여정에서의 진로학업설계의 의미 '진로'는 직업을 중심으로 하는 전 생애 과정을 의미하고, '진학'은 의미있는 삶을 위한 기초 소양과 직업인으로서 갖춰야 하는 전문적인 역량을 획득하기 위한 과정이다(임은미 외, 2017). 진로와 진학을 위해서는 자기 이해가 필수이다. 즉, 자기 이해의 여정에서 자신에게 어울리는 직업을 탐색하는 것이 진로 설계이고, 자신에게 적합한 학과나 학업 등을 탐색하는 것이 진학 설계라 볼 수 있다. 학생은 직업정보에 기반한 자기 이해 과정인 진로 설계를 통해 직업 세계를 만나게 되며, 학업 설계에 기반한 자기 이해 과정인 진학 설계를 통해 상급학교와 만나게 된다. 반복되는 선택과 실행으로 구성되는 삶은 자기 이해를 위한 주도적인 평생학습의 과정이다. 삶이라는 여정에서 학생은 자신에 대한 이해를 바탕으로 자신의 삶과 진로의 방향 및 속도를 조절하는 운전자가 된다. 이러한 여정에서 진학과 직업 선택은 동시에 일어날 수도 있고, 선진학 후 취업 또는 선취업 후 진학으로 나타날 수도 있다. 이러한 선택과 실행의 과정을 통해 자신과 사회 및 직업 세계에 대한 이해가 깊어지며, 이는 다음 선택과 실행에 영향을 주게 된다.

[그림 1-3] 삶의 여정에서 진로학업설계

전 생애 설계에서 자기와 세상에 대한 이해 필요 학교 현장에서 진로학업설계를 위해서는 당면한 진학이나 취업 성공만이 아니라 전 생애 진로발달 과정으로 확장되어 학생들의 선택이 생애발달에 미치는 영향을 이해하는 것이 필요하다. 진로학업설계는 모든 학생에게 스스로 자신의 진로를 탐색할 기회를 주어 진로 역량을 키울 수 있도록 하는 데 목적이 있다. 직업 세계 및 사회 변화가 너무 빠르고 무분별한 정보들이 쏟아지는 상황에서 충분한 자기 이해 없이 유망 직업이나 학과만 좇다 보면 진로와 삶에서 자기가 소외될 수밖에 없다. 개인과 직업 세계 또는 개인과 상급학교를 연결한 잠정적 진로 의사결정을 돕기 위해서는 직업정보와 대학/학과 정보 탐색뿐만 아니라 자신에 대한 이해를 바탕으로 자신을 변화하는 세상에 대입해 보는 과정이 필요하다. 따라서 유의미한 진로학업설계를 위해 일회적인 방식이 아니라 학생이 자신에 대해 충분히 이해할 수 있도록 돕고, 학생에게 직업 및 학과에 대한 정보를 제공하거나 탐색할 수 있도록 안내하며, 학생의 잠정적 의사결정을 돕기 위해 일상적이며 체계적으로 접근해야 한다.

개인 내적 특성과 환경적 특성에 대한 이해 필요 자신에 대한 이해는 학생의 내적 특성뿐만 아니라 학생과 지속적으로 상호작용하는 환경적 특징에 대한 이해도 포함된다. 개인의 내적 특성인 자신이 잘하는 것(적성), 좋아하는 것(흥미), 편안한 환경(성격), 중요한 것(가치) 및 신체적 특성 등은 학생이 진로를 선택하는 데 중요한 고려 사항이다. 이를 위해 여러 진로 심리검사가 도움이 될 수 있으며, 이러한 결과를 종합하여 관심 직업을 찾아 나가는 것도 하나의 방법이 될 수 있다. 한편, 환경적 특징에는 학습 경험과 진로 선택을 촉진하거나 제한하는 가정 및 사회 환경, 진로나 진학 준비 과정에 대한 경제적 · 심리적 지원 여건 등이 포함된다. 학생이 처한 환경이 미치는 영향뿐만 아니라 그에 대한 학생의 대응 방식을 이해하는 것도 중요하며, 필요한 경우 학생의 환경에 개입할 수 있다. 자신에 대한 이해와 성찰은 빠르게 변화하는 사회나 직업 세계를 탐색하기 위한 토대가 되며, 학생들은 자신의 특성을 이러한 변화 흐름에 적용해 보면서 스스로 진로를 구체화할 수 있게 된다.

직업 및 대학/학과 탐색 필요 직업 세계의 탐색은 현대사회의 변화와 맞물린 직업의 구조, 직업군의 생성과 성장 및 소멸 등에 대한 거시적 차원의 직업정보 탐색과 학생이 관심 있어 하는 특정 직업군이나 학과를 대상으로 하는 깊고 섬세한 이해의 과정까지 포함한다. 전체적인 직업구조 속에서 특별히 관심 있는 직업이 차지하는 위상, 전망, 그 직업인에게 요구되는 생활 양식, 보수, 안정성, 직업 진입에 필요한 자격 요건 등에 대한 세밀한 정보를 파악하는 것이 필요하다.

대학/학과 탐색은 그 선택이 앞으로 자신의 진로와 삶에 미칠 경제적 사회적 영향을 고려해야 하며, 학과/전공 선택 시 학과/전공에서 학습하는 과목들과 그것이 자신의 진로와 삶에 미치는 영향을 이해하고, 선택한 학과/전공에서의 학위 취득이 자신이 계획한 진로학업

설계 방향과 일치하는지, 어떤 영향을 미칠지 충분히 생각해 보도록 도와야 한다.

직업과 대학/학과에 대한 정보는 온라인(고용24, 커리어넷, 대입정보포털, 대학 홈페이지 등), 오프라인, 면대면 인터뷰, 직접 참여 등 여러 형태로 얻을 수 있다. 직업정보탐색 과정에서 자신에게 적합한 정보를 고를 수 있도록 안내하는 것이 필요하며, 학생들이 어떻게 정보의 정확성과 윤리성을 판단하고 활용하는지에 관심을 기울일 필요도 있다. 직업 세계의 변화 속도를 고려하면 이러한 탐색 과정은 필요한 정보를 제공하는 것뿐만 아니라 차후 정보가 필요할 때 필요한 정보를 찾고, 찾은 정보 중 자신에게 불필요한 정보를 거르고 필요한 정보를 고를 수 있는 정보탐색 역량에 도움이 될 수 있다.

잠정적인 의사결정 필요 자신과 직업 세계를 이해하는 것은 궁극적으로 진로 의사결정을 위한 것이므로 학생이 자신과 직업 세계에 대해 수집 · 분석 · 비교한 정보들을 정리하여 자신의 진로 목표에 가장 부합하는 잠정적인 진로 설계를 할 수 있도록 도와야 한다. 전 생애 동안 진로학업설계와 관련된 크고 작은 의사결정이 자신의 삶에 영향을 미치기 때문에 의사결정 과정은 중요하다. 의사결정을 해야 할 시기에 학생이 자신의 이상에 부합하는 대안을 확보하지 못하여 머뭇거린다면 여러 대안을 학생과 함께 평가하면서 적정한 타협점을 찾을 수 있도록 안내해야 한다. 자신에 대한 이해는 계속되는 과정이고 직업 세계도 계속 변화하므로 현실적으로 완벽한 진로 설계는 불가능하다. 따라서 진로의 방향성을 설정하고 잠정적으로 의사결정을 해 나가면서 자신에 맞는 구체적인 진로를 찾아가도록 지도할 필요가 있다. 또한 의사결정은 선택의 과정이고, 선택은 가치를 판단하는 과정이기 때문에 자신의 진로와 삶에서 추구하는 가치를 명료화한 후 그에 따른 선택을 할 수 있도록 돕고, 여러 대안을 선택했을 때 예상되는 결과가 무엇인지 충분히 생각할 수 있도록 해야 한다.

2) 과목선택 및 과목이수설계

과목선택 및 과목이수설계의 목적 과목선택 및 과목이수설계는 학생이 진로 및 교육과정과 연계하여 과목을 선택하고, 고등학교 3년간 학습할 교과목에 대한 로드맵을 그릴 수 있도록 돕는 것이 목적이다. 이 단계에서는 학생이 희망 진로로 나아가는 데 필요한 진로 역량을 계발할 수 있는 과목을 파악하고 선택하는 데 도움을 주고, 3년 동안 학습하게 될 교과목에 대한 계획을 구체적인 학습 설계와 함께 세울 수 있도록 돕고, 학교생활 전반을 계획할 수 있도록 지도하는 것이 필요하다.

과목선택에 대한 지도방법 잠정적으로 결정한 진로를 확인한 후 과목선택권을 가진 학생들을 존중하며 올바른 선택을 돕기 위해 학생들이 과목선택을 진로 탐색과 준비의 과정으로 인식하고 자신의 선택에 책임질 수 있도록 지도해야 하며, 한 번의 과목선택이 인생을 좌우하지 않음을 안내하는 것도 필요하다. 또한 학생의 성적과 과목 흥미가 일치하지 않을 때 진로 선택을 재검토하도록 돕고, 희망 진로와 학생의 개인적 조건이 부합하지 않을 때 다양한 진로 대안의 존재를 안내할 필요도 있다. 한편, 희망 진로에 도움이 되는 과목, 희망 진로와 연계하여 이수가 필요한 과목을 함께 탐색하고 그러한 과목이 교내에서 수강 가능한지 혹은 다른 수강 방법이 있는지 등에 대한 정보를 제공하고, 필요한 경우 희망 대학의 희망 전공 학과 홈페이지에서 교육과정을 확인하도록 지도해야 한다.

과목선택에 필요한 정보 과목선택을 위해 다음과 같은 정보가 필요하다. 대학교, 각 시・도교육청, 한국직업능력개발원, 한국고용정보원 등에서 제작한 자료를 바탕으로 한 전공별/계열별 교육과정에 대해 안내해야 한다. 또한 대학이나 교육청 등에서 발행하는 과목 및 교육과정 안내서 등을 포함하여 과목별 교육과정 등에 관한 기본 정보나 진로・진학・취업과 연계된 과목 정보에 대한 안내가 필요하다. 즉, 교육과정에 대한 전반적인 이해를 위해 교과 구분과 각 과목의 특성에 대한 안내(공통과목, 일반선택과목, 진로선택과목, 전문교과 등) 및 총 이수 단위, 필수 이수 단위, 기초 교과와 이수 단위 비율, 과목의 위계 등에 대한 정보를 제공해야 한다. 그리고 공동교육과정을 소개하고 개설되지 않은 선택과목 이수를 희망하는 경우 해당 과목의 이수 가능 방법 등에 대한 정보를 제공해야 한다. 또한 수강신청 기간, 방법 등 수강신청에 대해 안내해야 한다. 더불어 대학교, 각 시・도교육청, 한국직업능력개발원, 한국고용정보원 사이트를 방문하거나 직업인, 동문, 지역사회, 기업체와의 협력하여 정보를 탐색하는 방법에 대해 안내하는 것도 필요하다.

과목이수설계를 위한 고려사항 과목이수설계를 위한 고려 사항은 다음과 같다.

첫째, 교육부와 시・도교육청에서 정한 교과 영역별 필수이수학점, 기초 교과 영역 이수 비율, 진로선택과목 개수 등 교육과정 편성・운영지침을 준수해야 한다.

둘째, 학생의 진로발달 수준 및 학업 수준과 적성을 고려한 과목 이수 시기를 지도하여야 한다. 또한 진로변경 가능성에 대비하여 탄력적 과목이수설계를 지원할 수 있음을 안내할 필요가 있다. 이를 위해 학생이 학과를 선택할 때 유사전공과 관련 학과를 모두 고려하여 학과 선택의 폭을 넓히는 것도 하나의 방법이 될 수 있다. 한편, 진로가 불분명할 경우 특정 교과에 편중한 선택보다 진로의 폭을 넓히기 위해 기본에 충실한 학업에 참여하면서 자신의 특성에 대해 충분히 고민한 후 선택하도록 지도하는 것도 필요하다. 이에 따라 일단 폭넓게 선택한 후 학기가 진행될수록 선택과 집중을 하도록 지도하고, 대학수학능력시험 관련 과목 등을 고려하고, 매 학기 자신이 이수한 과목을 인지할 수 있도록 지도해야 한다.

셋째, 공동교육과정과 같은 학교 밖 다양한 강좌를 이수할 수 있는 경로를 활용할 수 있도록 안내해야 한다. 또한 진로학업설계와 연계하여 교과 외 다양한 프로그램인 창의적 체험활동, 주제 탐구활동, 방과후학교 등에 참여할 기회에 대한 정보제공 및 학과 또는 계열별 추천 활동이나 학과의 인재상과 관련한 추천 활동 등에 대한 안내도 필요하다.

넷째, 대학에 따라 대학 모집단위별 최저이수학점이 제시되기 때문에 학생의 희망 대학을 확인하고 이를 참고하여 과목이수설계를 지도할 필요가 있다.

3) 학업설계

학업관리의 목적 학업관리지도의 목적은 지속적인 맞춤형 지원을 통해 책임교육을 실현하는 것이다. 학생이 선택한 과목을 성공적으로 이수할 수 있도록 꾸준한 학습지원을 하고, 이를 통해 학생들이 자신의 학업계획을 기반으로 지속적으로 성장할 수 있도록 돕는 단계이다. 즉, 학생이 선택한 과목의 최소학업성취기준 이상에 도달하고 누적 학점이 졸업 기준을 충족할 수 있도록 학생 개별 맞춤형 학업 계획의 수립 및 실천을 위해 지도해야 한다. 더불어 최소 성취 수준에 도달하지 못한 학생에 대한 지도방안을 마련하는 것도 필요하다.

학업문제를 위한 지도방안 학생의 현재 학업 수준을 정확히 파악해야 하며, 학생의 개인적 특성 및 환경을 이해하여 학생이 경험하는 학업 문제의 원인을 종합적으로 파악하고 어려움을 해결하기 위해 함께 고민할 필요가 있다. 이를 위해 가정에서의 올바른 학습 분위기 형성과 부모 지지 등을 이끌어 학생이 학교와 가정에서 모두 도움을 받을 수 있도록 해야 한다. 학생의 전반적인 학업설계와 학교생활설계 등을 파악하고 이수 과정과 실천 내용을 확인하여야 하고, 학생의 내신 관리, 희망하는 대입전형, 취업 방향에 적합한 비교과활동을 설계할 수 있도록 지원할 필요가 있다.

제2장

진로학업설계의 기반: 성장하는 '자기'의 이해

진로학업설계는 아직 도래하지 않은 미래를 위한 잠정적인 선택과 결정을 내리는 것이다. 이러한 진로학업설계는 앞으로 잘 살아가기 위한 계획이며, 진로학업설계를 위한 미래는 '자기'와 '세상'이 구성한다. '자기'는 계속적으로 성장하고 '세상'은 변화하며, 둘은 쉼없이 상호작용하고 서로에게 영향을 미친다. 그래서 진로학업설계에서는 성장하는 나와 변화하는 세상의 역동적인 모습을 함께 고려해야 한다.

직업 세계의 구조적 변화가 가속화될수록 더욱 필요한 능력이 자신에 대한 이해이다. 자기를 충분히 이해할수록 변화하는 세상에서 어떤 방법으로 자기의 길을 찾아나갈지를 결정할 수 있는 기준이 분명해지기 때문이다. 세상은 변화하고 세상을 살아가는 '자기'도 성장한다. 이처럼 세상과 자기는 모두 움직이며 성장하는 실체이기 때문에, 자기를 이해하는 것은 세상과의 역동적이고 끊임없는 상호작용에서 스스로가 어떤 것을 느끼고 생각하고 행동하고 원하는지를 이해하는 것이다.

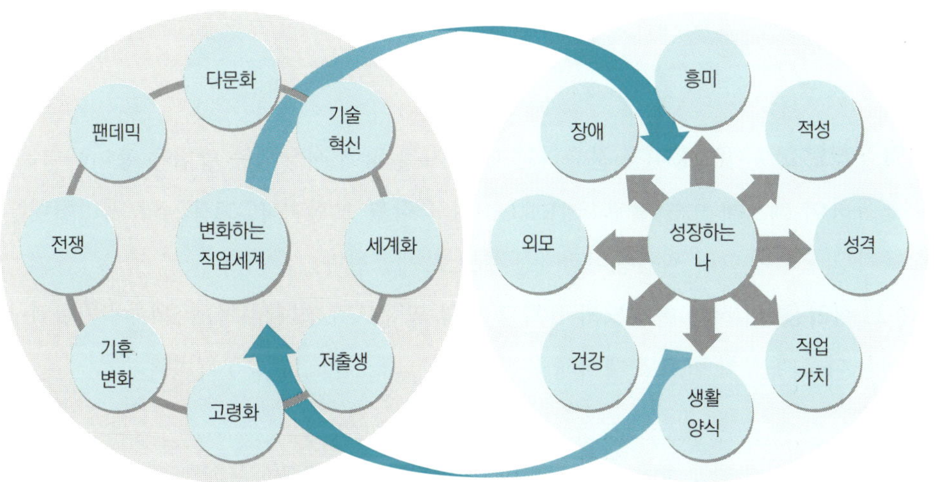

[그림 2-1] 성장하는 나와 변화하는 직업세계의 상호작용

성장하는 자기를 이해하기 위해서는 흥미, 적성, 성격, 직업가치, 생활양식 등의 진로특성과 외모, 건강, 장애 등 진로선택과 발달에 영향을 미치는 자신의 모든 것을 종합적으로 고려해야 한다. 진로특성을 발견할 때는 자신의 강점을 중심으로 정리하는 것이 중요하다. 자신의 강점을 잘 살려서 진출할 수 있는 진로를 찾는 데 비중을 두고, 부족한 점은 점차 보완해 간다는 긍정적인 마음가짐을 갖는 것이 필요하다.

1. 흥미

흥미의 의미와 중요성 흥미는 개인이 특정 활동, 주제, 직업 또는 학문에 대해 가지는 긍정적인 감정이나 관심을 의미한다. 재미있는 일을 즐기며 할 수 있게 해 주는 진로선택의 기초로서 흥미는 성공적인 진로설계와 행복한 삶에 큰 영향을 미친다. 즉, 흥미를 잘 개발하고 유지하는 것은 장기적인 만족도와 성취를 높이는 데 도움이 된다.

흥미에는 정서적 · 인지적 · 동기적 요소가 함께 포함된다. 정서적으로는 특정 활동이나 주제에 대해 긍정적인 감정을 느끼고, 인지적으로 그 활동이나 주제에 호기심을 가지고 탐구하게 한다. 동기적으로 해당 활동을 강하고 지속적으로 하거나 해당 주제를 적극적으로 탐구하려는 열정과 의지로 나타난다. 그래서 흥미는 흥미의 대상이 되는 활동을 하도록 동기를 부여하고, 그 활동을 해내는 데 필요한 학습을 유도하며, 지속적인 활동으로 인해 높은 성취를 이끌어 내는 데 도움이 되어 결과적으로 개인이 자신의 잠재력을 최대한 발휘할 수 있도록 한다.

흥미의 구성요소 직업 흥미를 분류하는 데서 가장 많이 사용되는 방법은 흥미유형을 6가지로 분류하여 제시해 주는 홀랜드(Holland)의 육각형 모형이다. 고용24와 커리어넷은 홀랜드 육각형 모형에 따라 직업흥미검사를 무료로 제공한다.

고용24 직업흥미검사는 홀랜드의 육각형 모형 외에도 수검자의 기초 흥미에 적합한 14가지 분야를 다음과 같이 별도로 제시해 준다(www.work24.go.kr).

- 기계기술: 기계를 다루거나 직접 수리하는 활동에 관한 흥미
- 사회안전: 치안 유지, 보안 및 응급구조 등의 활동에 관한 흥미
- 농림: 곡물 경작 및 화초 재배 분야에 대한 흥미

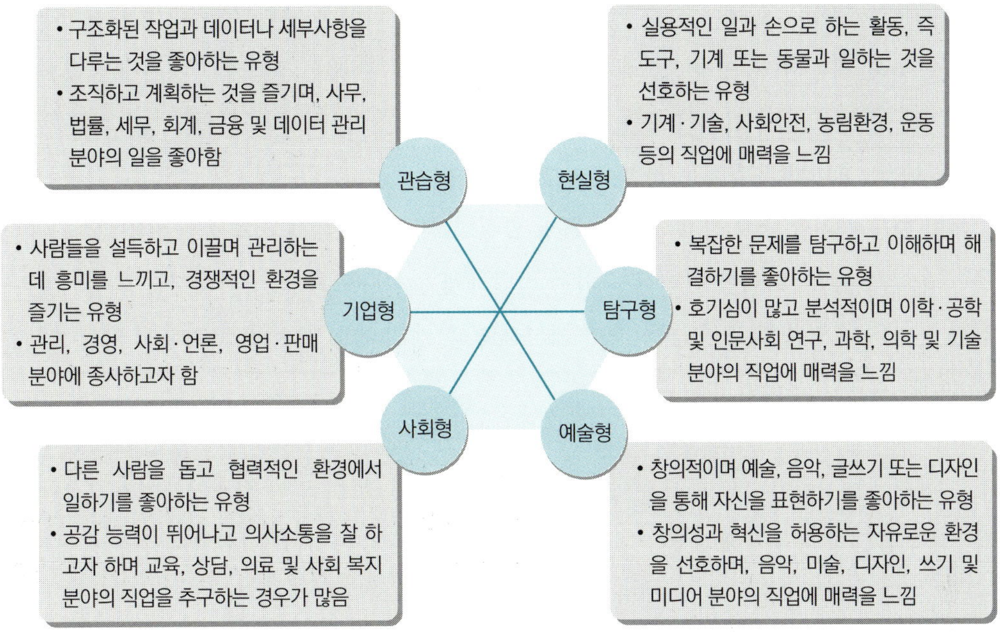

[그림 2-2] 홀랜드 육각형 모형

- 과학 · 연구: 천문학, 생물학 등 자연현상을 과학적으로 연구하는 분야에 대한 흥미
- 음악: 다양한 방법으로 음악을 표현하고 감상하는 것에 대한 흥미
- 미술: 감정을 미술작품으로 나타내는 일에 대한 흥미
- 문학: 사상과 감정을 글을 통해 전달하는 것에 대한 흥미
- 공연예술: 관객 앞에서 예술활동을 공연하거나 연기하는 것 또는 전시, 공연을 기획하는 것에 대한 흥미
- 교육: 교과나 다양한 학습 내용을 설명하고 가르치는 일에 대한 흥미
- 사회: 사회를 위해 봉사하고 어려운 사람들을 돕는 일에 대한 흥미
- 관리 · 경영: 조직을 효율적으로 운영하고 사람들을 지휘하는 일에 대한 흥미
- 언론: 다양한 매체를 통해 의견을 피력하고 주장하는 일에 대한 흥미
- 판매영업: 상품 판매를 위해 고객에게 설명하고 설득하고 다양한 판매전략을 세우는 일에 대한 흥미
- 사무 · 회계: 서류나 문서 등을 작성 · 관리하고 예산을 계획 · 집행하는 업무에 대한 흥미

직업흥미검사는 직업흥미를 체계적으로 분류해 주기 때문에, 학생의 흥미를 포괄적으로 이해하는 데 도움이 된다.

흥미의 형성 과정 흥미는 어느 정도 선천적으로 타고나지만 상당 부분은 후천적 학습과 경험을 통해 개발된다. 일상생활에서 접하는 여러 활동 중에서 개인에게 호기심을 불러 일으키거나 관심을 갖게 하거나 즐거운 마음으로 관람 또는 참여하는 경험을 할 수 있다. 이러한 경험은 흥미가 유발되는 첫 단계라고 볼 수 있다.

어떤 활동이나 주제에 접한 개인은 특정 활동이나 주제에 대해 선택적으로 더 많은 관심을 기울이게 된다. 이러한 선택적 주의가 적절하게 일어나도록 하기 위해서는 학생에게 다양한 분야의 경험을 학생 수준에 맞게 제시하며, 학생의 관심 분야를 고려하여 학습기회를 제공하는 것이 필요하다.

그러다 보면 선택적으로 주의를 기울이던 활동 중에서 특정 활동에 더 깊은 관심을 가지고 참여하게 된다. 자신이 관심을 갖는 분야이기 때문에 좀 더 몰입하여 적극적으로 참여한다. 해당 활동이나 주제에 대한 지식이 많아지고 기술이 습득되면서 더 깊은 수준의 학습과 참여를 하고 싶은 마음이 들게 된다.

이러한 상황이 지속되면 흥미가 안정되게 형성된다. 본인이 어느 분야에 흥미를 느끼는지를 발견하는 것은 학생의 진로정체성 형성과 장기적인 목표 수립에 도움이 된다. 이와 같이 학생의 흥미는 전적으로 선천적인 영역이거나 하루아침에 형성되는 진로특성이 아니라 학습경험에 의해 상당 부분 개발되는 것이다.

흥미의 발견 방법

▪ 다양한 학습기회 제공

다양한 활동과 주제를 경험할 수 있도록 학습기회를 제공하는 것이 중요하다. 다양한 활동을 접하면서 자신의 흥미에 맞는 분야를 발견하는 데 큰 도움을 받을 수 있다. 특정 활동이나 주제에 대한 학생의 흥미는 긍정적인 표정, 질문, 오랫동안 주의를 기울이기 등 다양한 양상으로 나타난다.

다양한 학습 프로그램을 제공하는 중 학생이 흥미를 보이는 분야를 발견하면 그것을 더 자주 접하고 깊이 탐색할 수 있도록 지원한다. 부모나 교사는 여러 활동이나 주제에 접하는 학생을 지켜보면서 학생이 흥미를 보이는 분야를 발견하면 해당 분야와 관련된 활동에 접할 수 있는 기회를 더 자주 만들어 주도록 노력할 필요가 있다. 학생의 흥미 발견이나 개발을 위한 학습기회는 가정과 학교에서 모두 이루어질 수 있다. 또 공식적인 학습 프로그램뿐 아니라 소소한 일상생활 같은 비공식적 활동을 통해서도 가능하다.

활발한 탐구와 적극적인 참여 격려

홍미를 느끼는 분야를 발견하면 활발한 학습과 탐구 기회를 갖도록 지원한다. 창의적 체험활동의 선택과 실행에 참여하고, 관련 서적을 탐색하고 읽도록 도움을 주며, 워크숍이나 세미나에 참여하도록 하는 등의 프로그램을 마련해 준다.

다음으로는 적극적인 참여와 실천을 격려한다. 자신의 흥미를 더욱 깊이 탐색하기 위해서는 심화학습 프로그램에 적극적으로 참여하는 것이 중요하다. 흥미를 느끼는 활동에 꾸준히 참여하고 실험할 수 있는 환경을 조성한다. 관련 직업체험의 기회를 탐색하고 참여하도록 정보를 지원하며, 주위의 관련 분야 인적 자원과 접촉할 수 있는 기회를 만들어 준다. 실제 경험을 통해 흥미를 더욱 심화시킬 수 있고, 새로운 흥미를 발견하기도 하고 흥미 분야를 구체화하는 데 도움을 얻을 수 있다.

긍정적인 피드백 제공

학생이 흥미를 느끼는 활동을 수행하는 모습에 대해 긍정적인 피드백을 제공한다. 발표 기회 제공, 포상, 칭찬 등은 학생이 해당 주제나 활동에 몰입하며 도전하게 하고 성취감을 주는 데 도움이 된다. 포상이나 칭찬을 할 때는 학생의 구체적인 행동과 관련지어 제공하는 것이 중요하다. 이러한 실제 활동을 바탕으로 명확하게 발견한 흥미에 근거하여 진로 목표를 설정하고, 그 목표를 달성하기 위해 노력하는 과정을 통해 흥미가 더욱 강화될 수 있다.

이 외에도 흥미를 발견하기 위해서는 이 책의 제5장 '1. 일상에서 흥미요소 탐색하여 직업과 연결하기(90쪽)'에서 소개하는 활동과 제9장의 '1. 진로결정 요인 점검(169쪽)'에서 소개하는 진로결정 과정을 참고할 수 있다.

2. 적성

적성의 의미와 중요성 적성은 개인이 특정 활동이나 업무를 수행하는 데 필요한 잠재적 능력이나 소질이다. 적성에 맞는 일을 하다보면 유능감을 느낄 기회를 많이 갖게 된다. 공부나 일에서 유능감을 느끼면 행복감도 높아지기 때문에 그것을 더 하려는 경향이 강해진다. 이에 따라 더 높은 능력을 개발하려는 행동에 자연스럽게 도전하게 된다. 따라서 적성에 맞는 일을 선택하는 것은 성공적인 직업인이 되기 위한 중요한 과정이다.

적성의 구성요소 적성검사의 구성 요인들을 보면 적성의 분류는 다음과 같이 이루어진다. 커리어넷의 중·고등학생 적성검사는 적성을 신체·운동, 손재능, 공간지각, 음악, 창의력, 언어, 수리·논리, 자기성찰, 대인관계, 자연친화, 예술시각으로 분류하였다. 고용24의 중 ·고등학생 적성검사는 적성을 언어력, 수리력, 추리력, 공간능력, 지각속도, 과학능력, 집중능력, 색채능력, 사고유연성으로 분류하였다.

다중지능 검사에서 적성은 언어, 논리-수학, 공간지능을 넘어서 음악, 신체-운동, 개인내적, 자연 지능으로 구성된다. 다중지능 검사를 통해 기존의 적성검사를 통해 얻을 수 없었던 음악적 지능, 신체-운동 지능, 개인내적 지능, 자연지능도 측정할 수 있게 되었다(Gardner, 2006).

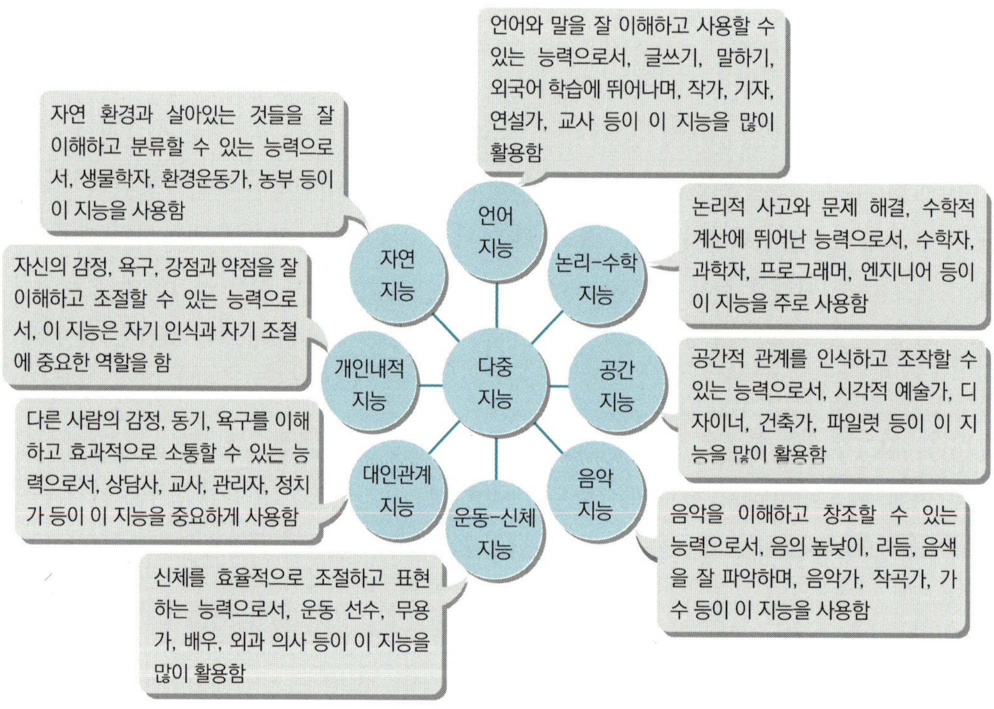

[그림 2-3] 다중지능의 구성

적성의 형성 과정 적성을 발휘하는 데에는 타고난 적성뿐 아니라 후천적으로 학습하고 개발한 능력 또한 중요하다. 적성은 유전, 환경, 교육과 훈련, 개인적 노력 등 다양한 경로에 의해 형성되고 발달된다.

▪ 유전

학생이 보이는 적성은 상당 부분 유전의 영향을 받는다. 음악에 탁월한 재능을 보이는 학생의 가계에서는 음악가가, 수리능력에 탁월한 재능을 보이는 학생의 가계에서는 과학자가 발견되는 사례가 많은 것은 적성에 대한 유전의 영향을 말해 준다.

▪ 환경

적성은 환경적 요인의 영향 또한 크게 받는다. 환경은 학생이 어떤 분야를 자주 접할지 깊이 있게 접할지를 결정한다. 부모나 조부모 혹은 친지들이 일상생활을 통해 자연스럽게 제공하는 교육적 지원이나 사회적 경험은 어떤 분야의 능력을 개발할지에 큰 영향을 미친다. 학생이 어떤 환경에 있느냐에 따라 어떤 분야에 종사하는 사람들 또는 그 분야에 종사하는 부모를 둔 친구들을 접하고 만날 수 있을지가 결정된다.

▪ 교육과 훈련

적성은 교육과 훈련을 통해 개발하고 강화할 수 있다. 학교의 교과목을 통해 학생은 다양한 분야의 핵심적인 지식 중 자신이 유능감을 느낄 수 있는 분야를 발견할 수 있다. 창의적 체험활동을 비롯한 비교과과정 프로그램을 통해서도 적성을 발전시키 데 도움을 얻을 수 있다. 고등학교에서는 고교학점제를 통해 자신이 이수할 과목을 선택하게 되는데, 자신이 선택한 과목의 수업을 들으면서 해당 과목과 관련된 분야의 적성을 개발할 기회를 얻을 수 있다.

▪ 개인적 노력

개인적 노력은 적성 발달에 중요한 역할을 한다. 적성을 발견한 뒤에도 그것을 개발하기 위해 노력을 기울이지 않는 사람과 오랫동안 집중적인 노력을 기울인 사람의 능력 차이는 점차 커진다.

적성의 발견 방법

▪ 학업 성취도와 과정 분석

특정 과목에서 다른 과목들보다 높은 성적을 지속적으로 받는다면, 그 과목이 자신의 적성과 관련이 있을 가능성이 높다. 학업성취도와 학업 과정을 통한 적성 탐색은 지금까지 이루어 놓은 실제적인 성과를 바탕으로 하는 것이기 때문에 신뢰할 만한 작업이다. 그 과목을 공부하는 과정에서 큰 어려움을 느끼지 않는다면 또한 관련 전공이나 직업에서의 적성이 높을 가능성이 있다.

▪ 심리검사의 활용

적성을 이해하기 위해 심리검사를 활용할 수 있다. 특히 표준화된 적성검사는 개인의 적성 정도를 해당 연령대를 대표하는 대규모 표집과 비교하여 이해할 수 있게 해 준다. 학생은 책상에 앉아 표준화된 심리검사 문항에 답하는 것만으로도 자신의 적성 수준을 전국의 학생들과 비교하여 파악할 수 있다. 이는 대도시뿐 아니라 또래들과의 비교 기회가 상대적으로 적은 농산어촌 학생들의 적성 발견에도 큰 도움이 된다. 커리어넷과 고용24 홈페이지는 적성검사를 무료로 제공하고 있다.

▪ 다양한 경험 쌓기

다양한 경험을 해 보는 것은 적성을 발견하는 데 큰 도움이 된다. 경험을 통해서는 생각뿐 아니라 감정과 행동도 드러나기 때문이다. 생각으로만 자신의 적성을 판단하는 것이 예측에 그친다면, 경험을 통해서는 자신이 잘 해내는 일이 어떤 것인지를 구체적으로 판단할 수 있다. 경험을 통해 적성을 예측하는 일에는 정서적 체험과 움직임이 동반되기 때문에 보다 명확한 자기 이해에 도움이 된다. 동아리활동, 봉사활동, 진로캠프, 프로젝트 참여, 취미활동 등은 적성을 발견할 좋은 기회이다.

▪ 정보수집 및 탐색

다양한 자료를 통한 정보수집 및 탐색은 적성 발견에 도움이 된다. 정보수집 및 탐색은 인터넷, 책, 직업인 인터뷰, 진로 탐색 프로그램 참여, 진로 박람회 방문 등 여러 가지 방법으로 할 수 있다. 이들 중 청소년에게 가장 익숙하고 쉬운 방법은 인터넷을 통한 방법일 수 있다. 인터넷은 다양한 정보를 저장하고 생성하기 쉬운 환경이어서 직업과 진학 정보를 폭넓게 탐색할 때 특히 도움이 된다(임은미 외, 2020).

중·고등학생의 정보수집 및 탐색은 직업정보 수집과 진학정보 수집으로 대표된다. 직업정보를 탐색하기 위해서는 자신이 관심 있는 직업의 직업인에게 요구되는 적성을 찾아보는 방법이 있다. 예를 들어, 고용24에 접속하여 취업지원, 취업가이드의 직업정보 메뉴에서 한국직업전망이나 한국직업정보의 입력창에 관심 직업이나 분야를 입력하고, 그 직업에 성공적으로 진입하고 적응하기 위해 필요한 능력이 무엇인지 알아보는 것이다. 해당 직업에서 필요한 능력을 다룬 자료가 제시되기 때문에, 탐색한 정보의 내용과 자신의 능력을 비교하는 것이 도움이 된다. 진학정보를 탐색하기 위해서는 고용24의 직업 · 진로의 학과 정보 메뉴에서 관심 있는 학과명이나 계열을 입력한다. 학과명을 입력한 경우 학과 정보로 바로 연결되고, 계열명을 입력한 경우 해당 계열의 다양한 학과 중에서 선택하는 절차를 한 번 더 거친다. 학과에 대한 정보에는 해당 학과의 공부를 해내기 위해 어떤 적성이 필요한지가 안내된다.

인터넷으로 정보를 수집하고 탐색하는 작업은 시간과 공간의 제약을 받지 않으며 많은 양의 정보를 편리하게 얻을 수 있다는 장점이 있다. 인터넷의 이러한 장점은 아직 자신의 적성을 막연하게만 알고 있거나 전혀 모르는 학생들이 시간과 비용을 적게 들이고 다양한 직업이나 학과에서 필요로 하는 적성을 찾아보게 하는 데 도움이 된다.

인터넷에서 폭넓게 찾은 정보를 기초로 하여 점차 인쇄 자료, 직업인 인터뷰, 직업체험, 아르바이트 등을 통해 관심 직업과 학과의 범위를 좁혀 가면서 심층적인 직업정보에 접근하는 것이 필요하다.

▪ 상담 및 멘토링

담임교사, 교과교사, 전문상담교사, 진로전담교사 등과의 상담을 통해 객관적인 피드백을 받는 것도 필요하다. 이들은 같은 또래의 수많은 학생을 지켜보는 위치에 있기 때문에 객관적인 시각에서 개별 학생의 특징적인 적성이 무엇인지를 발견하고 알려 줄 수 있다.

3. 성격

성격의 정의와 중요성 성격은 개인의 행동, 감정, 사고 패턴을 규정짓는 비교적 일관되고 안정된 특성들의 집합이다. 타인과 구별되는 자신만의 행동이나 특징이 지속적으로 안정되게 나타나면 그것을 자신의 성격이라 보아도 좋다. 성격은 개인이 상황을 해석하고, 환경에 반응하는 방식을 결정하며, 진로 선택 및 적응에도 큰 영향을 미친다. 또한 성격은 진로 선택과 직업 생활에도 큰 영향을 미치는 중요한 요소이다. 자신의 성격을 충분히 이해하고 그에 맞는 직업을 선택할수록 개인의 강점을 최대한 발휘할 수 있으며, 직업적 만족도와 성취감을 높일 수 있다.

성격의 구성요소 개인의 성격 특징을 설명하는 방법은 고대 그리스 시대부터 관심의 대상이었다. 최근 가장 많이 사용하는 것은 MBTI와 성격 5요인 검사를 통한 방법이다. MBTI는 분석심리학자인 융(Jung)의 성격 유형론에 근거하여 개발된 심리검사이다. 첫째, 관심과 에너지의 방향에 따라 외향형(E)과 내향형(I)으로, 둘째, 인식의 주요 근거에 따라 감각형(S)과 직관형(N)으로, 셋째, 판단의 주요 근거에 따라 사고형(T)과 감정형(F)으로, 넷째, 생활양식에 따라 판단형(J)과 인식형(P)으로 구분한 후 이들을 16가지 성격유형으로 조합하여 개인의 성격을 설명한다. MBTI는 상담 현장에서 사람의 성격이 다양하다는 것을 인식하고 다름을 이해하고 수용하는 것을 권장하기 위해 활용되었고, 각 성격유형과 진로특성 및 직업을 매칭시키는 보조적 도구로 활용되고 있다(김춘경 외, 2018).

성격 5요인 검사는 인간의 성격을 구성하는 기본적인 특질의 수에 관한 많은 연구결과를 종합하여 만들어졌다. 신경과민성은 불안, 우울, 분노 등의 부정적 정서성과 정서적 불안정성을 측정한다. 외향성은 다른 사람과 함께 교류하는 인간관계적 자극을 추구하는 성향, 개방성은 호기심이 많고 다양한 경험과 가치에 대해 열려있는 성향, 우호성은 다른 사람에 대해 우호적이고 협동적인 성향, 성실성은 자기조절을 잘하고 계획적이며 책임감이 강한 성향을 측정한다(Costa & McCrae, 1980).

성격의 형성 과정 성격의 형성과 발전 과정에 대한 이해는 자신이 원하는 진로에 진입하는 데 필요한 성격을 강화하고 긍정적으로 개선하는 데 참고가 될 수 있다. 성격의 형성과 발전에는 유전, 가정환경, 교육과 훈련, 개인적 노력 등이 모두 작용한다(권석만, 2017).

▪ 유전

성격의 절반 정도는 유전에 의해 결정된다. 유전은 부모로부터 물려받은 생물학적 요소로서 유전적인 요소 중 성격과 가장 밀접한 관련이 있는 것은 기질이다. 기질은 유전에 의해 선천적으로 타고나며, 학생의 기질에 대하여 부모를 포함하는 중요 타자들이 어린 시절부터 어떻게 반응해 주었는가에 따라 상호작용의 유형이 결정되고, 학생의 독특한 행동 특성이 성격으로 자리 잡는다. 새로운 자극이나 낯선 사람에 대한 반응 성향, 새로운 변화에 쉽게 적응하는 정도, 긍정적 또는 부정적 정서의 경향과 강렬함, 외부 자극에 쉽게 방해를 받는 정도 등은 기질적 특성일 가능성이 높다.

가정환경

부모, 형제자매 등 태어나면서부터 함께한 가족은 성격의 형성과 발전에 큰 영향을 준다. 동일한 가정에서 태어나서 양육된 형제자매는 유사한 환경을 경험하기도 하지만 서로 다른 경험을 통해 다른 성격이 형성되기도 한다.

특정한 기질을 지닌 아동이 아주 어린 시절부터 부모를 비롯한 주된 양육자와 함께 생활하고, 양육자가 제공하는 양육 행동과 상호작용하면서 대인관계의 기본적 성향인 애착을 형성한다. 주된 양육자로부터 친밀함과 일관성 있는 지지를 받으며 성장하면 안정 애착을 형성한다. 안정 애착을 형성한 학생은 안정된 심리상태를 바탕으로 적극적으로 진로를 탐색한다.

교육과 경험

학교에 다니게 되면서, 교사와의 관계 경험, 또래와의 상호작용 등 넓어진 사회관계를 통해 성격을 발달시킬 기회를 갖게 된다. 학생에 대한 교사의 지속적인 기대나 선입견은 학생의 행동에 영향을 미칠 수 있고, 이러한 영향이 누적되면 성격에 영향을 미친다. 또래와의 비교는 학생이 자존감을 형성하는 바탕이 되며 또래들과 상호작용하면서 받는 피드백은 학생이 자신의 성격을 설명하는 데 영향을 미친다.

개인적 노력

성격 자체의 변화는 어렵더라도 자신이 원하는 것을 해낼 수 있을 만큼의 개선은 노력에 의해 가능하다. 성격을 개선하기 위해서는 첫째, 세상과 자신을 바라보는 신념을 바꾸는 것이 필요하다. 자신의 성격과 능력이 변할 수 있다고 믿는 유동적 자기이론을 지닌 사람은 더 적극적으로 배우고 어려운 과제에 더 끈기있게 매달리고 실패에서 더 빠르게 회복한다(권석만, 2017). 또한 학업, 직업, 대인관계에서 더 긍정적인 성향을 보인다. 둘째, 본인이 원하는 진로로 접근하기 위한 효과적인 대응 방법을 적극적으로 배우고 실천하는 것이다. 예를 들어, 본인은 혼자 하는 작업을 좋아하는 성격이지만 다양한 사람들과의 만남이 필요한 진로를 선호한다면, 학창 시절부터 동아리활동이나 체험활동에 참여하여 익숙해짐으로써 성격을 개선하는 기회를 마련하는 것이다. 셋째, 효과적인 성격 변화를 위해 전문가의 도움을 받을 수 있다. 학생은 학교에 설치된 위클래스에서 성격 이해와 개선을 위한 상담을 받을 수 있다.

성격의 발견 방법

자기성찰

자기성찰은 자신의 감정, 행동, 사고를 내면적으로 관찰하는 것이다. 주기적으로 자신의 일상생활을 돌아보거나, 의미 있는 사건들에서 자신이 보인 행동이나 느꼈던 감정 및 그때 떠올랐던 생각들을 일기나 메모 등으로 기록하는 것은 자기성찰을 위한 좋은 방법이다. 기록한 것들을 남겨 자신에 대한 성찰 자료를 축적하며 자신을 이해하고 싶을 때 읽어 보는 것은 자신의 성격을 발견하는 매우 효과적인 방법이다.

성격검사

MBTI, 성격 5요인 검사 등 과학적으로 타당성이 검증된 성격검사를 통해 자신의 성격 특성을 객관적으로 이해할 수 있다. 심리검사 결과를 가지고 전문상담사의 도움을 받으면 성격을 보다 깊이 있게 탐색할 수 있다.

타인의 피드백

가족, 친구, 동료 등 가까운 사람들로부터 피드백을 받는 것은 자신의 성격을 이해하는 데 도움이 된다. 타인의 관점을 들어봄으로써 자신의 성격을 더 객관적으로 이해할 수 있다.

4. 직업가치

직업가치의 정의와 중요성 직업가치는 개인이 직업을 선택하고 수행하는 과정에서 중요하게 여기는 기준이나 신념이다. 이는 개인이 직업을 통해 얻고자 하는 것과 직업이 자신에게 제공해야 할 것들에 대한 기대를 반영한다. 직업가치에 부합하는 일을 선택한 개인은 직업 생활을 통해 핵심적인 삶의 욕구가 충족되기 때문에 그만큼 삶의 만족이 높아지고, 일을 통해 만족을 얻는 만큼 직업생활에 대한 헌신도가 높아지고 이는 장기적인 경력 발전의 원동력이 된다.

직업가치의 구성요소 직업가치는 다양하게 구성되어 있으며, 이에 대하여는 고용24의 직업가치관검사와 커리어넷의 직업가치관검사 하위요인을 통해 살펴볼 수 있다. 고용24와 커리어넷의 직업가치관검사 하위요인들을 비교해 보면 성취, 영향력, 자율성, 금전적 보상, 사회적 인정 등 동일한 하위요인도 있지만 서로 다른 하위요인도 있다. 따라서 학생들에게 두 개의 검사에 공통점과 차이점이 있음을 설명하고 두 기관의 검사 중 하나를 선택하거나 두 기관의 검사를 모두 실시하도록 권할 수 있다.

- 고용24 심리검사가 제시하는 직업가치의 내용: 사회적 공헌, 변화지향, 성취, 경제적 보상, 자기계발, 일과 삶의 균형, 사회적 인정, 자율성, 직업안정
- 커리어넷 심리검사가 제시하는 직업가치의 내용: 안정성, 보수, 일과 삶의 균형, 즐거움, 소속감, 자기계발, 도전성, 영향력, 사회적 기여, 성취, 사회적 안정, 자율성

직업가치의 형성 과정 직업가치는 다양한 요인에 의해 어린 시절부터 형성되며, 개인의 경험과 환경에 의해 영향을 받는다.

가정환경

부모나 가족의 가치관은 직업가치 형성에 큰 영향을 미친다. 따라서 학생의 가치관을 충분히 이해하기 위해서는 가정환경에 대한 이해가 중요하다. 부모나 주된 양육자가 지닌 직업가치가 학생에게 그대로 전수되었을 수 있기 때문이다. 자신의 직업가치를 명료화하고, 누구로부터 어떤 영향을 받아 형성된 것인지 검토하여, 자기 삶에 가장 부합하는 가치관을 스스로 선택하면서 부모나 가족의 영향을 주도적으로 조절해 가는 것이 필요하다.

사회적 영향

학창 시절 교사 및 친구들과 상호작용하면서 개인마다 각자 다른 가치관을 가지고 있음을 발견하게 된다. 자신의 가치관과 유사한 가치관을 지닌 교사나 친구와는 편안하게 어울릴 수 있다. 그러나 자신과 다른 가치관을 지닌 교사나 친구를 대할 때는 새로움, 익숙하지 않음, 놀라움 등의 다양한 감정을 만난다. 새롭게 직면하는 가치에는 본인도 따르고 싶은 것이 있을 수 있고, 충돌을 일으키는 것도 있을 수 있다. 다양한 경험을 통해 기존의 가치관에 새로운 경험이 더해지면서 직업가치에 변화가 일어난다.

문화적 배경

문화나 사회적 환경은 구성원들의 다양한 가치관과 생활양식이 어우러져 형성되어 간다.

이렇게 형성된 사회 문화적 풍토는 다시 개인, 가정, 학교 등의 체계들과 상호작용하면서 서로 영향을 미친다. 예를 들어, 어떤 문화에서는 공동체 기여를 중요시할 수 있고, 다른 문화에서는 개인의 성취를 더 중요시할 수 있다. 우리나라는 전통적으로 공동체 기여를 중시 여기는 문화였으나 경제적 성취에 대한 강조, 세계화, 무한경쟁의 정책적 도입 등의 시대를 거치면서 개인의 성취를 강조하는 문화로 급격히 변화하고 있다.

직업가치의 발견 방법

▪ 자기성찰

어떤 삶을 살 때 가장 나답고 행복하고 보람이 느껴질지, 어떤 삶을 살 때 후회가 없을지 등에 대해 계기가 있을 때마다 깊이 생각해 보는 것이다. 앞으로의 삶을 미리 생각하기 위해, 과거와 현재 경험의 도움을 받을 수 있다. 뿌듯했던 경험, 보람을 느꼈던 경험 등을 떠올려 보면서 자신의 직업가치를 발견할 수 있다.

▪ 심리검사

앞에서 예시로 든 바와 같이 커리어넷과 고용24의 홈페이지에서는 표준화된 직업가치 검사를 무료로 받을 수 있다. 직업가치 검사결과를 그대로 받아들이기보다는, 그러한 검사결과는 내가 생각하는 내 모습과 어느 정도 일치하는지, 일치한다면 어떤 점에서 일치하고, 그렇지 않다면 어떤 점에서 실제의 내 모습과 다른지 등에 대해 생각해 보거나 대화를 나누는 것이 직업가치를 발견하는 데 효과적이다.

▪ 타인의 피드백

가족, 친구, 동료 등과의 관계 속에서 자신의 직업가치를 발견할 수 있다. 함께 기뻐하거나 보람을 느끼는 순간, 자신은 기쁘고 보람이 느껴지는데 주변 사람 중에는 그렇지 않은 사람이 있는 순간, 다른 사람은 기뻐하고 보람을 느끼는 것 같은데 자신은 그렇지 않은 순간 등이 자신의 가치관을 발견하는 데 도움이 되는 순간들이다.

5. 생활양식

생활양식의 개념과 중요성 생활양식은 개인이나 집단이 일상에서 보여 주는 행동, 습관, 가치관, 태도, 소비 패턴 등을 포괄하는 개념이다. 이는 개인의 정체성과 사회적 위치를 표현하며, 삶을 어떻게 조직하고 경험하는지를 보여 준다. 생활양식은 개인의 문화적 배경, 경제적 상황, 사회적 환경, 가치관 등에 의해 영향을 받으며, 시간이 지나면서 변화할 수 있다.

자신의 생활양식에 맞는 진로를 선택하면 일과 삶의 조화를 이루기 쉽고 그만큼 스트레스가 줄어들기 때문에 만족감을 높일 수 있다. 자신의 생활양식과 맞는 직업을 선택하는 방법과 자신이 원하는 직업에 맞게 생활양식을 변화시키는 방법을 함께 고려하여 진로를 선택할 필요가 있다.

생활양식의 구성 생활양식은 다양한 기준에 따라 분류될 수 있고 그중 직업 선택과 관련이 깊은 양식은 아침형과 저녁형 생활양식이다. 학교와 직장의 일과가 대부분 오전 일찍 시작되기 때문에 학생들은 자기도 모르게 아침형 생활양식으로 훈련을 받고 있다.

아침형 생활양식을 지닌 사람은 아침에 일찍 일어나고 일찍 자며, 규칙적인 생활 패턴을 선호한다. 아침에 에너지가 가장 높고, 집중력과 생산성이 높으며, 중요한 일을 아침에 처리하려고 한다. 아침형 인간은 주로 오전에 시작하는 업무나 활동에 더 잘 적응하며, 아침 미팅이나 업무 처리를 선호한다. 따라서 일찍 시작하는 직업이나 정규 근무 시간을 갖는 직업이 적합할 수 있다.

저녁형 생활양식을 지닌 사람은 저녁이나 밤에 에너지가 가장 높고, 늦게 자고 늦게 일어나는 것을 선호하고, 저녁 시간대에 집중력과 창의력이 높으며, 창의적인 작업을 이 시간대에 해낸다. 저녁형 인간은 늦은 시간까지 일을 하거나 밤에 창의적인 작업을 할 수 있는 직업을 선택할 수 있다.

자신의 생활양식을 충분히 파악하면, 에너지가 최고조에 달하는 시간대를 활용하여 업무를 수행할 수 있고, 자신의 생체 리듬에 맞춰 생활하여 스트레스를 줄일 수 있는 직업을 선택하는 데 참고할 수 있다. 생활양식에 맞는 직업을 선택하면 더 큰 만족감을 느낄 수 있으며, 직장 생활과 개인 생활의 균형을 이루는 데 도움이 된다.

이 외에도 진로선택에 참고할 수 있는 생활양식으로는 공동체 중심의 생활을 원하는지 개인중심의 생활을 원하는지, 도시에서의 생활을 원하는지 한적한 지방에서의 삶을 원하는지 등이 있다.

6. 건강, 외모, 장애

1) 건강

건강의 중요성 건강은 업무 수행 능력과 집중력을 높이는 데 필수적이기 때문에 어떤 직장이든 건강한 근로자를 선호한다. 건강이 유지되면 일상적인 직무뿐 아니라 강도 높은 직무수행에 적극적 · 지속적으로 몰입하며 더 높은 성과를 낼 수 있다.

건강 상태가 좋으면 직장에서의 스트레스를 더 잘 관리할 수 있고, 이는 직업 만족도로 이어진다. 건강은 강도 높은 업무를 수행하는 가운데서도 피로를 빠르게 회복시키며 삶의 질을 유지하는 데 도움이 된다. 신체적 요구나 정신적 스트레스를 많이 받을 때에도 빠른 회복을 기대할 수 있다. 건강은 모든 활동의 기초이므로 건강할 때 잘 관리하는 것이 중요하다.

건강 문제와 직업 제한 특정 건강 상태나 신체 조건에 따라 진입이 제한되거나 불가능한 직업이 있다. 각 직업은 특정한 신체적 · 정신적 요구사항을 필요로 하며, 이러한 요구사항을 충족하지 못할 경우 해당 직업에 진입하는 것이 어려울 수 있다.

이러한 제한이 무조건적이지는 않다. 과학의 발전으로 인한 직무의 변화로 인해 이러한 제한이 풀리는 경우도 있기 때문이다. 새롭게 개발되는 보조 장치나 특별한 조정 및 적응을 통해 문제를 극복하고 해당 직업에 종사할 수 있는 기회가 주어지기도 한다. 또한 특정 신체 부위의 손상에 따른 진학과 취업상의 불이익에 대하여는 국가인권위원회 차원에서 지속적인 문제 제기와 개선 권고가 진행되고 있다. 따라서 본인에게 해당되는 사항이 발견되는 경우에는 미리 희망진로를 포기하기보다 해당 학과 또는 해당 직업관련 최신 정보를 통해 확인할 필요가 있다.

2) 외모

외모의 의미와 중요성 외모는 드러나는 겉모습을 의미한다. 중 · 고등학생들 중에는 진로 선택에서 외모가 큰 영향을 미친다고 생각하여, 서로의 외모를 비교하고 본인이 생각하는 좋은 외모를 갖추려고 노력하는 학생이 많다. 보기 좋은 외모를 갖기 위한 관심과 노력이 문제가 되지는 않는다. 그러나 잘못된 정보를 바탕으로 건강을 해치는 정도까지 외모에 관심이 치중되는 것은 바람직하지 않다. 무리한 다이어트를 하는 경우가 그 예 중 하나이다. 직업시장에서 외모를 보는 방향은 자신들의 업종과 얼마나 어울리는지에 관한 것이다. '예쁘다' '잘 생겼다'는 관점보다는 직종에 따라 신뢰감을 주는 외모, 전문성이 배어나는 외모, 친근감을 주는 외모, 건강해 보이는 외모 등 다양하다.

외모와 직업적 성공의 관계 외모와 가장 큰 관련이 있는 것으로 보이는 직업에는 배우, 모델, 방송인 등이 있다. 그러나 이들의 외모 또한 각양각색이며, 미디어나 엔터테인먼트 업계에서 크게 성공한 사람들을 보면 외모 자체가 뛰어난 경우도 있지만 자신만의 이미지나 스타일과 작품이 잘 어울렸기 때문에 성공한 경우가 더 많다. 따라서 자신의 개성을 충분히 파악하며 해당 분야에서 요구하는 능력을 기르는 데 중점을 두는 것이 효과적이다.

항공 승무원, 호텔 프런트 데스크, 판매직 등은 고객에게 비치는 첫인상이 중요한 역할을 할 수 있기 때문에 처음보는 고객으로부터 신뢰감을 얻을 수 있는 외모가 유리하다. 그러나 이 신뢰감은 생김새 자체보다는 표정이나 태도 말투 등에서 배어나오기 때문에, 외모의 우열 자체가 중요하다고 보기는 어렵다.

전문 기술직에서는 특히 외모가 중요하지 않다. 전문적 지식과 능력이 매우 중요하기 때문이다. 예를 들어, 교수, 연구원, 교사 등은 외모보다는 학문적 성과와 교육적 능력이 우선시 된다. 기술 및 IT 분야의 프로그래머, 네트워크 엔지니어, 데이터 분석가 등은 외모보다는 기술적 능력과 문제해결 능력이 더 중요한 역할을 한다.

외모와 진로선택 우리 사회 일부의 사회적·문화적 맥락에서 외모에 대한 편견이나 차별이 존재하는 곳이 있고, 이러한 편견은 고용 기회나 직업 선택에 영향을 미칠 수 있다. 그러나 많은 조직이 이러한 편견을 극복하기 위해 다양성과 포용성을 강조하고 있다. 혹시라도 외모 차별이 일어나고 있는 장면에 대하여는 국가인권위원회가 적극 개입하여 해당 조직에 방지대책을 요구한다.

진로나 직업을 선택할 때의 외모는 단지 외형적인 생김새를 가꾼다는 의미이기보다는 자신이 원하는 진로나 직업에서 요구하는 인간상에 보다 가까이 다가가기 위한 것이다. 외모 자체보다 자신감을 갖는 것이 더 중요하며, 자신의 외모의 긍정적인 특징을 잘 파악하고 그것을 잘 살릴 수 있는 스타일, 태도, 표정 등을 지니도록 노력할 필요가 있다. 밝고 온화한 표정, 청결한 신체와 복장의 유지, 직업에 맞는 스타일링 등은 어떤 직업에서나 환영받는 기본적인 외모 특징이다.

외모, 특히 겉모습에 너무 큰 비중을 두기보다는 자신의 능력과 관심사에 맞는 직업을 선택하는 것이 중요하다. 겉모습보다는 내면의 자신감을 키우고 전문성을 강화하는 것이 장기적인 직업 만족도를 높이고 성공적인 직업인으로 성장하기 위해 더 유익하다.

3) 장애

진로선택에 대한 장애의 영향 장애인 차별 금지를 지향하는 법이나 제도 그리고 시민의식의 개선으로 인해 교육과 진로 장면에서 명시적인 장애인 차별은 현저하게 줄어들었다. 장애 학생들을 위한 특수교육적 지원책도 마련되어 있으며, 교육적으로는 특수학교에 진로전담교사를 배치하는 등 장애인의 진로발달과 자아실현을 돕기 위한 교육적 방안들이 실현되고 있다(김봉환 외, 2018).

그러나 장애인 차별의 문화는 우리 사회 구성원들의 사고에 깊숙이 내재되어 있고, 이러한 문화적 요인은 특수학생과 학부모 그리고 교사들에게도 영향을 미친다. 특수교육 대상 학생들은 낮은 자아존중감, 사회적 고립감, 불안과 스트레스, 직업적 불확실성, 좌절감, 낙인과 차별 경험들로 인해 괴로워한다. 이러한 심리적 경험들은 특수교육 학생들의 적극적인 진로탐색 동기를 저하시키는 내적 진로장애로 자리 잡는다.

장애를 가진 학생을 위한 관점과 지원 특수교육 대상 학생들은 특히 자신의 강점을 발견하여 그것에 집중하고 진로와 연결시키도록 도움을 받아야 한다. 장애의 정도와 종류는 개인마다 다르고, 장애의 정도와 종류에 따라 할 수 있는 직무수행의 내용이 달라진다. 자신의 특성 중 장애가 아닌 영역은 강점으로 인식하고 수용하며 역량을 강화하는 작업이 필요하다.

진로 탐색 과정에서 장애를 가진 학생은 일반 학생보다 자주 어려움을 겪을 수 있고, 그 어려움의 정도가 심할 수 있으며, 자신의 독특한 특징으로 인해 친구들의 공감을 받기 어려운 상황에 놓일 때가 많다. 따라서 특수교육 대상 학생에게 접근 가능한 심리상담이나 정신건강 프로그램들이 개발되고 보급되어야 할 것이다.

부모와 교사는 학생과 자녀의 장애 상태와 정도를 면밀히 관찰하고 학생이 해낼 수 있는 직무영역이 무엇일지를 적극적으로 찾아내야 한다. 그러한 직무들과 관련된 직업을 가급적 많이 탐색하고 접할 기회를 제공하는 방안을 함께 논의하고, 주변의 자원을 활용하여 특수교육 대상 학생에게 제공하도록 한다.

이 과정에서 가족, 친구, 교사의 지지를 받는 것은 지속적인 동기유발에 필수적이기 때문에 특수교육 대상 학생들을 위한 부모와 교사의 각별한 관심과 주의가 필요하다. 부모와 교사가 먼저 강점 중심 관점으로 장애를 가진 학생을 바라보는 훈련을 해야 한다. 아울러 자신의 권리에 대한 교육을 받고 자립할 수 있는 능력을 키우도록 학생 자신의 선택을 존중하며 어렵더라도 자신이 선택한 일들을 스스로 수행해 보는 기회를 제공하려는 노력이 필요하다.

제3장

진로학업설계의 원리

기술의 진보와 인구 구조의 변화 및 사회발전으로 미래 직업세계는 지금과 많이 달라질 것이다. 누구도 미래를 정확하게 예측하기 어렵기 때문에 학생들은 미래 변화를 이해하고 적극적으로 경험하며 도전해야 한다. 외적인 평가나 성적으로 학생의 미래와 선택을 제한하기보다 학생들에게는 다양한 직업 세계를 체험하고, 자신이 좋아하는 일을 탐색하고 재능을 확인하는 경험이 중요하다. 또한 삶을 살아가면서 실패를 경험할 수밖에 없으므로 실패를 시도했다는 증거로 받아들이며 그 과정을 긍정적인 의미로 구성해 나가는 능력이 필요하다. 학생들은 다양한 경험을 성찰하면서 새롭게 학습한 것을 자신의 삶 또는 미래와 연결하고, 의미를 만들면서 주도적으로 자신의 진로를 구성해야 한다. 그러한 과정을 통해 학생들에게 자신의 진로를 실행하려는 의지가 생기게 된다.

학생들은 진로학업설계 과정에서 자신의 진로 및 삶과 관련된 경험을 성찰하여 의미를 부여하고, 자신과 세상에 대한 이해를 바탕으로 자신의 결정을 명료화하면서 미래사회에 적응해 나가야 한다. 이러한 과정은 자신과 일에 대한 경험을 이야기하면서 스스로 성찰하고 의미를 만들도록 돕고, 자신과 상황에 변화를 만드는 적응력을 높이는 것을 목표로 하는

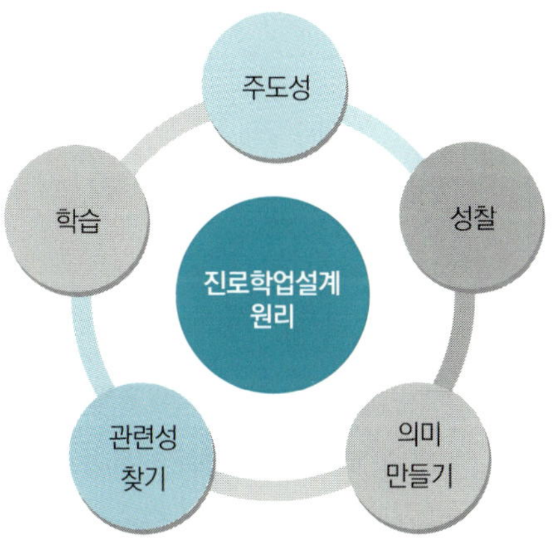

[그림 3-1] 진로학업설계의 원리

구성주의 상담과 유사하다고 볼 수 있다. 따라서 진로학업설계를 위한 기본 원리로 구성주의 상담 이론에서 제시하는 심리적 과정인 주도성, 성찰, 의미 만들기, 관련성 찾기 및 학습의 원리를 제시한다(McMahon, Watson, Chetty, & Hoelson, 2012).

1. 주도성의 원리

주도적인 진로학업설계 및 관리 필요 불확실한 세상에서 다가온 기회를 인식하고 스스로 자신의 진로를 결정하며 실행해 나아가기 위해서는 주도적인 진로 관리가 필요하다. 우리나라 교육과정에서 추구하는 인간상에서도 전인적 성장을 바탕으로 자아정체성을 확립하고 자신의 진로와 삶을 스스로 개척하는 '자기주도적인 사람'을 제시하고 있다. 표준에 따르게 하는 전통적인 지도를 넘어 학생의 다양성을 존중하고, 개별 학생이 추구하는 가치와 의미에 따라 자신의 진로와 학업을 설계하고 관리할 수 있도록 도와야 하며, 이를 바탕으로 학생들은 자신의 진로에 책임을 지고 나아갈 수 있게 된다.

'주도성'은 어떤 일을 성사시키려는 의도와 행동을 의미하며, 주도성이 높은 개인은 개인적 역량을 활용하여 사회구조적 환경 및 맥락과 상호작용하며 적극적으로 행동할 수 있는 잠재력을 가지고 있다고 볼 수 있다. 학생의 주도성은 자신의 삶과 주변 세계에 긍정적으로 영향을 미치는 능력, 의지, 신념으로 정의되며, 최근에는 교사와 학생이 협력적으로 주도성을 발휘하여 상호적이며 지지적 관계를 구축해 나가는 협력적 주도성(co agency)이 강조되고 있다(OECD, 2019a). 휴먼 에이전시(human agency)는 의도적으로 자신의 기능과 환경에 영향을 미치는 능동적이고 자기 조절적이며 자기성찰적인 개인으로 '목적의식' '미래 고찰' '자기반응' '자기성찰'로 구성된다(Bandura, 2001; 2006). 이러한 4가지 요인이 서로 연결되고 영향을 받으면서 직업적 환경에서 자기조절 및 자기관리를 할 수 있는 휴먼 에이전시가 개발될 수 있다. 따라서 학생의 주도적 진로학업설계 역량을 촉진하기 위해 이 4가지 요인에 대한 개입이 필요하다.

학생 주도성 발현에 중요한 관계 및 환경 한편, 학생 주도성에는 다음과 같은 공통 전제가 있다(Klemenčič, 2015). 주도성은 개별 학생 또는 학생 집단이 사회구조적·관계적 맥락 속에서 자기 자신, 다른 사람, 사물과 상호작용하면서 개발되는 것이기 때문에 학생 주도성은 교육, 정치, 사회, 경제, 문화 등 다양한 맥락과 조건에 따라 제한되거나 발전될 수 있으며, 교사나 동료 학생 등과 맺는 관계가 학생 주도성에 많은 영향을 미친다. 또한 과거 경험에 대한 성찰, 미래의 가능성에 대한 지향, 자신을 둘러싼 맥락에 대한 인식 사이의 역동적인 상호작용을 통해 주도성이 발현되기 때문에 주도성에는 시간성이 내포되어 있다. 따라서 교사, 학교, 제도적으로 학교 교육 과정 내에서 학생들이 주도성을 발휘할 수 있는 환경 및 분위기를 조성하고, 문화적인 위치나 제약으로 인해 주도성 발현이 어려운 학생에게 관심을 기울이는 것도 필요하다.

■ **목적의식: 목표를 향해 행동하게 만드는 힘**

"삶에서 중요하게 생각하는 것은 무엇인가?" "어떤 일을 하고 싶은가?" "그런 일을 하면 무엇이 좋을 것 같은가?" 등의 질문을 통해 학생의 욕구와 가치, 학생이 하고 싶어 하는 것을 분명히 한 후 그것을 실현하기 위한 구체적인 계획을 세우고 수행할 수 있도록 도와야 한다. 이러한 질문에 답변하기 어려워하는 학생에게는 일과 연관된 다양한 경험을 탐색하여 그 속에 존재하는 의미와 주제를 생각해 보는 활동이 도움이 될 수 있다.

■ **미래고찰: 목표를 설정하고 결과를 예측하는 능력**

"자신의 진로 선택에 대해 어느 정도 확신하는가?" "자신의 진로를 수행할 수 있는 능력에 대해 어떻게 생각하는가?" 등의 질문을 통해 진로 선택의 확신 정도와 진로 자기효능감을 확인하고, 선택과 실행에 영향을 미치는 긍정적·부정적인 환경적 요인을 확인해야 한다. 이후에 실행을 위한 다양한 경로와 지지 자원, 극복 방안 등을 생각해 보고 구체적인 실행 계획을 세우도록 도와야 한다. 이 과정을 통해 목표 수행에 대한 동기가 부여될 수 있다.

■ **자기반응: 실행 동기 유지를 위해 자신을 조절하고 모니터링하는 능력**

"자신의 행동이 어떤 영향을 미쳤는가?" "어떤 외부 환경이 자신에게 영향을 미치는가?" 등의 질문을 통해 자신과 외부 환경의 상호작용 방식을 이해하고, 예상된 상황이나 예측 불가능한 상황에서 어떻게 대응할지를 생각하도록 자극할 필요가 있다. 이러한 과정을 통해 우연한 기회의 발생 가능성을 높일 수 있고, 자신의 삶과 진로에 영향을 미치는 여러 요인 안에서 주도성을 경험할 수 있다.

■ **자기성찰: 자신과 행동에 대해 생각하고 심사숙고하는 메타인지 능력**

"자신의 행동으로 어떤 것이 충족되었는가?" "무엇을 위해 그렇게 행동한 것인가?" 등의 질문을 통해 자신의 행동에 내재된 의미를 생각하도록 자극하는 과정이 성찰을 촉진할 수 있다. 이러한 과정을 통해 자신과 행동에 대한 이해가 증진될 수 있다.

2. 성찰의 원리

'성찰'을 통한 자신과 직업 세계의 다면적 이해 필요 자신의 진로 선택을 위한 혼란스러운 상황은 과거의 경험을 '성찰'하고 미래와 연결함으로써 재구성되고 의미를 가질 수 있다. 성찰을 통해 자신에게 의미 있는 방식으로 경험과 정보를 통합하면 자신에게 중요한 것, 뒤에 미루어둘 것, 앞으로 나아가야 할 방향을 결정하게 되며, 이러한 과정을 통해 자신의 삶에 영향을 미치는 사회, 경제, 역사, 문화 구조 안에서 주도성을 경험하게 된다(Savickas, 2016b). 자신에 대한 성찰을 토대로 직업 세계를 탐색하고, 사회 및 직업 세계에 대한 성찰을 통해 사회적 · 경제적 · 환경적 요인 및 문화적 기대 등을 고려하면서 자신에게 의미 있는 방식으로 여러 경험과 정보를 통합하게 된다. '성찰'을 통해 모호함, 의심, 갈등, 혼란이 있는 상황이 일관성 있고 조화로운 상황으로 변화될 수 있고, 이 과정에서 자신의 행동과 경험을 스스로 이해하고 자신과 자신의 행동에 대한 변화 가능성을 높일 수 있게 된다.

■ **객관성과 주관성이 균형 잡힌 자신에 대한 성찰**

흥미, 적성, 성격, 가치관, 진로성숙도 등과 같은 진로심리검사는 자신을 이해하기 위한 유용한 도구이다. 그러나 이러한 진로심리검사의 목적은 개인을 진단하거나 어떤 것을 제안하기 위해 사용되기보다 자기탐색과 자기이해를 촉진하는 도구로 활용될 필요가 있다. 검사 결과에서 자신을 잘 설명해 주는 부분과 그렇지 않은 부분을 구분하고 왜 그런 결과가 나왔다고 생각하는지 스스로 성찰할 기회를 주어야 한다. 만약 흥미검사에서 낮은 예술형 점수를 예술형과 관련된 활동에 관심이 낮은 것으로 해석하기보다 정말 그 분야에 관심이 없는 것인지 그 분야에 대한 경험이 충분하지 않아서인지 탐색할 필요가 있다. 즉, 객관적 진로심리검사 결과에 대해 스스로 주관적으로 평가하고 표현할 기회가 필요하다. 또한 다양한 활동과 질문으로 진로 및 삶과 관련된 소소한 주관적 경험을 표현할 기회를 제공함으로써 자신에 대한 주관적 이해를 심화시킬 수 있다.

성찰을 위한 다양한 기법

1. 부적절한 사고의 해체 활동(임은미 외, 2017; Jun, 2009)

부적절한 사고유형

① 선형적 사고: 특정 순간을 기초로 미래를 예측함. 과거를 바탕으로 일반화하고, 사람은 변하지 않는다는 믿음을 가짐

② 이분법적 사고: 이것 아니면 저것으로 구분함. '우리'를 '그들'과 구별하고, 우리를 우월하게 그들을 열등하게 평가함

③ 위계적 사고: 자신과 타인을 우월한 혹은 열등한 위치에 놓음. '사람'을 보기 전에 먼저 그의 위치를 보고 개인의 가치를 평가함

1) 회상: 이 활동의 목적은 자신이 과소평가, 주변화, 억압을 당하여 경험한 고통과 경험을 기억하고 그 사건에 내재하고 있는 부적절한 사고를 발견하고, 그러한 사고가 자동적으로 활성화되는 것을 중지하고자 하는 것이다. 누구나 한 번쯤은 힘없고, 희망 없고, 무기력하다고 느낀 적이 있다는 가정에서 출발하며, 활동에는 스스로 정직하게 참여하는 것이 중요하다.

- 당신이 과소평가받고, 오해받고, 차별받고, 수치를 당하고, 당황하고, 억압되었던 시간을 떠올려 보자. 당신의 느낌을 구체적으로 떠올리도록 한다.
  - 누가 당신을 과소평가했는가?/ 그때 당신은 몇 살이었나?/ 무엇을 하였는가?
  - 기분이 좋아지는 데 가장 도움이 된 것은 무엇인가?
  - 그 경험에서 배운 것은 무엇인가?
  - 이 사건은 현재 어떤 영향을 미치는가?
- 앞의 질문에 대한 응답을 마친 후, 이번에는 다른 사람들의 경우를 떠올려 보자. 다른 사람이 누군가를 차별하는 장면을 떠올리고 차별받는 사람이 느꼈을 압박감, 분노, 좌절, 수치, 소외감, 고립감, 상처, 모욕감, 자기 회의감, 혼란, 외로움, 배신감 등을 상상해 보자.
  - 그때의 느낌과 생각을 글로 쓰거나 그림으로 표현해 보자.
  - 무엇이 이런 사람들의 기분을 좋아지게 하고 자존감을 회복하는 데 도움이 될까?
  - 당신 자신의 고통이나 상처를 기억한 후 그들의 고통을 이해하니 오늘 어떤 점이 달라질 것 같은가?
  - 아직도 감수성이 무디거나 판단적인가? 아직도 자신이 차별받거나 차별을 시행한 사람들보다 우월하다고 느끼는가?

2) 내적 대화: 이 활동의 목적은 자신의 사고방식을 이해하고 그것이 대인 간 의사소통에 미치는 영향을 이해하고자 하는 것이다. 내적 대화의 과정에서 중요한 것은 판단하거나 검열하거나 축소하지 않는 것이다.
   - 학생, 동료, 가족, 친구로 인해 좌절했던 순간을 생각해 보자. 당신은 무엇을 기대하였는가? 그 기대에는 상대방 또는 세상에 대한 어떤 가정이 담겨 있었는가?
   - 당신의 좌절은 부적절한 자신의 사고방식과 관련되어 있는가? 그렇다면 어떤 유형의 부적절한 사고였는지, 그 결과가 무엇이었는지 그림으로 그리거나 글로 표현한다.
   - 부적절한 사고방식을 사용하였다면 그것을 처음 사용한 순간을 기억하고 기록한다.
   - 성장기 동안 부모, 형제, 교사가 부적절한 사고방식을 사용하였는가? 그들은 무엇이라고 말하였는가? 이러한 진술은 당신의 내적 대화를 어떻게 형성시켰는가?
   - 5분 동안 눈을 감고 숨을 천천히 들이마시고 내쉬어 보자. 눈을 뜨고 부적절한 사고유형과 당신의 관계를 적어 보자.
   - 당신의 일상생활에서 부적절한 위계적 사고의 비중은 어느 정도인지 평가해 보자.

3) 글쓰기: 일상생활 속에서 경험하는 소소한 사건들 속에서 드러나는 자신의 부적절한 사고방식에 대한 인식 및 깨달음, 대안적인 상황들을 글로 적는 것이다. 글쓰기를 반복하다 보면 부적절한 사고에 대한 인식과 해체 과정이 보다 자연스럽게 진행될 수 있다. 이런 과정은 자동적으로 활성화된 부적절한 사고가 스스로 억압과 차별의 경험으로 밀어 넣거나 타인을 억압하고 차별하는 것을 방지할 수 있다.

2. 진로구성 인터뷰 질문 활용(Savickas, 2016a)

1) 당신의 초기기억은 무엇입니까? 3~6세경 혹은 당신이 기억할 수 있는 가장 최초의 기억에서 당신에게 일어난 3가지 이야기를 들려주세요.
   - 이 질문에 대한 답변에서 삶에 대한 자신의 신념과 집착하는 문제가 나타난다. 세 가지 기억에서 반복되는 단어나 표현들에서 응답자의 신념이나 집착하는 문제를 유추할 수 있으며, 응답자의 자신, 타인, 세상에 대한 기본적인 이해를 파악할 수 있다.

2) 당신은 자라면서 누구를 존경했나요? 그 사람의 특징에 대해 말해 주세요.
   - 이 질문에 대한 답변에서 응답자의 자기개념이 명료화되고, 삶의 목표 및 직면한 어려움에 대한 잠재적인 해결 방법이 나타날 수 있다.

3) 당신이 가장 좋아하는 잡지, TV 프로그램, 사이트는 무엇입니까? 그것의 어떤 점을 좋아하나요?

- 이 질문에 대한 답변에서 응답자의 주요 관심사, 선호하는 작업환경, 상호작용하고 싶은 사람, 다루고 싶은 문제, 사용하고 싶은 절차 등이 나타난다.

4) 요즘 당신이 좋아하는 책이나 영화는 무엇입니까? 그 이야기를 해 주세요.
   - 이 질문에 대한 답변에서 스토리의 주인공이 문제를 해결하는 방식이 드러나는데 이는 응답자가 자기개념과 관심 있는 환경을 통합하여 어떻게 행동하고자 하는지를 간접적으로 보여 준다.
5) 당신이 제일 좋아하는 속담이나 좌우명을 말해 주세요.
   - 이 질문에 대한 답변에서 문제해결로 나아가기 위해 스스로에게 하는 충고와 조언, 전략이 나타나게 된다.

3. 패턴 확인 연습 활용(McMahon & Watson, 2022)

1) 먼저 생활하면서 즐거웠던 일과 활동을 떠올려 보세요. 여러 번 그런 활동을 반복했던 경험에서 잘 진행되거나 좋게 느껴졌을 때와 잘 진행되지 않아 어려움에 직면했을 때와 별로 좋지 않게 느껴졌을 때를 구분해 보고 상세히 묘사해 봅니다. 두 상황이 무엇이 유사하고 달랐는지, 잘 진행된 이유와 그렇지 못했던 이유 등에 대해 생각해 봅니다.
2) 이야기를 분석합니다. 이야기 속에 나타난 의미와 주제를 파악하고, 이야기가 자신에 대해 말하고 있는 것이 무엇인지 탐색합니다.
3) 이야기를 현재의 삶과 진로에 적용합니다. 확인된 의미와 주제 중 자신의 현재 진로와 연결되는 것, 자신의 강점과 약점으로 파악된 것, 이야기 속에 나타난 진로 대안 등에 대해 이야기 나눕니다.

▪ 객관적이고 정확하며 최신 정보에 기반한 직업세계에 대한 성찰

기술의 발전과 더불어 빠르게 변화하는 세상에서 사회적 · 경제적 · 환경적 조건들이 영향을 받고 있으며 직업 세계도 변화되고 있다. 수많은 정보가 매일 업그레이드되므로 직업 세계에 대한 탐색과 성찰은 정확하고 객관적이며 최신 정보에 기반하여야 한다. 거시적인 변화 트렌드에 대한 이해와 더불어 자신의 관심 분야, 즉 관심 직업과 학과에 대한 최신 정보를 바탕으로 직업 세계를 성찰할 필요가 있다. 탐색과 성찰을 통해 얻어지는 내용도 중요하지만 이러한 정보탐색 과정은 앞으로의 삶에서 계속되어야 하므로 최신 직업정보를 얻을 수 있는 사이트에 접근하여 자신에게 필요한 정보를 취할 수 있는 정보탐색 능력의 향상을 위해서도 노력해야 한다.

3. 의미 만들기의 원리

삶과 진로관련 경험에 대한 '의미 만들기'를 통한 진로 스토리 구성 자신이 선택한 진로에 대해 스스로 부여한 가치와 의미는 자신이 계획한 진로학업설계를 실행하는 원동력이 될 수 있다. 그러나 처음부터 의미 있는 일은 거의 없기 때문에 자신이 하는 일에 스스로 의미를 부여하는 것이 중요하다. '의미 만들기'는 자신의 삶과 진로 경험에 의미를 부여하기 위해 깊이 생각하는 주관적 과정이다. 하나의 직업이나 학과를 결정하기에 앞서 삶과 진로와 관련된 여러 경험을 탐색하면서 자신이 어떤 삶을 살고 싶은 것인지, 자신이 선택할 때 무엇을 중요하게 생각하는지에 대해 성찰해야 한다. 이러한 과정을 통해 삶의 가치와 욕구가 명료해지면 여러 경험이 통합되는 자신만의 개성 있는 스토리가 만들어질 수 있으며, 자신만의 스토리는 진로학업설계 및 실행을 위한 토대가 될 수 있다.

개인적 강점에 집중하는 긍정심리학적 관점

학생은 자신만의 주관적인 관점과 구조를 가지고 자신의 삶과 진로 경험을 바라볼 수 있다. 즉, 같은 경험이어도 관점에 따라 문제의 차원에서 볼 수도 있고, 강점의 차원에서 볼 수도 있다. 학생이 삶과 진로관련 경험의 내용보다 경험 속에서 무엇을 얻었는지에 집중하고, 이야기 속에 내재된 개인적 강점과 의미를 발견하며, 그것을 자신의 미래 삶과 진로에 연결하여 미래를 희망적으로 바라볼 수 있도록 돕는 것은 문제투성이였던 진로와 삶을 새로운 관점으로 바라볼 수 있도록 하여 학생의 진로 자기개념 및 자기효능감을 높일 수 있다. 긍정심리학에서는 기존의 심리학이 인간의 부정적 측면만을 강조하며 연구되어 온 것에 대한 반성으로 심리학이 인간의 덕목이나 강점과 같은 밝고 긍정적인 측면을 연구해야 함을 강조한다(Seligman, 2006). 긍정심리학은 인간이 행복한 삶을 살아가는 데 필요한 핵심 기술이자 방법으로 인간의 긍정적 측면인 강점과 덕목을 강조하고, 인간의 긍정적 성품인 강점과 재능을 함양하고 행복에 대해 과학적으로 탐구함으로써 행복한 삶을 실현하는 것을 목표로 한다. 강점이란 인간의 다양한 성격적 · 심리적 특성 가운데 두드러지는 긍정적인 특성으로 인간의 사고, 행동, 정서에 반영되고 표현되며, 개인과 사회 공동체가 건강하고 행복한 삶을 위해 필요한 긍정적 자원이다. 행복한 삶의 실현을 위한 덕목과 강점을 소개하면 다음과 같다.

행복한 삶의 실현을 위한 덕목과 강점 분류체계(6개 핵심 덕목과 24개 강점)

덕목	강점	설명
지혜와 지식	더 나은 삶을 위해서 습득하고 활용하는 것과 관련된 인지적 강점	
	창의성	어떤 일을 하면서 새롭고 생산적인 방식으로 생각하는 능력
	호기심	일어나고 있는 모든 경험과 현상에 대해서 흥미를 느끼는 능력
	개방성	사물이나 현상을 다양한 측면에서 철저하게 생각하고 검토하는 능력
	학구열	새로운 기술, 주제, 지식을 배우고 숙달하려는 동기와 능력
	지혜	사물이나 현상을 전체적인 관점에서 생각하고 다른 사람에게 현명한 조언을 제공해 주는 능력
인간애	다른 사람을 보살피고 친밀해지는 것과 관련된 대인관계적 강점	
	사랑	다른 사람과의 친밀한 관계를 소중하게 여기고 실천하는 능력
	이타성	다른 사람을 위해서 호의를 보이고 선한 행동을 하려는 동기와 실천력
	정서지능 (사회성)	자신과 다른 사람의 동기와 감정을 잘 파악할 뿐만 아니라 다양한 사회적 상황에서 어떻게 행동하는 것이 적절한지를 잘 아는 능력
용기	내면적 · 외부적 난관에 직면하더라도 추구하는 목표를 성취하려는 의지와 관련된 강점	
	용감성	위협, 도전, 난관, 고통으로부터 위축되지 않고 이를 극복하는 능력
	진실성	진실을 말하고 자신을 진실한 방식으로 제시하는 능력
	끈기	시작한 일을 마무리하여 완성하는 능력
	활력	활기와 에너지를 가지고 삶과 일에 접근하는 태도
절제	지나침으로부터 우리를 보호해 주는 긍정적 특질로, 극단적인 독단에 빠지지 않는 중용적인 강점	
	겸손	자신이 이루어 낸 성취에 대해서 불필요하게 과장된 허세를 부리지 않는 태도
	신중성	선택을 조심스럽게 함으로써 불필요한 위험을 다루지 않고 나중에 후회할 말이나 행동을 하지 않는 능력
	용서	나쁜 일을 한 사람을 용서하는 능력
	자기 조절	자신의 다양한 감정, 욕구, 행동을 적절하게 잘 조절하는 능력

정의	건강한 공동체 생활과 관련된 사회적 강점	
	공정성	편향된 개인적 감정의 개입 없이 모든 사람을 동등하게 대하고 모두에게 공평한 기회를 주는 태도
	시민의식(협동심)	자신이 속한 집단의 이익을 추구하고자 하는 책임의식으로서 사회나 조직 내에서 자신에게 주어진 임무와 역할을 인식하고 부응하려는 태도
	리더십	집단활동을 조직화하고 그러한 활동이 진행되는 것을 파악하여 관리하는 능력

- 대표 강점: 24개 강점 중에 자신을 가장 잘 나타내 주고 자주 사용되는 것으로 어떤 일의 성취와 결과를 탁월하게 하는 역량이며, 자아실현과 행복한 삶의 추구에 도움이 됨

출처: Seligman(2006).

■ **삶의 목적 및 가치와 연관된 잠정적 진로설계**

학생들은 자신에 대해 완벽히 알고 자신에게 딱 맞는 직업을 결정해야 한다고 생각할 수 있지만, 세상의 수많은 직업을 모두 접하고 탐색하는 것은 불가능하다. 자신에 대한 이해는 다양한 경험을 하고 성장하면서 점점 깊어지는 것이지 한순간에 완성되는 것이 아니다. 따라서 학생의 진로설계는 '잠정적'이 될 수밖에 없다. 학생의 잠정적 진로설계를 바탕으로 점점 더 자신과 맞는 구체적인 진로를 찾아갈 수 있게 된다. 이때 잠정적 진로설계를 실행하는 과정에서 발생하는 어려움을 이겨 내기 위해 단순히 '하고 싶은' 직업이 아니라 삶의 목적과 가치에 연결된 그 직업이나 진로를 '꼭 해야만 하는' 이유를 진지하게 고민하는 과정이 중요하다. 삶의 목적 및 가치가 조금씩 분명해지면 그것의 실현을 위해 가능한 진로 대안을 다양하게 생각할 수 있어서 진로 변경의 상황에서 도움이 될 수 있으며, 삶의 목적 및 가치는 진로 실행 과정에서 조금 더 버티고 노력을 지속할 수 있는 원동력으로 작용할 수 있다.

4. 관련성 찾기의 원리

자신의 진로발달과 선택에 관련된 다양한 영향요인 고려 학생들은 자신을 둘러싼 여러 환경과 끊임없이 상호작용하며 살아가고 있다. '관련성 찾기'는 개인적 특징, 타인과의 관

계, 사회적 · 환경적 요인 등이 유기적으로 연관되어 있음을 확인하는 것이다. 관련성 찾기를 통해 학생이 자신의 진로에 영향을 미치는 환경 및 다양한 영향요인을 이해하게 되며, 그러한 관련성 속에서 자신의 진로를 바라보는 것은 좀 더 실질적인 진로학업설계의 토대가 될 수 있다. 또한 아무리 진로학업설계를 잘한다 해도 예상치 못한 크고 작은 일들을 만나게 되고 그 과정에서 진로 계획이 변화될 수밖에 없으므로 우연과 기회의 영향을 이해하는 것도 중요하다.

예시 관련성 찾기 성공 사례 vs. 실패 사례

관련성 찾기 성공 사례	관련성 찾기 실패 사례
김민준(가명) • **배경**: 고등학교 2학년 때까지 뚜렷한 진로 계획이 없었음. 부모는 안정적인 직업인 공무원이 되기를 바랐지만, 본인은 특별히 끌리는 직업이 없었음. 그러던 중 고등학교에서 제공한 직업체험 프로그램에 참여하게 되었고, IT 회사에서 짧은 인턴십을 경험함 • **환경 및 영향 요인** - 사회적 환경: 4차 산업혁명과 관련된 IT 산업의 성장 가능성에 대한 사회적 관심이 높아지는 시기 - 우연과 기회: 직업체험 프로그램을 통해 우연히 IT 회사 업무를 경험할 기회를 얻음 - 내적 동기: IT 분야에 대한 흥미와 잠재력을 깨닫게 되면서 이 분야에 진출하고자 하는 동기가 생김 • **진로학업설계** - 인턴십 경험을 통해 IT 분야에 대한 관심이 생긴 김민준은 대학에서 컴퓨터공학을 전공하기로 결심	이수진(가명) • **배경**: 예술 고등학교에 재학 중이었음. 부모는 미술 분야에서 성공하기를 원함. 그러나 자신은 미술에 대한 재능이 부족하다고 느꼈고, 점차 흥미를 잃어감. 부모의 기대에 부응하려고 미술을 계속 공부했지만, 다른 분야를 선택할지에 대한 고민을 시작함 • **환경 및 영향 요인** - 가족의 기대: 미술 분야에 대한 부모의 높은 기대와 압박이 있었음 - 내적 요인: 미술에 대한 흥미와 자신감이 점차 감소했지만, 진로에 대한 고민을 구체화하지 못함 - 우연과 기회 부족: 다른 분야를 탐색하거나 경험할 기회가 적었음 • **진로학업설계** - 고등학교 졸업 후에도 부모의 기대에 따라 미술 대학에 진학. 그러나 대학에서도 여전히 흥미를 느끼지 못하고 학업 성취도가 낮았음

- 교사와의 상담을 통해 IT 분야에서 요구되는 역량을 파악하고, 관련 학과에서 어떤 과목들을 학습해야 할지 계획을 세움 - 다양한 IT 관련 동아리활동에 참여하고, 관련 자격증을 준비하는 등 실질적인 진로 목표에 맞춘 학업 설계를 함	- 진로에 대한 구체적인 고민 없이, 단순히 부모의 기대에 따라 학업을 지속하면서 다른 진로 선택의 가능성을 탐색하지 못함
• **결과**: 대학 입학 후, IT 관련 인턴십과 프로젝트에 적극 참여하며 자신의 진로를 구체화함. 결국, 대학 졸업 후에는 원하는 IT 회사에 취업	• **결과**: 대학을 졸업했지만, 미술 분야에서의 직업을 찾지 못하고 다른 분야로의 진로 전환을 고민하게 됨. 결국, 대학 졸업 후 오랫동안 여러 직업을 전전하며 자신의 진로를 확립하지 못한 채 방황하게 되었음
• **성공 요인** - 우연한 기회를 통해 진로를 탐색하고, 자신의 흥미와 능력을 바탕으로 구체적인 목표를 세움 - 환경 요인을 적극적으로 활용하여 자신에게 맞는 진로를 발견하고 학업을 설계함	• **실패 요인** - 진로 탐색의 기회가 부족함 - 부모의 기대에만 의존하여 자신의 진로를 결정함 - 자신이 원하지 않는 분야에서 시간을 보내며, 진로 전환의 기회를 놓침

진로에 영향을 미치는 다양한 요인에 대한 이해

개별적으로 적합한 진로학업설계를 위해 학생의 개인적 특성뿐만 아니라 학생이 직접적으로 상호작용하는 가정, 학교, 친구, 교사, 매스컴, SNS 등의 영향과 간접적으로 상호작용하는 부모의 직업, 각종 기관의 다양한 정책, 산업구조, 경제 상황, 문화적 신념, 사회규범 등의 영향을 고려해야 한다. 또한 우연적 사건과 기회가 진로에 미치는 영향을 이해하고 고려해야 한다. 자신의 특성 및 자신과 상호작용하는 사람과 매체, 자신을 둘러싼 환경과 사회가 미치는 영향, 우연과 기회 그리고 시간에 따른 변화에 대해 전반적으로 이해하고 고려하는 것은 자신의 진로를 포괄적으로 이해하고 주도적으로 진로를 설계하는 데 도움이 될 수 있다.

한편, 개인마다 영향을 미치는 요인이 다르며, 같은 요인의 영향을 받지만 그 요인이 개인에게 영향을 미치는 정도는 다를 수 있다. 지금까지 삶과 진로에서 선택의 순간에 여러 대안 중 하나를 결정했던 이유 및 그런 결정에 도움 혹은 방해가 되었던 사람이나 사회환경적 요인 등을 떠올리면서 자신의 진로 발달과 선택에 영향을 미치는 다양한 요인에 대해 포괄적으로 탐색하는 것은 중요하다. 그런 과정을 통해 자신이 삶 전반에서 무엇을 중요하게 생각하는지, 앞으로의 선택 상황에서 고려해야 하는 것, 선택에 도움이 되는 자원 등을 발견하고 명료화할 수 있으며, 다양한 영향요인 중 관계적 · 심리적 · 정보적 자원을 발견하고 자신의 진로학업설계에 활용할 수 있게 된다.

우연과 기회의 영향을 고려한 모험과 확신의 균형

사회의 복잡성과 불확실성이 증가함에 따라 우연 혹은 변화에 더욱 자주 노출될 수밖에 없다. 개인의 삶과 진로에서도 끊임없이 예상하지 못한 우연한 일들이 일어날 수밖에 없기 때문에 확실한 미래를 예견하기 어렵다. 이러한 상황에서는 일회적 진로 선택이 아니라 유연하고 융통성 있게 진로학업을 설계할 필요가 있으며, 자신의 진로와 연관된 경험뿐만 아니라 불확실하지만 새로운 경험에 참여하고 다양한 시도를 해 나가면서 긍정적인 의미를 찾는 것이 필요하다. 계획된 우연 이론에서는 우연을 긍정적이든 부정적이든 개인의 노력 여하에 따라 의미 있는 학습 경험의 기회가 될 가능성이 있다고 바라보며, 인간은 스스로 우연한 사건들을 일으킬 수도 있고, 우연한 사건들과 자원들을 활용하여 학습을 극대화할 수 있다고도 가정한다(Michell, Levin, & Krumboltz, 1999). 우연한 사건을 주도적으로 자신에게 유리한 기회로 전환하도록 하기 위해서는 다양한 학습과 경험에 참여하면서 자신의 진로와 연관되는 우연적 사건이나 기회에 관심을 가지고, 그것이 자신에게 기회가 될 수 있도록 필요한 일들을 하는 것이 도움이 된다. 그러한 과정에서 배운 것을 자신의 진로학업설계와 연계하고 활용하여 진로학업설계를 좀 더 구체화하고 발전시켜 나가야 한다.

계획된 우연 이론은 우연적인 사건들을 인식하고, 스스로 창출하며, 기회로 활용하도록 도울 수 있는 호기심, 유연성, 인내심, 낙관성, 위험 감수의 5가지 기술을 제시한다(Michell, Levin, & Krumboltz, 1999). 5가지 우연 기술 척도의 내용을 살펴본 후 자신의 우연기술을 스스로 평가하고 낮은 우연 기술을 향상시키기 위한 노력이 필요하다.

- 호기심: 새로운 학습 기회를 탐색하는 것
- 유연성: 태도와 상황을 변화시키는 것
- 인내심: 좌절에도 불구하고 노력을 지속하는 것

- 낙관성: 미래를 긍정적으로 내다보는 것
- 위험 감수: 불확실한 결과 앞에서도 행동화하는 것

〈표 3-1〉 계획된 우연의 5가지 우연 기술 척도의 내용

구분	내용
호기심	• 나는 내 주변에 우연히 일어나는 일들에 호기심을 갖는다. • 이전에 해 보지 못한 경험을 할 뜻밖의 기회가 생기는 것은 나의 호기심을 자극한다. • 나는 계획하지 않았던 일들에 대해서도 호기심을 갖고 접근하는 편이다. • 나는 나의 진로 선택에 도움이 될 만한 새로운 활동들에 관심이 많다. • 우연히 얻은 직업정보에 호기심을 가지고 탐색한다.
유연성	• 나는 우연히 발생한 사건에 따라 진로의 방향을 바꾸는 것을 고려할 수 있다. • 내 진로의 방향성은 언제든지 바뀔 수 있다고 생각한다. • 나는 하나의 진로만 추구하기보다는 여러 가지 대안을 유연하게 생각한다. • 나는 진로 결정에 있어서 유연한 태도를 지닌 편이다. • 진로는 충분히 바뀔 수 있다고 생각한다.
인내심	• 예상치 못한 어려움에 부딪히더라도 끈기있게 노력하겠다. • 진로를 추구하는 과정에서 예상치 못한 난관이 닥치더라도 나는 참을성을 가지고 노력한다. • 진로 탐색에서 어려운 상황이 있어도 나는 꾸준히 내가 하는 일을 하는 편이다. • 진로 탐색 과정에서 예상할 수 없는 어려움이 오더라도 참을성 있게 나의 길을 가겠다. • 나는 뜻밖의 어려움이 닥치더라도 내가 세운 진로 계획을 이룰 수 있도록 끝까지 노력한다.
낙관성	• 나는 미래의 진로에 대해 긍정적으로 바라본다. • 나의 미래의 진로는 밝다. • 나의 앞날은 가능성으로 가득하다고 생각한다. • 내 진로에 있어 앞으로 많은 기회가 나에게 올 것이다. • 내가 처음에 원하는 방향으로 가지 않더라도, 내 진로는 좋은 방향으로 나아갈 것이다.
위험 감수	• 결과가 불확실하더라도 내가 선택한 진로를 추구하겠다. • 나의 행동의 결과가 불확실하더라도 위험을 감수하고 시도해 볼 것이다. • 나는 진로를 추구하는 과정에서 어느 정도 위험을 감수할 각오가 되어 있다. • 나는 보다 만족스러운 진로 선택을 위해 잘 모르는 것에 도전하는 위험도 무릅쓸 수 있다. • 그 직업에서의 성공이 보장되지 않더라도 한 번 도전해 볼 것이다.

출처: 김보람(2012).

5. 학습의 원리

전 생애적으로 계속되는 '학습' 과정으로서의 진로학업설계 빠르게 변화하는 세상에 적응하기 위해 새로운 정보와 기술을 습득하기 위한 학습 과정이 계속되어야 한다. '학습'은 학생의 진로 결정, 미래 이야기 구성, 진로계획 수립에 기반이 되는 경험이다. 수많은 정보를 모두 아는 것은 불가능하므로 자신이 아는 것을 나누고 함께 배우고 성장하는 과정이 중요해졌으며, 학습량이나 내용보다는 학습 과정에 필요한 관계, 의미, 방법 등을 아는 것이 더욱 중요해졌다.

관계, 의미, 방법의 세 가지 앎의 방식은 상호 연결되고, 지속적으로 발생하며, 조율될 수 있다. 관계지(know-whom)는 타인과 관계를 맺고 정보를 교환하며 평판을 관리하는 방법을 아는 것을 말한다. 초연결사회로 변화되고 있는 상황에서 가장 필요한 역량으로 언급되고 있으며, 지식의 양이 급속하게 증가하면서 각자의 지식과 전문성을 가지고 상호 존중하고 서로 협력하고 배우는 과정은 필수적이다. 의미지(know-why)는 목적의식, 동기, 정체성 등을 아는 것과 관련된다. 진로와 삶의 경험이 쌓이고 그것의 의미를 이해하면서 변화되는 역동적인 특성이 있다. 방법지(know-how)는 자신의 진로와 관련된 지식, 기술을 아는 것과 관련되며 전문성과 연관되는데, 빠른 사회 변화와 지식의 증가로 지속적으로 학습하고 개발해야 하는 부분이다(손주은 외, 2022).

▪ 함께 배우고 성장하는 것의 중요성

누구도 확신할 수 없고 수많은 정보가 넘쳐나는 세상에서 알고 있는 정보의 양으로 경쟁하기보다 서로 협력하며 의견을 교환하고 네트워크와 영향력을 넓혀 가는 것이 중요해졌다. 개인적 성과뿐만 아니라 타인의 성장에 기여해야 하며, 더 나아가 세상과 환경에서 지속 가능한 성장도 염두에 두어야 한다. 연결되지 않으면 고립되는 세상에서 함께 배우고 상생할 수 있도록 노력해야 하며, 또 다른 상생의 측면에서 사회의 발전에 따라 생겨난 다양한 사회적 문제를 해결하기 위해 노력해야 한다. 어쩌면 평범한 사람들이 모여 협력하다 보면 비범한 일을 할 수 있게 되고, 처음에는 미비한 일이지만 함께하다 보면 세상을 변화시킬 수 있게 된다.

세상을 바꾸는 체인지 메이커, 너도 될 수 있어!

체인지 메이커(Change maker)란? 변화를 만들어 내는 사람 혹은 평소 주변에서 쉽게 찾아볼 수 있는 일상적인 것부터 글로벌 이슈까지 문제에 대한 불만과 분석을 시작으로 공동체나 사회의 문제를 해결하는 사람을 지칭한다.

국내 사례	해외 사례

국내 사례

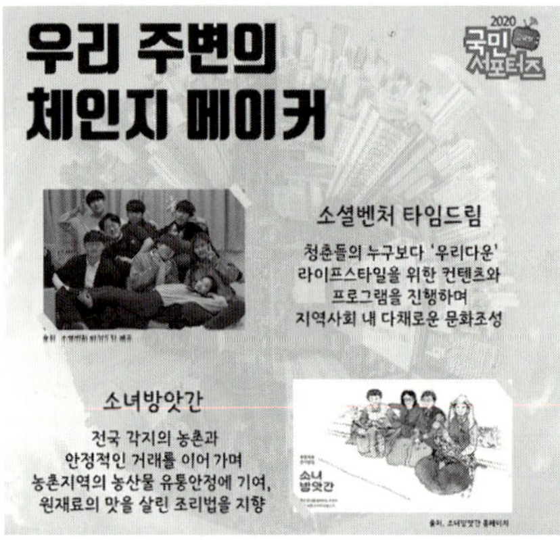

해외 사례

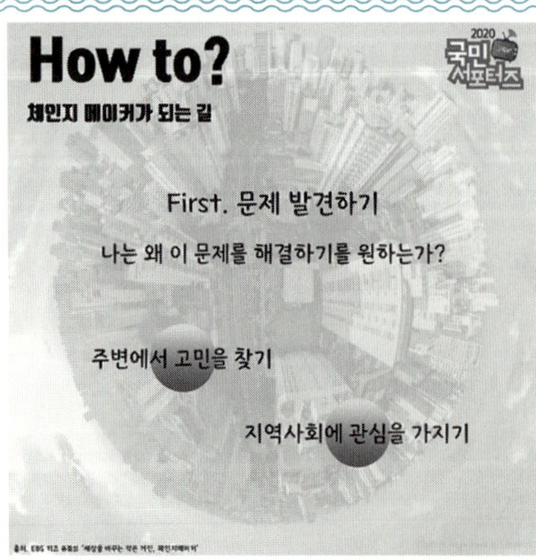

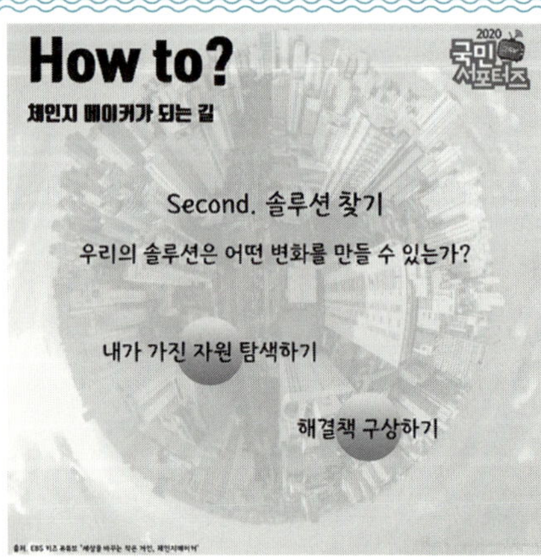

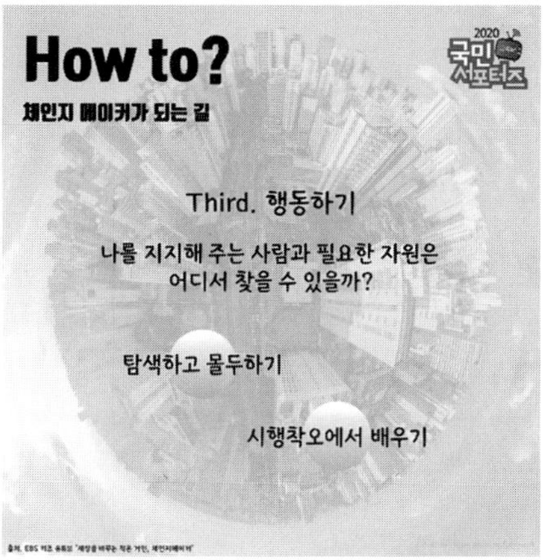

출처: 교육부 공식 블로그(https://if-blog.tistory.com/10679).

■ 스스로 정보를 찾고, 질문하며 해답을 찾아가는 과정

전 생애 진로개발 과정에서 반복되는 선택의 순간에 학생들이 주도적으로 자신의 진로를 설계하기 위해서는 정보탐색 및 필요한 학습 과정에 대한 탐색 역량과 탐색한 내용을 활용하는 역량은 중요하다. 매일 수많은 정보가 쏟아지고 있고, 여러 상황적 요인들이 변화하고 있기 때문에 진로와 관련된 정보들도 매우 방대하다. 학생들이 알고자 하는 정보를 단순히 알려 주기보다 학생들이 스스로 알고자 하는 것이 무엇인지 분명히 하고 관련 정보가 있는 사이트에 접속하여 다양한 정보를 탐색하고 적절히 활용할 수 있는 학생의 정보탐색력은 중요하다. 평생 이러한 과정이 반복될 수 있으므로 학생 스스로 질문하고 필요한 정보를 탐색하고 그에 대한 자신만의 해답을 찾아가는 과정에 초점을 맞춰야 한다.

제4장

학생 진로상태 진단

모든 학생은 자신의 진로와 삶의 과정에서 자신만의 방식으로 대처하며 살아가고 있다. 동일 학년이나 연령이지만, 학생별로 지닌 특성과 처한 환경, 경험이 다르므로 각자 다른 진로발달 상황에 놓여 있을 수 있고, 진로관련 문제를 해결하고 대처해 나갈 수 있는 준비 정도인 진로성숙도에서도 차이가 발생할 수 있다.

맞춤형 개별 진로 교육에 대한 요구에 부응하기 위해 학생의 진로상태를 고려한 개입이 필요하다. 학생의 진로발달 상황 및 진로성숙도를 고려하여 학생의 진로상태를 진단하고 학생에게 적절한 개입이 이루어져야 한다.

1. 학생의 진로발달 상황을 고려한 진단

개별 진로발달 상황에 따른 조력 필요 학생에 따라 진로발달 상황이 다르기 때문에 진로 학업설계 과정에서 학생의 개별 진로발달 상황을 고려하여 필요한 조력을 제공해야 한다. 여기에서는 진로에 대해 전혀 동기가 없는 경우, 직업명이나 관심 학과를 이야기하지만 확실하게 진로가 결정되지 않은 경우, 진로 선택과 실행에 걸림돌이 있는 경우, 잠정적 진로 결정 후 과목선택 및 과목이수설계가 필요한 경우, 학업관리지도가 필요한 경우로 나누어 설명할 것이다.

1) 진로무동기 학생

진로동기의 개념 동기란 어떤 목표를 지향하여 행동을 시작하게 하고 유지하는 힘이며, 진로동기는 진로를 선택하고 몰입하며 추진하는 힘으로 개인이 목표 설정, 어려움 극복 등과 같은 진로와 관련된 결정과 활동을 하는 데 영향을 미치는 내적 특성이다. 진로 관련 활동에 동기가 없는 진로무동기 학생은 진로와 관련된 명확한 목표나 계획이 없어서 진로 관련 탐색이나 활동을 선택하고 노력을 기울이기 어려우며, 어려운 상황에 직면했을 때 바로 포기하려는 특성을 보인다.

진로무동기 학생이 경험하는 어려움 무동기 학생은 학습이나 활동에 참여하지 않을 뿐만 아니라 참여해야 하는 이유조차 인식하지 못하는 경우가 많다. 학습무동기에 관한 연구에서 학습무동기 신념이 높으면 학습에 참여하지 않고 학습된 무기력에 빠지기 쉽다고 설명한다(Legault, Green-Demers, & Pelletier, 2006). 이에 따르면, 학습무동기 신념이 높은 학생들은 좋은 성적을 받는 것을 인생에서 중요하게 생각하지 않고(무가치 신념), 학습에 필요한 자신의 능력을 낮게 지각하며(무능력 신념), 학습과제 수행에 필요한 노력을 하지 않으려 하고(무노력 신념), 학교 사태나 수업에 흥미를 느끼지 못한다(무흥미 신념). 또한 동기 부족이 장기화되면 학생의 성취도와 자존감에 부정적인 영향을 미칠 수 있다. 이는 진로무동기 학생이 진로의 중요성을 인식하지 못하고, 원하는 진로로 진입할 수 없다고 생각하며, 진로관련 활동에 참여하려 하지 않고, 진로관련 활동이나 체험에 흥미를 느끼지 못할 가능성을 시사한다.

진로무동기 학생을 지도하는 교사와 학부모의 어려움 진로무동기 학생을 지도해야 하는 교사와 학부모는 다양한 어려움에 직면할 수 있다. 학생이 진로관련 활동이나 경험에 대한 흥미가 낮을 수 있어서 동기부여를 위한 다양한 방법을 고려하고 시간과 노력을 많이 기울여야 한다. 만약 무동기의 원인이 심리적 요인일 경우 교사나 학부모의 개입만으로 어려울 수 있으므로 전문가의 도움을 받을 필요도 있다. 그러나 아무리 격려하고 지원을 해도 학생 스스로 중요성을 느끼지 못하면 효과가 미미할 수 있고, 장기적으로 무동기가 지속될 경우 낮은 성과로 인해 교사와 학부모는 지도나 개입 동기가 낮아질 수 있고 스트레스와 좌절감을 느낄 수 있다. 한편, 진로무동기 학생은 다양한 활동에 참여하지 않거나 과제를 수행하지 않고, 관련 규칙을 준수하지 않는 부정적인 행동을 보일 수 있기 때문에 교실의 다른 학생에게 방해가 되거나 원활한 활동 진행에서의 어려움도 겪을 수 있다.

진로무동기의 원인 진로무동기의 원인은 다음과 같다.

첫째, 낮은 자극 추구 경향성, 높은 위험회피, 낮은 사회적 민감성 등 기질적인 요인이다. 자극 추구 경향성이 낮은 사람은 본능적으로 새로운 자극에 이끌리고 행동이 활성화되는 성향이 낮다. 이런 사람들은 성미가 급하지 않고 호기심이 적어 새로운 것에 대해 불편함을 느낄 수 있으며, 심사숙고하는 경향이 있다. 위험회피 성향이 높은 사람은 위험한 것과 두려움을 유발하는 상황 또는 자극으로부터 행동이 위축되는 경향이 있다. 이런 사람들은 조심성이 많고 잘 긴장하며 안전을 중시하는 경향이 있으며, 낯선 장소, 사람, 물건 등에 쉽게 불안해하며 적응하는 데 시간이 필요할 수 있다. 사회적 민감성이 낮은 사람은 상대방이 보내는 미소, 표정, 제스처, 언어적 칭찬 같은 신호를 잘 알아차리는 민감성이 낮다. 이런 사람들은 사회적 신호에 민감하지 않기 때문에 타인의 신호를 의도치 않게 무시하고 지나칠 가능성이 높다. 이런 기질적 요인은 어떤 활동을 시작하고 몰입하며 추진하는 것을 어렵게 할 수 있다.

둘째, 진로관련 활동에 대한 중요성이나 즐거움 등과 같은 내적 가치의 결여이다. 즉, 진로관련 활동이 주는 즐거움이나 도전, 성취감 등을 경험해 본 적이 없거나 진로관련 활동이 삶의 목표와 가치를 실현하는 데 도움이 된다는 것을 인식하지 못하는 것은 진로무동기의 원인이 될 수 있다.

셋째, 부모나 교사의 진로결정에 대한 외적 압박, 직업 세계의 변화와 수많은 직업정보 등과 같은 사회적 압력, 올바른 결정을 해야 한다는 신념 등으로 인한 불안과 두려움에 압도되어 있을 수 있다. 과도한 불안과 두려움은 무언가에 집중하고 시작하고 수행하기 어렵게 만들 수 있다.

넷째, 진로 자기효능감이 낮을 경우이다. 진로 자기효능감은 요구되는 진로관련 활동이나 과정을 수행할 수 있고 활동에 필요한 노력을 지속적으로 유지할 수 있는 자신의 능력과 노력에 대한 신념으로 이러한 신념이 낮으면 진로관련 활동을 시작하고 추진하기 어려울 수 있다.

다섯째, 기본적인 생리적 욕구, 안전에 대한 욕구, 소속감과 애정의 욕구가 충족되지 못하는 상황이라면 진로관련 활동에 관심을 기울이는 것은 어려울 수 있다.

여섯째, 학습된 무기력을 경험하는 경우이다. 학습된 무기력(learned helplessness)은 여러 상황에서 계속된 실패를 경험하여 수행 불안이 높고 상황에 적극적으로 대처하기보다 상황 자체를 회피하는 것을 의미한다. 이런 상태에서는 모든 활동에 관심이 없고 무기력한 모습을 보여 주게 된다. 학습된 무기력은 세 집단의 개를 대상으로 두 단계로 나누어 부정적인 강화와 학습에 관한 연구(Seligman, 1975)를 시행하던 중 발견한 개념이다. 1단계에서 세 집단으로 나누어 A 집단에는 스스로 중단할 수 있는 쇼크를 가하고, B 집단에는 스스로 중단할 수 없는 쇼크를 가하고, C 집단에는 쇼크를 전혀 가하지 않았다. 2단계에서는 모든 집단의 개들이 벽을 넘어 건너편으로 옮겨가기만 하면 쇼크를 피할 수 있게 설계하였다. 2단계에서 A 집단과 C 집단은 쇼크를 피하기 위해 벽을 넘어 건너편으로 옮겨 가는 임무를 빨리 익혔지만, 통제 불가능한 쇼크를 경험했던 B 집단은 쇼크가 가해질 때마다 피할 방법을 궁리하지 않고 실험자들이 쇼크를 꺼 줄 때까지 수동적으로 기다리는 모습을 보여 주었다. 이를 통해 통제 불가능한 쇼크를 경험한 개들이 무기력을 학습했다는 결론에 도달할 수 있다.

학습된 무기력에 빠지게 되면 내가 아무리 노력해도 상황이나 결과에 영향을 미치거나, 이것들을 변화시키거나 통제할 수 없다고 인식하게 된다. 학습된 무기력의 영향은 인지적 측면으로 낮은 자존감, 성공 가능성에 대한 낮은 기대, 의사결정 능력의 저하 등을 경험하고, 정서적 측면으로 열등감, 불안, 우울, 절망, 소외감 등을 느끼며, 행동적 측면으로 반응 행동 비율이 감소 되거나, 행동을 지속하는 데 어려움 등을 경험할 수 있다.

진로무동기 학생 지도방안 이런 학생의 진로지도를 위해서는 흥미를 유발할 수 있는 진로와 관련된 활동과 다양한 학습 기회를 마련하는 것이 중요하다. 이와 관련하여 동사를 활용한 직업홍미 탐색 및 생성형 AI 서비스를 활용한 진로탐색 활동 등에 대한 구체적인 내용은 제5장 '진로무동기 학생의 진로지도'에 제시되어 있다.

2) 진로미결정(직업명, 직무, 학과명만 제시) 학생

진로미결정 원인 진로는 개인의 전 생애를 통해 발달하고, 진로결정은 상황에 따라 변화할 수 있다. 진로결정은 '진로 선택에 대한 확신의 정도'이며, 학생들은 진로미결정과 확고한 진로결정이라는 양극단의 연속선상 어느 한 지점에 위치한 것으로 볼 수 있다.

개인의 진로미결정의 원인을 이해하기 위해 의사결정 이론을 바탕으로 진로를 결정하기 전에 겪을 수 있는 문제와 진로결정 중에 나타날 수 있는 어려움을 이론적으로 분류한 진로미결정 척도가 개발되었다([그림 4-1] 참조). 즉, 진로를 결정하기 전에는 준비 부족으로 진로결정에 어려움이 나타날 수 있으며, 준비 부족의 원인으로는 동기 부족, 우유부단, 역기능적 신념 등이 있다. 진로를 결정하는 중에는 정보 부족이나 정보의 불일치로 인해 진로결정에 어려움이 나타난다. 즉, 자신, 직업, 정보 획득 방법, 진로결정 절차 등에 대한 정보가 부족하거나, 신뢰할 수 없는 정보, 내적 갈등이나 외적 갈등 등으로 인한 정보의 불일치를 경험할 때 진로결정에 어려움을 경험할 수 있다.

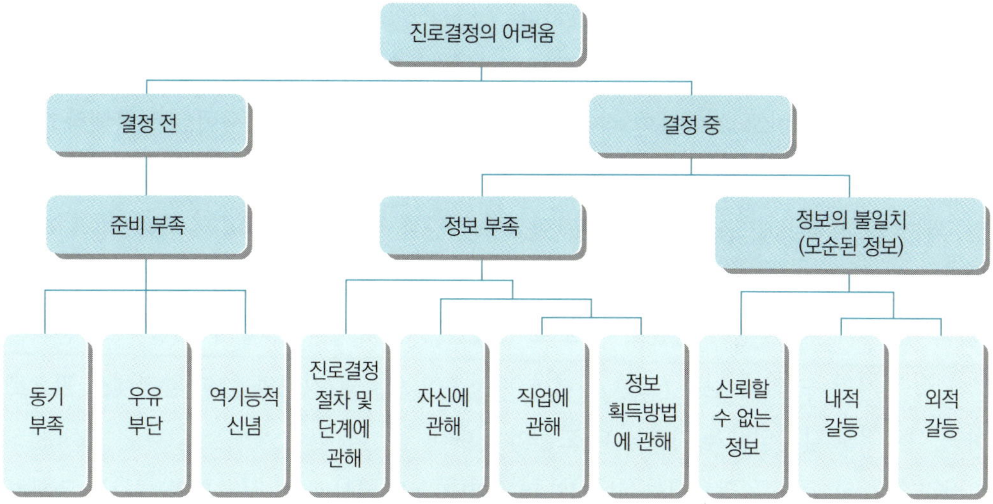

[그림 4-1] 진로결정의 어려움 분류

출처: Gati, Krausz & Osipow (1996).

진로미결정 원인별 차별적 개입 필요 많은 학생이 관심 있는 직업, 직무(활동), 학과를 이야기하지만 그러한 직업, 직무, 학과에 대한 정보를 자세히 탐색해 본 경험이 없을 수 있다. 이러한 학생들에게는 개별 학생의 상황에 맞게 필요한 정보를 제공하거나, 정보의 불일치로 인한 갈등은 없는지 확인하는 것이 필요하다. 즉, 자신에 대한 정보가 부족할 경우 진로심리검사 사이트를 안내하고, 직업에 대한 정보가 부족할 경우 직업 관련 탐색 사이트 및 관련 자료 정리 방법을 안내해야 하며, 진로결정을 위해 필요한 과정도 안내할 필요가 있다.

진로미결정 중 진로 구체화가 필요한 학생의 지도 학생들은 진로를 결정해야 하는 시기라는 것을 인지하고 있어서 자신의 진로에 관심을 기울이고 희망하는 직업명, 직무, 학과명을 이야기하지만, 자신의 진로가 막연하게 느껴지고 구체적으로 어떤 활동이 필요한지 모르는 상태일 수 있다. 이런 학생들은 직업, 직무, 학과에 대한 탐색을 통해 진로를 구체화하는 것이 필요한 진로미결정 상태로 진단할 필요가 있다.

이런 학생들은 다음과 같은 상태일 수 있다. 학생들이 제시하는 직업명, 직무, 학과명은 구체적이고 지속적인 탐색 과정을 통해 나온 것이 아니라, 누군가의 권유나 접했던 정보를 통해 막연하게 좋아 보여서 내린 결정일 수 있다. 이런 경우는 구체적으로 직업정보를 찾는 과정을 진행하고자 하는 동기가 낮을 수 있다. 따라서 학생들이 제시하는 직업명, 직무, 학과명이 어떤 과정에서 도출된 것인지에 대해 구체적으로 탐색하고 자기 이해를 바탕으로 이루어진 선택인지 확인하는 것이 필요하다.

한편, 학생들이 직업정보 탐색 방법을 알지 못할 수 있다. 이런 경우에는 제시한 직업명, 직무, 학과명을 기반으로 다양한 직업 관련 정보를 찾아볼 수 있는 사이트를 안내하고 찾은 정보를 조직화할 수 있도록 도와야 한다. 다양한 직업정보 탐색 사이트를 활용하여 하는 일, 되는 길, 자격 또는 조건, 수행 업무, 필요한 역량과 성격, 관련 직업 및 학과, 미래 전망, 진출 분야 등에 대해 구체적으로 조사하고 정보를 조직화하는 과정을 통해 자신의 흥미, 적성 가치와 맞는지, 자신이 정말로 해 보고 싶었던 것과 유사한지, 할 수 있을 것 같은지를 스스로 평가할 수 있게 된다. 또한 이러한 과정은 앞으로의 진로와 삶의 과정에서 필요로 하는 직업정보 탐색역량을 기르는 데 도움이 된다.

이런 학생의 지도를 위해서는 고용24, 커리어넷, NCS에서 관련 정보를 탐색하고 조사하는 활동이 필요하다. 각 활동을 위한 구체적인 방법과 활동지는 제6장부터 제8장까지 '진로 미결정 학생의 진로지도'에 제시되어 있다.

3) 진로관련 활동 수행에 걸림돌이 있는 학생

진로 걸림돌의 개념과 원인 진로관련 활동 수행에서의 걸림돌이란 진로의 발달, 선택, 탐색, 실행 등에 부정적으로 영향을 미치는 개인의 심리적 및 환경적 특성과 사건이나 상황을 말한다.

이러한 학생들이 경험하는 어려움의 원인은 심리적 측면과 환경적 측면으로 나누어 볼 수 있다. 심리적 원인으로는 선택에 대한 불안, 동기 부족, 잘 해낼 것이라는 믿음 부족, 실패에 대한 두려움, 자신에 대한 이해 부족 등이 있으며, 환경적 원인으로는 부모와의 의견 불일치, 선택에 대한 부정적 피드백, 성적 문제, 경제적 어려움, 성별 등에 따른 차별, 진로와 관련된 사회적 네트워크 및 정보 부족 등을 들 수 있다.

진로 걸림돌에 대한 개입 방안 학생들이 진로 걸림돌을 어떻게 지각하고 대처하느냐에 따라 그것이 학생의 진로에 미치는 영향은 달라질 수 있다. 따라서 이와 관련된 어려움을 호소하는 학생들에게는 우선 학생들이 인지하는 걸림돌이 과연 실재하는 것인지 또는 걸림돌이 어느 정도 자신의 진로관련 행동에 영향을 미칠 것 같은지 평가한 후 자신이 걸림돌을 극복할 수 없는 것인지, 걸림돌 극복을 위해 활용 가능한 자원을 탐색하고 극복을 위한 대책을 마련하도록 지도하는 것이 필요하다. 이와 관련된 구체적인 방법과 활동은 제9장의

3. '진로장벽의 이해와 극복'에 제시되어 있다.

4) 잠정적으로 결정한 진로관련 진로학업설계가 필요한 학생

희망 진로로 나아가기 위한 진로학업설계의 필요성 및 지도 방안 진로학업설계란 학생이 자신의 진로를 결정하고 이와 관련된 적절한 교육을 받을 수 있도록 지원하는 것으로 진로와 교육과정을 연계하는 것을 말한다. 이는 획일화된 교육과정에서 벗어나 대학 진학을 희망하는 학생뿐만 아니라, 취업이나 다른 진로를 모색하는 학생들도 학교교육과정 안에서 자신의 학습권을 존중받는 기회가 될 수 있다. 잠정적으로 희망 진로를 결정한 학생들이 필요한 교과목에 대한 정보를 토대로 자신의 학업을 주도적으로 설계해 나갈 수 있도록 도와야 한다.

이러한 학생들의 진로학업설계를 돕기 위해 과목선택과 과목이수설계 지도가 필요하다. 과목선택 지도를 위해 학생의 진로 실현에 도움이 되는 과목을 선택할 수 있도록 대학 및 학과의 교육과정을 탐색하도록 도와야 한다. 희망 진로를 위해 필요한 과목에 대한 정보와 지침을 확인하도록 하고, 교내에 개설된 교과목에 대한 정보를 파악하여 필요한 과목을 선택할 수 있도록 안내해야 한다. 과목이수설계 지도를 위해서는 학생의 희망 진로에 따라 3년 동안 학습할 교과목에 대한 포괄적인 로드맵을 그릴 수 있게 도와야 한다. 구체적인 학업설계 전략과 함께 참여할 학교 프로그램을 포함하는 학교생활 전반을 계획할 수 있도록 하는 것도 필요하다.

잠정적으로 진로를 결정한 학생들의 진로학업설계와 관련된 구체적인 방법과 활동은 제10장 '진로학업설계지도'에 제시되어 있다.

5) 학업관리지도가 필요한 학생

학업관리의 필요성 및 지도 방안 모든 학생이 자신의 진로와 학업 수준에 따라 선택할 수 있는 교과목을 개설하고, 미이수를 예방하기 위한 대책을 마련해야 하며, 미이수 시 보충 이수 과정을 통해 재이수할 수 있는 최선의 교육을 제공하는 것은 중요하다. 이러한 과정은 학생들의 실제적인 학습권을 보장하고 학교 교육과정에서 자신의 진로를 준비할 기회를 보장하는 책임교육을 실현하는 과정이 될 수 있다. 교사와 학부모는 학생의 진로학업설계에 따라 학업을 수행하는 과정에서 겪는 학업 문제를 종합적으로 살펴봐야 하며, 학교는 적극적으로 관리해야 하는 대상자를 선정하여 필요한 프로그램을 제공하는 등 해결방안을 모색해야 한다. 목표 수립, 시간 관리, 읽기 전략, 집중력 향상 전략 등 구체적인 학업관련 지도 방법과 활동은 제12장 '학습전략'에 제시되어 있다.

2. 학생의 진로성숙도에 기반한 진단

진로성숙도의 개념 및 검사에 포함된 차원과 영역 진로성숙도는 진로관련 문제의 해결과 대처에 대한 준비 정도를 나타낸다. 커리어넷의 진로성숙도 검사는 진로선택을 하기 위한 준비가 얼마나 되어 있는가를 보여 주는 검사로, 태도차원(계획성, 직업에 대한 태도, 독립성, 진로낙관성), 능력차원(자기이해, 정보탐색, 합리적 의사결정, 희망직업 지식), 행동차원(진로탐색 준비행동)으로 구분하여 검사 결과가 제시되며, 진로발달을 위해 어떤 영역을 개발하는 데 노력을 기울여야 하는지 확인할 수 있다.

진로성숙도 검사의 하위영역에 대한 평가 및 해석 검사결과는 개인별 3개 차원의 9가지 영역별 진로성숙도 점수가 그래프로 제시되며, 결과는 각 영역에 대해 검사자가 어느 정도 수준인지('높음' '보통' '낮음') 보여 준다. 35점 미만이면 낮은 수준이고, 35점 이상 55점 미만은 보통 수준이며, 55점 이상은 높은 수준으로 간주한다. 진로성숙도 하위영역 점수에 대한 해석은 다음과 같다(교육부, 울산광역시교육청, 한국청소년상담복지개발원, 2019).

태도차원

- 계획성
  - 높음: 진로 계획의 중요성을 알고, 미래를 신중하게 계획하려는 의지와 진로 목표를 이루기 위해 구체적으로 계획하고, 자신의 진로와 관련지어 교과 내용을 습득하고 이해하려는 학습 태도가 있다. 현재 자신이 원하는 진로 목표를 이루기 위해 나가고 있으며 지금처럼 꾸준히 목표를 향해 계획을 실천해 나간다면 차질 없이 목표에 도달할 수 있다. 다만, 장기적인 관점에서 목표 설정 및 계획에 대한 점검을 위해 부모, 교사, 상담사, 친구 등 주변 사람들의 조언을 구하는 것이 도움이 될 수 있다.
  - 낮음: 진로 방향을 설정하고 계획을 수립하는 것에 대해 막연한 불안감을 경험하고

있을 수 있다. 먼저 진로와 관련하여 자신이 이루고자 하는 목표가 무엇인지에 대해 스스로 점검 하고 목표 달성을 위해 필요한 과정들에 대한 정보를 찾아보는 것이 필요하다.

• 직업에 대한 태도

- 높음: 직업과 진로에 대해 긍정적으로 인식하며 진로결정과 관련하여 합리적이며 유연하게 사고한다. 다양한 직업군에 대해 열린 마음으로 다양한 가능성을 열어 두며, 자신이 원하는 직업이라면 어떤 직업이든 할 수 있고 가치가 있다고 생각한다. 폭넓은 관점에서 자신이 원하는 직업을 찾고자 하며 그러한 과정에 의미를 두고, 진로에 있어서 자신이 원하는 방향이 무엇인지 명확히 알고 있다면 어떠한 직업이든 선택하려고 한다.
- 낮음: 평소 직업이 삶에서 어떤 의미인지, 또는 직업에 대해 어떤 태도를 가지고 있었는지에 대해 고민해 본 시간이 부족했을 수 있다. 진로와 직업이 무엇이고, 삶에 어떠한 영향을 미치는지 생각해 볼 필요가 있다.

• 독립성

- 높음: 진로결정에 따른 책임을 수용하고 스스로 진로를 탐색하고 선택하려고 한다. 진로계획과 선택에 대한 책임을 기꺼이 감수하려고 하므로 주위의 반대가 있을 때 혼란을 경험하기보다 자신이 원하는 진로 분야로 나아가려 할 가능성이 있다. 다만, 달성하고자 하는 진로가 이상적이거나 현실과 동떨어져 있지는 않은지에 대한 점검이 필요하며, 혼자서 책임을 기꺼이 지려는 태도가 자신이 처한 상황이나 환경으로 인한 것인지에 대해 생각해 볼 필요가 있다
- 낮음: 진로와 관련된 계획, 준비, 선택을 스스로 하기보다는 주변 사람에게 의존하고 있는 것은 아닌지에 대해 스스로 되돌아볼 필요가 있다. 누구나 자신의 선택에 대해 책임지는 것이 힘들고 불안할 수 있지만, 좀 더 애정과 열정을 가지고 진로에 전념하기 위해 독립적으로 선택하고 자신의 선택에 책임을 지는 것이 필요하다.

• 진로낙관성

- 높음: 미래사회의 직업 및 진로 환경에 대한 긍정적인 태도가 있다. 미래 진로에 대해 낙관적이고, 역경을 극복하려는 의지가 있어 심리적으로 안정적일 수 있다. 진로를

탐색하고 결정하는 과정에서 어려움이 발생할 수 있음을 인식하고, 그런 상황이 오더라도 잘 극복할 수 있다고 믿는다.

- 낮음: 불확실성과 변화에 적극적으로 대처하기 어려워하고, 미래 진로와 직업에 대한 불안감이 높다. 누구나 다가오지 않는 미래 진로에 대해 불안하고 막막함을 느낄 수 있지만 실제로 진로를 탐색하고 결정하는 과정에서 어려움은 긍정적인 자양분이 되어 진로 탐색과 결정에 긍정적인 영향을 줄 수도 있음을 인식하는 것이 필요하다.

능력차원

• 자기이해

- 높음: 능력, 흥미, 가치, 신체적 조건, 환경적 제약 등 진로를 선택할 때 고려해야 할 개인적 특성에 대한 이해가 높다. 평소 자신에 대해 성찰하면서 자신이 관심이 있는 분야, 잘하는 것, 추구하는 가치 등을 잘 파악하고 있으므로 진로 선택에 있어 자신이 원하는 선택을 할 가능성이 크다.
- 낮음: 자신이 어떤 사람인지 정확하게 인식하지 못하여 자신의 성격, 흥미, 능력 등에 대한 이해가 낮다. 평소 자신에 대한 관심과 애정을 가지고 성찰하는 것이 필요하다.

• 정보탐색

- 높음: 진로와 관련된 다양한 정보를 검색하고 활용할 수 있으며, 필요한 경우 적절한 사람에게 도움을 요청할 수 있다. 현재 진로와 관련해서 필요한 만큼의 정보를 찾고 활용하고 있다. 이러한 정보탐색을 바탕으로 합리적 의사결정을 내릴 수 있도록 도울 필요가 있다.
- 낮음: 진로결정 과정에서 필요한 정보를 찾고 활용하는 것은 필요한 부분이기 때문에 정보탐색에 대한 구체적인 내용과 방법에 대해 전문가에게 도움받을 필요가 있다. 이러한 정보탐색 과정을 거치면서 정보탐색 역량이 개발되어 나중에는 힘들이지 않고 필요한 정보를 찾을 수 있게 될 것이다.

• 합리적 의사결정

- 높음: 진로관련 문제에 대해 신중하고 합리적으로 결정할 자세가 갖추어져 있다. 직업에 대한 지식과 나의 특성을 조합하여 나에게 가장 적절한 직업군을 선택할 수 있

다는 믿음을 가지고 있다.

- 낮음: 합리적 의사결정을 위해 관심 있는 직업군에 대한 이해와 나의 성격, 흥미, 능력 등 자신에 대한 이해에 대한 점검이 필요하다. 필요한 조언을 구하고 자신의 특성과 상황을 고려하여 자신에게 적합한 진로를 결정해야 한다.

• 희망직업지식

- 높음: 희망 직업에 대한 지식, 즉 요구되는 능력, 교육 수준, 준비 과정, 자격 조건, 근무환경, 임금, 미래 전망 등에 대해 잘 알고 있으며, 희망 직업을 이루기 위한 준비를 잘하고 있는 상태라고 볼 수 있다. 희망 직업에 대해 충분히 알고 있다면 구체적으로 어떠한 준비 행동을 해야 하는지 계획을 세워 보는 것이 필요하다.
- 낮음: 희망 직업에서 하는 일, 준비 과정, 미래 전망 등에 대해 조금 더 관심을 가져야 한다. 우선 관심 직업을 명료화하고, 그 직업을 가지기 위해서 알아야 할 것과 필요한 것을 생각하고 정리해 보는 것이 필요하다.

행동차원

• 진로탐색 및 준비행동

- 높음: 자신의 진로를 위하여 실질적으로 준비하고 실천하고자 하는 열정적인 태도를 보여 주고 있다. 충분히 잘하고 있으므로 자신감을 가지고 꾸준히 실천해 나간다면 원하는 진로 목표를 달성하여 꿈을 이룰 수 있을 것이다.
- 낮음: 자신 및 직업 세계에 대한 탐색과 준비를 해 나가는 데 약간의 어려움을 경험할 수 있다. 직업을 탐색하고 준비하기 위해 어떤 준비를 해야 할지 막막하다면 혼자서 고민하기보다는 주변의 교사, 부모, 친구들에게 조언을 구하고, 자신감을 가지고 실천하면서 성취감을 경험하다 보면 자신의 진로를 향해 나아가게 될 것이다.

진로성숙도를 높이기 위한 방안 진로성숙도는 정신적 성장 또는 경험의 축적이나 노력을 통해 변화할 수 있다. 독립성이 낮아 남에게 많이 의존하던 학생이 혼자 결정하고 실행해 봄으로써 독립성을 키울 수 있게 된다. 또한 희망하는 직업이 있지만 정보가 적었던 학생이 직업 정보탐색 활동이나 직업인과의 만남 등을 통해 선호 직업에 대한 지식이 높아질 수 있다. 진로성숙도검사 결과가 낮다는 것은 그 영역을 좀 더 성숙시키기 위한 노력이 필요하다는 것을 의미하며, 그 영역과 관련된 다양한 활동들을 경험한다면 그 영역이 더욱 성숙해질 수 있다. 각 영역이 낮을 경우, 해 볼 수 있는 활동은 〈표 4-1〉과 같다(교육부, 울산광역시교육청, 한국청소년상담복지개발원, 2019).

〈표 4-1〉 진로성숙도 향상을 위한 방법

<table>
<tr><th colspan="2">진로성숙도</th><th rowspan="2">높이는 방법</th><th rowspan="2">해 볼 수 있는 활동</th></tr>
<tr><th>차원</th><th>영역</th></tr>
<tr><td rowspan="4">태도</td><td>계획성</td><td>• 스스로 진로 목표를 점검하고 목표에 도달하기 위한 과정들에 대한 정보 찾기
• 진로에 대한 계획이 아니더라도 일상생활에서 내가 하고 싶은 다른 활동이나 목표에 대해 계획을 세우고 실천하는 연습을 통해 성취감 느끼기</td><td>1. 하루 또는 한 달 동안의 생활계획을 수립하고 실천해 보기
2. 자신의 1년 후, 5년 후, 10년 후 미래의 모습을 상상하여 적어 보기</td></tr>
<tr><td>직업에 대한 태도</td><td>• 진로와 직업이 무엇이고, 삶에 어떠한 영향을 미치는지, 직업에 대한 자신의 태도 등에 대해 생각하기
• 다양한 직업군에 대한 생각과 느낌을 스스로 질문하고 답하기</td><td>1. 삶에서 직업이 필요한 이유와 관심 있는 직업 적어 보기
2. 직업 현장 체험을 통해 관심이 있는 직업을 이해하고, 일의 소중함을 느껴 보기
3. 주변에서 가장 행복한 직업인을 한 명 찾아 직업선택 이유 등을 인터뷰하면서 직업의 중요성을 정리해 보기</td></tr>
<tr><td>독립성</td><td>• 진로와 관련된 계획, 준비, 선택을 스스로 하기보다는 주변 사람에게 의존하고 있는 것은 아닌지 되돌아보기
• 일상생활에서 작은 결정이라도 스스로 선택하고 그 결과에 대해 책임지는 연습하기</td><td>1. 혼자서 진로 선택을 할 때의 어려운 점 적어 보기
2. 주변에 독립적으로 진로목표를 설정한 친구를 찾아 이야기 나누면서 배울 점 정리해 보기</td></tr>
<tr><td>진로 낙관성</td><td>• 불확실성 또는 변화에 대한 대처가 어렵고 진로에 대한 불안감을 혼자 감당하기 힘들다면 부모, 교사, 친구 등 주변인의 도움을 받기</td><td>1. 자신의 미래 진로가 변화할 수 있음을 수용하기
2. 새롭게 등장하고 다변화되는 직업 · 진로 환경에 대해 관심갖기
3. 앞으로 생겨날 새로운 직업 찾아보기</td></tr>
</table>

진로성숙도		높이는 방법	해 볼 수 있는 활동
차원	영역		
능력	자기 이해	• 나에 대한 관심과 애정 갖기: 평소에 내가 좋아하고 관심이 있는 것은 무엇인지 주의를 기울여서 관찰하기	1. 자신의 장단점, 성격, 좋아하는 일 등에 대해 적어보기 2. 커리어넷, 아로플러스 프로그램(예: 심리검사 프로그램)을 통해 자신의 흥미, 성격, 적성 등의 특성에 대해 탐색하기 3. 친구, 교사, 부모 등 타인에게 자신의 장점, 재능, 단점 등에 대해 질문하고 대답을 들으면서 정리해 보기
	정보 탐색	• 진로관련 정보 또는 생활 속에서 자신에게 필요한 정보를 자발적으로 찾아보는 습관을 만들기	1. 커리어넷 직업정보, 학과 · 학교 정보 메뉴를 통해 관심 있는 직업과 학과, 학교에 대한 정보를 찾아본 후 정리해 보기 2. 정보탐색 방법에 대해 교사, 진로전문가에게 안내받고 필요한 정보를 찾아보기
	합리적 의사 결정	• 관심 있는 직업군에 대한 이해와 나에 대한 이해 정도를 점검하기 • 다양한 조언을 참조하고 자신의 특성과 상황을 고려하여 적합한 진로에 대해 고민하기	1. 주변 사람과 진로전문가의 조언을 받아보고, 자신의 특성에 적합한 진로 경로 고민하기 2. 원하는 진로가 자신의 특성과 상황에 적합한지 생각해 보기 3. 직업을 선택할 때 중요하게 고려하는 사항을 나열하고, 현재 관심 직업이 그것을 얼마나 충족하는지 검토하기 4. 결정을 위해 다양한 자료나 여러 사람의 의견을 참고하기
	희망 직업 지식	• 자신이 원하는 직업을 가지기 위해서 알아야 하는 것이 무엇이며, 필요한 것들이 무엇인지 정리하기 • 원하는 직업이 명확하지 않다면 부모, 교사, 친구들에게 조언과 도움을 구하여 자신이 관심 있는 직업군 찾기	1. 인터뷰와 자료 수집을 통해 선호하는 직업의 진로 경로와 중요 가치에 대해 탐색하기 2. 직업 현장을 방문하여 그 직업에 대한 정보를 얻고, 직업인들의 조언을 듣기 3. 커리어넷 직업정보 메뉴를 활용하여 관심 직업에 대한 정보를 탐색하고 정리하기 4. 자신의 롤모델을 선정하고 롤모델의 직업과 진로발달 과정에 대해 알아보기

진로성숙도		높이는 방법	해 볼 수 있는 활동
차원	영역		
행동	진로 탐색 및 준비 행동	• 구체적인 진로준비 행동이 무엇인지 막막하다면 주변의 교사, 부모, 친구들에게 조언을 구하기	1. 진로상담을 받거나 직업정보검색, 직업체험 등 적극적으로 경험해 보기: '커리어넷(https://www.career.go.kr/)'의 진로관련 자료와 온라인 상담 활용 가능 2. 직업체험 시설 '꿈길(http://www.ggoomgil.go.kr/)'을 방문하여 관심 직업을 직접 체험해 보기

커리어넷 진로성숙도 검사의 결과 예시 및 해석[1] 검사 결과는 [그림 4-2], [그림 4-3], [그림 4-4]와 같은 차례로 제시된다. 먼저 9가지 영역 중 높은 영역과 낮은 영역을 보여 주고 영역별 점수가 구체적으로 제시되며, 검사 결과 해석이 가능한지를 나타내는 응답의 일관성을 보여 준다.

진로성숙도검사 주요 결과

1. 홍길동님의 검사결과

높은 영역	진로탐색및준비행동	낮은 영역	독립성
	계획성		직업에 대한 태도

2. 9가지 영역별 점수결과

태도차원	점수	능력차원	점수	행동차원	점수
계획성	45.55	자기이해	37.67	진로탐색 준비행동	55.6
직업에 대한 태도	28.86	정보탐색	42.64	※ 점수는 또래 안에서 자신의 상대적인 위치를 알려줍니다. · 점수 35미만: 낮은 수준 · 점수 35이상 55미만: 보통 수준 · 점수 55이상: 높은 수준	
독립성	33.4	합리적 의사결정	37.02		
진로낙관성	44.8	희망직업지식	40.78		

3. 홍길동님의 검사응답의 일관성

반응 일관성	응답결과	해석 시 유의점
	높음	문항에 매우 일관적으로 응답하였으며 검사해석에 문제가 없습니다.

[그림 4-2] 진로성숙도 검사 결과 예시: 주요 결과

1) 이후 표 모두 [커리어넷 진로성숙도 검사 결과 예시](https://www.career.go.kr/inspct/web/psycho/grow2/result)

[그림 4-2]에 나타난 홍길동의 주요 결과를 살펴보면, 응답의 일관성이 높아서 검사결과를 해석하는 데 문제가 없는 것으로 나타났다. 9개의 영역 중 35점 미만으로 낮게 나타난 영역은 직업에 대한 태도와 독립성이며, 55점 이상으로 높게 나타난 영역은 진로탐색 및 준비행동이다. 40점 이상으로 비교적 높다고 볼 수 있는 영역은 계획성, 진로낙관성, 정보탐색, 희망직업지식이 포함되며, 자기이해와 합리적 의사결정은 보통 수준으로 볼 수 있다.

❙ 진로성숙도검사 상세 결과

1. 태도-능력차원별 결과해석

차원	태도차원 보통 혹은 높음 (점수 : 38.15)				능력차원 보통 혹은 높음 (점수 : 39.53)			
영역	계획성	직업태도	독립성	진로 낙관성	자기이해	정보탐색	합리적 의사결정	희망직업 지식
해석	홍길동님의 진로태도차원 검사결과는 보통 혹은 높은 수준인 것으로 나타났습니다. 앞으로도 지금처럼 자신의 진로에 대한 태도를 갖춰 진로준비를 잘 하길 바랍니다.				홍길동님의 진로능력차원 검사결과는 보통 혹은 높은 수준인 것으로 나타났습니다. 앞으로도 지금처럼 자신의 진로에 대한 능력을 갖춰 진로준비를 잘 하길 바랍니다.			

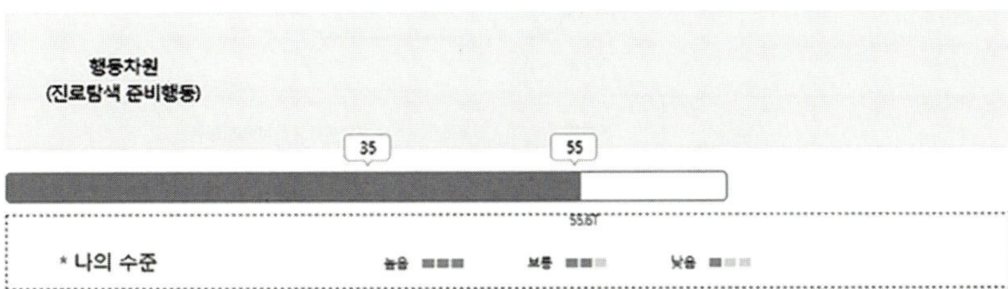

[그림 4-3] 진로성숙도 검사 결과 예시: 상세 결과

다음으로, 진로성숙도 검사의 상세 결과가 제시된다. [그림 4-3]과 같이 차원에 대한 해석이 먼저 제시되는데 홍길동의 진로성숙도는 태도차원과 능력차원이 보통 혹은 높고, 행동차원이 매우 높은 수준이다. 이어서 [그림 4-4]와 같이 종합프로파일 및 9개의 하위영역별 해석이 제시된다([그림 4-4]에는 2개만 제시하고 나머지는 생략함).

2. 종합프로파일 및 하위영역별 해석

진로성숙도는 태도차원과 능력차원, 행동차원 총 3가지 차원으로 구성되며, 9개 하위영역으로 이루어져 있습니다. 각 차원의 하위 영역별 점수에 대한 해석은 다음과 같습니다.

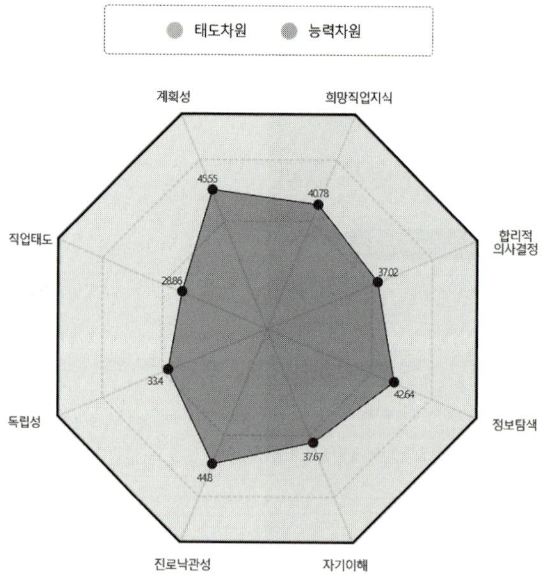

<table>
<tr><td rowspan="2">행동</td><td rowspan="2">진로탐색 및
준비행동</td><td>55.6</td><td>■■■</td><td>진로를 적극적으로 탐색하고 준비하는 능력</td></tr>
<tr><td colspan="3">결과해석
자신의 진로를 위하여 실질적으로 준비하고 실천하고자 하는 열정적인 태도를 가지고 있습니다. 지금도 충분히 잘 해 나가고 있기 때문에 지금처럼 자신감을 가지고 꾸준히 실천해 나간다면 원하는 진로목표를 달성하여 꿈을 이룰 수 있을 것입니다.</td></tr>
<tr><td rowspan="2">능력</td><td rowspan="2">자기이해</td><td>37.67</td><td>■■□</td><td>능력, 흥미, 가치, 신체적 조건, 환경적 제약 등 개인이 진로선택에서 고려해야 할 개인적 특성을 이해하는 능력</td></tr>
<tr><td colspan="3">결과해석
자신에 대하여 대체로 관심이 있고 이해를 하고 있습니다. 그러나 어떤 부분이나 영역에 있어서는 나에 대해 잘 알지 못하는 부분이 있을 수 있습니다. 접해보지 못한 새로운 환경에서 다양한 경험을 통해 내가 어떠한 사람인지에 대해 스스로 느낀다면 보다 폭넓게 진로선택을 할 수 있습니다.</td></tr>
</table>

[그림 4-4] 진로성숙도 검사 결과 예시: 종합프로파일 및 하위영역별 해석

종합프로파일 및 하위영역별 해석에서는 하위영역별 점수에 대한 자세한 해석과 함께 낮은 영역에서는 해 볼 수 있는 활동이 제시되고 있다. 홍길동의 검사결과를 살펴보면, 태도차원에서 계획성과 진로낙관성의 점수가 높은 편이고 직업에 대한 태도와 독립성의 점수가 낮았다. 능력차원에서는 모든 영역의 점수가 보통 이상이고, 행동차원에 속한 하나의 하위영역인 진로탐색 및 준비행동의 점수는 매우 높았다.

태도차원의 검사점수를 토대로 해석해 보면, 홍길동은 자신의 진로를 위한 기본적인 계획과 노력을 하고 있으며, 미래 진로에 대해 낙관적이고 적극적으로 대처하며, 어려움을 잘 극복하고 헤쳐 나갈 수 있다고 믿을 가능성이 있다. 한편, 직업의 의미와 직업이 삶에 미치는 영향에 대한 성찰이 부족하고 진로관련 계획, 준비, 선택을 주변 사람에게 의존하는 경향이 있음을 보여 준다. 직업에 대한 태도를 높이기 위해 직업이 필요한 이유를 적어 보고, 직업현장체험을 통해 직업에 대한 이해와 일의 소중함에 대해 생각해 보며, 행복하게 직업을 수행하는 사람을 인터뷰한 후 자신의 생각을 적어 보는 활동을 해 볼 수 있다. 독립성을 높이기 위해 진로선택을 혼자 할 때 어려운 점을 적어 보거나, 독립적인 진로선택을 한 친구와 이야기 나누고 배울 점을 생각해 보는 활동을 해 볼 수 있다.

능력차원의 검사점수를 토대로 해석해 보면, 홍길동은 진로결정에 필요한 정보를 탐색하고 활용할 수 있으며, 희망 직업이 요구하는 조건이나 정보에 대해 대체로 잘 알고 있다는 것을 나타낸다. 한편, 자신에 대해 대체로 관심이 있고 이해하고 있지만 잘 알지 못하는 부분이 존재할 수 있으며, 진로를 합리적이고 신중하게 결정하는 경향이 있지만 상황에 따라 고민할 수 있다는 것을 보여 준다.

행동차원의 진로탐색 및 준비행동의 점수를 토대로 해석해 보면, 홍길동은 자신의 진로를 위해 준비하고 실천하고자 하는 열정적인 태도를 가지고 있음을 보여 준다.

진로성숙 수준에 따른 진로지도 유형 커리어넷의 진로성숙도 검사 결과를 활용하여 학생들을 다섯 가지 진로지도 유형으로 분류할 수 있다(이주연 외, 2015; 2020). 진로성숙도 검사 결과 중 능력 차원에 포함된 4가지 영역 중 세 영역인 자기이해, 정보탐색, 합리적 의사결정 영역의 점수를 활용하여 자기이해, 진로탐색(정보탐색), 진로결정(합리적 의사결정) 요인을 조합한 다섯 가지 진로지도 유형이 도출되었다. 진로성숙도 검사는 학기 초와 진로학업설계가 이루어져야 하는 시기 직전 총 2회를 시행하여 비교하고 성장한 부분을 확인하는 것도 필요하다. 사전 검사로 학기 초에 시행한 결과는 진로성숙도 영역 중 부족한 부분을 파악하여 진로학업설계 과정에서 성장시킬 필요가 있는 영역을 확인하고 그 부분에 집중할 수 있도록 동기 부여하는 용도로 활용할 수 있다. 진로학업설계가 필요한 시기 직전에 검사를 시행하고 나타난 결과를 활용하여 유형을 분류하고 유형별 맞춤형 상담과 교육을 제공한다면 학생들에게 도움이 될 것이다.

진로성숙 수준			진로지도 유형 및 집중지원 내용	
자기 이해	진로 탐색	진로결정	유형	집중지원 내용
높음	높음	+ 높음	유형 1 학업 연계형	진로결정에 따라 실천 · 준비하고, 학업 설계 · 이행과 연계를 집중지원
높음	높음	+ 낮음	유형 2 설계 지도형	자기 이해와 진로 탐색을 기반으로 진로 결정 및 설계를 집중지원
높음	낮음	+ 낮음	유형 3 탐색 강화형	진로결정 이전에 자기 이해 또는 진로 탐색을 더 강화하도록 지원
낮음	높음	+ 낮음	유형 3 탐색 강화형	진로결정 이전에 자기 이해 또는 진로 탐색을 더 강화하도록 지원
낮음	낮음	+ 높음	유형 4 동기 촉진형	진로에 대한 관심을 높이고 자기 이해와 진로 탐색의 동기를 높이도록 집중 지원
낮음	낮음	+ 낮음	유형 4 동기 촉진형	진로에 대한 관심을 높이고 자기 이해와 진로 탐색의 동기를 높이도록 집중 지원
심리 및 생활의 어려움			유형 5 자립 지원형	진로 지원 이전에 먼저 학생 심리와 학교생활 자립을 우선하도록 집중 지원

[그림 4-5] 고등학생의 진로성숙 수준에 따른 진로지도 유형 및 집중지원 내용

출처: 이지연 외(2020).

학생들에게 유형 분류가 우열을 가르기 위한 것이 아니라 분류 이후 개별 맞춤형으로 상담과 교육을 진행하여 진로성숙도를 성장시키기 위함임을 명확히 해야 한다. [그림 4-5]는 고등학생의 진로 성숙 수준에 따른 진로지도 유형 및 집중지원 내용에 대한 개요를 제시한 것이다.

1) 학업 연계형

자기 이해 수준과 진로 탐색 수준이 높으며 진로결정이 분명한 유형 이 유형은 자기에 대한 이해 수준이 높고, 진로와 관련한 탐색 및 활동이 활발하게 이루어졌으며, 미래 진로결정이 분명한 경우이다. 이 유형은 지금까지 진로 성숙이 바람직하게 이루어졌다고 판단되기 때문에 학생이 계획한 진로 설계(결정) 사항을 잘 실천(이행)하도록 지원하고, 진로 설계와 학업 설계가 유기적으로 연결될 수 있도록 지원하는 데 초점을 둘 필요가 있다. 이 유형은 앞 절의 학생의 진로 발달 상황을 고려한 진단에서 '잠정적으로 결정한 진로관련 진로학업설계가 필요한 학생'과 유사하다고 볼 수 있다. 이러한 학생들에게는 과목선택 및 과목이

수설계 지도가 필요하며, 관련된 구체적인 방법과 활동은 제10장 '진로학업설계지도'에 제시되어 있다.

2) 설계 지도형

자기 이해 수준과 진로 탐색 수준이 높지만 진로결정 수준 낮은 유형 이 유형은 자기 이해에 대한 수준과 진로 탐색 수준은 높지만, 진로에 대한 결정 수준이 낮은 경우이다. 지금까지 자기 이해와 진로 탐색이 잘 이루어졌음에도 우유부단, 진로 의사결정의 어려움, 자신과 부모 간의 의견 불일치 등에 의해 진로결정이 이루어지지 않은 경우일 수 있어서 진로를 결정할 수 있도록 집중적으로 지원하는 것이 필요하다. 학생 스스로 진로를 설계할 수 있도록 방법론적인 지원이나 정보 및 의사소통 측면에서의 지원 등이 중점적으로 이루어질 필요가 있으며, 잠정적인 진로결정 과정은 얼마든지 검증과 개선의 여지가 있음을 알려 주는 것도 필요하다. 이 유형은 앞 절의 학생의 진로 발달 상황을 고려한 진단에서 '진로관련 행동수행에 걸림돌이 있는 학생'과 유사하다고 볼 수 있다. 이러한 학생들에게는 인지하는 걸림돌이 실재하는 것인지, 또는 걸림돌이 자신의 진로관련 행동에 미치는 영향을 평가한 후 걸림돌을 극복을 위한 대책을 마련하기 위한 지도가 필요하며, 이와 관련된 구체적인 방법과 활동은 제9장의 3. '진로장벽의 이해와 극복'에 제시되어 있다.

3) 탐색 강화형

자기 이해는 높지만 진로 탐색이 낮거나, 자기 이해는 낮지만 진로 탐색이 높은 유형 이 유형은 자기 이해와 진로 탐색 중에서 어느 한 가지가 낮은 경우이다. 이 유형은 학생의 상태에 따라서 자기 이해를 집중적으로 지원하거나 진로 탐색에 집중해서 지원할 필요가 있다. 진로결정 수준이 높은 경우라 하더라도 자기 이해나 진로 탐색이 충분하지 않은 상태에서 결정한 것이라면 추가적인 진로 탐색 기회를 제공하여 합리적인 결정이 이루어질 수 있도록 지도하여야 한다. 이 유형은 앞 절의 학생의 진로 발달 상황을 고려한 진단에서 '진로미결정 학생'과 유사하다고 볼 수 있다. 자기 이해가 필요한 학생들에게는 진로심리검사를 활용한 상담 등을 지원할 수 있으며, 진로탐색이 필요한 학생들에게는 고용24, 커리어넷, NCS 등 관련 사이트를 안내하고 정보를 탐색하고 조사하도록 안내하는 것이 필요하다. 각 활동을 위한 구체적인 방법과 활동지는 제6장부터 제8장 '진로미결정 학생의 진로지도'

에 제시되어 있다.

4) 동기 촉진형

자기 이해 수준과 진로 탐색 수준이 낮은 유형 이 유형은 자기 이해에 대한 수준과 진로 탐색 수준이 모두 낮은 경우이다. 이 유형은 진로결정 상태가 높거나 낮은 것에 상관없이 진로에 대하여 무관심하거나 고민할 필요를 느끼지 못한 학생일 경우가 많다. 따라서 학생이 자신의 진로에 관심을 가지고 자기 이해 및 진로 탐색에 대한 동기를 가질 수 있도록 지원할 필요가 있다. 이 유형은 앞 절의 학생의 진로 발달 상황을 고려한 진단에서 '진로무동기 학생'과 유사하다고 볼 수 있다. 이런 학생의 진로지도를 위해서는 흥미를 유발할 수 있는 진로와 관련된 활동과 다양한 학습 기회를 마련하고, 진로심리검사를 활용하여 자기 이해를 촉진하는 것도 필요하다. 이와 관련된 활동에 대한 구체적인 내용은 제5장 '진로무동기 학생의 진로지도'에 제시되어 있다.

5) 자립 지원형

심리적 어려움 또는 환경적 어려움이 있는 경우 이 유형은 진로에 대한 고민이나 비전을 설정하기 이전에 학생의 심리적인 어려움이나 학교생활에 있어서 어려움 등으로 진로 문제에 신경 쓸 겨를이 없는 경우이다. 이때는 진로지도를 하기에 앞서 심리 또는 생활에 대한 지도가 우선되어야 한다. 따라서 위(Wee)센터 등과 연계하여 심리적 지원이나 학교생활 자립을 지원할 수 있도록 배려할 필요가 있다. 이러한 기초 형성 이후에 진로지도를 해야 한다. 이 유형은 앞 절의 학생의 진로 발달 상황을 고려한 진단에서 '진로관련 행동 수행에 걸림돌이 있는 학생'과 유사하다고 볼 수 있다. 이러한 학생들에게는 진로학업설계에 앞서 심리적 문제나 환경적 어려움을 해결할 수 있도록 상담을 연계하거나 활용가능한 자원을 발굴하고 연계하는 것이 필요하다. 이와 관련된 구체적인 방법과 활동은 제9장 3. '진로장벽의 이해와 극복'에 제시되어 있다.

학교와 학생 상태에 따라 개입 방안 고려 한편, 학교 상황과 학생 상태를 고려하여 유형을 달리 판단하고 개입할 수도 있다. 예를 들어, '동기 촉진형'이 근본적인 심리적 원인에 의한 것이라면 '자립 지원형'에 편입할 수도 있고, 진로 탐색 자체가 부족하여 동기부여가 안 된 것이라면 '탐색 강화형'에 편입하여 지도할 수도 있을 것이다. 또한 여기서는 하나의 유형으로 제시하였지만, 자기 이해, 진로 탐색 및 진로결정 수준을 더 세분화하여 학생의 유형이 세분될 수도 있다.

제 2 부

진로학업설계 실전 가이드

교사·상담자·학부모가 알아야 할

진로학업설계 지도방법

제 5 장

진로무동기 학생의 진로지도

진로무동기란 진로를 결정함에 있어서 어떠한 동기도 가지고 있지 않고 자기결정성이 전혀 없는 상태이다. 무동기의 상태는 크게 수행할 능력이 없는 것과 흥미와 관심이 없는 것으로 구분할 수 있다. 무동기 상태의 학생은 자신의 행동에 대해 결과기대나 가치를 부여하지 않고, 목표가 없으며, 아예 행동하지 않으려 하거나 의지 또한 없다. 실제로 학교 현장에서 많은 교사들이 진로무동기 상태의 학생을 경험하고 있다.

사회인지진로이론(Social Cognitive Career Theory: SCCT)에 따르면, 진로무동기 학생은 그들의 진로 결정에 있어 중요한 요소인 '흥미'가 발달하지 않은 경우가 많다. '흥미'는 특정 활동이나 주제에 대해 지속적으로 끌리고, 즐기며 수행하고자 하는 욕구를 의미한다. [그림 5-1]의 진로선택 모형은 진로흥미발달이 진로선택으로 이어지는 과정을 설명한다. 개인의 배경과 환경은 학습경험에 영향을 미치며, 이는 자기효능감과 결과기대를 형성하여 특정 분야에 흥미를 증가시킨다. 이러한 흥미는 진로목표 설정과 활동의 선택으로 이어지며, 성

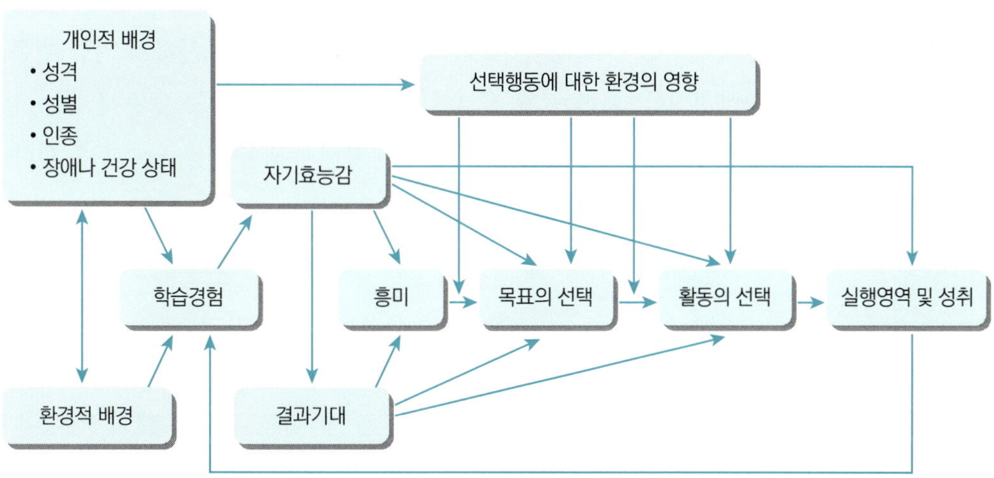

[그림 5-1] 사회인지진로이론에서의 진로선택모형

출처: Lent, Brown, & Hackett (1994).

취를 통해 다시 학습경험을 강화하는 순환적 관계를 형성한다.

진로무동기 학생은 대체로 자기효능감과 결과기대가 낮기 때문에 자연스럽게 흥미 부재로 이어진다. 흥미 부재는 진로활동에 참여하지 않거나 적게 참여하게 함으로써, 긍정적인 성과와 피드백을 얻을 기회를 잃게 만든다. 이는 다시 자기효능감과 결과기대를 낮추는 악순환을 초래하며, 진로와 관련된 활동을 선택하고 참여하는 데 어려움을 겪게 한다. 따라서 진로무동기 학생을 심도있게 이해하고, 이들이 흥미를 발견할 수 있도록 다양한 경험과 정보를 제공하는 것이 필요하다. 이러한 접근은 학생들이 일상에서 흥미요소를 탐색하여 직업과 연결하고, 직무동사를 활용한 직업흥미 탐색을 통해 자신의 진로를 구체화하는 데 도움을 줄 수 있다. 또한 생성형 AI 서비스를 활용한 진로탐색도 효과적인 방법이 될 수 있다.

1. 일상에서 흥미요소 탐색하여 직업과 연결하기

흥미요소 탐색 진로무동기 학생의 흥미 발견을 위해 사소한 일상의 관찰을 통해 지속적으로 하고 있는 활동이 무엇이 있는지 찾아보게 하는 것은 진로선택 지도에 의미 있는 활동이 될 수 있다. 대체로 진로무동기 학생들이 자주 사용하는 말은 "제가 무엇을 좋아하는지 잘 모르겠어요." "저는 좋아하는 것도 없고, 잘하는 것도 없어요."이다. 하지만 일상을 잘 관찰하다 보면 인간은 누구나 일정한 시간 동안 몸을 움직이거나 머리를 쓰는 활동의 일을 하고 있다. 그 속에서 자신이 흥미 있어 하는 일을 찾아내는 것은 약간의 연습이 필요하다. 일단, 자신이 반복해서 하는 행동이나 습관, 오랜 시간을 지속해도 지루해하지 않는 활동, 하고 있으면 기분이 좋아지거나, 자기는 잘 모르겠지만 타인이 잘한다고 칭찬해 주는 활동, 용돈을 주로 사용하는 곳이나 활동 등을 적어 보고 종합해서 공통점을 찾아볼 수 있다. 〈표 5-1〉은 일상에서 흥미요소를 찾기 위한 탐색 질문의 예시이다.

〈표 5-1〉 일상에서 흥미요소를 찾는 질문 예시

질문 내용
1. 가장 많은 시간을 보내는 활동은 무엇인가?
2. 인터넷, SNS, 유튜브 등에서 주로 찾아보는 분야는 무엇인가?
3. 편의점 또는 마트에서 사고 싶은 것이 많은 코너는 무엇인가?
4. 용돈을 주로 사용하는 곳이나 활동은 무엇인가?
5. 생일 선물로 가장 받고 싶은 것은 무엇인가?
6. 하고 있으면 기분이 좋아지는 활동은 무엇인가?
7. 시간 가는 줄 모르고 집중하는 활동이 있다면 무엇인가?
8. 나도 모르게 다른 사람들에게 자주 말하게 되는 분야는 무엇인가?
9. 타인이 잘한다고 칭찬해 주는 활동은 무엇인가?
10. 누군가 시키지 않아도 알아서 하는 일은 무엇인가?
11. 과거 또는 현재 재미있거나 흥미로운 수업(과목)은 무엇인가?
12. 주로 어떤 장르의 책이나 웹툰, 웹소설 등을 찾아보는가?
13. 무엇을 할 때 집중이 잘 되는가?

흥미 있는 활동을 '일', '직업'과 연결하기 일과 직업의 의미에 대해 올바로 이해하는 것은 직업이 단순히 돈을 벌기 위한 수단일 뿐만 아니라 사회적 지위를 확보하고 자아정체감을 형성하는 데 도움이 되며, 경제적인 안정을 위해 꼭 필요한 부분임을 인식하여 진로탐색의 동기를 높일 수 있다. '일'이란 개념은 다양한 관점에서 이해될 수 있다. 사전적 의미로는 "무엇을 이루거나 적절한 대가를 받기 위하여 어떤 장소에서 일정한 시간 동안 몸을 움직이거나 머리를 쓰는 활동"(국립국어원)이라 정의하고 있다. 이는 육체적 활동뿐만 아니라 정신적 활동까지 포함한다. 즉, '일'은 생계를 유지하는 수단 이상의 복합적인 개념이다. 일을 통해 개인은 자신의 역량과 강점을 발휘하고, 사회에 기여하며, 삶에 의미를 부여하고 자아실현의 기회를 얻게 된다.

'직업'이란 사전적 의미로는 "생계를 유지하기 위하여 자신의 적성과 능력에 따라 일정한 기간 동안 계속하여 종사하는 일"(국립국어원)이라고 정의한다. 또 다른 연구에서는 직업을 "생계를 위하여 사회 구성원이 각자의 역량을 발휘하여 일정한 일에 지속적으로 종사하는 경제 및 사회 활동의 종류"(김영빈 외, 2017; 이무근, 1999)라 말한다. '일'이 매우 포괄적인 개념이라면, '직업'은 경제 및 사회 활동으로 인정받는 일에 지속적으로 종사하는 것으로 '생계유지, 지속적 활동, 역량 발휘, 경제 및 사회 활동'의 키워드로 설명된다. 이와 같이 '일'과 '직업'은 사회 구성원으로서 마땅히 가져야 할 윤리적 책임과 의무라 할 수 있다.

진로무동기 학생에게 흥미 있는 활동을 일과 직업과 연결하는 방법을 소개하면, 먼저 앞에서 찾은 일상에서의 흥미요소 중 주요 키워드를 찾아 직업과 연결하는 것이다. 이 활동을 통해 평소 의미 없이 반복했던 활동이 진로탐색의 주요 자원이 될 수 있다. 〈표 5-2〉는 흥미 있는 활동이 일이 될 수 있고, 지속적으로 그 일을 하게 되면 직업이 될 수 있다는 것을 알 수 있는 예시이다.

〈표 5-2〉 흥미 있는 활동, 일, 직업 예시

흥미 있는 활동	활동과 관련된 일	관련 직업
애니메이션 보기	스토리텔링하기, 만화 그리기, 영상편집하기 등	화가, 그림 작가, 미술교사, 일러스트레이터, 애니메이션 작가, 만화가, 영화감독, 연출가 등
휴대폰 보기	정보 검색, 정보 비교·분석하기, 앱 활용하기, SNS하기, 물건 판매하기 등	AI 전문가, 빅데이터 전문가, 앱개발자, 마케팅 전문가, 소셜네트워크 전문가 등
인테리어 잘된 집 찾아보기	인테리어 소품 보기, 집 꾸미기, 인테리어 설계하기 등	인테리어 디자이너, 건축설계자, 사진작가, 조명 디자이너, 색채 전문가 등
강아지 영상 보기	강아지 용품 만들기, 강아지 실놀이기, 강아지 꾸미기, 강아지 돌보기 등	애견 트레이너, 애견 미용사, 펫시터, 동물보호소 직원 등

자기 명료화 자신의 성격, 흥미, 적성, 가치관 등을 이해하고 명료화하는 과정은 진로 선택 과정에서 매우 중요한 부분이다. 진로무동기 학생이 자기 명료화 과정을 통해 자신에 대한 이해를 높이고, 자신에게 맞는 진로를 선택할 수 있다는 자신감을 얻을 수 있다. 〈표 5-3〉은 나 자신을 알기 위한 활동으로 형용사와 명사로 표현할 수 있는 예시이다. 자신을 스스로 어떻게 생각하는지 형용사와 명사로 표현해 보는 것이다. 형용사는 평소 내가 생각했던 나의 모습을 형용사로 표현해 보는 것이고, 명사는 나와 어울리는 명사를 찾는 활동이다. 내가 되고 싶은 직업, 나를 설명할 수 있는 사물, 나와 비슷한 동물, 자연, 날씨, 맛 등 어떠한 것도 다 괜찮으니 〈표 5-3〉의 예시를 참고하여 자신을 표현해 본다.

〈표 5-3〉 형용사, 명사의 예시

형용사	명사
침착한, 친절한, 헌신적인, 성실한, 다정한, 활기찬, 부지런한, 섬세한, 창의적인, 차분한, 유쾌한, 참을성이 있는, 온화한, 진취적인, 신중한, 겸손한, 호기심 많은, 평온한, 인내심 있는. 재치 있는, 똑똑한, 열정적인, 긍정적인, 배려심 있는, 책임감 있는, 용기 있는, 겸손한, 자신감 있는, 공감능력 있는, 야무진, 유머러스한, 지혜로운, 활동적인, 미래지향적인, 현실적인, 도전적인, 유연한, 조용한, 절제력이 있는, 기타: ( )	소, 토끼, 돼지, 개구리, 다람쥐, 상어, 나비, 고양이, 고슴도치, 독수리, 나무, 산, 해, 땅, 하늘, 달, 신맛, 단맛, 쓴맛, 자몽, 오렌지, 물, 해 가끔 비, 흐리고 가끔 해, 화창한, 우박, 소나기, 산들바람, 태풍, 사람, 교사, 학생, 딸, 아들, 제자, 친구, 동료, 리더, 예술가, 과학자, 의사, 변호사, 공무원, 사업가, 운동선수, 봉사자, 지도자, 전문가, 예술가, 헤어디자이너, 펜, 스피커, 마이크, 컴퓨터, 책, 가방, 축구공, 기타: ( )

▸ **예시:** "나는 호기심 많은, 토끼다." 그 이유는 "평소 호기심이 많고 새로운 것에 도전하는 것을 좋아하고, 토끼처럼 귀엽고 잘 뛰어다니기 때문이다."

"나는 ______, ______(이)다" 그 이유는 ______

"나는 ______, ______(이)다" 그 이유는 ______

또한 성격, 흥미, 적성, 가치관 검사를 통해 객관적인 방법으로 자신을 명료화하는 방법이 있다. 〈표 5-4〉에서 제시한 주요 진로심리검사 결과를 참고하여 〈표 5-5〉에 작성해 본다. 심리검사 추천직업, 주변 사람(부모님, 교사, 친구 등)의 추천 직업을 통해 교집합을 찾아보고, 최종적으로는 자신이 원하는 직업을 선택한다.

〈표 5-4〉 주요 진로심리검사

성격	적성	흥미	가치관
• 청소년인성검사 (고용24): 25분	• 고등학생적성검사 (고용24): 65분 • 직업적성검사 (커리어넷): 30분	• 청소년직업흥미검사(고용24): 20분 • 직업흥미검사 간편형(고용24): 5분 • 직업흥미검사(K)(커리어넷): 20분 • 직업흥미검사(H)(커리어넷): 20분	• 직업가치관검사 (고용24): 20분 • 직업가치관검사 (커리어넷): 20분

• 기타: 청소년 진로발달검사(고용24, 40분), 진로성숙도검사(커리어넷, 15~20분), 진로개발역량검사(커리어넷, 20분)

〈표 5-5〉 성격 · 흥미 · 적성 · 가치관 검사로 보는 직업탐색 예시

	성격검사	적성검사	흥미검사	가치관검사
주요 결과	호감성	공간지각력, 추리력	사회형	사회적 공헌
추천 직업	사회복지상담사	경찰관, 경호원	교사, 상담사, 사회복지사, 간호사	소방관, 경찰관, 사회복지사

▸ 심리검사 추천 직업: 상담사, 사회복지사, 경찰관, 소방관, 교사, 간호사 등

▸ 부모/교사/지인 추천 직업: 사회복지사, 경찰관

▸ 내가 선택한 직업: 사회복지사

2. 직무동사를 활용한 직업흥미 탐색하기

직무동사카드 활용법 진로무동기 학생의 '흥미'를 찾기 위한 활동으로 '직무동사카드'를 활용할 수 있다([부록 1]의 동사카드 68장을 잘라서 준비).

직무동사카드를 꼼꼼히 살펴보고, 관심 있거나 잘할 수 있을 것 같은 정도에 따라 동사를 [그림 5-2] 예시와 같이 '매우 그렇다' '그렇다' '보통이다' '그렇지 않다' '전혀 그렇지 않다'의 위치에 맞게 차례로 배치해 본다.

매우 그렇다	그렇다	보통이다	그렇지 않다	전혀 그렇지 않다
멘토링하다	연구하다	검증하다	경기하다	치료하다
설계하다	강의하다	구상하다	작곡하다	제조하다
번역하다	분석하다	조사하다	노래하다	양식하다
글 쓰다	기획하다		사진 찍다	고치다
	보도하다		그림을 그리다	실험하다
	편집하다		춤추다	생산하다
			연기하다	
			조각을 만들다	

[그림 5-2] 직무동사카드 배치 예시

주: 직무동사카드는 한국고용정보원에서 제작한 '재능카드' 내용을 일부 수정하여 재구성하였고, 생성형 AI, 고용24 등의 자료를 활용하여 직무관련동사 총 68개를 추출함. 카드 내용은 [부록 1] 참고.

체크리스트 활용법 학교현장에서 시간과 기타 여건으로 직무동사카드를 직접 잘라서 활용할 수 없을 때, 68개의 직무동사를 빠르게 체크해 볼 수 있도록 〈표 5-6〉에 체크리스트를 제시하였다.

〈표 5-6〉 직무동사 체크리스트

* 다음 목록을 살펴보고 관심 있는 동사 3개를 골라 체크(✓)해 주세요.	
□ 컨설팅하다	□ 정책을 입안하다
□ 설계하다	□ 조정하다
□ 가르치다	□ 지원하다
□ 연구하다	□ 관리하다
□ 판매 · 유통하다	□ 실행하다
□ 글 쓰다	□ 회계를 작성하다
□ 시험 · 평가하다	□ 개발하다
□ 사람들과 상호작용하다	□ 실험하다
□ 편집하다	□ 제작하다
□ 기획하다	□ 치료하다
□ 교정하다	□ 생산하다
□ 보도하다	□ 가공하다
□ 분류하다	□ 즉흥적으로 대처하다
□ 조사하다	□ 건설하다
□ 의사소통하다	□ 유지 · 보수하다
□ 번역하다	□ 돌보다
□ 기업을 경영하다	□ 훈련시키다
□ 연출하다	□ 검사하다
□ 손으로 만들다	□ 시술하다
□ 상담하다	□ 연주하다
□ 융합하다	□ 연기하다
□ 관찰하다	□ 춤추다
□ 분석하다	□ 디자인하다
□ 숫자를 다루다	□ 요리하다
□ 여러 가지 일을 동시에 처리하다	□ 노래하다
□ 기계를 다루다	□ 그림을 그리다
□ 아이디어를 구상하다	□ 경기하다
□ 변화에 적응하다	□ 구조하다
□ 협상하다	□ 봉사하다
□ 문제를 해결하다	□ 범죄를 수사하다
□ 고치다	□ 동기유발 시키다
□ 출판하다	□ 행사 진행하다
□ 인사관리를 하다	□ 팀워크 · 협동 작업하다
□ 법을 해석 · 집행하다	□ 사람들을 즐겁게 해 주다

계열별 주요 직업관련 동사 활용법 〈표 5-7〉은 사회계열과 관련된 예시로 직업관련 동사를 찾아 나열한 것이다. 제시된 동사 중 흥미 있게 느껴지는 동사를 찾아보고, 그 동사와 관련 직업분야를 유추해 볼 수 있다.

〈표 5-7〉 사회계열 주요 직업별 동사 및 직업분야 예시

	주요 직업별 동사	직업분야
경제	분석하다, 정책을 수립하다, 투자하다, 연구하다, 예측하다	경제학자, 정책분석가, 투자분석가, 브랜드 매니저
정치	의사결정을 하다, 정책을 입안하다, 국민을 대표하다	정책입안자, 고위공무원, 연구원, 국회의원
언론	보도하다, 편집하다, 글을 쓰다, 책을 펴내다	기자, 방송앵커, 편집자, 작가, 블로거
행정	업무를 처리하다, 정책을 수립하다, 공공의 이익을 위해 일하다	사무직, 공무원, 사회복지사, 정부관계자
법률	법을 해석하다, 사건을 해결하다, 법을 집행하다	변호사, 판사, 경찰관, 법률전문가
회계	회계를 작성하다, 세무 신고를 하다, 재무 분석을 하다	회계사, 재무회계 담당자, 세무사, 재무분석가
경영	기업을 경영하다, 마케팅을 하다, 인사 관리를 하다, 협상하다	CEO, 경영컨설턴트, 헤드헌터, M&A전문가

주: 다른 계열별 직업관련 동사나 더 구체적인 직업분류는 '고용24'(www.work24.go.kr) 참고

3. 생성형 AI 서비스를 활용한 진로탐색하기

진로무동기 학생이 직업흥미 탐색을 적극적으로 참여하도록 하기 위해 청소년이 좋아할 만한 매체를 활용하는 방법을 소개하고자 한다. 생성형 AI서비스를 활용한 진로탐색 활동은 AI에게 지시하거나 대화를 시작할 때 입력하는 프롬프트의 내용에 따라 검색결과가 달라질 수 있음을 안내할 필요가 있다. 프롬프트를 구체적이고 상세하게 작성할수록 AI는 더욱 정교하고 실현 가능한 정보를 제공할 수 있다. 예를 들어, 저녁에 갑자기 출출해져서 요리를 하고 싶은데 무엇을 만들어야 할지 몰라 챗GPT에게 메뉴나 레시피를 물어본 경험이 있을 것이다. 이때 "오늘 저녁 메뉴를 추천해 줘."라고 한다면 잘못된 프롬프트 입력 예시

이다. 다음과 같이 구체적이고 명확하게 조건을 제시하면, AI는 더욱 적절한 메뉴를 추천할 수 있다.

"안녕, AI. 오늘 저녁 메뉴를 추천해 줘. 다음의 조건을 고려해 줘."

요리 시간: 30분 이내에 준비할 수 있는 간단한 요리

우리 집 냉장고 재료: 닭고기, 브로콜리, 당근, 양파, 마늘

선호하는 요리 스타일: 건강식 또는 저칼로리 식단

인원: 2명이 먹을 수 있는 양

특이사항: 매운 음식을 선호하지 않음.

이와 같은 방법으로 진로무동기 학생의 진로탐색을 진행하기 위해, 우선 학생들이 관심을 가지고 있는 직무동사와 직무분야를 확인하는 것이 중요하다. 이를 바탕으로 생성형 AI 기술을 활용하여 다양한 진로선택 옵션을 탐색해 볼 수 있다. 생성형 AI는 창의적인 아이디어를 제안함으로써 새로운 진로 가능성을 발견하는 데 기여할 것이다. 이러한 과정은 직업세계에 대한 이해와 통찰력을 높이는 데 도움이 되며, 진로 선택에 어려움을 겪고 있는 학생들이 보다 자신감 있게 미래를 설계할 수 있도록 돕는 실용적인 방법이 될 수 있다. 이제 다음의 3단계를 순서대로 따라 해 본다.

1단계: 직무동사카드를 활용하여 흥미 있는 동사 3개 찾기 앞에서 소개한 직무동사카드, 체크리스트, 계열별 주요 직업관련 동사 등을 활용하여 흥미 있는 동사 3개를 찾아 적는다.

내가 찾은 관심 동사 예시	① 컨설팅하다	② 사람을 만나다	③ 공감하다

2단계: 미래에 종사하고 싶은 분야 1~3개를 찾아 체크(✓)하기 다음의 국가직무능력표준(NCS) 분야별 분류 예시를 보고 미래에 종사하고 싶은 분야가 있다면 3개 정도 찾아 체크해 보고, '내가 찾은 관심 분야'의 빈칸에 작성해 본다.

01. 사업관리 ( )	02. 경영 · 회계 · 사무 (✓)	03. 금융 · 보험 ( )	04. 교육 · 자연 · 사회과학 ( )	05. 법률 · 경찰 · 소방 · 교도 · 국방 ( )	06. 보건 · 의료 ( )
07. 사회복지 · 종교 (✓)	08. 문화 · 예술 · 디자인 · 방송 (✓)	09. 운전 · 운송 ( )	10. 영업판매 ( )	11. 경비 · 청소 ( )	12. 이용 · 숙박 · 여행 · 오락 · 스포츠 ( )
13. 음식 서비스 ( )	14. 건설 ( )	15. 기계 ( )	16. 재료 ( )	17. 화학 · 바이오 ( )	18. 섬유 · 의복 ( )
19. 전기 · 전자 ( )	20. 정보통신 ( )	21. 식품가공 ( )	22. 인쇄 · 목재 · 가구 · 공예 ( )	23. 환경 · 에너지 · 안전 ( )	24. 농림어업 ( )

출처: 국가직무능력표준(NCS). 분야별 분류.

내가 찾은 관심 분야 예시	① 경영 · 회계 · 세무	② 사회복지	③ 문화 · 예술 · 방송

3단계: 생성형 AI 서비스에 프롬프트 입력하기 지금까지 찾은 정보를 '생성형 AI' 서비스에 입력해 본다. 생성형 AI 서비스로는 클로드(Claude), 챗GPT, 클로바 X(CLOVA X), 제미나이(Gemini), 뤼튼(Wrtn), 아숙업(Askup) 등이 있다. 여기서 소개하는 생성형 AI 서비스는 '제미나이(https://gemini.google.com)' '뤼튼(https://wrtn.ai)' '아숙업(Askup)'이다. 처음에 프롬프트(질문)를 어떻게 입력해야 할지 모르는 학생들을 위해 사례를 통한 예시를 제시하였다. 실습을 위해 '비교적 같은 계열의 관심 분야가 있는 A' 학생과 '비교적 다른 계열의 관심 분야가 있는 B' 학생의 사례 위주로 제시하였다. 유의할 점은 한 가지 생성형 AI 서비스에서 제공하는 정보에만 너무 의존하지 말고, 다양한 방법으로 추가적인 정보를 탐색하고 비교 · 분석해서 학생에게 적합한 최선의 정보를 찾아보길 권장한다.

학생 A 사례: 비교적 같은 계열의 관심 분야가 있는 예시

내가 찾은 관심 동사	컨설팅하다	사람을 만나다	공감하다
내가 찾은 관심 분야	경영	사회복지	문화 · 예술 · 방송
기타 자료(예시)	• MBTI 성격검사 결과: ENFP • 홀랜드 검사 결과: SE		

* 활동지는 [부록 2] 참조.

학생 A의 프롬프트 예시

저는 고등학생이며 아직 진로를 결정하지 못했습니다. 진로탐색 활동에서 '컨설팅하다' '사람을 만나다' '공감하다'와 같은 동사에 큰 흥미를 느꼈습니다. 관심 분야로는 경영, 사회복지, 문화 · 방송 분야를 고려하고 있으며, 저의 성격을 외향적이라고 생각하고 MBTI 유형은 ENFP이며, 홀랜드 유형은 'SE' 유형입니다. 이러한 정보를 바탕으로 저의 적성과 흥미에 맞는 구체적인 직업 추천을 부탁드립니다. 추천 시 직업의 주요 업무 내용, 필요한 능력 및 자질, 전망 등 상세한 정보를 함께 제공해 주시면 감사하겠습니다.

➡ 검색 1: 제미나이(https://gemini.google.com) 결과

| 고등학생을 위한 맞춤형 진로 추천(2024년 기준)

1. 자기소개 분석
   - 관심 동사: 컨설팅하다, 사람을 만나다, 공감하다
   - 관심 분야: 경영, 사회복지, 문화 · 예술 · 방송
   - 성격: 외향적
   - MBTI 유형: ENFP
   - 홀랜드 유형: SE

2. 개인별 맞춤형 직업 추천

2.1. 경영 분야
   - 직업: 마케팅 전문가
   - 주요 업무: 시장 조사, 기획, 전략 수립, 실행, 광고 및 홍보, 고객 분석, 데이터 분석 등
   - 필요 능력 및 자질: 창의력, 문제해결 능력, 의사소통 능력, 분석 능력, 설득력, 리더십, 팀워크

- 전망: 변화가 빠른 분야이지만, 능력과 경험을 쌓으면 높은 연봉과 성장 기회를 얻을 수 있음. 미래 성장 가능성이 높은 디지털 마케팅, 소셜 미디어 마케팅, 데이터 분석 분야 등에 대한 관심과 적성이 있다면 더욱 유리

2.2. 사회복지 분야
- 직업: 사회복지사
- 주요 업무: 개인, 가족, 지역사회 대상 상담, 지원, 서비스 제공, 복지 정책 개발 및 시행 참여, 케이스 관리, 네트워킹, 자료 조사 및 분석 등
- 필요 능력 및 자질: 공감 능력, 의사소통 능력, 문제해결 능력, 분석 능력, 협업 능력, 봉사 정신, 인내심
- 전망: 고령화 사회 진입으로 인해 사회복지사의 필요성이 지속적으로 증가하고 있음. 공공기관, 민간기관, 사회복지시설 등 다양한 분야에서 활동 가능

⋮

(생략)

➡ 검색 2: 뤼튼(https://wrtn.ai) 결과

1. 인사 컨설턴트
   - 주요 업무: 기업의 인사 제도 및 조직문화 개선, 직원 역량 개발 등을 컨설팅
   - 필요 능력: 대인관계 및 커뮤니케이션 능력, 분석력, 문제해결 능력, 창의성
   - 전망: 기업의 인재 관리 중요성이 증가함에 따라 지속적인 수요 증가 예상
2. 사회복지사
   - 주요 업무: 개인, 가족, 지역사회의 복지 증진을 위한 상담 및 서비스 제공
   - 필요 능력: 공감 능력, 경청 능력, 사회문제에 대한 이해, 책임감
   - 전망: 고령화, 가족구조 변화 등으로 사회복지 서비스 수요가 증가할 것으로 전망
3. 방송PD
   - 주요 업무: 방송 프로그램 기획 및 제작, 출연진 섭외, 촬영 및 편집 등
   - 필요 능력: 창의성, 기획력, 대인관계 능력, 커뮤니케이션 능력
   - 전망: 다양한 방송 플랫폼 등장으로 관련 직종의 수요가 증가할 것으로 예상

귀하의 ENFP 성격 유형과 사회형 'SE' 유형, 그리고 관심사를 고려할 때 위의 직업들이 적합할 것으로 판단됩니다. 각 직업의 주요 업무, 필요 능력 및 자질, 전망 등을 참고하시어 진로 선택에 도움이 되시기를 바랍니다. 추가로 궁금하신 점이 있으시면 언제든 문의해 주시기 바랍니다.

- 단, 검색 버전이나 개인 환경에 따라 예시에 제시된 결과내용과 상이하게 나타날 수 있다.

예시 학생 B 사례: 비교적 서로 다른 계열의 관심 분야가 있는 경우

내가 찾은 관심 동사	숫자를 다루다	변화를 주도하다	손으로 만들다
내가 찾은 관심 분야	경영 · 회계 · 세무	보건 · 의료	전기 · 전자
기타 자료(예시)	• 가치관 검사결과 '직업적 안정'이 가장 높음 • LCSI 결과: 우호형		

학생 B의 프롬프트 예시

저는 고등학생이며 아직 진로를 결정하지 못했습니다. 진로탐색 활동에서 '숫자를 다루다' '변화를 주도하다' '손으로 만들다'와 같은 동사에 큰 흥미를 느꼈습니다. 관심 분야로는 '경영 · 회계 · 세무' '보건 · 의료' '전기 · 전자' 분야를 고려하고 있으며, 저의 직업가치관은 '직업적 안정'이고, LCSI 결과는 '우호형'입니다. 이러한 정보를 바탕으로 저의 적성과 흥미에 맞는 구체적인 직업 추천을 부탁드립니다. 추천 시 직업의 주요 업무 내용, 필요한 능력 및 자질, 전망 등의 상세한 정보를 함께 제공해 주시면 감사하겠습니다.

➡ 검색 1: 제미나이(https://gemini.google.com) 결과

| 고등학생을 위한 맞춤형 진로 추천(2024년 기준)

1. 자기소개 분석
   - 관심 동사: 숫자를 다루다, 변화를 주도하다, 손으로 만들다
   - 관심 분야: 경영 · 회계 · 세무, 보건 · 의료, 전기 · 전자
   - 직업가치관: 직업적 안정
   - LCSI 결과: 우호형

2. 개인별 맞춤형 직업 추천

2.1. 경영 · 회계 · 세무 분야
   - 직업: 회계사
   - 주요 업무: 재무제표 작성, 세무자문, 회계감사, 재무분석, 경영컨설팅 등
   - 필요 능력 및 자질: 수치적 능력, 분석 능력, 문제해결 능력, 꼼꼼함, 책임감, 윤리감, 의사소통 능력
   - 전망: 회계 분야는 모든 산업에서 필수적인 전문성이기 때문에, 취업 시장에서 안정적인 수요를 유지하고 있으며, 인공지능과 빅데이터 등의 기술 발전으로 인해 새로운 성장 기회가 예상됨

2.2. 보건 · 의료 분야
- 직업: 의료기기 기술사
- 주요 업무: 의료기기 설계, 제작, 설치, 유지 · 보수, 점검, 교육, 연구개발 등
- 필요 능력 및 자질: 수리 능력, 문제해결 능력, 꼼꼼함, 책임감, 협업 능력, 의사소통 능력, 공감 능력
- 전망: 의료기기 산업은 인구 고령화와 의료 기술 발전으로 인해 지속적으로 성장하고 있으며, 전문 인력에 대한 수요가 증가하고 있음

➡ 검색 2: 뤼튼(https://wrtn.ai) 결과

안녕하세요. 귀하의 진로 탐색 과정과 관심사, 성격 유형에 대해 잘 이해했습니다. 이를 바탕으로 귀하에게 다음과 같은 직업을 추천드립니다.

1. 회계사
- 주요 업무: 기업의 재무 관리, 세무 업무, 재무제표 작성 및 감사 등
- 필요 능력: 숫자 처리 능력, 논리적 사고력, 꼼꼼함, 윤리의식
- 전망: 기업의 회계 및 세무 관리 수요 지속 증가로 안정적인 직업 전망

2. 병원 행정 관리자
- 주요 업무: 병원 행정 및 경영 관리, 의료 서비스 프로세스 개선 등
- 필요 능력: 의료 분야 이해, 문제해결력, 의사소통 능력, 리더십
- 전망: 고령화 사회에 따른 의료 수요 증가로 관련 직종 전망 양호

3. 전자회로 설계 엔지니어
- 주요 업무: 전자 기기 및 제품의 회로 설계, 시뮬레이션, 테스팅 등
- 필요 능력: 수학/과학 지식, 창의성, 문제해결력, 꼼꼼함
- 전망: 4차 산업혁명 시대 전자 기기 수요 증가로 관련 직종 전망 양호

귀하의 '우호형' 성격 유형과 '직업적 안정'을 중요하게 여기는 가치관, 그리고 관심사를 고려할 때 위의 직업들이 적합할 것으로 판단됩니다. 각 직업의 주요 업무, 필요 능력 및 자질, 전망 등을 참고하시어 진로 선택에 도움이 되시기를 바랍니다. 추가로 궁금하신 점이 있으시면 언제든 문의해 주시기 바랍니다.

- 단, 검색 버전이나 개인 환경에 따라 예시에 제시된 결과 내용과 상이하게 나타날 수 있다.

➡ 검색 3: 아숙업(AskUp) 활용법

아숙업(Askup)은 사용자와의 대화를 통해 다양한 정보와 서비스를 제공하는 인공지능 기반의 챗봇 플랫폼이다. 사용자의 질문이나 요청에 맞추어 관련 정보를 대화 형식으로 제공하며, 일정 관리, 메모 작성, 계산기 등의 업무 기능을 수행할 수 있다. 또한 사용자의 관심사와 취향을 파악하여 맞춤형 콘텐츠를 추천하는 기능을 갖추고 있다. 더불어 사용자와의 대화 내용을 기록하고 관리함으로써 누적적인 요구사항 파악이 가능하다.

먼저, 카카오톡 [친구추가]에서 '아숙업'을 입력한 후 [채널추가]한다. 그리고 '새로운 대화 시작' 창에 내용을 입력한다.

〈카카오톡에서 아숙업으로 직업 탐색하기 예시〉

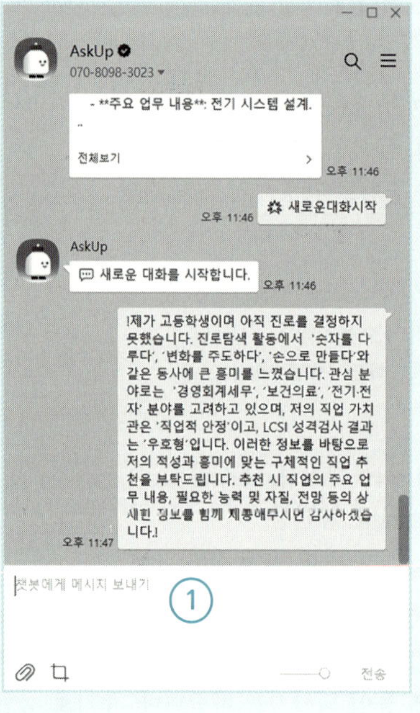

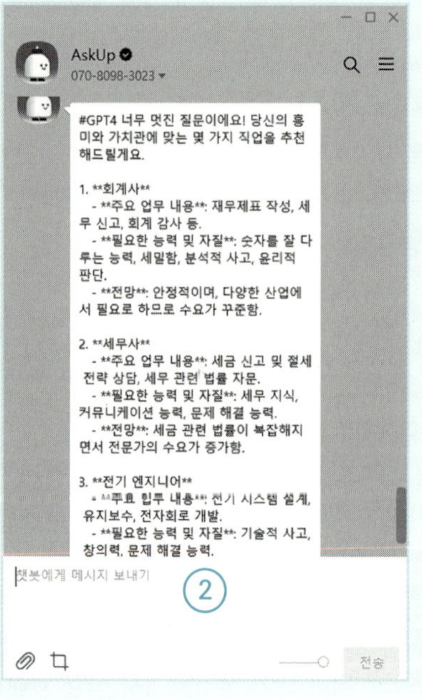

- 입력어 문장 앞에 "!"를 붙이게 되면 최신 버전으로 검색된다.

TIP ‘생성형 AI’를 활용하여 진로탐색하기

1. 명확한 질문 설정하기

AI에게 질문할 때 구체적이고 명확한 질문을 설정하세요. 예를 들어, “어떤 직업이 나에게 적합한가요?”보다는 “환경 과학 분야에서 어떤 직업이 있는지 알려 주세요.”와 같이 구체적인 질문을 하는 것이 더 유용한 정보를 얻는 데 도움이 됩니다. 만약, 결과가 빈약하게 나올 경우, “이 외에 다른 직업을 추천해 줘.” 또는 “나의 성적 등급은 ○○이야, 내 성적에 맞게 진학할 수 있는 학과 위주로 추천해 줘.” 등 자신이 원하는 바를 구체적으로 질문하세요.

2. 비판적 사고 활용

AI가 제공하는 정보나 제안에 대해 비판적으로 접근해야 합니다. AI의 답변이 항상 최선의 선택이 아닐 수 있으므로, 여러 관점을 고려하고 최종적으로 자신의 선택으로 결정하는 것이 중요합니다. 최소 2개 이상의 ‘생성형 AI’에서 직업에 대한 정보를 요청하고, 각각의 장단점을 비교해 보는 것이 좋습니다.

3. 자기 관심사와 가치 반영하기

AI에게 자신의 관심사와 가치관을 설명하여 보다 개인화된 정보를 얻도록 하세요. 예를 들어, “나는 창의적인 작업을 좋아하고 사람들과 소통하는 것을 중요하게 생각해요. 어떤 직업이 좋을까요?”라고 질문하면 더 적합한 조언을 받을 수 있습니다.

4. 실제 사례 요청하기

AI에게 실제 사례나 경험담을 요청하여, 특정 직업의 현실적인 모습을 이해하는 데 도움을 받을 수 있습니다. “이 직업을 가진 사람의 일상은 어떤가요?”와 같은 질문이 유용합니다.

5. 추가 자료 활용하기

AI가 제공하는 정보 외에도 추가적인 자료를 활용하세요. 관련 서적, 웹사이트, 전문가 인터뷰, 직업 체험 등을 통해 더 깊이 있는 정보를 얻는 것이 좋습니다.

6. 정기적인 점검 및 수정

진로탐색 과정에서 얻은 정보를 바탕으로 정기적으로 자신의 목표와 계획을 점검하고 수정하세요. AI를 통해 새로운 정보를 얻을 때마다 자신의 진로 목표를 다시 평가하는 것이 중요합니다.

7. 전문가와의 상담

AI의 조언을 바탕으로 교사 또는 진로상담교사와 상담하여 더 깊이 있는 통찰을 얻는 것이 좋습니다. 전문가가 가진 경험과 지식은 AI가 제공하지 못하는 중요한 정보가 될 수 있습니다.

제6장

진로미결정 학생의 진로지도: 직업명을 제시한 학생

예시 한태성 학생(○○고등학교 1학년) 사례

태성: 선생님! 저는 요즘 TV를 보다가 뉴스나 광고에서 인공지능에 대한 내용을 많이 접하게 되면서 인공지능에 관심이 생겼어요. 그래서 나중에 인공지능전문가가 되면 어떨까 하는 생각을 해 보았어요.

박 교사: 아, 그렇군요. 그럼 인공지능전문가라는 직업에 대해 정보를 찾아보았나요?

태성: 아뇨. 관심이 생기긴 했지만 직업정보를 어디서 어떻게 찾아봐야 할지 잘 몰라서 선생님께 상담을 받으러 온 거예요.

박 교사: 네. 잘 찾아왔어요. 직업에 대한 정보는 다양한 방법으로 찾아볼 수 있어요. 직업정보에 대한 개념과 직업정보 탐색 방법을 다양하게 제시해 놓았으니 참고하고요. 그중에서 진로정보망을 통한 직업정보 탐색을 함께 실시해 보아요. '커리어넷' '고용24' '메이저맵' 사이트 등에서 인공지능전문가에 대한 정보를 찾아보고 직업정보 정리하기 활동지를 작성해 볼까요?

태성: 네, 선생님.

이 사례는 고등학교 1학년생이 평소 생활을 하던 중에 TV 매체를 통하여 관심과 흥미를 갖게 된 직업을 진로상담에서 제시한 경우이다. 이처럼 직업명을 제시한 학생은 막연하게 자신이 되고 싶은 직업인의 이름 정도만 알고 있는 학생이다. 이러한 학생들에게는 자기 이해를 위한 활동부터 시작하여, 진로정보망을 활용한 직업정보 탐색 활동을 통해 자신의 진로에 대한 고민을 해결하고 미래를 위한 계획을 세울 수 있도록 도와주는 것이 중요하다.

청소년에게 있어 진로를 결정하는 것은 미래의 대학 전공과 직업 선택에 직접적인 영향을 미치기 때문에 생애에서 가장 중요한 문제 중 하나로 볼 수 있다. 크럼볼츠는 진로 선택에 영향을 미치는 요인으로 유전적 요인들, 환경적 상황, 학습경험들, 과제접근기술을 들고 있다(Mitchell & Krumboltz, 1996). 또한 크럼볼츠는 우연학습이론을 통하여 개인이 일생을 살아가면서 끊임없이 변화하는 세상 속에서 자신의 일을 찾아가며 적응해 살아가는 중요성을 강조하였다(임은미 외, 2017). 이처럼 진로결정은 삶의 방향과 목표를 결정하는 중요한 요소이므로 청소년은 자신의 미래를 위해 신중하게 진로를 결정해야 한다. 그래야 자신의 삶의 만족도를 높일 수 있고 행복한 삶을 살아갈 수 있는 토대를 마련할 수 있다.

진로미결정의 원인과 대안 그러나 현재와 같이 급변하는 사회환경 속에서 진로를 결정하는 것은 매우 어려운 일이며, 많은 학생이 진로미결정 상태에 빠져 있다. 완버그와 머친스키(Wanberg & Muchinsky, 1992)는 진로미결정의 원인을 4가지로 분류하여 제시하고 있다. 첫째, '자기 이해의 부족'으로 자신이 무엇을 하고 싶은지, 무엇을 잘하는지, 중요하게 생각하는 가치가 무엇인지 등 자신에 대한 이해가 부족하여 진로에 대한 의사결정을 내리지 못하는 경우이다. 둘째, '직업에 관한 정보의 부족'으로 어떤 직업들이 있는지, 그 직업들이 하는 일은 무엇이고, 작업환경이나 근로조건은 어떠하며 발전 가능성이 있는지 등 직업에 대한 정보가 부족하여 의사결정이 어려운 경우이다. 셋째, '결단성 부족'으로 자신의 특성이나 직업정보가 충분함에도 결단성 부족으로 의사결정에 어려움을 겪는 경우이다. 넷째, '진로 선택의 중요성에 대한 인식 부족'으로 진로 선택의 중요성을 사삭하지 못하거나 피상적으로 이해하여 중요한 것으로 받아들이지 않는 경우이다(김봉환, 2019). 이러한 진로미결정의 원인은 개인마다 다르며, 진로결정에 영향을 미치는 정도도 제각각 다르다. 따라서 청소년들이 진로를 결정하는 과정에서 이러한 요인들을 고려할 수 있도록 적절한 지원을 제공하는 것이 중요하다.

자기 이해의 부족으로 진로미결정 상태인 학생을 지도하기 위해서는 이 책의 제2장 '진로학업설계의 기반: 성장하는 '자기'의 이해'를 참고하는 것이 좋다. 결단성 부족의 경우에는 제9장의 '3. 진로장벽의 이해와 극복'을, 진로 선택의 중요성에 대한 인식 부족의 경우에는 제1장 '진로학업설계의 필요성'을 참고하면 도움이 될 것이다.

진로미결정의 원인을 찾기 위해서는 고용24 직업심리검사에서 청소년 심리검사 중 진로발달검사를 통해 진로성숙도 수준을 확인하고, 진로미결정 요인을 성격 요인, 정보 요인, 갈등 요인 등으로 나누어 살펴볼 수 있다. 또한 진로미결정 학생들을 위한 진로탐색 프로그램은 학생들이 자신의 흥미와 적성을 파악하고, 다양한 직업정보를 수집하여 자신에게 맞는 진로를 선택할 수 있도록 돕는 것을 목적으로 한다. 진로탐색 프로그램은 자기 이해 및 진로 탐색, 직업정보 수집 및 분석, 진로 목표 설정 및 계획 수립, 진로상담 및 지원 등으로 구성된다. 진로미결정 학생들은 자신의 진로에 대한 고민과 불확실성으로 인해 어려움을 겪을 수 있으므로, 진로탐색 프로그램을 통해 자신의 진로를 탐색하고, 진로 목표를 설정하여 미래를 준비하는 데 도움을 얻을 수 있다.

이 장에서는 자기 이해를 바탕으로 자신이 희망하는 직업 분야에 대하여 막연하게만 알고 있을 뿐, 직업정보에 관한 부족으로 진로미결정 상태인 학생들에게 직업 세계의 변화와 미래 유망직업을 안내한다. 직업정보의 이해 및 진로정보망을 통해 직업에서 요구하는 능력과 자질 및 진출하기 위한 자격조건과 직업 전망 등 다양한 직업정보를 탐색하고 실습해 보는 내용으로 구성되었다. 또한 직업에서 요구하는 특성을 바탕으로 자신의 역량을 개발할 수 있으며, 진출하기 위한 자격조건을 파악하여 자신의 진로 계획을 보다 구체적으로 세울 수 있도록 돕는 데 목적이 있다.

1. 직업세계의 변화와 미래 유망직업

1) 4차 산업혁명에 따른 직업세계 변화

4차 산업혁명은 정보통신기술(ICT)의 융합으로 이루어지는 차세대 산업혁명이며, 기술의 발달로 기계가 점점 고도화되고 있다. 이와 더불어 5차 산업혁명은 인간 중심에 중점을 두어 인간과 지능화된 기계 간의 협력을 중요시하는 방향으로 기술이 진보하고 있다. 핵심은 빅데이터 분석, AI(인공지능), 로봇공학, 사물인터넷(IoT), 모빌리티(무인 자동차 등), 3D 프린팅, 나노, 바이오, 친환경 기술과 같은 새로운 기술 혁신으로 이러한 기술이 빠르게 발전하면서 사회적 변화의 흐름과 일자리를 변화시키고 있다. 특히 AI, 로봇, 빅데이터 등의 활용으로 자동화와 로봇 등의 기계가 더 많은 역할을 맡게 되면서 기존의 일자리 환경이 새롭게 변하고 있다. 일의 생산성과 효율성을 높이기 위해서는 로봇과의 협업이 필요한 세상이 올 것이다. 일부 직업이 사라지거나 변형되면서 노동자는 새로운 기술을 배우거나 다른 직업으로 전환해야 할 수도 있다.

4차 산업혁명으로 인한 직업세계는 다음과 같은 변화가 있을 것으로 보인다. 첫째, 4차 산업혁명과 관련된 일자리는 늘어나겠지만, 기존의 사무, 행정, 제조 등 단순 노동직은 상당수가 사라질 것이다. 앞으로 인공지능은 자율주행차, 로봇, 보안 등 다양한 분야에 활용될 것이고, 단순 반복 업무를 하는 근로자들의 상당수가 로봇에게 일자리를 빼앗길 것이다. 예를 들어, 자율주행 기술이 발전하면서 운전사가 필요 없는 차량이 물류와 교통 분야에서 널리 사용될 것이다. 이로 인해 운전사의 역할이 줄어들고, 대신 차량 관리 및 유지 · 보수, 데이터 분석 등의 새로운 직업이 생겨날 것이다.

둘째, 산업현장에서 필요에 따라 임시로 계약직을 채용하는 긱 경제(Gig Economy)가 확산되어 특수 형태 근로자, 프로젝트형 근로자 등이 확산될 것이다. 예를 들어, 배달 앱에서는 배달 기사를 임시로 고용하여 음식 배달 서비스를 제공한다. 배달 기사는 자신이 원하는 시간에 자유롭게 일할 수 있으며, 수입도 자신이 일한 만큼 얻을 수 있다.

셋째, 빅데이터와 인공지능을 기반으로 하는 플랫폼에서 새로운 형태의 일자리가 생겨날 것이다. 미래에는 빅데이터를 확보하는 플랫폼 보유 기업이 세상을 이끌 것이며, 플랫폼이 중요해지는 시대가 올 것이다. 일상생활과 직접 관련된 것들뿐만 아니라 많은 기업이 제조업에서도 플랫폼을 기반으로 하는 비즈니스 모델을 준비하고 있다. 예를 들어, 온라인 학습 플랫폼과 AI 기반 교육 시스템이 교육 방식을 변화시킬 것이다. AI 기반 교육 시스템은 학생 개개인의 학습 속도와 스타일에 맞춰 맞춤형 교육을 제공할 수 있다. 이로써 전통적인 교사의 역할이 변하고, 대신 온라인 콘텐츠 개발자와 학습 데이터 분석가 같은 새로운 직업이 등장할 것이다.

넷째, 서로 다른 분야가 융합하는 산업이 조성될 것이다. 전통적인 제조업과 서비스 산업에 빅데이터와 인공지능 등 ICT를 융합한 신규 산업과 서비스가 추가될 것이다. 예를 들어, 원격 의료와 AI 기반 진단 시스템이 발전하면서 의료 서비스 방식도 변할 것이다. AI 진단 시스템은 초기 진단과 치료 계획 수립을 도와서 의료진의 효율성을 높인다. 이로 인해 병원 방문이 줄어들고, 의료 데이터 분석 및 AI 시스템 유지 관리 등의 새로운 일자리가 생길 것이다. 블록체인 기술과 스마트 계약이 금융 거래를 자동화하고 투명성을 높이면서 금융 산업에서 중간 관리자와 사무직의 역할이 줄어들고, 대신 블록체인 개발자와 데이터 보안 전문가 같은 새로운 직업이 증가할 것이다.

이와 같이 4차 산업혁명은 기술발전과 디지털화로 인해 노동시장과 직업 환경에 큰 변화를 가져오고 있다. AI, 자동화, 블록체인, 원격 의료, 자율주행 기술, 스마트 농업 등 다양한 분야에서 전통적인 직업들이 변화하거나 사라지고, 새로운 직업들이 생겨나고 있다. 이러한 변화는 단순히 일자리가 줄어드는 것이 아니라 새로운 일자리가 생기고 직업 구조가 재편되는 것을 의미한다. 따라서 청소년은 이러한 변화에 대비해 새로운 기술을 배우고, 창의적인 사고 능력과 문제해결 능력을 키우는 것이 중요하다. 또한 다양한 경험과 지식을 쌓아 미래의 일자리에 대비하는 것이 필요하다. 4차 산업혁명은 우리에게 새로운 도전과 기회를 제공하며, 이를 통해 더 나은 미래를 만들어 나갈 수 있다.

2) 미래 유망직업

기술이 발전하면서 세상은 빠르게 변화하고 있다. 새로운 기술이 등장하고, 이로 인해 인구의 구성과 산업구조 등이 바뀌면서 미래는 지금과는 전혀 다른 모습으로 변화하고 있다. 지금은 인기가 많지만, 앞으로는 인기가 사그라질 직업들도 있을 것이고, 심지어 어떤 직업은 아예 사라져 버릴지도 모른다. 그래서 우리는 직업을 선택하기 전에 먼저 내가 원하는 직업이 미래에도 계속 유망할지 알아봐야 한다. 미래 유망직업은 기술의 발전과 산업구조의 변화에 따라 수요가 높아지고 성장 가능성이 큰 직업들을 의미한다.

유망직업을 선택하기 위해서는 다음과 같은 것들을 고려해야 한다. 첫째, 기술 변화에 주목해야 한다. 기술이 더욱 발전하는 분야에서의 직업들은 계속해서 수요가 있을 것이다. 둘째, 인구와 산업구조 등 구조적인 변화에 주목해야 한다. 셋째, 무엇보다 자신의 관심사와 적성을 고려해야 한다. 미래에 유망한 직업이라고 해도 자신의 관심사와 적성에 맞지 않으면 일을 하는 데 어려움을 겪을 수 있다. 따라서 자신의 관심사와 적성을 고려하여 직업을 선택하는 것이 중요하다.

미래사회의 변화를 세부적으로 살펴보면, 먼저 기술 변화에서는 AI 기술, 모빌리티 기술, 의료 기술, 로봇과의 협업이 가능해지고 있다. 이러한 혁신적인 기술은 미래의 일자리를 만들고 새로운 직업 기회를 제공할 것으로 보인다. 다음으로, 인구와 산업구조 등 구조적인 변화에서는 고령화와 저출산으로 인한 인구구조의 변화, 기후와 환경 문제에 대한 관심 증가, 인권과 사회적 양극화 문제가 더욱 중요해질 것이다. 이러한 변화는 사회복지 시스템의 성장, 문화와 여가활동의 증가, 웰빙과 감성 중심의 소비 시장 형성 등 새로운 사회적 요구를 만들어내고 있다.

미래 유망직업은 교육부에서 지원하는 '커리어넷' 사이트나, '한국고용정보원'에서 발간하는 보고서를 통해 확인할 수 있고, 대표적인 미래 유망직업에는 다음과 같은 것들이 포함된다.

- 빅데이터 전문가: 빅데이터를 분석하여 사람들의 행동이나 시장의 변화를 파악하고, 이를 통해 비즈니스에 도움이 되는 정보를 제공한다. 데이터 수집, 저장, 분석, 시각화 등을 담당하며, 인공지능을 구현하기 위해서는 빅데이터 분석이 필수적이다.
- 인공지능 전문가: 인간의 뇌 구조에 대한 지식을 바탕으로 컴퓨터와 로봇이 인간처럼 생각하고 의사결정을 할 수 있도록 인공지능 알고리즘을 개발한다. 자율주행차, 스마트공장, 데이터 서비스, 로봇 등 다양한 분야에서 인공지능 기술이 활용된다.
- 사물인터넷 전문가: 사물인터넷(IoT)은 사물들이 센서와 기기를 통해 서로 데이터를 주고받으며 대화하는 기술이다. 스마트시티, 스마트공장, 자율주행차, 스마트팜, 스마트가전 등 다양한 분야에서 활용된다.
- 가상/증강현실(VR · AR) 전문가: 가상의 시공간에서 가상시스템을 개발하거나 현실의 이미지에 3D 가상 이미지를 합성하여 보여 주는 증강현실 기술을 개발하고 기획한다. 메타버스, 원격 수술, 진단, 심리치료, 교육훈련, 문화예술 분야 등에서 활용된다.
- 3D 프린팅 운영 전문가: 3D 프린터를 조작하여 고객의 요구에 맞게 액세서리, 일상 용품, 기계 부품 등을 제작한다. 3D 프린팅은 차세대 제조 산업의 핵심 기술로 중요성이 커지고 있다.
- 로봇공학자: 스마트공장에서 사용할 산업용 로봇, 자율주행 로봇, 로봇 청소기, 학습 지원 로봇 등을 개발한다. 인공지능, 센서, 기계 부품, 소프트웨어 등 로봇 개발에 필요한 기초 기술을 연구한다.
- 드론 전문가: 농약 살포, 재난 구조, 산불 감시, 드라마 촬영, 기상 관측 등 다양한 분야에서 드론을 활용한다. 드론 비행을 제어하는 소프트웨어를 개발하거나, 드론을 이용해 촬영, 관측, 감시 등의 임무를 수행한다.
- 생명공학자: 정보기술(IT)과 나노기술(NT)이 융합된 새로운 생명공학 기술을 개발하여 질병 치료와 건강 증진을 위한 신약과 의료 기술을 연구한다. 생명정보학, 유전자 가위 기술 등을 활용한다.
- 미디어콘텐츠 창작자: 유튜브 등 광고 기반 플랫폼에 개인 영상 콘텐츠를 제작하여 수익을 창출한다. 스마트기기와 5G 기술의 보급, 온라인 콘텐츠 서비스 확대 등으로 1인 미디어 창작자가 늘어나고 있다.
- 정보보호 전문가: 조직의 네트워크와 시스템을 보호하고 해킹 및 사이버 공격으로부터 보안을 유지하는 일을 한다. 모의 해킹과 취약점 분석을 통해 중요한 정보를 보호하는 방법을 제시한다.

- 스마트팜 구축자: 농업에 정보통신기술을 접목하여 작물 재배와 가축 사육을 효율적으로 할 수 있도록 돕는 기술을 개발하고, 수집된 정보를 분석하는 일을 한다. 기후 변화와 식량 문제를 해결할 수 있는 대안으로 주목받고 있다.
- 환경공학자: 환경 문제가 중요해지면서, 환경공학자의 역할이 더욱 중요해지고 있다. 대기, 수질, 토양 등의 환경을 분석하고, 오염 물질을 처리하는 기술을 개발한다. 또한 환경 보호를 위한 정책을 수립하고, 이를 실행하는 데도 참여한다.
- 우주항공 기술자: 우주항공산업이 발전하면서, 우주항공 기술자의 수요가 증가하고 있다. 우주선, 인공위성, 로켓 등을 설계 · 제작하는 일을 한다. 또한 우주 탐사를 위한 기술을 개발하고, 우주 환경에서 사용할 수 있는 장비를 개발하는 일도 담당한다.

앞서 살펴보았듯이, 직업은 계속해서 변화하기 때문에 유망직업 역시 시간이 지남에 따라 달라질 수 있다. 어떤 시기에 어떤 자료를 참고했느냐에 따라 다소 차이가 있을 수 있으므로, 특정 직업에 집착하거나 지나치게 신경 쓸 필요는 없다. 오히려 다양한 정보를 수집하고 분석하여 자신의 관심 분야와 적성에 맞는 직업을 찾는 것이 중요하다.

이러한 미래 유망직업들은 커리어넷(www.career.go.kr)이나 고용24(www.work.go.kr)에서 관련 정보를 찾아볼 수 있다. 커리어넷에서는 '직업정보' 탭에서 '미래직업'을 선택하여 테마별로 직업정보를 찾아볼 수 있고 주제 키워드별로 검색할 수도 있다. 직업이 하는 일, 활동 분야, 필요한 적성과 흥미, 준비 방법, 직업 전망 등을 확인할 수 있고, 관련 동영상도 제공하고 있다. 고용24에서는 '채용정보' 탭에서 '4차 산업혁명'을 클릭하면 차세대 산업혁명 채용관으로서 인공지능, 사물인터넷, 빅데이터 등 첨단 정보통신기술이 경제 · 사회 전반에 융합되어 혁신적인 변화가 나타나는 미래직업들에 대하여 안내하고 있다. 4차산업 유망직업으로 사물인터넷, 인공지능, 빅데이터, 가상/증강 현실, 생명공학, 로봇공학, 3D 프린팅, 드론 등과 관련된 직업정보를 찾아볼 수 있으며, 관련 기업정보와 채용정보도 제공되고 있어서 청소년이 탐색하기에 유용하다.

3) 미래 직업역량

기술의 진보로 현대사회는 빠르게 변화하고 있고, 이에 따라 직업 세계 또한 큰 변화를 겪고 있다. 과거에는 특정 기술이나 지식이 오랜 기간 동안 유효했지만, 이제는 변화의 속도가 너무 빠르기 때문에 이를 따라잡기 위해서는 지속적인 학습과 적응이 필수적이다. 이러한 변화는 단순히 기술적인 측면에서만 일어나는 것이 아니라, 사회적 · 경제적 · 환경적 요인들도 함께 작용하고 있다.

미래사회의 주역인 청소년은 미래에 대한 관심과 호기심을 가지고, 새로운 기술과 트렌드를 적극적으로 습득해야 하며, 창의성과 문제해결 능력을 키우기 위해 다양한 경험과 도전을 시도해 보고, 변화에 유연하게 대처할 수 있는 적응력과 위기 대처 능력을 키우는 것이 필요하다. 청소년이 갖춰야 할 미래 직업역량의 세부적인 내용은 다음과 같다(교육부, 한국직업능력개발원, 2018; 김영기 외, 2018; 정철영, 서우석, 2023).

- 디지털 역량: 디지털 기술의 발전은 우리의 일상과 업무 방식을 근본적으로 변화시키고 있다. 프로그래밍, 데이터 분석, 클라우드 컴퓨팅, 사물인터넷 등의 기술은 미래 직업에서 필수적인 요소가 될 것이다. 이러한 기술을 이해하고 활용할 수 있는 능력은 미래 직업에서 성공하기 위한 핵심적인 역량 중 하나이다.
- 문제해결 및 분석 능력: 세계경제포럼(WEF, 2020)은 미래의 직장인들에게 우선적으로 필요한 역량을 복잡한 문제를 해결하고 데이터를 분석하여 의사결정을 내리는 능력이라고 하였다. 논리적 사고와 분석 능력을 통해 문제를 해결하고, 인문학적이고 감성적인 해석 방법으로 문제를 유연하게 이해하며 새로운 아이디어와 혁신적인 솔루션을 제시할 수 있어야 한다.
- 창의성 및 혁신 능력: 기술혁신으로 환경이 급격히 변화하게 되면 기존의 방식으로는 문제를 해결하기 힘들 것이다. 그렇기 때문에 새로운 아이디어를 창출하고 기존의 문제를 새로운 시각으로 바라보는 능력이 필요하다. 이는 새로운 제품 및 서비스를 개발하거나, 기존의 방식을 개선하고 새로운 방법을 도입하는 데 필수적이다.
- 커뮤니케이션 및 협업 능력: 다양한 사람들과 원활하게 소통하고 협력하여 문제를 해결하는 능력이 필요하다. 다양한 사람들의 창의적 의견과 지식을 모니터링하고 종합하여 대안을 찾아내며, 네트워크로 연결된 전문가들과 협력하여 정보를 조합하고 지식을 창출할 수 있어야 한다.
- 리더십 및 관리 능력: 팀을 이끌고 프로젝트를 효율적으로 관리하는 능력이 필요하다. 자기 관리와 경력개발 계획을 수립할 수 있는 자기개발 능력, 시간, 예산, 물자, 인적 자원을 관리할 수 있는 자원관리 능력, 갈등관리와 협상 등에 필요한 대인관계 능력이 포함된다.
- 자기주도적 학습 및 적응력: 빠르게 변화하는 환경에 대응할 수 있는 자기주도적 학습과

적응력이 필요하다. 지속적인 학습과 역량 강화를 통해 새로운 기술과 분야에 대한 이해를 높일 수 있어야 한다.

- 윤리적 판단력: 기술 발전과 함께 발생하는 윤리적 문제에 성숙하게 대처할 수 있는 능력이 필요하다.
- 글로벌 마인드셋: 다양한 문화와 언어에 대한 이해와 적응력이 필요하다. 글로벌 시장에서 경쟁하고 협력하기 위해서는 다른 문화와 관습을 이해하고 존중하는 능력이 중요하다.

이러한 역량들은 미래의 직업세계에서 성공하기 위해 필수적인 요소들이다. 빠르게 변화하는 기술과 사회에 적응하고, 창의적인 아이디어를 창출하고 문제를 해결하는 능력은 미래의 직업세계에서 성공하기 위해 중요하다. 준비된 사람에게 새로운 기회와 가능성이 열려 있으므로 청소년은 이러한 역량을 강화시키기 위해서 지속적인 학습과 자기계발을 통해 미래의 직업세계에서 성공할 수 있는 역량을 갖추고, 자신의 꿈을 이루기 위해 노력해야 한다.

2. 직업정보 탐색 및 활용

1) 직업정보의 이해

직업정보는 개인이 일생 동안 직업생활을 하는 데 필요한 모든 정보를 말한다. 이는 직업별 직무내용, 직업 전망, 근로조건, 직업구조와 직업군, 취업 동향, 노동 관련 법률과 규정, 노동시장 정보, 직업분류와 직종, 자격 요건, 준비과정, 취업 정보, 취업처에 대한 자세한 내용, 미래사회 전망 등을 포함한다. 직업정보의 목적은 청소년이 다양한 직업에 대해 이해하고, 자신에게 맞는 진로를 선택할 수 있도록 돕는 것이다. 이를 통해 직업에 대한 의식을 높이고, 미래의 진로를 결정하는 능력을 키울 수 있다. 또한 직업정보는 일상생활에 잘 적응하고, 자신의 꿈을 이루는 데도 도움을 줄 수 있다. 좋은 직업정보는 우리가 직업을 선택하고 취업하는 데 필요한 정보를 제공하고, 미래사회에 대한 전망을 보여 주며, 우리의 성장과 발전을 돕는 데 중요한 역할을 한다.

직업정보는 단순히 특정 직업에 대한 기술이나 설명을 넘어서 직업적 기회, 직업 활동에 필요한 자질과 훈련, 직업 전망 등 일의 세계와 관련된 다양한 사실을 체계적으로 기술하고 설명하는 자료이다. 이 직업정보는 취업 기회, 고용 인원, 직업 전망, 임금 및 작업환경 같은 직장의 근무조건, 업무 수행에 필요한 자격과 훈련 경험, 지식, 직업능력, 직업 특성에 어울리는 성격, 흥미, 가치 등을 포함한다. 노리스(Norris, 1979)는 직업정보를 채용 자격, 작업 조건, 보상, 승진 등을 포함한 직위, 직무, 직업 등에 관한 유용하고 타당한 자료로 정의했으며, 중등학교 수준에서 제공되어야 할 직업정보는 다음과 같다. 첫째, 직업의 종류와 특성, 직업의 중요성, 직업의 변화와 미래 전망 등 직업세계에 대한 인식을 높일 수 있는 정보가 필요하다. 둘째, 교육과정의 목적과 목표, 교육과정과 직업의 연계성, 직업별 요구되는 교육과정 등의 정보와 직업세계 간의 관계를 이해시키는 정보가 필요하다. 셋째, 직업정보 사이트 활용, 직업체험 프로그램 참여, 직업 전문가와의 상담 등 직무내용에 관한 정보수집 방법을 이해시키는 정보가 필요하다. 넷째, 직업계획의 중요성, 직업계획 수립 방법, 직업계획 수정과 보완 등 직업계획의 의미를 이해시키는 정보가 필요하다. 다섯째, 기술 발전과 직업세계의 변화, 사회변화와 직업세계의 변화, 직업세계의 변화에 대한 대처 방법 등의 직업세계가 항상 변화하고 있다는 점을 이해시키는 정보가 필요하다(김영빈 외, 2017).

청소년에게 직업정보가 부족하면 자신의 미래를 설계하는 데 어려움을 느끼게 되고, 이는 개인적으로 불행해질 뿐만 아니라 국가적으로도 인적자원의 소모와 낭비를 초래할 수 있다. 하지만 적절한 직업정보가 제공된다면 직업탐색에 드는 비용을 줄이고, 더불어 합리적인 직업선택을 통한 만족스러운 직업 생활을 영위할 수 있도록 지원한다. 이러한 직업정보는 청소년이 자신의 진로를 탐색하고, 미래를 설계하는 데 큰 도움이 될 것이다.

2) 직업정보 탐색 방법

직업정보 탐색은 진로 선택에 있어 매우 중요한 과정이며, 다음 사항들을 고려하여 나에게 맞는 정보를 탐색해야 한다(정철영, 서우석, 2023). 첫째, 명확한 목표를 설정해야 한다. 어떤 목적으로, 어떤 정보를, 어디서, 어떻게 수집할 것인지 명확히 해야 한다. 예를 들어, "나는 어떤 직업을 갖고 싶은가?" "그 직업을 갖기 위해 필요한 자격증은 무엇인가?" 등의 질문을 통해 목표를 설정할 수 있다. 둘째, 직업정보는 계획적으로 수집해야 한다. 이를 위해 진로정보 제공원을 파악하고 조직적 · 계획적 · 주기적으로 정보를 수집해야 한다. 학교에서 제공하는 진로정보, 인터넷 검색, 직업 관련 서적 등 다양한 정보원을 활용할 수 있다. 셋째, 항상 최신의 정보인가를 확인해야 한다. 정보는 변화하며 항상 유효한 것이 아니기 때문에 불필요한 자료는 폐기하고 새로운 정보를 수집하는 작업을 지속적으로 수행해야 한다. 넷째, 직업정보 수집에 필요한 도구를 사용하여 녹음·녹화뿐만 아니라 인터넷 정보 수집 기능을 적극적으로 활용할 필요가 있다. 이를 통해 더욱 다양하고 정확한 정보를 수집할 수 있다. 다섯째, 직업정보의 정확성, 신뢰성을 평가할 수 있는 안목을 가져야 한다. 이를 위해 다양한 정보를 비교하고, 전문가의 의견을 참고하는 것이 좋다.

〈표 6-1〉 직업정보 탐색 방법

정보 탐색 방법	특징
인쇄매체를 통한 탐색	• 가장 일반적이고 전통적인 형태의 자료 • 한국직업사전, 한국직업전망, 직업 안내 가이드, 포스터나 팸플릿 등
역할극, 게임 등 시뮬레이션을 통한 탐색	• 다양한 대리 경험을 통해 재미있게 진로 탐색할 수 있는 방법 • 사후에 의미 있는 토의, 추수활동, 보충 설명 자료 등을 제공
다양한 미디어를 통한 탐색	• 학습자의 감각을 두드림으로써 동기유발이 쉽고 각종 직업에 대한 인식이나 태도를 형성하는 데 효과적임 • 대표적 매체로 유튜브에 있는 각종 직업관련 동영상 • 주요 미디어 정보 - Job-TV(한국산업인력공단, 전국민 대상 일자리 전문채널) - EBS 교육방송(직업탐구 별일입니다, 극한 직업, 지식채널-e) - 진로레시피(학부모 진로교육 팟캐스트)
진로정보망을 통한 탐색	• 기업체나 공공 기관의 인터넷 홈페이지를 이용하여 진로와 직업 및 취업과 관련한 다양한 정보를 원스탑 서비스로 통합적으로 탐색하고 분석할 수 있음 • 커리어넷, 고용24 등이 가장 대표적인 정보망임
인터뷰를 통한 탐색	• 다양한 진로나 직업을 대표하는 인사와의 면담을 통해 진로정보 수집
탐방·견학을 통한 탐색	• 지방자치단체별 진로직업체험지원센터나 산업체 등을 방문하여 필요한 직업정보 획득 • 진로직업체험지원센터에서 진로 및 직업에 관한 정보와 프로그램 체험 • 기업방문은 실제 작업 상황에서 수행되는 일을 관찰하고, 그 일에 종사하는 사람들과 이야기를 나누는 기회를 가질 수 있음
직업체험을 통한 탐색	• 직접적인 현장체험학습을 통해 직업에 대한 많은 정보 획득 • 현장학습 후에는 진로 학습을 위한 피드백 제공
진로행사를 통한 탐색	• 각종 직업박람회, 학교의 직업인 초청 특강, 강연회, 토론회, 진로의 날 수업 활동을 통해 이루어지는 정보탐색 방법

출처: 한국교육학술정보원(2021).

직업정보 탐색 방법에는 다양한 종류가 있으며, 인쇄매체, 다양한 미디어, 진로정보망, 인터뷰(면담), 직업체험 등 다양한 진로정보원을 통해서 탐색이 가능하다. 인쇄매체는 신문, 잡지, 책 등을 말한다. 이러한 매체를 통해 직업의 종류와 특징, 직업의 전망 등을 파악할 수 있다. 다양한 미디어는 TV, 인터넷, 유튜브 등을 말한다. 이러한 미디어를 통해 직업의 실제 모습을 볼 수 있으며, 직업인의 인터뷰나 강연 등을 통해 직업에 대한 정보를 얻을 수 있다. 진로정보망은 교육부에서 운영하는 '커리어넷' 등을 말한다. 이러한 정보망을 통해 직업의 종류와 특징, 직업의 전망 등을 파악할 수 있으며, 진로상담도 받을 수 있다. 인터뷰(면담)는 직업인을 직접 만나 직업에 대한 정보를 얻는 방법이다. 직업인의 경험과 노하우를 들을 수 있으며, 직업에 대한 현실적인 정보를 얻을 수 있다. 직업체험은 직업을 직접 체험해 보는 방법이다. 직업의 실제 업무를 경험해 볼 수 있으며, 자신의 적성과 흥미를 파악할 수 있다. 이와 같은 방법을 통해 직업정보를 탐색하면, 자신의 진로를 선택하는 데 큰 도움이 될 것이다.

3) 나만의 유망직업 찾기

4차 산업혁명으로 대변되는 기술 진보와 인구구조 변화, 사회발전으로 인해 미래 직업세계의 모습은 지금과 많이 달라질 것이므로 청소년의 진로 준비와 진로 선택도 달라져야 한다. 미래 직업세계 변화를 이해하고 자신의 진로 계획에 적용하는 것이 필요하며, 다양한 진로가 있음을 이해하고, 다양한 직업체험을 통해 자신의 흥미와 적성을 찾아야 한다. 자신이 희망하는 직업에 대해 깊이 알기 위한 노력이 필요하고 새로운 직업 체험에도 도전해서 알지 못했던 새로운 흥미와 적성을 재발견하는 것이 중요하다. 성공적인 미래를 위한 중요한 질문 중의 하나는 바로 "나만의 유망직업은 무엇일까?"이다. 이 질문에 답하기 위해서는 나만의 유망 직업 찾기에 대해 알아볼 필요가 있다.

미래를 준비하는 첫걸음, 나만의 유망직업 찾기 나만의 유망직업을 찾기 위해서는 단순한 직업 선택을 넘어, 철저한 준비와 꾸준한 노력 및 탐색이 요구된다. 청소년이 나만의 유망직업을 찾기 위해서는 다음과 같은 준비 과정이 필요하다. 첫째, 미래 직업세계 변화를 이해하고 자신의 진로 계획에 적용할 줄 알아야 한다. 앞으로의 직업 환경은 과거와 달리 더 복잡하고 다변화될 것이다. 기술 발전이 가속화되면서 사라지는 직업도 있겠지만, 동시에 새로운 기회도 계속해서 생겨날 것이다. 특히 한 사람이 여러 직업을 가지거나 또는 하나의 직업 내에서 여러 역할을 동시에 수행하는 등 지금과는 전혀 다른 직업과 직무 형태가 생겨날 가능성이 크므로 미래 산업 동향을 미리 파악하고, 이에 맞는 기술과 역량을 준비하는 과정이 필요하다. 둘째, 자신의 흥미와 적성을 정확히 파악하는 과정이 필요하다. 자신이 좋아하는 분야에서 일할 때 우리는 더 큰 열정과 성취감을 느낄 수 있다. 이를 위해서는 자신의 성격, 취미, 특기 등을 면밀히 분석하고, 그것을 직업과 연결하는 노력이 필요하다. 진로상담이나 다양한 성격 및 직업 적성 검사를 통해 나의 강점과 약점을 알아보는 것도 좋은 방법이 될 수 있다. 셋째, 다양한 직업체험과 실습을 통해 경험을 쌓는 것이 필요하다. 이론으로만 배운 직업의 세계와 실제로 그 일을 경험해 보는 것은 큰 차이가 있다. 고등학교 시절 다양한 직업체험 프로그램이나 인턴십을 통해 현장을 직접 경험해 보는 것은 자신의 진로를 구체화하는 데 큰 도움이 된다. 이를 통해 내가 미처 몰랐던 새로운 흥미와 적성을 발견할 수도 있다. 넷째, 다양한 진로가 있음을 이해해야 한다. 사회가 복잡해지고 다양한 가치관이 존중받는 사회가 되면서 청소년들의 직업가치관도 변화하고 있다. 직업을 갖는 방식과 일하는 모습이 다양해져서 직업세계에 진입하는 사례도 정규교육과정 외에 다양한 경로를 통해 이루어지고 있다. 다섯째, 직업의 전망과 안정성, 근무 환경 등 현실적인 요소도 고려해야 한다. 우리가 선택한 직업이 앞으로도 지속적으로 수요가 있을지, 기술 발전과 사회적 변화 속에서 어떤 직업이 사라지거나 새롭게 등장할지를 예측하는 것이 필요하다. 좋은 직업이란 단순히 내가 좋아하고 잘할 수 있는 일이 아니라, 안정적인 수입과 쾌적한 근무 환경을 제공해야 한다. 장기적으로 내가 이 직업에서 만족하며 일할 수 있을지 고민해 봐야 한다.

나만의 유망직업을 찾는 것은 진로 선택에 있어 매우 중요한 과정이다. 장래의 직업을 찾는 청소년들은 대부분 미래 유망직업에 대하여 궁금해할 것이다. 하지만 각자가 생각하는 유망직업에 대한 조건이 다를 수 있기 때문에 다른 사람의 유망직업이 반드시 나의 유망직업이 될 수는 없다. 또한 한 직업이 모든 조건을 충족할 수도 없으므로 유망직업을 특정하기는 더욱 어렵다. 따라서 나만의 유망직업을 찾기 위한 절차를 살펴보면 다음과 같고, 순서를 따라가다 보면 자신의 진로 선택에 도움이 될 것이다.

단계	내용
1단계	나만의 유망직업 조건이 무엇인지 명확히 인식하기
2단계	나만의 유망직업 기준에 적합한 직업이 무엇인지 탐색하기
3단계	나만의 유망직업에 필요한 자격조건 확인하기
4단계	나의 현재 위치 인식하기(자격조건 충족 수준)
5단계	목표 달성을 위한 실행 계획 세우기

[그림 6-1] 나만의 유망직업 찾기 절차

출처: 김동규 외(2019).

나만의 유망직업 찾기 절차 1단계에서는 자신이 중요하게 생각하는 가치(워라밸, 경제적 자유, 사회적 기여 등), 관심사(기술 발전, 환경 문제 등), 능력(리더십, 창의성, 커뮤니케이션 등) 등을 고려하여 자신에게 맞는 유망직업의 조건을 파악한다. 2단계에서는 1단계에서 파악한 조건을 바탕으로 다양한 직업정보를 수집하고, 자신에게 맞는 유망직업을 찾아본다. 인터넷 검색, 직업정보 사이트, 직업 박람회, 전문가 인터뷰 등을 통해 다양한 직업정보를 수집하고, 자신에게 맞는 유망직업을 찾아볼 수 있다. 3단계에서는 자신이 찾은 유망직업에 필요한 자격증, 학력, 경력 등을 확인하고, 이를 충족하기 위한 계획을 수립한다. 예를 들어, 자신이 찾은 유망직업이 로봇 관련 엔지니어라면 전문적인 지식과 기술을 습득하기 위해 대학에 진학하여 로봇공학 전공 또는 관련 전공(기계공학, 전기공학, 컴퓨터공학 등)을 공부한다. 자신의 전문 지식과 기술을 입증하기 위해 관련된 자격증('로봇소프트웨어개발기사' '로봇하드웨어개발기사' 등)을 취득한다. 4단계에서는 자신이 현재 가지고 있는 자격증, 학력, 경력 등을 파악하고, 유망직업에 필요한 자격조건과 비교하여 자신의 현재 위치를 인식한다. 예를 들어, 고등학교 정규과정에서 로봇 관련 전공을 이수하지 못했다면 자신의 꿈을 이루기 위해서 관련 전공이 있는 대학에 진학하여 공부 계획을 세워야 한다. 5단계에서는 4단계에서 파악한 자신의 현재 위치와 유망직업에 필요한 자격조건을 바탕으로 목표 달성을 위한 구체적인 실행계획을 수립한다. 예를 들어, 대학에 진학하고, 졸업 전에 관련 자격증을 취득하고, 모 기업에 취업한다. 이후 더 많은 전문 지식과 기술을 습득하기 위해 대학원에 진학하여 석사·박사 학위를 취득한다. 이 과정을 통해 자신에게 맞는 유망직업을 찾고, 이를 실현하기 위한 구체적인 계획을 세울 수 있다.

유망직업의 기준은 시대와 가치관에 따라 달라져 왔다. 1960년대 이전에는 사회적 평판,

1970년대부터 1990년대에는 높은 보수와 승진 기회, 2000년대 이후에는 고용안정이 중요한 직업 선택 기준이 되었다. 최근에는 여성의 사회진출로 양성평등과 워라밸이 직업 선택의 중요한 기준이 되고 있다(김동규 외, 2019). 유망직업 선정에 있어 객관적인 기준이 있는 것은 아니고, 시대에 따라 기술의 변화와 사회 문화적인 환경의 변화, 인식과 가치관 등에 따라 달라질 수 있다. 이러한 변화를 잘 파악하고, 자신에게 맞는 유망직업을 선택하는 것이 중요하다.

직업 선택 체크리스트 유망직업을 선택할 때는 자신이 어떤 직업을 원하는지 명확히 알아야 한다. 이를 위해 직업 선택 기준을 살펴보는 것이 중요하며, 직업 선택 기준에는 고용전망, 고용안정, 보상, 근무 여건, 발전 가능성, 적성과 흥미, 사회 기여 등이 있다(〈표 6-2〉 참조) . 직업 선택 체크리스트를 통해 자신이 중요하게 생각하는 직업 선택 기준을 파악하고, 이를 바탕으로 자신에게 맞는 유망직업을 찾을 수 있다(활동지는 [부록 3] 참조). 청소년은 자신의 적성과 흥미를 고려하여 유망직업을 선택하는 것이 무엇보다 중요하다. 자신이 좋아하는 일을 하면서 사회에 기여할 수 있는 직업을 선택하면 직업 만족도가 높아지고, 삶의 질도 향상될 수 있기 때문이다.

나만의 유망직업 기준을 확인한 후에는 그에 적합한 직업이 무엇인지 탐색하기 위해 직업정보 탐색 과정을 거치게 된다. 직업정보는 인터넷 검색, 직업 관련 서적, 직업인 인터뷰 등을 통해 수집할 수 있다. 수집한 직업정보를 바탕으로 자신의 적성과 흥미에 맞는 직업을 선택하고, 해당 직업에서 요구하는 자격조건을 살펴본다. 현재 자신의 자격조건 충족 수준을 확인하여 목표 직업을 달성하기 위한 실행계획을 세우고 실천하는 과정을 거친다.

〈표 6-2〉 직업 선택 체크리스트

직업 선택 기준		매우 중요함	중요함	그다지 중요하지 않음
1. 고용 전망	전체 일자리가 증가하고 있다.			
	자동화나 기계화(인공지능)로 하는 일이 없어질 가능성(기술 대체 가능성)이 낮다.			
	취업 경쟁률이 높지 않다.			
2. 고용 안정	본인이 원하면 계속 일을 할 수 있다(연령증가에 따른 육체적 한계가 적음. 고용안정을 법적으로 보장 등).			
3. 고용 평등	성별이나 나이, 인종 등으로 임금, 승진 등에서 차별받지 않는다.			
4. 보상	임금을 기대한 만큼 받을 수 있다.			
	임금 외 복지혜택(휴가, 재교육 등)이 기대 수준을 충족한다.			
5. 근무여건	법정근로시간 외에 초과근무, 야간근무, 휴일근무 등이 많지 않다.			
	육체적 · 정신적 스트레스가 크지 않다.			
	작업환경(소음, 냄새, 위험, 먼지)이 감내할 정도이다.			
6. 직업 전문성과 발전 가능성	전문지식을 활용한다.			
	경력이 쌓일수록 자기개발 또는 전문성이 향상된다.			
	승진 기회가 많다.			
	경력을 쌓은 후 다른 직업으로 전직 또는 창업이 가능하다.			
7. 사회 기여	(사회봉사) 다른 사람을 직접적으로 도울 수 있다.			
	사회적 평판이 높다.			
8. 적성과 흥미	나의 능력을 마음껏 발휘해 볼 수 있는 일이다.			
	내가 흥미를 갖고 재미있게 할 수 있는 일이다.			

출처: 김동규 외(2019).

3. 직업정보 탐색 실습

1) 진로정보망을 활용한 직업정보 탐색 활동

먼저, 직업정보를 탐색하기 위한 진로정보망의 예시는 〈표 6-3〉과 같다.

〈표 6-3〉 진로정보망 예시

사이트명과 주소		주요 정보
커리어넷 www.career.go.kr	 	• 진로심리검사 • 진로상담 • 직업 · 학과정보 • 진로동영상
고용24 www.work24.go.kr	 	• 채용정보 • 진로심리검사 • 훈련정보 • 직업 · 학과정보
메이저맵 www.majormap.net	 	• 학과정보 • 대학정보 • 직업정보

자신이 관심 있는 직업이나 분야에 대한 정보를 제공하는 진로정보망을 선택한다. 예를 들어, '커리어넷' '고용24' '메이저맵' 등의 사이트가 있다. 선택한 진로정보망에서 직업명을 검색하여 해당 직업에 대한 정보를 수집한다. 직업명, 직업의 역할과 책임, 필요한 역량, 관련 학과 및 자격증, 직업 전망 등을 파악할 수 있다. 대표적으로 AI 기반의 메이저맵 홈페이지에서 직업정보를 탐색하는 방법을 살펴보면 [그림 6-2]와 같다. '직업검색'에서 자신이 알고 싶은 직업을 선택하면 해당하는 직업이 하는 일, 수행직무, 직업을 가지는 방법, 관련 전공, 임금 등의 정보를 확인할 수 있다.

하는 일

인간에 대한 이해를 바탕으로 컴퓨터와 로봇 등이 인간과 같이 사고하고 의사결정 할 수 있도록 인공지능 알고리즘 또는 프로그램을 구현하는 기술을 개발한다. 연구자들은 인공지능을 개발하기 위하여 실제 다양한 분야의 소프트웨어를 개발한다.

수행직무

- 기존에 존재하는 검증된 지식을 기계에 학습시켜 기계가 사람 대신 업무를 수행하도록 하는 기술, 다양한 형상의 지식을 단순히 저장하고 활용하는 데 그치지 않고 여러 지식을 연계하여 새로운 지식을 발견하는 등 지식을 학습하고 추론하는 기술을 개발한다.
- 사람의 말을 이해하고 대화를 통해 사용자의 의도와 상황에 맞는 서비스 및 응답을 제공하는 자연어 대화처리 기술을 개발한다.
- 영상 기반의 단편적인 인지 능력을 넘어 인지된 데이터를 활용하여 스스로 학습하고 영상을 이해하는 실시간 영상인지 기술을 개발한다.

[그림 6-2] 메이저맵 사이트 활용 방법

출처: 메이저맵 홈페이지(www.majormap.net).

2) 생성형 AI를 활용한 직업정보 탐색 활동

다음은 직업명을 제시한 한태성 학생의 사례를 바탕으로 생성형 AI인 챗GPT(ChatGPT), 제미나이(Gemini) 등에 직업정보를 탐색한 사례이다.

예시 한태성 학생 사례

한태성 학생의 프롬프트 예시

당신은 20년 이상의 진로지도 경험을 가진 선생님입니다. 이제부터 학생인 제가 질문드리는 것에 답해 주세요. 선생님, 저는 요즘 TV를 보다가 뉴스나 광고에서 인공지능에 대한 내용을 많이 접하게 되면서 인공지능에 관심이 생겼어요. 그래서 나중에 인공지능 전문가가 되면 어떨까 하는 생각을 했어요. 인공지능 전문가라는 직업이 무엇인지 자세한 직업정보를 알려 주세요.

➡ 검색 1: 챗GPT(https://openai.com/index/chatgpt/) 결과

인공지능(AI)에 관심을 갖게 되었다니 정말 반가운 소식입니다! 인공지능은 현재와 미래에 매우 중요한 역할을 할 분야이고, AI 전문가가 되는 것은 도전적이면서도 흥미로운 선택이 될 것입니다. 이제 인공지능 전문가라는 직업에 대해 자세히 설명해 드릴게요.

인공지능 전문가란?

인공지능(AI) 전문가는 컴퓨터가 인간처럼 생각하고 학습할 수 있도록 하는 기술을 연구하고 개발하는 직업입니다. 이들은 기계 학습(머신러닝), 딥러닝, 자연어 처리, 컴퓨터 비전 등 다양한 AI 기술을 사용해 문제를 해결하고, AI 기반 시스템을 설계, 개발 및 유지 관리하는 일을 합니다.

주요 역할 및 업무

1. **AI 모델 개발 및 설계**
   - **기술 연구**: 새로운 알고리즘과 기술을 연구하고 이를 AI 모델에 적용합니다.
   - **모델 설계**: 문제를 해결하기 위한 맞춤형 AI 모델을 설계합니다.
   - **데이터 처리**: AI 모델을 학습시키기 위해 대량의 데이터를 수집하고, 전처리 작업을 합니다.
2. **머신러닝 및 딥러닝 알고리즘 개발**
   - **알고리즘 선택 및 개선**: 문제에 적합한 머신러닝 또는 딥러닝 알고리즘을 선택하고, 이를 개선하여 더 나은 성능을 구현합니다.
   - **모델 학습**: 학습 데이터를 사용하여 AI 모델을 학습시키고, 최적의 결과를 도출합니다.

➡ 검색 2: 제미나이(https://gemini.google.com) 결과

인공지능 전문가, 미래를 이끄는 핵심 직업

인공지능(AI) 기술이 빠르게 발전하면서 인공지능 전문가는 미래 사회에서 가장 주목받는 직업 중 하나로 떠올랐습니다. 인공지능 전문가는 단순히 컴퓨터 프로그램을 만드는 것을 넘어, 인간의 지능을 모방하고 학습하는 시스템을 개발하는 역할을 합니다.

인공지능 전문가는 무엇을 할까요?

- **인공지능 모델 개발:** 다양한 알고리즘과 데이터를 활용하여 인공지능 모델을 설계하고 개발합니다.
- **데이터 분석 및 처리:** 방대한 양의 데이터를 수집, 정제하고 분석하여 인공지능 모델 학습에 필요한 데이터를 준비합니다.
- **시스템 구축:** 개발된 인공지능 모델을 실제 시스템에 적용하고 운영하기 위한 시스템을 구축합니다.
- **문제 해결:** 인공지능 시스템 개발 및 운영 과정에서 발생하는 문제를 진단하고 해결합니다.
- **새로운 기술 연구:** 끊임없이 새로운 인공지능 기술을 연구하고 개발하여 기술 발전을 이끌어갑니다.

생성형 AI는 인공지능 기술 중 하나로, 텍스트, 이미지, 음성 등을 생성하는 능력을 가지고 있다. 생성형 AI는 학습 데이터를 기반으로 정확한 정보를 빠르게 생성하고, 사용자의 요구에 따라 맞춤형 정보를 제공할 수 있다는 장점을 지니고 있다. 하지만 생성형 AI가 학습한 데이터의 품질과 양에 따라 정보의 정확성이 달라질 수 있음을 유의해야 한다. 탐색과정으로는, 먼저 학생들이 자신이 관심 있는 직업이나 분야에 대한 정보를 제공하는 생성형 AI 플랫폼을 선택한다. 선택한 생성형 AI 플랫폼에서 직업명을 검색하여 해당 직업에 대한 정보를 수집한다. 수집한 자료를 통하여 직업명, 직업의 역할과 책임, 필요한 역량, 관련 학과 및 자격증, 직업 전망 등을 파악할 수 있다.

3) 직업정보 정리하기

고용24, 커리어넷과 같은 진로정보망과 생성형 AI를 활용하여 탐색한 직업정보를 '직업정보 정리하기 활동지'에 예시 자료를 참고하여 작성해 보도록 한다(활동지는 [부록 4] 참조). 이를 통해 자신이 관심 있는 직업에 대한 정보를 체계적으로 정리하고 분석할 수 있다. 작

성한 직업정보 정리하기 활동지를 바탕으로 자신의 진로 목표와 부합하는지, 자신이 가진 역량과 일치하는지 등을 파악한다.

'관심 직업'에서는 자신이 관심 있는 직업을 명확하게 정해야 한다. 관심 직업이 명확해야 관련 정보를 더욱 정확하게 수집하고 분석할 수 있다. '관련 학과'에서는 관심 직업과 관련된 학과를 파악한다. 관련 학과를 파악하면 해당 직업을 준비하는 데 필요한 교육과 훈련을 받을 수 있는 방법을 찾을 수 있다. '직업정보'에서는 직업의 역할과 책임, 필요한 역량, 관련 학과 및 자격증, 직업 전망 등을 파악한다. 이를 통해 자신의 진로 목표와 부합하는지, 자신이 가진 역량과 일치하는지 등을 파악할 수 있다. '하는 일'에서는 직업이 수행하는 업무를 구체적으로 파악한다. 이를 통해 자신이 해당 직업을 수행할 수 있는지, 자신의 흥미와 적성에 맞는지 등을 파악할 수 있다. '자격 또는 조건'에서는 직업을 수행하기 위해 필요한 자격이나 조건을 파악한다. 이를 통해 자신이 해당 직업을 수행할 수 있는 자격을 갖추고 있는지, 부족한 부분을 보완할 수 있는 방법을 찾을 수 있다. '수행 업무'에서는 직업이 수행하는 업무를 구체적으로 파악한다. 이를 통해 자신이 해당 직업을 수행할 수 있는지, 자신의 흥미와 적성에 맞는지 등을 파악할 수 있다. '업무에 필요한 능력'에서는 직업을 수행하는 데 필요한 능력을 파악한다. 이를 통해 자신이 해당 직업을 수행하는 데 필요한 능력을 갖추고 있는지, 부족한 부분을 보완할 수 있는 방법을 찾을 수 있다. '업무에 필요한 성격'에서는 직업을 수행하는 데 필요한 성격을 파악한다. 이를 통해 자신이 해당 직업을 수행하는 데 필요한 성격을 갖추고 있는지, 부족한 부분을 보완할 수 있는 방법을 찾을 수 있다. '직업 전망'에서는 직업의 미래 전망을 파악한다. 이를 통해 자신이 해당 직업을 선택할 경우 미래에 안정적인 직업 생활을 할 수 있는지를 파악할 수 있다. '직업가치관'에서는 직업을 선택할 때 중요하게 고려하는 가치관을 파악한다. 이를 통해 자신이 해당 직업을 선택할 경우 만족감과 행복감을 느낄 수 있는지를 파악할 수 있다. '역할 모델'에서는 자신이 관심 있는 직업을 먼저 경험한 사람을 찾아 그들의 경험과 노하우를 참고하는 것이 좋다. '관련 직업'에서는 관심 직업과 관련된 직업을 파악하여, 자신의 진로를 더욱 다양하게 탐색할 수 있다.

〈표 6-4〉 직업정보 정리하기 예시

구분		내용
관심 직업		인공지능전문가
관련 학과		공학계열 인공지능학과 인공지능융합전공
직업정보	하는 일	인간만이 갖고 있는 특징을 이해하고, 이를 바탕으로 컴퓨터와 로봇 등이 인간처럼 생각하고 결정을 내리도록 하는 기술을 개발
	자격 또는 조건	컴퓨터공학, 정보공학, 정보시스템, 데이터 프로세싱이나 이와 관련한 전공분야에서 최소한 학사학위 이상을 취득
	수행 업무	인간 뇌에서 발생하는 일련의 정보처리 과정, 학습 과정 분석, 인공지능 관련 지식 및 기술연구(자연어 처리, 패턴인식, 신경망, 지식베이스 시스템, 퍼지이론, 딥러닝 등)
	업무에 필요한 능력	컴퓨터공학, 소프트웨어공학, 정보처리학, 프로그래밍, 수학, 기초과학에 대한 기본지식, 심리학, 신경생리학 등 인간 두뇌를 연구하는 분야에 대한 이해
	업무에 필요한 성격	인내와 끈기를 바탕으로 한 집중력과 호기심이 많은 사람에게 적합
	직업 전망	인공지능은 현재 다양하게 활용되고 있으며, 전 산업과 일상생활 곳곳으로 확대될 것이어서 직업적 전망을 매우 유망하게 평가, 전문가 수요 계속 늘어날 것임
직업가치관		애국(99), 인정(96), 성취(96), 자율(94), 타인에 대한 영향(94) (로봇공학기술자)
역할 모델		울산과학기술원(UNIST) 산업공학과 1990년생 박새롬 교수(〈유퀴즈 온 더 블럭〉 출연)
관련 직업		인공지능플랫폼설계개발전문가, 인공지능딥러닝전문가, 인공지능연구원, 응용프로그램개발자, 소프트웨어엔지니어, 시스템개발자

제7장

진로미결정 학생의 진로지도: 직무(하는 일)를 제시한 학생

임솔 학생(○○고등학교 2학년) 사례

임솔: 선생님! 저는 최근에 창의적 체험활동 중 청소년 문화제에서 친구들과 함께 행사 부스를 만들어 시원한 과일 주스를 판매한 경험이 있는데요. 제가 좀 말도 많고 활동적인 성향이어서 손님들에게 적극적으로 홍보하고 유치해서 판매 실적을 높게 올렸어요. 하다가 보니 앞으로 이런 상품 홍보나 기획 · 판매 관련 일을 해 보면 잘할 수 있지 않을까 하는 생각이 들었어요.

유 교사: 아, 그랬군요. 그럼 이런 직무들을 수행하는 직업에 대해 알고 있나요?

임솔: 아뇨. 하는 일에 대해서는 조금 알고 있지만 관련 직업에 대해서는 잘 모르겠더라고요.

유 교사: 네. 그렇군요. 그렇다면 이제부터 선생님과 함께 하는 일을 기반으로 한 직업탐색을 하기 위해 먼저 직무의 개념과 직무정보 수집 방법을 살펴본 후, 고용24 직무기반 직업추천 활동을 해 보아요. 이를 통해 15개의 직업을 추천받아 보고, 이 중에서 3개의 선호직업에 대한 직무분석을 실시하여 관심 직업을 특정한 후 직무와 직업정보를 정리해 봅시다.

임솔: 네, 선생님.

이 사례는 교내외 창의적 체험활동을 하는 중에 또는 평소 생활하면서 관심을 가지게 된 일이나 작업, 직무를 제시한 학생의 경우이다. 이처럼 직무(하는 일)를 제시한 학생은 막연하게 자신이 하고 싶은 일 또는 직무의 종류나 개념 정도만 알고 있는 학생이다. 이런 학생 중에는 물론 자기 이해가 잘되어 있는 학생이 있지만 자기 이해가 부족한 학생도 있다. 만일 자기 이해가 부족한 학생이라면 이 책의 제2장 '진로학업설계의 기반: 성장하는 '자기'의 이해'를 읽어 볼 것을 권한다.

학생들이 자신의 흥미와 적성에 맞는 직무를 찾기 위해서는 먼저 자기탐색 과정을 통하여 자신의 강점 분석과 가치관 정립 및 역할모델을 찾아보고, 봉사활동이나 동아리활동, 인턴십, 여행 등 다양한 경험 쌓기를 통하여 관심 직무를 선정하는 과정이 필요하다.

이 장에서는 자기 이해를 바탕으로 자신이 희망하는 직무(하는 일)에 대하여 막연하게만 알고 있을 뿐 직무정보에 관한 부족으로 진로미결정 상태인 학생들에게 직무를 이해하고 직무기술서를 통한 직무분석과 직무역량을 습득하여 직무정보를 기반으로 한 직업 선택을 할 수 있도록 돕는 내용을 담고 있다. 학생이 평소 생활하면서 좋아하게 된 활동이 있거나 고등학교 학업 현장에서 진로 탐색 중 관심 있고 흥미로운 일의 영역(직무)을 발견한 경우, 직무특성 기반의 직업추천 활동으로 직업 대안들을 선정하고 직무분석을 통하여 관심 직업을 특정한 후 직업정보를 탐색하도록 지도하는 내용으로 구성되었다.

1. 직무의 이해

직무란 직무(job)의 사전적인 의미는 "직책이나 직업상에서 책임을 지고 담당하여 맡은 사무"(네이버 어학사전)이며, 『HRD(Human Resource Development) 용어사전』에서는 "과업 및 작업의 종류와 수준이 비슷한 업무들의 집합으로서 특히 직책이나 직업상 책임을 갖고 담당하여 맡은 일을 의미한다"라고 정의하고 있다. 즉, 한 사람이 정기적으로 수행하는 일련의 업무로 회사에서 어떤 일(영업, 연구개발, 재무회계, 인사 등)을 담당하는가이다. 직무는 회사의 목표를 이루기 위해 꼭 필요한 요소로 전문적인 능력 여부에 따라 일의 결과가 달라지며, 개인의 경력 성장과 회사의 성과를 이어 주는 데 중요한 역할을 한다.

직업세계가 빠르게 변화하고 있으며 AI, 사물인터넷, 클라우드 컴퓨팅 등 지능정보 기술이 모든 산업에 접목되면서 새로운 직업들이 생겨나고, 사회경제적 변화에 따라 기존 직업에서도 직무내용과 필요한 지식 및 기술이 달라지고 있다. 미래에는 변화가 더욱더 가속화되고 경제의 불확실성이 가중될 것이므로, 직업 선택은 개인의 생애 전반에 영향을 미치는 중요한 결정 사항이 될 것이다. 이러한 직업 선택에 있어서 중요한 핵심은 바로 직무에 대한 이해이다. 잘 알지 못하는 직업을 선택할 수는 없으므로 직무에 대한 다양한 정보가 필요하다. 그런데 기존의 직업들이 전문화·세분화되고 직업 간에 다양한 융복합이 이루어지기 때문에, 새로운 직업뿐만 아니라 기존의 직업에 대해서도 충분한 이해와 함께 직업의 변화 행태와 직업 간의 관계 등을 파악하고 있어야 할 것이다. 그러나 우리나라의 직업 수가 12,000여 개에 달하고 업종별, 기업별, 기업 규모별로 직무내용과 사용하는 용어, 필요한 역량, 자격 등도 차이가 있다. 따라서 다양한 정보원을 활용하여 직무에 대한 이해를 구하는 작업이 요구된다.

4차 산업혁명시대의 직무 변화 직무는 업종과 산업에 따라 달라지는데, 4차 산업혁명은 직무의 성격과 요구되는 능력을 크게 변화시키고 있다. 직무의 융합과 복합화는 정보화와 디지털 기술의 발전으로 인해 직무 간 경계가 모호해지고 있다. 다양한 직무가 통합되어 복합적인 작업이 요구되며, 이는 근로자에게 기업의 전체 프로세스를 이해하고 모든 과정에 대한 포괄적 지식을 요구하게 한다. 기술 발전으로 인해 일부 직무는 자동화될 위험이 있지만, 소프트 스킬(커뮤니케이션, 협상, 팀워크 등)의 중요성은 더 커지고 있다. 직무의 변화에 적응하기 위해 새로운 지식과 기술을 배우는 교육과 훈련 프로그램이 필요하다. 또한 산업현장의 요구를 반영하고 사회 변화에 즉각적으로 대응할 수 있도록 지속적인 모니터링을 해야 한다. 4차 산업혁명 시대의 직무 변화는 기업과 근로자 모두에게 중요한 도전과 기회를 제공한다. 직무의 융합, 새로운 역량의 개발, 교육 및 훈련의 필요성을 인식하고, 직무 관점에서의 접근이 필수적이다. 이러한 변화에 적응하기 위해서는 근로자들이 기술적 변화에 적응하고, 새로운 역량을 개발하는 데 중점을 두어야 할 것이다.

직무의 구성체계 직무의 구성체계를 간략히 살펴보면, 직무의 상위 개념으로서 직군과 직렬이 존재한다. 직군은 조직이나 기업 전체의 업무를 종류와 계열에 따라 대략적인 큰 묶음으로 분류한 횡적인 구분으로 보통 관리직, 사무직, 기술직, 서비스직 등으로 구분하는 것을 말한다. 직렬은 직종이라고 사용되기도 하며, 직무 특성이 유사한 것들의 묶음으로 분류한 것이다. 도입 사례에서 임솔의 희망 직무를 바탕으로 한 '직군-직렬-직무' 분류의 예시는 〈표 7-1〉과 같다.

〈표 7-1〉 '직군-직렬-직무' 분류의 예시

직군	직렬	직무
경영기획직군	경영기획	경영기획, 경영분석, 운영전략, 전략기획
	경영지원	인사, 노무, 교육, 재무회계, 홍보, 총무, 자금, 외환
	구매물류	원재료구매, 설비구매, 물류기획, 자재관리

출처: 국가직무능력표준(NCS) 홈페이지(https://www.ncs.go.kr/index.do).

직무를 이해하는 것은 일을 잘하기 위해 필요한 경험, 지식, 기술, 역량, 책임 등을 명확하게 아는 것을 의미한다. 예를 들어, 자신이 원하는 직무에 대해 얼마나 알고 있는지, 그러한 직무를 수행하기 위해 필요한 역량은 무엇인지, 그리고 어떻게 준비해야 하는지 등을 아는 것이다. 이는 교육훈련의 중요한 목표 중 하나이며, 학생들이 산업현장에서 필요한 지식과 기술을 갖추고 있는지를 확인하는 기준이 된다. 직무의 이해는 직무분석의 핵심 요소로, 직무가 수행하는 역할과 책임, 필요한 지식 및 기술을 명확히 파악하는 과정을 포함한다. 직무를 수행하기 위해 필요한 최소 교육 수준, 적정 연령, 신체 조건, 직업 적성 등을 포함한 직무 수행 요건은 직무에 대한 전반적인 이해를 돕는다. 직무에 대한 이해를 높이기 위해서는 평소 내가 관심 있는 직무를 수행하기 위해 필요한 경험, 지식, 기술, 역량 등에 대한 정보를 탐색하고 수집하는 준비가 필요하다.

2. 직무분석과 직무역량 탐색

1) 직무분석의 이해

직무분석이란 4차 산업혁명 시대가 되면서 우리가 하는 일, 즉 직무가 빠르게 변하고 있다. 새로운 기술이 생기고 직업이 복합적으로 바뀌는 상황에서, 직무를 잘 이해하는 것이 중요하며, 따라서 직무분석이 필요하다. 직무분석(job analysis)은 특정 직업이나 직무가 어떤 일을 포함하고 있는지, 그 일을 하기 위해 어떤 지식과 기술이 필요한지를 자세히 분석하는 과정이고, 직무분석은 직업을 구성하고 있는 일의 전체와 직무를 완수하기 위해 담당자에게 요구되는 경험, 지식, 기능, 능력, 책임 등 그 직무가 타 직무와 구별되는 요인을 도출하는 작업을 의미한다(고용노동부, 산업인력공단, 2024). 직무분석의 내용에는 직무의 내용과 직무의 목적, 직무 수행의 난이도와 직무 환경, 직무 수행에 필요한 자격요건과 숙련 정도 등이 포함된다. 국가직무능력표준(NCS) 사이트와 고용24 사이트에서 직무를 수행하는 데 필요한 지식, 기술, 태도 등 직무분석을 하는 데 필요한 도움을 얻을 수 있다.

직무분석을 하면 직무가 포함하는 구체적인 업무와 활동, 그 일을 성공적으로 수행하기 위해 필요한 지식과 기술, 일을 할 때 필요한 태도와 책임 등을 알 수 있다. 예를 들어, 소프트웨어 개발자라는 직무를 분석하면, 소프트웨어를 만드는 과정에서 코딩, 문제해결, 팀 협력 등의 기술이 필요하다는 것을 알 수 있다. 직무분석을 통해 우리는 직무의 효율성을 높일 수 있다. 즉, 일을 더 잘하고, 직무를 더 깊이 이해할 수 있게 된다. 또한 직무분석은 새로운 교육과 훈련 프로그램을 개발하는 데도 도움이 된다. 이러한 과정에서 우리가 미래의 변화에 잘 적응하는 데 필요한 지식과 기술을 미리 준비할 수 있다. 그러므로 직무분석은 학생들이 미래의 직업 세계에서 성공하기 위한 열쇠가 되어 줄 것이다.

자신에게 적합한 최적의 직무 도출방안 학생들이 자신에게 적합한 최적의 직무를 도출하기 위해서는 [그림 7-1]과 같이 직무분석뿐만 아니라 자기분석과 기업분석을 통하여 세 분야의 공통 부분에 해당하는 직무를 찾아내는 과정이 필요하다.

먼저, 자기분석 과정에서 자신의 강점과 약점을 파악하고 흥미와 적성을 기반으로 한 좋아하는 일이나 잘할 수 있는 일, 즉 선호 직무를 찾아봐야 한다. 이를 위해서는 자신의 흥미 · 적성 · 가치관 등 진로 심리검사들을 살펴보거나 학교 수업 중에 재미있어 하는 과목이 무엇인지 또는 현장실습, 체험학습 중에 흥미로웠던 일이 무엇이었는지, 직업인 롤모델 중 존경하는 인물이 누구인지, NCS 능력단위 중 관심있는 직무가 있는지 등을 살펴보는 과정이 중요하다.

다음으로, 직무분석을 통해 직업에서 하는 일, 필요한 능력, 일하는 환경 등을 알아보고 자신에게 맞는 직무를 찾아본다. 예를 들어, 이 직무에서 맡을 역할과 책임이 무엇인지, 필요한 지식과 기술, 자격증은 무엇인지도 조사한다. 이런 정보를 얻으려면 국가직무능력표준(NCS)이나 직무기술서를 참고할 수 있다. 또한 인터넷으로 자료를 검색하거나 그 분야에서 일하고 있는 사람과 인터뷰를 하거나 직접 체험해 보는 것도 좋은 방법이다. 이렇게 얻은 정보를 바탕으로 내가 관심 있는 직무에서 요구하는 조건과 현재 내가 가진 능력을 비교

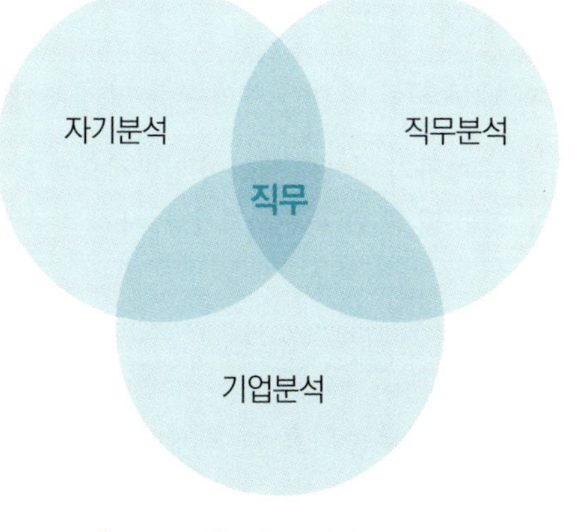

[그림 7-1] 직무 선택 기준

해 보고 부족한 부분을 채우기 위한 계획을 세우고 실행하면 된다.

마지막으로, 기업분석을 통하여 기업의 직무체계를 이해하고 관련 직무에 대한 분석 과정을 거쳐야 한다. 기업의 홈페이지를 방문하면 보통 '회사소개'에서 '채용'으로 들어가 계열사별로 직무소개를 제공하고 있으므로 자신의 관심 직무 분야를 자세히 살펴보는 것이 좋다. 이처럼 자기분석과 직무분석 그리고 기업분석을 거쳐서 세 부문에서 공통으로 강조되고 있는 직무정보를 찾아 직무 선택의 기준으로 삼고 직업을 탐색하는 과정에 활용할 수 있다.

2) 직무기술서

직무기술서의 구성요소 직무기술서는 이러한 직무분석 결과를 토대로 해당 직무의 수행목적, 업무의 범위, 요구받는 역할, 직무수행 요건 등 직무에 관한 정보를 기록한 문서를 의미한다. 직무기술서의 구성요소는 능력단위 분류번호, 능력단위, 직무목적, 개발 · 개선 날짜 및 기관, 직무 책임 및 역할, 직무수행 요건이며, 세부 내용은 〈표 7-2〉와 같다.

〈표 7-2〉 직무기술서의 구성요소 및 세부 내용

구성요소	세부 내용
능력단위 분류번호	전체 구조 관리를 위한 능력단위 고유의 코드
능력단위	수행하고자 하는 능력단위의 명칭
직무목적	직무를 수행함으로써 이루고자 하는 직무의 목적
개발 · 개선 날짜	개발 · 개선된 년, 월, 일
개발 · 개선 기관	개발 · 개선한 기관
직무 책임 및 역할	직무에 대한 책임 및 역할 영역 분류 및 상세 내용
직무수행 요건	직무를 수행하기 위하여 개인이 일반적으로 갖추어야 할 사항 (지식, 기술 및 태도, 관련자격사항, 사전 직무경험, 직무숙련기간 등)

출처: 고용노동부, 산업인력공단(2024).

직무분석과 직무기술서는 국가직무능력표준 홈페이지에서 조회할 수 있으며, 현재 24개 분야별 직무분석 자료와 그에 따른 직무기술서에 대한 정보를 찾아볼 수 있다. 도입 사례에서 제시한 임솔 학생이 희망하는 경영기획 직무에 대한 직무기술서 사례를 제시하면 〈표 7-3〉과 같다. 경영기획 직무를 희망하는 학생의 경우 〈표 7-3〉의 직무기술서를 참고하여 직무의 목적과 역할을 이해하고, 그 직무를 잘 수행하기 위해 필요한 직무역량인 지식, 기술, 태도 요인을 살펴보고 자신의 흥미 적성에 일치하는지를 판단해 보는 것이 필요하다. 또한 경영기획 직무에 필요한 관련 자격사항이나 직무 경험 등을 참고하여 학업 및 진로 준비에 활용할 수 있다.

〈표 7-3〉 직무기술서 예시(경영기획 직무)

▌직무 기본정보

직 무	경영기획	능력단위 분류번호	0201010101_22v3
		능력단위	사업환경 분석
직무목적	사업환경 분석은 기업의 내부환경 분석과 외부환경 분석 과정을 거쳐 사업의 핵심성공요소를 도출하기 위함		
개발날짜 (개선날짜)	2022.08.12.	개발기관 (개선기관)	경영 · 회계 · 사무 ISC(대한상공회의소)

▌직무 책임 및 역할

주요 업무	책임 및 역할
내부환경 분석하기	• 경쟁사 대비 자사의 핵심역량 분석을 위해 기업의 제품과 서비스의 강점과 약점을 파악한다. • 자사의 내부 인적 자원 요소, 자금력, 기술력, 조직력과 같은 내부역량분석을 한다. • 자사의 사업구조를 파악하고 집중 · 진입 · 유지 · 퇴출과 같은 전략수행의 기준을 설정한다.
외부환경 분석하기	• 기업경영에 영향을 미치는 외부 환경을 글로벌 거시환경과 국내 거시환경 측면에서 파악한다. • 경쟁자를 정의하고 분류하며, 경쟁자의 강점과 약점을 정리한다. • 고객을 정의하고 분류하며, 고객의 소비패턴 변화를 파악하여 고객 구매요인과 최종 소비자의 특성을 도출한다.
핵심 성공요소 도출하기	• 내부 · 외부 환경분석을 통해 시사점을 도출하여 핵심 성공요소 도출을 위한 전략적 검토를 한다. • 핵심 성공요소에 대한 리스트를 도출하고, 비용우위와 차별화우위의 관점에서 실천우선순위를 제시한다. • 우선순위에 대한 핵심 성공요소에 따른 전략적 목표를 도출한다.

▌직무수행 요건

구분	상세 내용	
지식	• 거시환경 분석 단계별 프로세스 • 경쟁자에 대한 정의 • 고객·소비자에 대한 정의 • 기업 경영자원(유형, 무형, 인적 자원)의 개념 • 벤치마킹 방법	• 비용 우위(규모의 경제, 경험효과)의 개념 • 자사의 사업구조와 실적에 대한 개념 • 전략적 목표에 대한 개념 • 차별화 우위(제품, 광고, 유통)의 개념 • 핵심 성공요소에 대한 개념(CSF) • 핵심역량의 개념
기술	• 경영환경 분석능력 • 경쟁자 분류 기술 • 고객·소비자 분류 기술 • 목표와 성공요소 관계 설정 기술	• 분석결과로부터 시사점 도출 기술 • 분석대상 항목별 주요 정보 파악·정리 기술 • 외부환경 분석능력 • 핵심 성공요소 도출 능력
태도	• 고객·소비자 특성을 정확히 파악하려는 자세 • 내부역량을 객관적으로 분석하려는 자세 • 목표 중심적 사고 • 시장환경, 고객, 경쟁자 동향 등을 종합적으로 고려하는 전략적 사고	• 외부환경이 자사에 미치는 영향에 대한 분석적 자세 • 이해 관계자 지향적 마인드 • 자사의 보유역량에 대한 냉철한 판단 자세 • 자사의 사업구조를 명확히 파악하려는 자세 • 전략적 관점에서 바라보는 태도 • 창의적으로 사고하려는 자세

관련자격사항	• 경영지도사
사전직무경험	• 해당 없음
직무숙련기간	• 1~ 3년

출처: 국가직무능력표준(NCS) 홈페이지(https://www.ncs.go.kr/index.do).

3) 직무역량과 직업선택

직무역량이란 직무역량은 특정 직무를 성공적으로 수행하기 위해 필요한 지식, 기술, 태도 및 행동을 포함하는 포괄적인 개념이다. 이는 직무를 효과적으로 수행하기 위해 필요한 능력의 집합이다. 직무역량은 일반적으로 직무에 필요한 전문 지식과 기술적 능력, 문제해결 능력, 의사소통 능력과 팀워크의 대인관계 능력 등을 포함한다. 이러한 역량은 직무의 특성과 요구 사항에 따라 달라질 수 있다. 직무역량은 교육훈련 프로그램의 설계 및 평가에 중요한 기준이 되며, 직무의 성과를 높이는 데 기여한다.

국가직무능력표준(NCS)에서는 직무역량을 직업기초능력과 직무수행능력이 합쳐진 능력으로 보고 있다. 직업기초능력은 직종이나 직위에 상관없이 모든 직업인에게 공통적으로 요구되는 기본적인 능력 및 자질을 말한다. 여기에는 의사소통 능력, 자원관리 능력, 문제해결 능력, 정보 능력, 조직이해 능력, 수리 능력, 자기개발 능력, 대인관계 능력, 기술 능력, 직업윤리 등 총 10개 영역과 34개의 하위영역이 존재한다. 직무수행능력은 자신이 맡은 직무에서 잘할 수 있는지에 대하여 지원직무에 필요한 지식 · 기술 · 태도를 체계화한 것으로, 분야별로 세분화되어 현재 대분류 24개 분야에서 세분류 1,093개로 나뉘어 있다[국가직무능력표준(NCS) 홈페이지 https://www.ncs.go.kr/index.do 참조].

최근 4차 산업혁명으로 AI 기술이 발달하고 있고 디지털화되고 있기 때문에 직무에서 요구되는 역량도 또한 변화하고 있다. 근로자의 인지적 능력과 협업 능력이 중요해지며, 이는 지식 집약적인 활동이 강조되는 환경에서 필수적인 요소로 작용한다. 학생들은 기술 변화에 적응하고, 새로운 직무 요구 사항에 맞춰 역량을 개발하고 준비해야 한다.

직무역량기반 직업선택 과정 이처럼 학생들은 자신이 관심 있는 직무분야에 대한 탐색을 거치고 직무역량을 분석한 후 직업선택의 과정을 지나게 된다. 앞서 임솔 학생 사례에서 보면, 과일주스를 판매한 경험으로 상품 기획, 홍보, 판매 등의 직무에 관심을 가지게 되었으므로, 직무기술서 예시에서 제시한 경영기획 직무의 책임과 역할을 확인하고 직무수행 요건인 지식, 기술, 태도 요인 등을 분석하여 자신의 직무역량을 비교한 후 관련 직업인 마케팅, 광고, 홍보, 기획 관리자 등의 직업을 점검해 볼 수 있을 것이다.

직업선택은 개인이 자신의 경력과 직업적 목표에 맞는 직업을 선택하는 과정이다. 이는 개인의 흥미와 가치관(개인이 선호하는 활동과 중요하게 여기는 가치에 따라 직업 선택), 능력과 기술(개인이 보유한 기술과 능력이 특정 직업에 적합한지를 평가), 그리고 노동시장의 요구(현재와 미래의 노동시장에서 요구되는 직무와 기술을 고려하여 선택)를 고려하여 이루어진다. 올바른 직업선택은 개인의 직업 만족도와 성공적인 경력 구축에 크게 기여한다.

직업선택의 단계는 개인의 흥미, 적성, 가치관 등을 탐색하여 자신이 어떤 직업에 적합한지를 이해하는 자기이해 단계, 다양한 직업에 대한 정보를 수집하고, 직업의 요구 사항, 전망, 보상 등을 분석하는 정보탐색 단계, 수집한 정보를 바탕으로 여러 직업을 비교하고, 자신의 목표와 일치하는 직업을 선택하는 직업 비교 단계, 최종적으로 선택한 직업에 대한 결정을 내리고, 이를 실현하기 위한 계획을 수립하는 결정 및 실행 단계로 구성된다.

3. 직무정보를 통한 직업선택 실습

직무정보를 수집하는 방법을 살펴보면 여러 정보원을 활용할 수 있는데, 공공기관에서 제공하는 커리어넷이나 고용24에서 직무정보를 탐색할 수 있고, 국가직무능력표준(NCS) 사이트에서 직무기술서를 검색하여 활용할 수 있다. 또한 각종 민간 취업정보 포털사이트와 기업 홈페이지를 방문하는 것도 도움이 된다. 최근에는 생성형 AI가 개발되어 ChatGPT, Gemini, Copilot, Clova X 등 여러 서비스를 활용한 직무탐색이 가능하게 되었다.

〈표 7-4〉 직무정보 수집 방법

- 고용24, 커리어넷 등 공공기관 자료 이용
- 기업 채용사이트에 안내된 직무내용
- 국가직무능력표준 활용
- 직무기술서 활용
- 현장방문 관찰(인턴, 아르바이트 등)
- 기업체 담당자 및 현직자 인터뷰
- 관련 서적 등 자료 활용
- 생성형 AI로 직무내용 검색 활용

1) 고용24 직무기반 직업추천 활동과 내게 맞는 직업 찾기

직무기반 직업추천 활동 앞서 관심 있는 일의 영역을 제시한 임솔 학생의 사례처럼, 직업에 대한 정보는 알지 못한 채 하는 일이나 부분적인 업무에 대한 정보만을 알고 있는 학생의 경우에는 고용24 직업정보 사이트에서 직무기반 직업추천을 통해 업무활동(10문항), 지식(21문항), 업무수행능력(8문항)을 선택한 후, 직업추천 결과조회를 할 수 있다. 이 경우 자신이 좋아하는 업무활동과 가지고 있는 지식 및 업무수행능력을 기반으로 본인에게 적합한 직업을 15개 추천해 준다.

이 누리집은 대한민국 공식 전자정부 누리집입니다.
로그인 회원가입 이용안내 질문과 답변 원격지원
개인 기업
고용24
채용정보 취업지원 실업급여 직업 능력 개발 출산휴가·육아휴직
사이트맵
원격지원
• 지역별
• 테마별
• 채용 캘린더
• 4차산업혁명 채용관
• e-채용마당
• 통합기업정보
• 해외취업
• 내 주변 채용정보
구직신청
• 구직신청
• 이력서/자기소개서 관리
채용행사
• 채용행사
• 채용박람회
강소기업
• 청년도전지원사업
• 청년성장프로젝트
• 우리학교 취업지원실
• 재학생 맞춤형 고용서비스
취업가이드
• 자소서 작성가이드
• 직무별 자소서 작성가이드
• 면접전략
• 직업심리검사
• 사이버진로교육센터
• 취업동향 모아보기
• 취업뉴스
• 직업정보
• 학과정보
국민취업지원제도
• 수급자격증 기재사항 변경 신고
• 수급기간 연기(변경) 신고
• 수급자격증 재교부 신청
• 수급자격 인정명세서 발급청구
실업인정
• 온라인 취업드림수첩 조회
• 실업인정 인터넷 신청
• 온라인 취업특강(1차 실업인정 교육)
• 취업사실 신고
• 상병급여(일반)청구
• 상병급여(출산시)청구
• 개별연장급여 신청
• 미지급 실업급여 청구
취업촉진수당
• 조기재취업수당 청구
로그인
이용안내

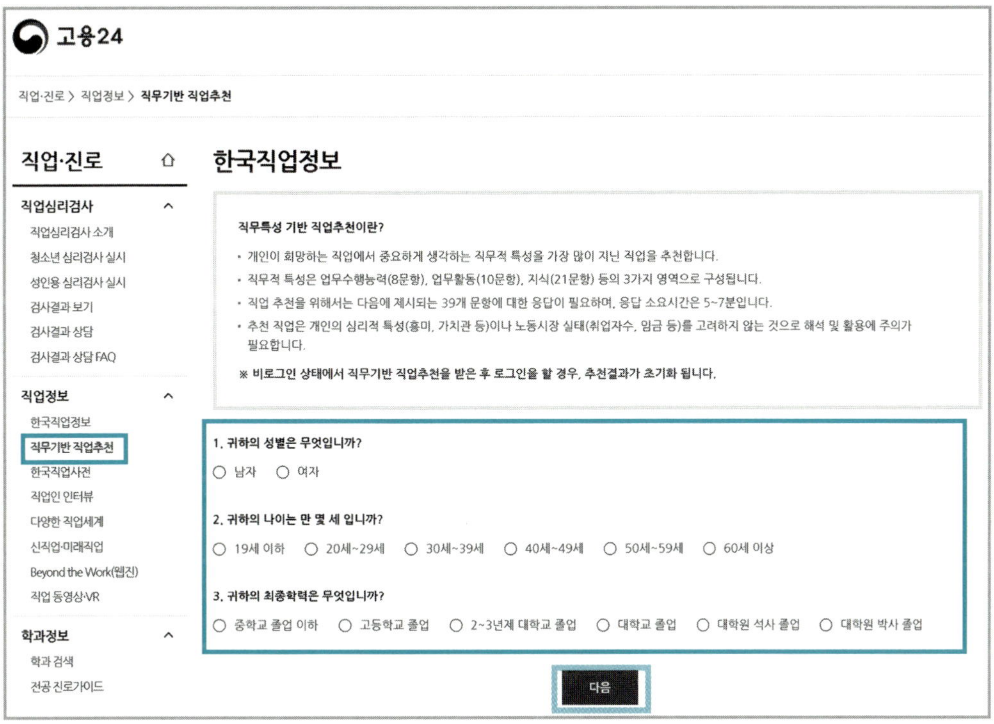
고용24
직업·진로 > 직업정보 > 직무기반 직업추천
직업·진로
직업심리검사
직업심리검사 소개
청소년 심리검사 실시
성인용 심리검사 실시
검사결과 보기
검사결과 상담
검사결과 상담 FAQ
직업정보
한국직업정보
직무기반 직업추천
한국직업사전
직업인 인터뷰
다양한 직업세계
신직업·미래직업
Beyond the Work(웹진)
직업 동영상·VR
학과정보
학과 검색
전공 진로가이드
한국직업정보
직무특성 기반 직업추천이란?
• 개인이 희망하는 직업에서 중요하게 생각하는 직무적 특성을 가장 많이 지닌 직업을 추천합니다.
• 직무적 특성은 업무수행능력(8문항), 업무활동(10문항), 지식(21문항) 등의 3가지 영역으로 구성됩니다.
• 직업 추천을 위해서는 다음에 제시되는 39개 문항에 대한 응답이 필요하며, 응답 소요시간은 5~7분입니다.
• 추천 직업은 개인의 심리적 특성(흥미, 가치관 등)이나 노동시장 실태(취업자수, 임금 등)를 고려하지 않는 것으로 해석 및 활용에 주의가 필요합니다.
※ 비로그인 상태에서 직무기반 직업추천을 받은 후 로그인을 할 경우, 추천결과가 초기화 됩니다.
1. 귀하의 성별은 무엇입니까?
남자 여자
2. 귀하의 나이는 만 몇 세 입니까?
19세 이하 20세~29세 30세~39세 40세~49세 50세~59세 60세 이상
3. 귀하의 최종학력은 무엇입니까?
중학교 졸업 이하 고등학교 졸업 2~3년제 대학교 졸업 대학교 졸업 대학원 석사 졸업 대학원 박사 졸업
다음

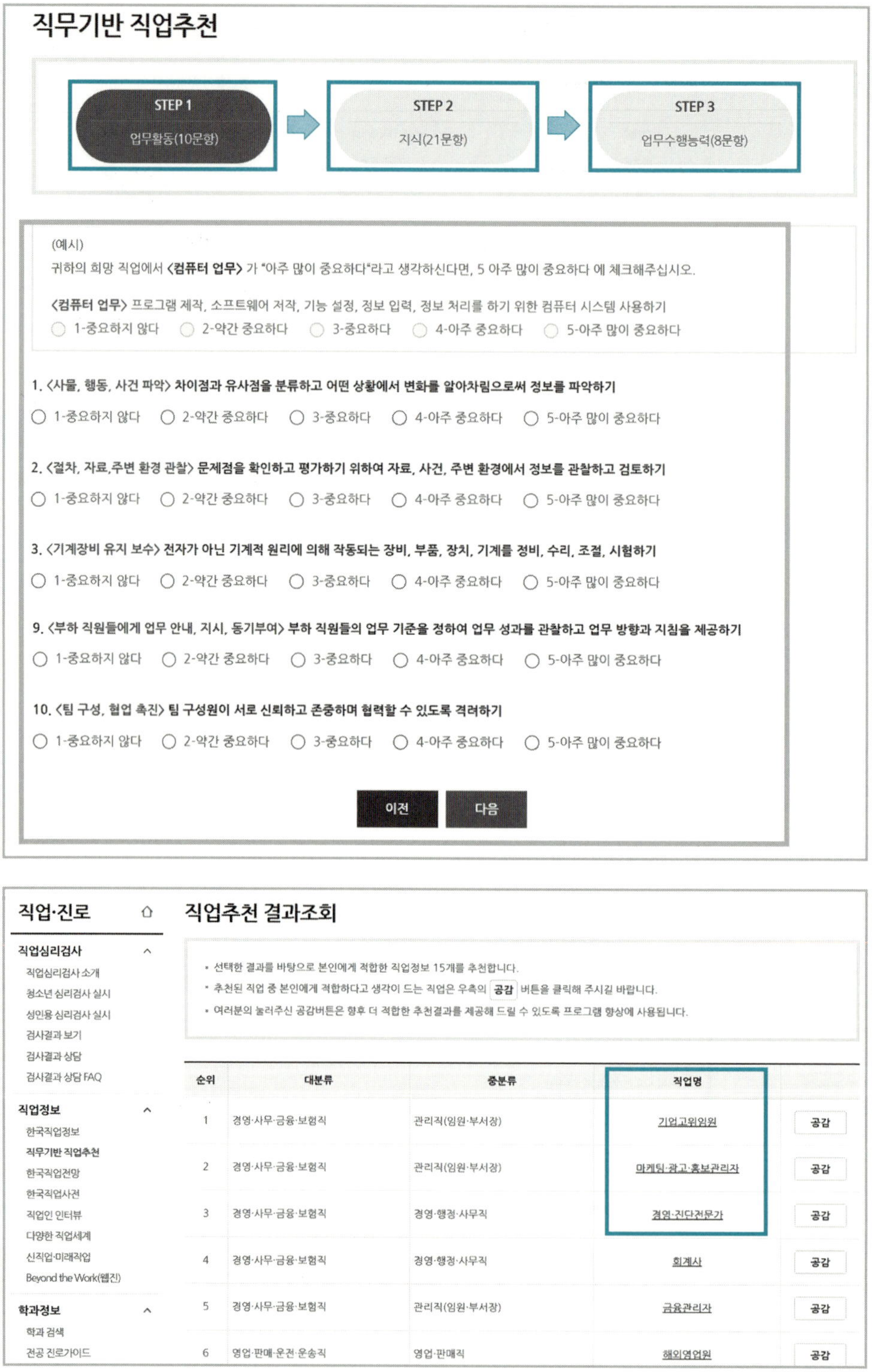

[그림 7-2] 직무기반 직업추천(고용24) 탐색경로: 고용24의 [취업가이드]-[직업정보]-[직무기반 직업추천]

출처: 고용24 홈페이지(https://www.work.go.kr/consltJobCarpa/srch/jobRecommend/jobRecommend.do).

직무기반 직업추천을 통하여 나온 15개의 추천직업 중 상위 3개의 직업을 다음 활동지 예시를 보고 활동지에 작성해 보도록 한다(활동지는 [부록 5] 참조).

〈표 7-5〉 고용24 직무기반 직업추천 활동지 예시

	직업추천 결과조회 중 본인 희망 우선순위 직업
1순위	기업고위임원
2순위	마케팅 · 광고 · 홍보관리자
3순위	경영 · 진단전문가

내게 맞는 직업 찾기 또 다른 방법의 하나로 진로목표를 설정한 후 관심 직업을 탐색하기 위하여 고용24 한국직업정보의 '내게 맞는 직업 찾기'에서 [흥미 선택]–[지식 선택]–[업무수행능력 선택]–[환경 선택]을 통하여 적합 직업들을 추천받을 수 있다. [그림 7-3]에서와 같이 통합찾기에서 자신이 가지고 있는 흥미와 지식, 업무수행능력, 일하고 싶은 환경을 선택하여 조회하면 적합 직업군들을 추천해 주므로 여러 직업에 대해 탐색하는 과정을 거치면 된다.

한태성 학생의 사례를 적용하여 내게 맞는 직업 찾기를 한다면, [흥미 선택]–[지식 선택]–[업무수행능력 선택]–[환경 선택]에서 [그림 7-3]과 같이 13개의 항목이 선택되어 검색 결과 일치 항목 수가 높은 직업별로 추천 직업들이 나열된다. 따라서 직업군별로 탐색해 나가며 내게 맞는 직업찾기를 수행하면 된다.

[그림 7-3] 내게 맞는 직업 찾기

출처: 고용24 홈페이지(https://www.work.go.kr/consltJobCarpa/Srch/jobInfoSrch/srchJobInfo.do?SearchType3=4#SrchJobInfoTab).

2) 국가직무능력표준(NCS), 잡이룸 직무사전 활용 직무분석 활동

국가직무능력표준(NCS) 활용 직무분석 고용24 직무기반 직업추천 활동과 내게 맞는 직업찾기를 통하여 자신에게 적합한 직업을 검색해 보았다면 그 직업에서 하는 직무가 무엇인지를 더 자세하게 탐색하는 과정이 필요하므로 국가직무능력표준 사이트에서 제공하는 직무정보와 직무기술서를 통하여 직무정보를 확인하는 것이 필요하다.

〈표 7-6〉 국가직무능력표준(NCS) 사이트

사이트명과 주소		주요 정보
국가직무능력표준 www.ncs.go.kr	탐색 경로: [NCS 통합]-[24개 분야별 검색] 	• 직업기초능력 • 채용공고 • 직무기술서 • 학습모듈

국가직무능력표준 사이트에서 24개 분야별 직군 중 희망 직군을 선택하여 [대분류]-[중분류]-[소분류]-[세분류]를 선택하면 직무정보가 나타나므로 직무정보에 따른 능력단위 요소들을 확인하고 그중 직무기술서를 다운받아 조회하여 직무역량도 확인할 수 있다.

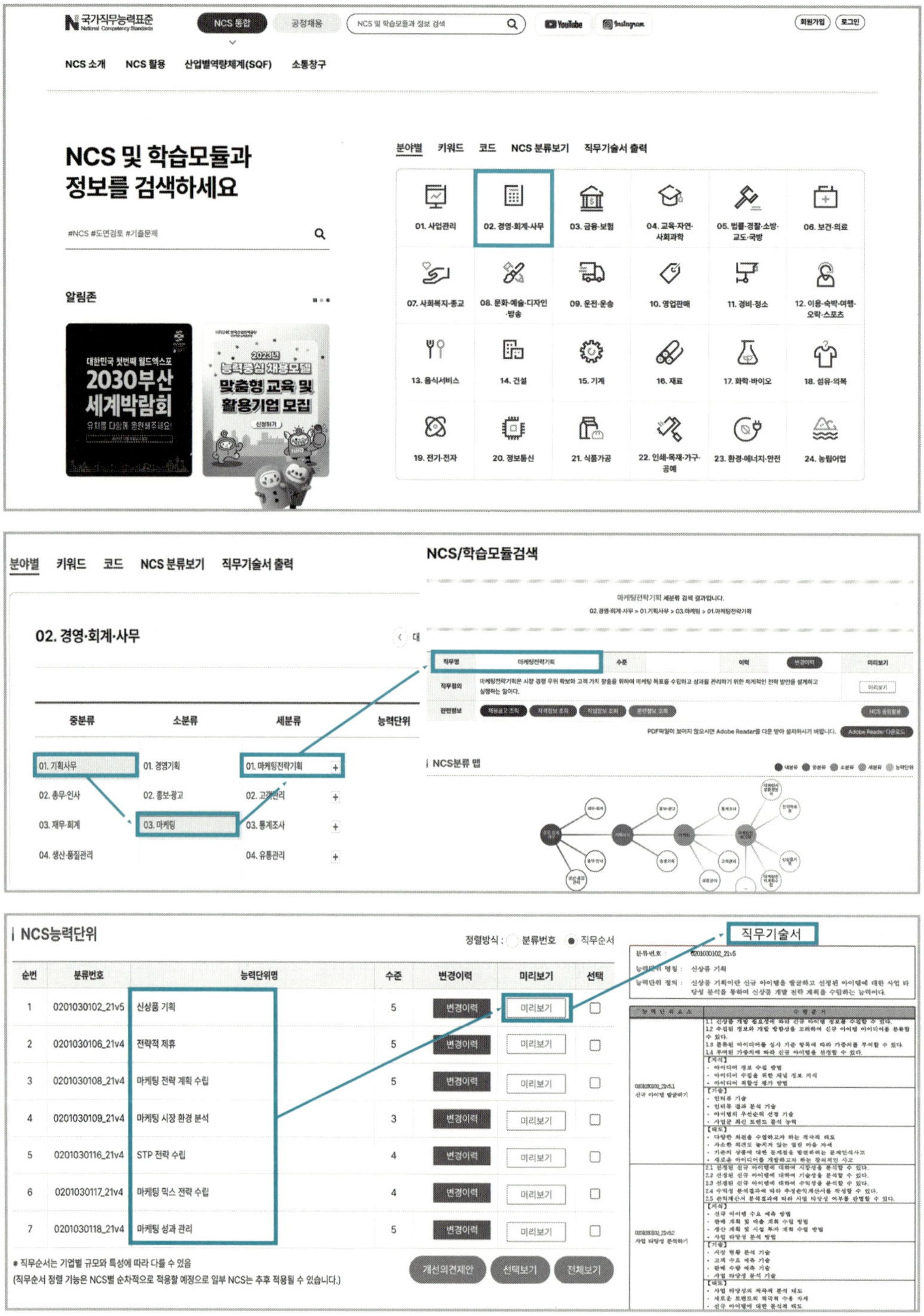

[그림 7-4] 국가직무능력표준(NCS)을 활용한 직무분석 활동과정 경로

출처: 국가직무능력표준(NCS) 홈페이지.

[그림 7-4]의 직무분석 활동 과정 경로 예시를 참고하여 24개 분야의 다양한 대분류 중 자신이 선호하는 직무 분야를 선택하여 직무분석을 실시한 후 다음의 활동지를 작성해 보도록 한다(활동지는 [부록 6] 참조).

〈표 7-7〉 국가직무능력표준(NCS) 활용 직무분석 활동지 예시

	대분류	중분류	소분류	세분류	능력단위
직무: 마케팅 전략기획	경영 · 회계 · 사무	기획 사무	마케팅	마케팅전략기획 고객관리 통계조사 유통관리	신상품 기획 전략적 제휴 마케팅 전략계획 수립 마케팅 시장환경 분석 STP 전략 수립 마케팅 믹스전략 수립 마케팅 성과 관리
직무 1: ( )					
직무 2: ( )					
직무 3: ( )					

잡이룸 직무사전 활용 직무분석 또한 잡이룸과 같은 취업포털 사이트들의 직무사전을 통하여 직무분석을 하면 직업선택에 도움을 받을 수 있다. 잡이룸 홈페이지에서 [취업전략]–[잡이룸 직무사전]으로 이동하여 분야별 직무들 중 관심 분야의 직무를 선택 후 직무내역과 필요역량들을 활동지에 정리해 보도록 한다(활동지는 [부록 7] 참조).

〈표 7-8〉 잡이룸 사이트

사이트명과 주소		주요 정보
잡이룸 www.joberum.com	탐색 경로: [취업전략]-[잡이룸 직무사전] 	• 취업컨설팅 • 직무사전 • 기업분석자료 • 면접자료

〈표 7-9〉 잡이룸 직무사전 활용 직무분석 활동지 예시

직무	직무내역	필요역량
마케팅 · 상품개발	시장 조사/분석, 마케팅 전략수립, 마케팅 활동 및 성과관리	분석력, 유연 · 창의력, 전략적 사고, 대인관계능력, 정보수집 · 활용능력

3) 생성형 AI로 직무정보 탐색하기

청소년 문화제에서 과일주스 판매 경험을 토대로 상품홍보 · 기획 · 판매 직무에 대한 관심을 가지게 된 임솔 학생의 사례를 바탕으로 생성형 AI인 챗GPT(ChatGPT), 제미나이(Gemini)에 직무정보와 직업정보를 문의한 사례는 다음과 같다.

예시 임솔 학생 사례

프롬프트 입력 예시

당신은 20년 이상의 진로지도 경험을 가진 선생님입니다. 이제부터 학생인 제가 질문드리는 것에 답해 주세요! 선생님! 저는 최근에 창의적 체험활동 중 청소년 문화제에서 친구들과 함께 행사 부스를 만들어 시원한 과일 주스를 판매한 경험이 있는데요. 제가 좀 말도 많고 활동적인 성향이어서 손님들을 유치해서 판매실적을 높게 올렸는데요. 하다가 보니 앞으로 이런 상품 홍보나 기획 · 판매 관련 일을 해보면 잘할 수 있지 않을까 하는 생각이 들었어요. 하는 일에 대해서는 알고 있지만 관련 직업에 대해서는 잘 모르겠더라고요. 상품 홍보나 기획 · 판매 관련 일을 하는 직업이 무엇인지 알려 주세요. 그리고 관련 직무에 대해서도 자세히 설명해 주세요.

➡ 검색 1: 챗GPT(https://openai.com/index/chatgpt/) 결과

안녕하세요! 상품 홍보나 기획·판매 관련 직업에 대해 관심을 가지게 되셨다니 정말 멋집니다. 말씀하신 경험을 바탕으로 여러 관련 직업과 직무에 대해 설명해 드리겠습니다.

관련 직업

1. **마케터 (Marketer)**
2. **브랜드 매니저 (Brand Manager)**
3. **광고 기획자 (Advertising Planner)**
4. **세일즈 매니저 (Sales Manager)**
5. **프로덕트 매니저 (Product Manager)**

직무 설명

1. 마케터 (Marketer)

- **역할**: 제품이나 서비스를 효과적으로 시장에 소개하고, 소비자들이 이를 인식하고 구매하도록 돕는 역할을 합니다.

➡ 검색 2: 제미나이(https://gemini.google.com) 결과

20년 경력 진로지도 선생님의 답변

흥미로운 경험을 했군요! 청소년 문화제에서 친구들과 함께 부스를 운영하고 성공적인 판매 실적을 올렸다니, 정말 대단해요. 특히, 말도 많고 활동적인 성격을 살려 손님들을 유치했다는 점이 인상적이네요.

상품 홍보, 기획, 판매에 대한 흥미를 느꼈다니, 앞으로의 진로를 고민하는 데 있어서 좋은 계기가 될 것 같아요.

상품 홍보, 기획, 판매 관련 직업

말 그대로 상품을 홍보하고, 판매를 위한 기획을 하고, 실제로 판매하는 일을 하는 직업들이에요.

좀 더 구체적으로 말하면 다음과 같은 직업들이 있죠.

- **마케팅 전문가:** 상품이나 서비스를 소비자들에게 효과적으로 알리고 판매를 촉진하기 위한 전략을 수립하고 실행하는 사람이에요. 시장조사, 광고, 홍보, 판촉 등 다양한 마케팅 활동을 기획하고 관리합니다.
- **광고 기획자:** 상품이나 서비스의 특징을 효과적으로 전달하기 위한 광고를 기획하고 제작하는 사람이에요. TV 광고, 온라인 광고, 인쇄 광고 등 다양한 매체를 활용하여 광고를 제작하고 효과를 분석합니다.
- **영업 사원:** 직접 고객을 만나 상품이나 서비스를 판매하는 사람이에요. 고객의 니즈를

4) 직무정보 정리하기

고용24 직무특성 기반 직업추천 활동과 내게 맞는 직업 찾기 및 국가직무능력표준(NCS), 잡이룸 직무사전 활용 직무분석을 통하여 알아본 직무정보 및 직업정보를 다음 활동지에 최종 정리해 보도록 한다(활동지는 [부록 8] 참조).

〈표 7-10〉 직무정보 정리하기 예시

<table>
<tr><td>관심 직무</td><td>상품 기획, 홍보, 판매</td></tr>
<tr><td>필요 역량</td><td>분석력, 유연 · 창의력, 전략적 사고력, 대인관계능력, 정보수집 · 활용능력</td></tr>
<tr><td>관련 직업</td><td>광고 · 홍보 · 마케팅전문가, 상품기획자</td></tr>
<tr><td>하는 일</td><td>• 특정 상품 및 서비스에 대한 마케팅, 광고, 홍보의 필요성을 분석하고 그에 따른 적절한 방안을 계획하며 실행
• 고객을 위한 광고물의 제작 및 광고행사를 기획 · 감독하고 조정</td></tr>
<tr><td>관련 학과</td><td>경영학과, 신문방송학과</td></tr>
<tr><td rowspan="4">진입 방법</td><td>교육 훈련</td></tr>
<tr><td>대학에서 경영학, 통계학, 신문방송학, 심리학, 사회학 등 사회과학 분야를 전공</td></tr>
<tr><td>관련 자격</td></tr>
<tr><td>컨벤션기획사</td></tr>
<tr><td>미래 전망</td><td>글로벌 경쟁시대에 광고 및 홍보는 기업을 적극 알리는 필수적인 도구이며, 다양한 홍보 방안을 마련하고자 하는 수요는 지속적으로 늘어날 것으로 보여 고용 증가에도 긍정적 영향을 미칠 것으로 보임</td></tr>
</table>

제8장

진로미결정 학생의 진로지도: 관심학과(전공)를 제시한 학생

예시 이선재 학생(○○고등학교 1학년) 사례

선재: 선생님! 제가 최근에 좋아하는 유튜브 방송에서 굿즈를 판매하는 것을 보면서 나만의 굿즈를 만들어 보면 어떨까 하는 생각에 굿즈 디자인에 관심이 생겼어요. 그래서 인터넷 검색을 해 봤더니 시각디자인학과에 진학하면 된다고 하더라고요. 시각디자인학과는 구체적으로 무엇을 배우며, 개설되어 있는 학교는 어디인지, 이 학과를 졸업하면 어떤 직업을 가질 수 있는지 알고 싶어요.

김 교사: 학과에 대한 정보는 다양한 사이트에서 쉽게 찾아볼 수 있어요. 대표적으로는 '고용24' '커리어넷' '대학 어디가' '메이저맵' 등이 있고, 물론 이 외에 더 다양한 사이트가 있고요. 오늘은 '고용24'와 '커리어넷'에 들어가서 선재 학생이 관심 있어 하는 시각디자인학과에 대한 정보를 함께 찾아볼까요?

선재: 네, 선생님.

김 교사: 아! 그리고, 굿즈 디자인을 하고 싶다면 시각디자인학과 외에도 여러 개의 학과가 있어요. 자신의 진로에 따라 학과를 선택할 때는 한 개 학과에 국한하는 것보다 유사 전공 및 관련 학과를 모두 고려하여 학과 선택의 폭을 넓히는 것이 좋아요. 이 부분을 유념해서 관심 있는 학과에 대해 함께 살펴보도록 해요.

이 사례는 자신이 평소 좋아하는 유튜브 방송에서 굿즈를 판매하는 것을 보면서, 평소 새롭게 디자인하는 것에 흥미가 있던 선재가 자신만의 굿즈를 디자인해 보고 싶다는 생각을 가지게 되면서 인터넷 검색을 통해 관심학과를 제시한 경우이다. 여기서 관심학과(전공)를 제시한 학생은 구체적인 탐색 과정 없이 막연하게 자신이 가고 싶은 학과(전공)명 정도만 알고 있는 학생을 말한다.

이 장에서는 학생이 고등학교 진로 탐색 중 관심학과(전공)가 생긴 경우 자기 이해는 되었다고 간주하고 관심학과(전공)에 대한 정보 탐색 방법을 알아야 하는 학생을 위한 진로지도 방안을 제시하고자 한다. 이 장의 내용은 학과란 무엇이며, 학과 탐색이 왜 중요한지, 정보 탐색 방법 및 사회 변화에 따른 학과(전공) 전망 예측 내용 등으로 구성되었다. 학생들은 학과에 대한 정보를 탐색하는 과정에서 학과의 정체성과 학업의 핵심방향을 알게 되고, 능동적이며 합리적인 진로결정을 할 수 있게 된다.

1. 학과(전공)에 대한 이해

1) 학과 · 전공 · 모집단위의 개념

대학 입시에서 학과 · 전공 · 모집단위는 혼동하기 쉽지만, 성공적인 대학 생활을 위해서는 반드시 이해해야 하는 중요한 개념이다. 학과는 특정 학문 분야를 연구하고 교육하는 조직을 말하며, 전공은 학생이 집중적으로 배우는 학문 분야를 의미하고, 모집단위는 대학에서 학생을 모집하는 단위이다. 이 세 가지 개념은 서로 밀접하게 연관되어 있으며, 각각 다른 의미와 역할을 수행한다.

학과는 대학에서 매우 중요한 의미를 가진다. 학과는 대학에서 제공하는 특정 분야의 교육 및 연구 프로그램을 나타내며, 각 학과는 특정 주제나 분야에 대한 전문 지식과 기술을 제공하고, 학생들에게 해당 분야에서의 전문성을 키우고 경력을 준비할 수 있는 기회를 제공한다. 이러한 학과는 단순히 학문 분야를 나누는 구분을 넘어, 전문적인 교육과정, 교수진, 연구 시설 등을 갖추고 학생들에게 체계적인 학습 환경을 제공한다.

전공은 학생이 대학에서 집중적으로 배우는 학문 분야를 의미한다. 일반적으로 학과와 동일하게 사용되지만, 학부에 따라 더 세분화될 수 있다. 예를 들어, 컴퓨터공학과 내에서 인공지능, 소프트웨어 개발 등 다양한 전공을 선택할 수 있다.

모집단위는 대학에서 학생을 모집하는 단위로, 대학마다 교육과정 운영 방식이 다르기 때문에 모집단위도 다양하다. 학과, 학부, 계열 등 다양한 형태로 설정되며, 모집단위마다 입학 전형 방법, 지원 자격 등이 다르다. 따라서 각 대학의 입학 안내 페이지를 꼼꼼히 확인하고, 자신에게 맞는 모집단위를 선택해야 한다.

- 학과 단위 모집: 가장 일반적인 형태로, 특정 학과에 직접 지원하는 방식(수학과, 국문과, 전자공학과 등)
- 학부 단위 모집: 유사한 학과들을 하나의 학부로 묶어 모집하는 방식(사회과학부, 인문과학부 등)
- 계열 단위 모집: 더 넓은 범위의 학문 분야를 하나의 계열로 묶어 모집하는 방식(인문사회계열, 자연과학계열 등)

이처럼 학과, 전공, 모집단위의 개념은 각각 다른 의미를 가지지만, 서로 밀접하게 연관되어 있으므로, 우리나라 대학에서는 이러한 용어들이 비슷한 의미로 사용되는 경우가 많아 혼용하여 사용되기도 한다. 따라서 이 장에서는 학과, 전공, 모집단위를 '학과(전공)'로 통일하여 사용하고자 한다.

〈표 8-1〉 계열별 특성 및 관련학과

계열	특성	관련학과
인문 계열	모든 학문의 근본이 되는 인문학의 교육과 연구를 목표로 하며, 인간과 인간의 문화, 인간의 가치와 인간의 자기표현 능력을 바르게 이해하기 위한 과학적인 연구 방법에 관심을 갖는 학문 분야	고고학과, 국어국문학과, 문예창작학과, 문헌정보학과, 문화인류학과, 미술사학과, 사학과, 심리학과, 언어학과, 영어영문학과, 일어일문학과, 종교학과, 중어중문학과, 철학과
사회 계열	사회학, 정치학, 경제학, 법학, 행정학 등과 같이 인간생활의 다양한 측면과 관련된 기초학문을 교육 및 연구함으로써 개인 혹은 국가의 지속적인 발전을 위해 사회변화를 분석하고 대안을 제시할 수 있는 기본적인 소양을 기르는 것을 목표로 함	경영학과, 경제학과, 광고홍보학과, 금융보험학과, 마케팅학과, 무역학과, 세무학과, 신문방송학과, 언론정보학과, 응용경영학과, 정보미디어학과, 회계학과
교육 계열	교육은 인간의 무한한 가능성을 개발하여 새로운 지식과 문화를 창출하는 숭고한 일이며 국가와 민족의 미래와 운명을 결정하는 중요한 활동으로, 교육 분야에 종사할 교사와 교육 지도자를 양성하고 교육 일반과 교과 교육 원리의 교수 및 연구에 종사할 학자의 배출을 목표로 함	과학교육과, 교육공학과, 교육학과, 국어교육과, 미술교육과, 사회교육과, 수학교육과, 역사교육과, 영어교육과, 유아교육과, 윤리교육과, 음악교육과, 체육교육과, 초등교육학과, 특수교육학과

계열	특성	관련학과
자연 계열	자연현상의 기본적인 원리를 탐구하고 새로운 자연법칙을 개발하는 기초과학에 바탕을 두며, 우주와 물질의 기원부터 생명 현상까지 다양한 물질 세계의 원리를 과학적인 방법으로 탐구하는 학문. 국가 경쟁력의 원천이 되는 신지식 창출을 위해 우수한 기초과학 연구 인력의 양성과 기초과학 발전의 중추적 기능 수행을 목표로 함	농학과, 대기학과, 물리학과, 산림학과, 생명공학과, 생물학과, 소비자주거학과, 수의학과, 수학과, 식품공학과, 식품영양학과, 아동가족학과, 애완동물과, 원예학과, 제과제빵과, 지질학과, 천문우주학과, 축산학과, 통계학과, 화학과, 환경공학과
공학 계열	자연과학과는 달리 일상생활을 비롯해 산업에 활용되는 기술을 개발할 수 있는 지도적 인재 육성과 이공계 고급인력 양성을 목표로 하며, 자연 자체를 대상으로 하는 자연과학과 달리 기계, 장치 등의 인위적인 자연을 대상으로 하여 실제로 무엇인가를 생산하는 실천 행동에 중점을 둠	건축공학과, 건축학과, 교통공학과, 기계공학과, 도시공학과, 메카트로닉스공학과, 반도체공학과, 자동차(공학)과, 전기공학과, 전자공학과, 정보통신공학과, 조경학과, 컴퓨터공학과, 토목공학과, 항공우주공학과, 해양공학과
의학·약학 계열	인간 신체의 구조와 기능을 연구하며 질병의 예방과 치료를 연구하는 의학, 의약품에 관한 기초 및 응용과학을 다루는 약학이 포함. 병의 예방, 진단과 치료를 위한 단계별 이론과 응용능력을 습득하여 국민 의료를 담당하며 향상시키는 인재 양성과 인류복지에 기여하는 것을 목표로 함	간호학과, 물리치료학과, 방사선과, 보건학과, 약학과, 응급구조과, 의료공학과, 의학과(의예과), 임상병리학과, 재활학과, 제약학과, 치기공과, 치위생과, 치의학과(치의예과), 한약학과, 한의학과(한의예과)
예체능 계열	변화하는 시대에 맞게 첨난화, 전문화되어 가고 있는 예술환경의 변화에 대처할 수 있는 전문 예술인과 신체 활동을 통해 개인 건강유지 및 대중이 쉽게 접할 수 있는 활동을 지도할 수 있는 체육인을 양성하는 데 목표를 둠. 예술이라는 창작과 표현수단을 통해 감동과 아름다움을 추구하는 음악, 미술, 체육, 연극, 영화 등의 영역이 포함	공예학과, 국악과, 기악과, 도예학과, 동양화과, 무용학과, 방송 영상학과, 뷰티아트과, 사진학과, 사회체육학과, 산업디자인학과, 서양화과, 성악과, 실용음악과, 애니메이션학과, 연극영화학과, 작곡과, 조소과

주: 계열별 관련학과 분류는 대학마다 차이가 있을 수 있음

출처: 커리어넷(www.career.go.kr) 계열별 학과 정보.

TIP 알쏭달쏭 '학과'

문제 평소 외모에 관심이 많은 지선이는 자신의 피부에 신경을 많이 쓴다. 그래서 아침에 눈을 뜨면 아침밥은 굶더라도 얼굴에 선크림과 BB크림까지 꼭 바르고 등교한다. 지선이는 나중에 자신이 사용할 화장품을 직접 만들고 싶다는 생각을 가지고 있다. 지선이가 진학해야 할 학과는?

① 화학공학과 ② 피부미용과

정답 ① 화학공학과

해설

① 화학공학과: 화장품의 원료 개발이나 새로운 화장품 제조 공정 개발에 관심이 있다면 화학공학과의 화장품 관련 전공을 선택

- 주요 학습내용: 화학 반응, 공정 설계, 물질 전달, 열 전달 등 화학적인 원리를 이용하여 다양한 제품을 생산하는 방법을 배움
- 진로: 화장품, 제약, 식품, 환경, 정유, 석유화학 등 다양한 산업 분야의 연구원, 엔지니어로 진출
- 적성: 수학, 과학, 특히 화학에 대한 흥미와 능력이 뛰어나고, 논리적 사고와 문제해결 능력이 뛰어난 사람에게 적합

② 피부미용과: 사람들과의 소통을 즐기고, 아름다움을 창조하는 일에 흥미를 느낀다면 피부미용과가 좋은 선택이 될 수 있음

- 주요 학습내용: 피부의 구조와 기능, 피부 관리, 메이크업, 헤어 스타일링, 네일 아트 등 미용 관련 전반적인 지식과 기술을 배움
- 진로: 미용사, 피부 관리사, 메이크업 아티스트, 네일 아티스트, 미용 관련 기업체, 뷰티 컨설턴트 등으로 진출
- 적성: 미용에 대한 깊은 관심과 열정을 가지고 있고, 손재주가 좋으며, 사람들과의 소통을 즐기는 사람에게 적합

주: 더 자세한 학과 정보는 고용24, 커리어넷 등 학과정보 참조

2) 학과(전공)의 변화 추세

학과(전공) 변화 원인 사회의 산업구조 변화, 기술 발전, 새로운 사회문제 등 사회변화에 따라 필요한 인재상이 달라지고 있으며, 학생들의 관심 분야와 진로 목표가 다양화되면서

기존 학과들만으로는 학생들의 요구를 충족시키기 어려워지고 있다. 이처럼 학생들의 관심과 진로 선택이 변화함에 따라 학과의 인기도 변화하고 있으며, 이는 대학이 학생들의 요구에 맞추어 학과를 신설하거나 기존 학과를 폐지하는 원인이 된다. 또한 대학 간 경쟁이 심화되면서 차별화된 교육 프로그램을 제공하기 위해 새로운 학과를 설립하거나 기존 학과를 개편하는 움직임이 활발해지고 있다. 정부도 미래사회에 필요한 인재를 양성하기 위해 새로운 학과 설립을 지원하거나 기존 학과 개편을 유도하는 정책을 추진하고 있다.

미래사회에는 학과의 변화가 더욱 가속화될 것으로 예상된다. 특히 학생들의 요구에 맞춰 학과 간의 경계가 허물어지는 인터디시플리너리(inter-disciplinary) 학과들이 더욱 증가할 것으로 예상된다. 이처럼 학과 변화는 대학 교육에 새로운 활력을 불어넣고, 미래사회에 필요한 인재를 양성하는 데 중요한 역할을 할 것이다. 하지만 동시에 학과 간 불균형, 학과 소멸, 학생들의 취업 어려움 등의 문제도 발생할 수 있다. 따라서 이러한 문제점들을 충분히 고려하고, 지속적인 논의와 평가를 통해 올바른 방향으로 학과 변화가 이루어져야 할 것이다.

학과(전공) 신설 및 개편 학과(전공)는 시대 변화와 사회적 요구에 따라 끊임없이 변화해 왔다. 과거에는 의학, 법학, 공학, 교육, 문학과 같은 학문 분야를 중심으로 학과가 구성되었지만, 오늘날에는 인공지능(AI), 빅데이터, 로봇공학, 정보통신, 바이오, 환경과학과 같은 새로운 학문 분야가 등장하면서 이에 맞춰 새로운 학과들이 개설되고 있다. 또한 기존 학과들도 시대의 변화에 발맞춰 새로운 전공을 개설하거나 커리큘럼을 개편하는 등 변화를 모색하고 있다.

학과(전공) 변천사 예시

- 광산학과 → 자원공학과 → 에너지자원공학과 → 시스템공학과
- 비서학과 → 사무관리학과 → 경영지원학과 → 국제사무학과
- 도서관학과 → 문헌정보학과 → 정보관리학과 → 데이터 사이언스학과 또는 디지털 인포매틱스학과

주: 학과 변천사는 대학마다 차이가 있을 수 있으며, 제시된 예시 내용은 일반적인 흐름을 정리한 것임. 따라서 정확한 정보는 해당 대학의 공식 웹사이트 참조

3) 전공자율선택제(무전공, 자유전공) 확대

전공자율선택제란 교육부는 '전공자율선택제'를 통한 대학의 혁신을 추진하고 있으며, 이에 발 맞추어 여러 대학에서 실제 선발 인원을 늘리고 있다. '전공자율선택제'는 학생들이 대학 입학 후 체계적인 지원하에 각자의 흥미와 적성에 맞는 다양한 진로를 탐색하고 전공을 자유롭게 선택하는 제도이다. 쉽게 말해, 학생들이 전공을 정하지 않고 대학에 입학하더라도 대학의 체계적인 지원 아래 진로를 탐색하고 전공을 자유롭게 선택할 수 있고, 전공을 정한 후 대학에 입학한 경우에도 대학에 다니면서 다양한 경험을 해 보고 원하는 교육을 받을 수 있도록 기회를 확대하는 것이다. 이러한 '전공자율선택제'는 '무전공'이나 '자유전공'과 그 의미는 조금 다르지만, 비슷한 의미로 혼용해서 사용되고 있다. 따라서 각 대학마다 명칭이 조금씩 다를 수 있으니, 관심 있는 대학의 모집요강을 꼼꼼히 확인하는 것이 좋다.

- 전공자율선택제: 가장 포괄적인 개념으로, 학생들에게 전공 선택의 자유를 부여하는 교육제도를 통칭. 즉, 학생들이 입학 후 다양한 전공을 탐색하고 자신에게 가장 적합한 전공을 선택하는 방식
- 무전공: 전공자율선택제의 한 종류로, 입학 시 특정 전공을 정하지 않고, 1학년 또는 일정 기간 동안 교양과목을 이수하며 다양한 분야를 경험한 후 전공을 선택하는 방식
- 자유전공: 무전공과 비슷하지만, 특정 단과대학이나 학부 내에서 자유롭게 전공을 선택할 수 있는 경우가 많음. 즉, 선택 가능한 전공의 범위가 무전공보다는 좁지만, 여전히 학생들에게 다양한 선택지를 제공

전공자율선택제(무전공, 자유전공) 확대 이유 현대사회는 분야 간 경계가 점점 모호해지는 '빅 블러(Big Blur)'로 접어들었다(전종희, 2024). 빅 블러란 기존에 명확했던 고유 영역과 법칙이 점차 무더지고 그 경계가 흐려지는, 즉 '경계 융화 현상'을 뜻한다. 인공지능과 빅데이터와 같은 첨단 기술의 빠른 발전으로 인해 사회는 끊임없이 변화하고 있으며, 이러한 환경에서는 한 분야에 대한 전문성만이 아니라 여러 분야의 지식을 융합하여 문제를 해결하고 새로운 가치를 창출할 수 있는 능력이 더욱 중요해졌다. 이러한 변화 속에서 우리 학생들에게 요구되는 역량도 변화하고 있으며, 이제는 다양한 분야에 대한 이해와 융합적 사고를 통해 복잡한 문제를 해결하는 능력이 필수적인 시대가 되었다.

이에 최근 대학 입시에서 무전공 및 자유전공 선발 비율이 확대되고 있다. 이러한 변화는 단순한 입시 제도의 변화를 넘어, 우리 사회가 요구하는 인재상과 교육 패러다임의 변화를 반영하고 있다. 무전공 및 자유전공 확대의 주요 이유를 살펴보면 다음과 같다(윤옥한, 2024; 전종희, 2024).

• 학생 중심 교육
- 개인의 적성과 흥미 존중: 학생들이 미리 정해진 틀에 맞춰 전공을 선택하는 것이 아니라, 다양한 분야를 경험하고 자신에게 맞는 진로를 찾을 수 있다.
- 융합적 사고력 함양: 다양한 분야의 지식을 융합하여 새로운 가치를 창출하는 능력을 키울 수 있다.
- 자기 주도 학습: 학생 스스로 학습 계획을 세우고 목표를 달성하기 위한 노력을 기울일 수 있다.

• 변화하는 사회에 대한 대응
- 다양성 존중: 사회는 더욱 다양하고 포용적인 사회로 변화하고 있으며, 이러한 사회적 요구를 반영하여 개인의 다양성을 존중하는 교육 시스템을 구축할 수 있다.
- 4차 산업혁명 시대 인재 양성: 융합적인 사고와 문제해결 능력을 갖춘 인재를 필요로 하는 사회 변화에 맞춰 교육 시스템을 개편할 수 있다.
미래 직업의 불확실성 대비: 미래사회의 직업은 빠르게 변화하고 있으며, 한 가지 전공으로 평생을 살아가기 어려운 시대로, 다양한 분야의 지식을 갖추면 변화하는 환경에 더욱 유연하게 대처할 수 있다.

• 대학 교육의 유연성 강화
- 정형화된 교육 시스템의 한계: 기존의 전공 중심 교육 시스템은 사회 변화에 빠르게 대응하기 어려운 한계를 가지고 있다. 무전공, 자유전공 학과는 학문 간 칸막이를 없애고 유연한 교육 과정을 운영하여 변화하는 사회에 적응할 수 있는 인재를 양성할 수 있다.
- 대학 경쟁력 강화: 무전공, 자유전공 학과는 대학의 특성화를 추구하고 새로운 교육 모델을 개발하는 데 기여하여 대학의 경쟁력을 강화하는 역할을 한다.

• 교육 시장의 변화

- 고교학점제 도입: 고교학점제와 연계하여 학생들의 선택권을 확대하고 진로 탐색을 지원하는 교육 정책의 일환으로 무전공 및 자유전공 학과가 확대되고 있다.
- 대학 서열화 완화: 무전공 및 자유전공 학과는 학생들이 특정 대학이나 학과에 대한 선호도에 얽매이지 않고 자신의 적성과 흥미에 따라 진로를 선택할 수 있도록 유도하여 대학 서열화를 완화하는 데 기여한다.

결론적으로, 무전공 및 자유전공 확대는 미래사회가 요구하는 인재 양성을 위한 필수적인 과정이며, 교육 시스템의 혁신을 가져올 것이라는 기대뿐만 아니라 다양한 과제 또한 안겨 주고 있다. 따라서 학생들은 이러한 변화에 적응하기 위해 자신의 진로를 신중하게 고민하고, 대학은 학생들의 성공적인 진로설계를 위한 체계적인 지원 시스템을 구축해야 한다.

4) 학과(전공) 탐색의 중요성

무전공 · 자유전공 확대에도 학과(전공) 탐색이 중요한 이유 학과(전공) 탐색은 학생들이 자신의 관심과 역량에 맞는 학문 분야를 관찰 · 분석 · 선택해 나가는 과정을 말한다. 이는 학생들의 대학 생활뿐만 아니라 졸업 후 진로에도 큰 영향을 미치기 때문에 신중하게 결정해야 한다.

최근 무전공 입학이나 계열전형이 확대되면서 학생들은 대학 입학 후에도 다양한 분야를 경험하고, 자신의 적성을 찾을 수 있는 기회를 얻게 되었다. 하지만 이러한 제도가 오히려 학생들로 하여금 '굳이 학과(전공) 탐색이 필요할까?'라는 의문을 제기하게 한다. 즉, 대학 입학 후에도 충분히 다양한 분야를 경험하고, 자신의 진로를 선택할 수 있다는 것으로 해석된다. 하지만 무전공 입학이나 계열전형이 학과(전공) 탐색의 필요성을 완전히 대체할 수는 없으며, 학과(전공)에 대한 탐색은 여전히 매우 중요하다.

진로설계를 위해 학과(전공) 탐색이 중요한 이유를 구체적으로 살펴보면, 첫째, 가장 적합한 진로 방향을 설정하는 데 도움이 되기 때문이다. 학생들은 자신의 관심사와 역량을 고려하여 다양한 학과에 대해 탐색한다. 그리고 이것은 특정 분야로 진로를 선택해야 할 때 자신에게 적합한 분야를 찾는 데 도움이 된다. 둘째, 학생이 교육 및 진로 목표를 설정하는 데 도움이 될 수 있기 때문이다. 학생들은 학과 탐색을 통해 알아본 각 학과의 교육 목표를 참조하여 자신의 학문적 · 직업적 목표를 세울 수 있다. 셋째, 학생들이 학과에 대한 호기심을 충족하고 관련분야에 대한 지식을 확장하는 데 도움이 되기 때문이다. 학과 탐색 과정에서 관련학과, 직업, 직무 등에 대한 지식을 습득하게 되어 다양한 분야를 간접적으로 이해하고 직업정보를 확장시킬 수 있게 된다. 넷째, 학과의 교육과정과 프로그램 및 졸업 후 진출 분야에 대한 정보를 얻을 수 있기 때문이다. 학생들은 각 학과의 고유한 커리큘럼과 프로그램을 비교할 수 있으며, 졸업 후 진출 분야에 대한 정보와 취업전망을 분석하여 자신만의 진로 포트폴리오를 만드는 데 도움을 받을 수 있다.

따라서 무전공 입학이나 계열전형이 확대되더라도 학과(전공)에 대한 탐색은 여전히 중요하며, 자신의 적성과 진로를 명확히 하고, 효율적인 학습계획을 수립하며, 미래사회 변화에 대비하기 위해서는 끊임없이 자신을 돌아보고, 다양한 분야에 대한 경험을 쌓는 노력이 필요하다.

2. 관심학과(전공) 정보 탐색 방안

관심학과(전공)에 대한 탐색과정 진로를 잘 결정하기 위해서는 이러한 정보를 얻을 수 있는 다양하고 효과적인 방법을 알고 효율적으로 사용할 수 있어야 한다. 구체적인 탐색 과정에 앞서 [부록 9]를 작성해 보는 것이 도움이 된다. 여기에는 관심학과(전공)와 그 학과(전공)에 관심을 가지게 된 계기를 작성할 때 활용할 수 있는 양식이 제시되어 있다. 또한 학생들이 작성할 때 참조할 수 있도록 이 장 처음에 나온 선제 사례의 예시가 들어 있으며, 관심학과(전공)에 대한 이해정도를 자가 점검할 수 있는 체크리스트가 제시되어 있다. 이러한 점검 과정을 통해 관심학과(전공)에 대한 스스로의 관심 정도를 평가해 보고, 알고 있는 정보를 명확히 하여 좀 더 집중하여 탐색해야 하는 부분을 알 수 있게 된다. 이후 다양한 사이트를 참고하여 관심학과(전공)에 대해 자세히 탐색하는 것이 필요하다. 각 학과에 대한 정보는 대학의 공식 웹사이트나 입학 안내서, 대학 및 학과 소개 영상, 학과 안내 자료, 직업 지침서, 학과 관련 논문 및 연구 보고서 등에서 찾아볼 수 있다.

고용24와 커리어넷을 활용한 관심학과(전공) 정보 찾아보기 관심학과(전공)에 대한 자세한 정보는 다양한 사이트를 통해 얻을 수 있다. [그림 8-1]에서는 고용24를, [그림 8-2]에서는 커리어넷을 활용한 학과정보 탐색방법을 제시하였다.

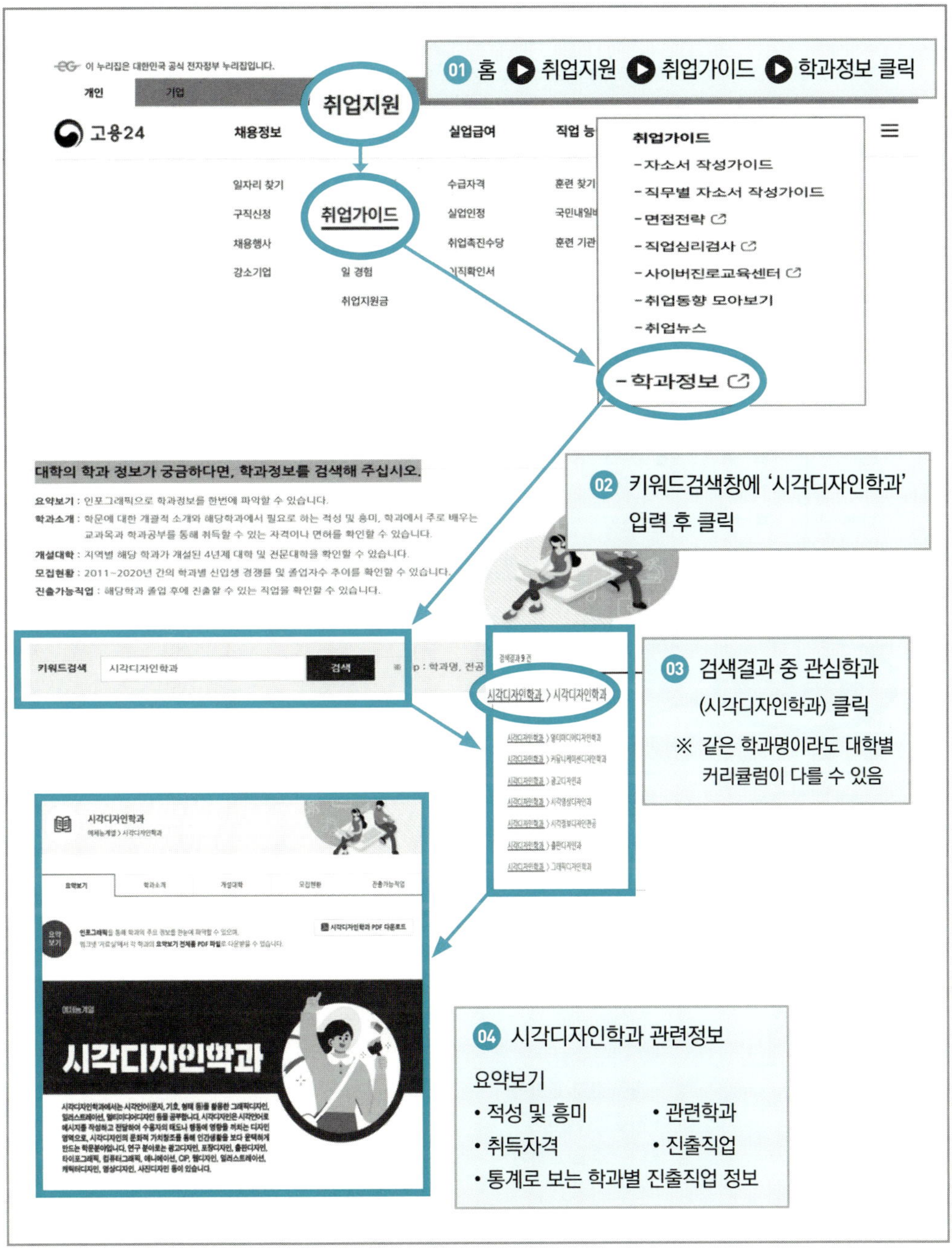

[그림 8-1] 고용24에서 관심학과(전공) 찾기 예시

출처: 고용24 홈페이지(http://work24.go.kr).

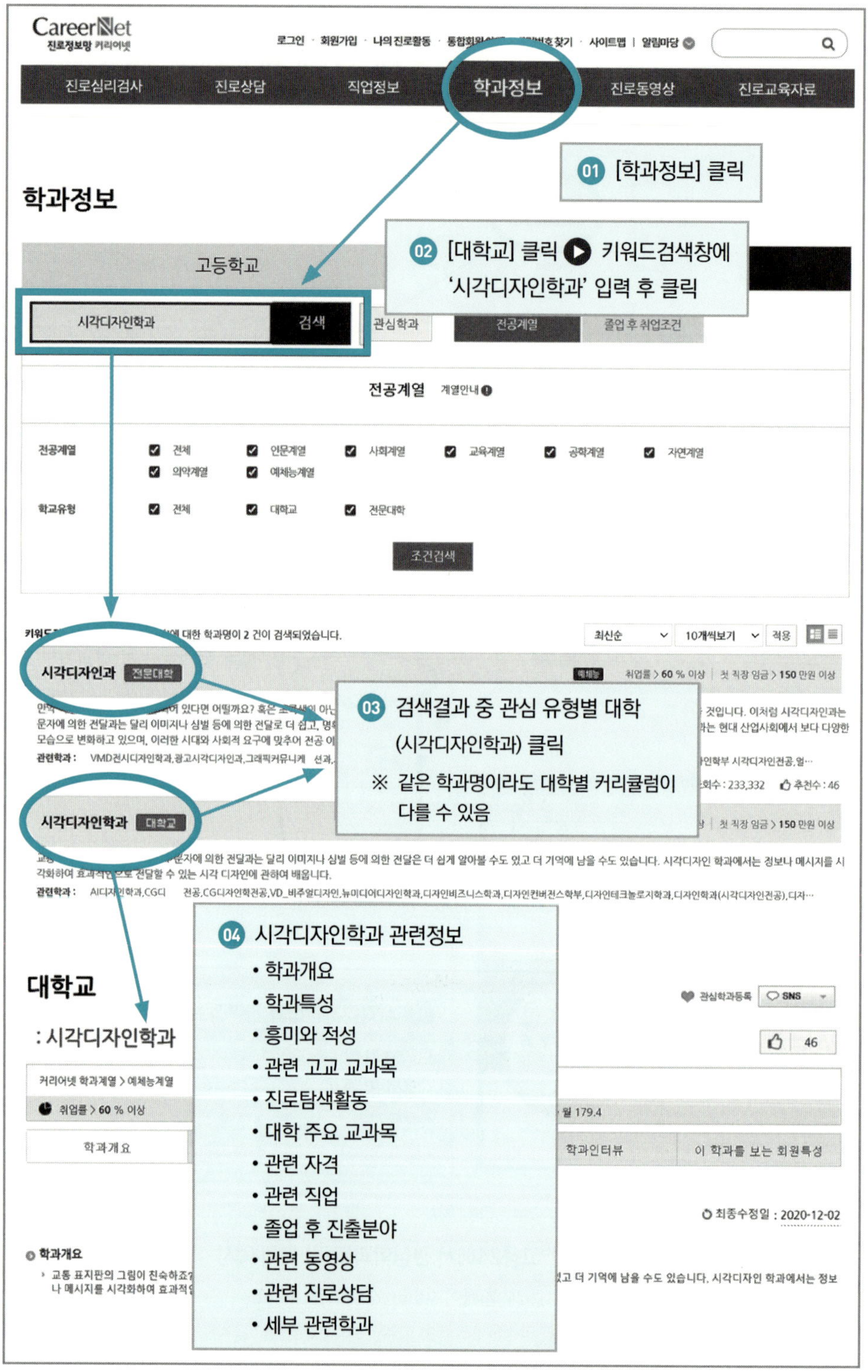

[그림 8-2] 커리어넷에서 관심학과(전공) 찾기 예시

출처: 커리어넷 홈페이지(http://www.career.go.kr).

관심학과(전공)에 대한 탐색과정 활동지([부록 9])에 작성된 관심학과(전공)가 있다면, 우선적으로 탐색해 보고 싶은 학과를 한 개 선택해 본다. 이후 '고용24' 혹은 '커리어넷' 사이트를 참조하여 관심학과(전공) 정보조사 활동지를 작성해 본다([부록 10] 참조). 〈표 8-2〉는 '시각디자인학과'를 예시로 작성된 활동지이다.

고용24의 [취업지원]-[취업가이드]-[학과정보] https://www.work.go.kr/consltJobCarpa/srch/schdpt/schdptSrch.do	
커리어넷의 [학과정보] https://www.career.go.kr/cnet/front/base/base/newMajorMain.do	

〈표 8-2〉 관심학과(전공) 정보조사 예시

관심학과(전공)명	시각디자인학과		
구분	관심학과(전공) 분석		
관련학과(전공)	시각디자인학과, 디지털디자인학과, 멀티미디어디자인학과, 커뮤니케이션디자인학과, 시각영상디자인과, 시각정보디자인전공, 출판디자인과, 그래픽디자인학과, 광고디자인과	주요 관심직업	시각 디자이너
관심학과(전공) 주요 학습내용	• 시각언어(문자, 기호, 형태 등)를 활용한 그래픽 디자인, 일러스트레이션, 멀티미디어디자인 등을 학습함		
관심학과(전공) 개설되어 있는 대학	※관심학과(전공)가 개설되어 있는 대학을 찾아보고, 그 중 본인이 관심있는 대학 10개를 선정해서 적어 보자. • 4년제(6개): 가천대학교, 가톨릭관동대학교, 강남대학교, 강원대학교, 건국대학교, 건양대학교 • 2~3년제(4개): 경기과학기술대학교, 동아방송예술대학교, 한국영상대학교, 유한대학교		
관심학과(전공) 필요 적성	※관심학과(전공)의 필요 적성은 무엇인지 찾아보고, 그 중 본인에게 적합한 적성은 무엇이 있는지 적어 보자. • 사물에서 느끼는 이미지를 시각적으로 표현할 수 있는 능력 • 남다른 미적 감각과 감수성, 창의력, 표현력 필요 • 시각예술이나 문화 전반에 대한 관심과 탐구력 ➡ 나에게 필요한 적성: 창의력, 표현력		

구분	관심학과(전공) 분석
관심학과(전공) 관련 자격증	※관심학과(전공)관련 자격증을 찾아서 적어 보고, 그중 본인이 관심있는 자격증에 체크해 보자. • 시각디자인기사, 시각디자인산업기사, 컬러리스트기사, 제품디자인산업기사, 컬러리스트산업기사, 포장산업기사, 문화예술교육사
관심학과(전공) 진출 분야	※관심학과(전공)가 진출할 수 있는 직업을 찾아보고, 그중 본인이 관심있는 진출분야 10개를 선정해서 적어 보자. • 캐릭터디자이너, 브랜딩디자이너, 앱디자이너, 팬시 및 완구 디자이너, 시각디자이너, POP디자이너, 글꼴디자이너, 모션그래픽디자이너, 일러스트레이터, 아트디렉터
관심학과(전공) 진로탐색 활동	• 디자인 포트폴리오 제작: 반드시 입시용이 아니어도 포트폴리오를 만들면 자신의 실력 향상에 도움이 됨 • 디자인 공모전 참가: 자신의 실력을 객관적으로 평가받을 수 있고 공모전 준비 자체가 도움이 됨 • 디자인 잡지 구독: 디자인 관련 잡지 가운데 하나를 도서관을 통하여 구독해서 정기적으로 새로운 흐름과 추세를 파악
관심학과(전공) 사회적 기여	• 시각디자인은 시각언어로 메시지를 작성하고 전달하여 수용자의 태도나 행동에 영향을 끼치는 디자인 영역으로, 시각디자인의 문화적 가치 창조를 통해 인간생활을 보다 윤택하게 만드는 학문 분야임

3. 사회 변화에 따른 관심학과(전공) 전망 예측

우리 사회의 주요 변화와 트렌드는 대학의 학과 변화와 신설 등에 영향을 미친다. 또한 이를 토대로 관심학과(전공)의 향후 전망을 예측해 볼 수 있다. 여기에서는 먼저 우리 사회의 주요 변화와 트렌드에 대한 지식을 점검하고, 이것이 학과 변화에 미치는 영향을 생각해 본 후, 관심학과(전공) 탐색 활동에서 획득한 정보를 기반으로 학과에 대한 전망을 예측해 볼 것이다.

▌최근 우리 사회의 주요 트렌드 중 내가 알고 있거나 느끼고 있는 내용을 떠오르는 대로 작성해 보자.

(어떤 산업이 뜨고 어떤 산업이 지고 있는지, 어떤 기업들이 뜨고 어떤 기업들이 지고 있는지, 어떤 상품이나 기술이 뜨고 어떤 상품이나 기술이 지고 있는지 등)

▌검색엔진(구글, 네이버, 다음 등), 생성형 AI(구글 제미나이, 뤼튼)를 활용하여 최근 우리 사회의 주요 트렌드를 찾아 적어 보자. 제시된 자료는 생성형 AI(제미나이)를 활용하여 도출된 예시 내용 중 하나이다. 이 외에도 우리 사회의 주요 트렌드에 대한 자세한 내용은 제6장 '1. 직업세계의 변화와 미래 유망직업'을 참고해서 작성해 볼 수 있다.

(취업/노동분야, 경제/기업분야, 정치/사회분야, 교육분야, 도서분야, 항공/여행분야, 건강/의료분야, 창업분야, 방송/문화분야, 기술/정보통신분야, 기타)

- 최근 우리 사회의 주요 트렌드는 무엇인가?

① 디지털 전환 가속화
- 비대면 문화 확산: 코로나19 팬데믹 이후 비대면 문화가 일상화되면서 온라인 쇼핑, 화상 회의, 원격 근무 등이 활성화
- 메타버스와 NFT의 부상: 가상 현실과 증강 현실을 기반으로 한 메타버스와 디지털 자산인 NFT가 새로운 투자 및 소비 트렌드로 떠오르고 있음
- AI 기술 발전: 인공지능 기술의 발달로 챗봇, 이미지 생성 AI 등 다양한 서비스가 등장하며 우리 삶을 더욱 편리하게 만들고 있음

②
-
-
-

③
-
-
-

- 이 활동을 통해 새롭게 알게 되거나 느낀 점은 무엇인가?

다음에 제시된 학과(전공) '신설' 예시, 학과(전공) '명칭 변경, 통합, 분리' 예시, 그리고 미래 유망 12대 국가전략기술분야 등을 참고하여 시대의 변화와 사회적 요구에 따른 자신의 관심학과(전공)의 변화 추세를 알아보자.

학과(전공) '신설' 예시

- 가천대: 빅데이터경영전공(2024), 클라우드공학(2024), 바이오로직스(2024)
- 경희대: 반도체공학과(2024)
- 고려대: 인공지능학과(2025학년 신설), 공과대학(2025학년 신설), 학부대학(2025학년 신설)
- 광운대: 반도체시스템공학부(2024), 로봇학부 AI로봇학전공(2024)
- 덕성여대: 가상현실융합학과(2024), 데이터사이언스학과(2024), AI신약학과(2025학년 신설)
- 서울여대: 메타버스융합콘텐츠전공(2024)
- 성균관대: 지능형소프트웨어학과(2024), 반도체융합공학과(2024)
- 세종대: AI로봇학과(2024), 인공지능데이터사이언스학과(2024), 우주항공드론공학부 지능형드론융합전공(2024), 지능정보융합학과(2025학년 신설), 콘텐츠소프트웨어학과(2025학년 신설), 사이버국방학과(2025학년 신설)
- 숭실대: 정보보호학과(2024)
- 이화여대: 지능형반도체공학전공(2024)
- 인천대: 데이터과학과(2024)
- 인하대: 반도체시스템공학과(2024)
- 전남대: 인공지능학부 정보보안전공(2024), 데이터사이언스융합전공(2024), 지식재산융합전공(2024)
- 충남대: 반도체융합학과(2024), 에너지공학과(2024)
- 충북대: 반도체공학부(2024)
- 한국외대: Language & AI융합학부(2024), Social Science & AI융합학부(2024), Finance & AI융합학부(2024), AI데이터융합학부(2024), 디지털콘텐츠학부(2024), 투어리즘&웰니스학부(2024), 반도체전자공학부(2024), 기후변화융합학부(2024)
- 한성대: 미래모빌리티학과(2024)
- 평택대: 지능형반도체학과(2025학년 신설)

학과(전공) '명칭 변경, 통합, 분리' 예시

- 강원대: 식품생명공학전공 → 식품생명공학과로 명칭 변경(2025), 시스템면역과학전공 → 의생명시스템과학전공으로 전공명 변경(2025)
  신소재공학과 · 에너지자원화학공학과 · 지구환경시스템공학과 → 그린에너지공학과로 통합
- 경상대: 자연과학대학 · 공과대학 · 해양과학대학 · 융합기술공과대학 → 메카트로닉스공학부, 전자공학부, 반도체공학부, 소프트웨어공학과, AI정보공학과, 전기공학과, 제어로봇공학과, 컴퓨터공학과로 명칭 변경, 통합, 분리(2024)
- 부산대: 건설융합학부(토목공학전공) → 사회기반시스템공학과로 명칭 변경(2024)
- 세종대: 우주항공시스템공학부 → 우주항공드론공학부로 학부명 변경(2024)
- 서울대: 첨단융합학부(2024)(디지털헬스케어전공, 융합데이터과학전공, 지속가능기술전공, 차세대지능형반도체전공, 혁신신약전공)
- 전북대: 분자생물학전공 → 분자생물학과로 명칭 변경(2024), 생명과학전공 → 생명과학과로 명칭 변경(2024), 현대무용 → 컨템포러리무용/안무로 명칭 변경(2024)

주: 자세한 내용은 대학별 모집요강 참조

미래 유망 '12대 국가 전략기술분야'

• 반도체/디스플레이	• 이차전지	• 차세대원자력
• 첨단모빌리티	• 첨단 바이오	• 우주항공/해양
• 수소	• 사이버 보안	• AI
• 차세대 통신	• 첨단로봇	• 양자

출처: 과학기술정보통신부(2022).

앞서 제시한 학과(전공) '신설' 예시, 학과(전공) '명칭 변경, 통합, 분리' 예시, 그리고 미래 유망 '12대 국가 전략 기술분야'에서 두드러지게 나타나고 있는 핵심 키워드는 무엇인가? 정답은 없으므로 제시된 내용을 토대로 자신이 생각하는 내용을 자유롭게 적어 보자.

▌신설된 학과(전공)의 주요 특징은 무엇인가?

▌이 분야의 학과(전공)들이 많이 신설된 이유는 무엇인가?

▌지금까지의 내용을 토대로, 나의 관심학과(전공)의 미래 전망을 예측하여 적어 보자.

제9장

진로결정 학생의 진로지도

진로결정 학생은 정확하고 구체적인 정보를 기반으로 직업 · 직무 · 학과를 연결한 탐색이 완료된 학생이다. 이 책의 제4장 '학생 진로상태 진단'에서 '잠정적으로 결정한 진로에 대해 진로학업설계가 필요한 학생'에 해당한다. 대부분 잠정적인 진로선택이 이루어지면 바로 과목선택 또는 학업설계 단계로 넘어가는 경우가 많다. 그러나 학업설계 전에 진로결정에 대한 타당성을 점검하는 것은 중요하다. 진로결정은 단 한 번으로 끝나지 않고, 완벽한 의사결정이란 존재하기 어렵다. 변화하는 시간과 공간 속에서 나와 사회는 상호 간에 끊임없이 영향을 주고 받고 있기 때문이다.

진로결정에 대한 타당성 점검은, 첫째, 진로결정의 요인과 과정을 확인함으로써 선택한 대안을 지속할지 수정 · 변경할지 재검토하는 것, 둘째, 재검토 과정에서 걸림돌이 되는 요인을 고민하며 잠정적인 진로 결정을 재고하는 것을 말한다.

이 장은 직업 · 직무 · 학과를 결정한 학생들이 과목선택 전 단계에서 자신의 결정이 여러 가지의 진로대안을 충분히 비교 · 분석한 결과인가를 점검하는 데 유용하게 활용될 수 있다. 아직 진로결정 자체가 이루어지지 않은 학생들에게도 자신의 진로문제가 무엇인지를 파악하고, 그 문제를 해결하기 위해 어떤 과정과 도움이 필요한지를 찾는 데 도움이 될 수 있다. 마지막으로, 과목선택 이후 진로 및 선택과목 변경이 필요한 학생들과 학생의 진로 및 선택과목 변경의 이유를 파악하고 변경된 진로에 따라 학습경로가 조정될 수 있도록 탄력적으로 대응해야하는 교사 및 학부모에게도 유용하게 활용될 수 있다.

1. 진로결정 요인 점검

진로결정이란 진로목표를 달성하기 위해 여러 대안 중 가능성 있는 대안을 선택하는 것이다. 선택은 일회성으로 끝나지 않는다. 진로결정은 다양한 요인들이 상호작용하여 이루어지며, 많은 경우 계속적인 평가와 변화의 과정을 포함한다.

잠정적인 진로를 결정했다면, 이제 "이 선택이 어떤 면에서 잘된 결정인가?" 현재 결정한 대로 진행해도 앞으로 문제가 없는가?" "후회하지 않고 이 결정을 타당하게 여길 수 있는가?" "이 선택에 대해 향후 계획을 어떻게 수립할 것인가?" "이 계획이 얼마나 타당한가?" 등을 질문하며 최종 결정을 내리기 전 선택한 결정이 타당한지 점검하는 작업이 필요하다.

하지만 이런 질문은 쉽게 대답을 찾기 어렵다. 시간에 따라 나 자신도 그리고 나를 둘러싸고 있는 세상과 직업세계도 계속 변하기 때문이다. 불확실하고 복잡하게 변화하는 환경 속에서 진로결정에 확신을 갖는 방법은 '내 삶의 운전자'가 되는 것이다. 운전자는 현재 위치와 목적지와의 거리 차이, 도로 상황, 날씨, 운전 경력 등을 고려하여 속도를 높이고 줄이며 운전한다. 내 삶의 생애목표를 향해 운전하고자 한다면 나 자신의 과거와 현재의 삶에 영향을 끼쳐 온 진로결정 요인들과 나의 진로상태, 미래 목표를 이해하고 연결시킬 수 있어야 한다.

진로결정 요인은 개인의 진로발달 및 진로 의사결정에 영향을 미치는 요인으로 다음과 같다.

- 개인특성 요인: 성격, 흥미, 능력, 가치, 신념, 연령, 건강, 젠더, 장애, 성적 지향, 영적 신념, 직업세계에 대한 지식 등 나의 특징
- 상호작용 요인: 가족, 친구, 동료, 교사, 상담자, 미디어 등 나를 둘러싼 사람들과 매체가 주는 메시지
- 사회환경 요인: 지리적 위치, 고용시장의 현황 및 제도, 사회경제적 지위, 세계화, 역사적 추세, 정치적 결정 등 개인과 직접 상호작용하지는 않지만 개인에게 영향을 미치는 환경
- 시간변화 요인: 개인의 과거, 현재, 미래. 진로 의사결정에 영향을 주는 각각의 요인들은 모두 시간의 영향을 받으며, 동일한 요인이라 할지라도 어느 시기에 등장했는지에 따라 진로 의사결정에서의 가치와 영향은 변화함.
- 우연기회 요인: 개인이 접하는 예기치 않은 학업적 · 직업적 또는 삶의 기회. 언제 생길지 알 수 없고, 예고 없이 나타났다 사라지기도 함.

출처: Patton & McMahon (2014).

〈표 9-1〉의 체크리스트는 '진로결정에 영향을 주는 요인'을 중심으로 선택한 희망진로가 나의 상황에 맞는지 점검하는 방식이다. 잠정적으로 결정된 진로를 빠르고 효율적으로 점검할 때 유용하다. 점검 문항에서 'No'로 나온 것이 있다면 그 이유는 무엇인지 생각해 본다. 해당 항목은 의사결정 과정에서 미처 고려하지 못한 요인일 수도 있고, 자신에게 중요하지 않은 요인일 수도 있다. 체크리스트에 제시되지 않았지만 나에게 중요한 요인을 더 고려했을 수 있다. 개인에게 영향을 미치는 요인이 다르고, 같은 요인의 영향을 받아도 그 요인이 개인에게 미치는 영향력은 다르기 때문이다. 나의 진로결정에 영향을 미친 다양한 요인들을 통합적이고 구체적으로 이해하고 싶다면 다음에 소개될 활동을 참고해 본다.

〈표 9-1〉 진로결정 요인별 체크리스트

요인	질문	Yes	No
개인 특성	1. 자신의 진로흥미에 맞나요?	☐	☐
	2. 자신의 진로적성에 맞나요?	☐	☐
	3. 자신의 직업가치관과 신념에 맞나요?	☐	☐
	4. 자신의 역량(강점, 성격 등)을 발휘할 수 있나요?	☐	☐
	5. 자신의 신체적 특징과 건강이 충분히 고려되었나요?	☐	☐
상호 작용	1. 부모님과 충분히 이야기를 나누어 보았나요?	☐	☐
	2. 주변의 선생님, 친구들과도 이야기를 나누어 보았나요?	☐	☐
	3. 관련된 교내 · 교외 활동에 참여해 본 적이 있나요? (예: 동아리활동, 봉사활동, 독서, 진로직업체험 등)	☐	☐
	4. 진로장벽이 있다면 해결방안을 고민해 보았나요?	☐	☐
사회 환경	1. 희망 진로(분야)의 미래 전망을 충분히 고려하였나요?	☐	☐
	2. 직업 환경의 변화를 충분히 고려하였나요? (예: 산업구조 고도화, 녹색산업의 성장, 고령화 등)	☐	☐
	3. 직업 · 직무 · 학과를 모두 충분히 고려하였나요?	☐	☐
시간변화 및 우연	1. 우연적 기회를 이해하고 고려하였나요?	☐	☐
	2. 시간에 따라 개인과 환경이 변화할 수 있음을 고려하였나요?	☐	☐

나의 진로영향요인 체계(My System of Career Influences: MSCI)는 진로발달과 진로결정에 영향을 미친 요인들은 무엇이고, 그 요인들로부터 내가 받은 영향은 무엇인지 통합적으로 성찰할 수 있는 활동(McMahon, Patton & Watson, 2017a)이다. 질문에 답을 하다보면, 지금 현재 나의 삶에서 중요하게 생각하는 것과 더불어 내게 중요한 영향을 미치고 있는 요인들을 알게 된다. 요인을 발견하게 되면 현재 내가 고려하고 있는 진로결정의 의미는 무엇이고, 나는 내 삶에서 무엇을 추구하고 있는지, 앞으로 어떤 결정을 하고 싶은지, 그 선택의 근거는 무엇인지를 선명하게 확인할 수 있다.

결국 이 과정은 개인에게 진로를 포함한 삶 전체에서 내가 맡아 온 역할 경험을 통해 나에게 발달된 강점은 무엇인지 나에게 주어진 자원은 무엇이고 더욱 발달시키고 싶은 자원은 무엇인지를 확인함으로써 자신의 의사결정에 확신을 얻게 한다.

진로결정요인 점검하기 활동 1: 현재 나의 진로상황

- 결정을 앞두고 있는 진로는 무엇인가?

예: 고등학교 과목선택, 아르바이트, 대학선택, 학업계획 세우고 실행하기, 진로변경 등

- 지금까지 해 왔던 진로결정은 무엇인가?

예: 특성화고 진학, 현장실습, 공부를 위해 현악부 중단 등

- 진로를 결정할 때 이전에 적용했던 방법은 무엇인가?

예: 관련 사이트 정보조사, 미리 경험했던 선배에게 물어보기, 직업인 인터뷰 등

- 진로결정을 돕거나 조언해 준 사람은 누구인가?

- 지금까지의 진로관련 경험 중에서 가장 보람을 느끼는 부분과 가장 만족스럽지 않았던 부분은 무엇인가?

예: 공동의 유익을 추구, 스스로 선택하고 행동, 몇몇 사람의 말을 절대적이라고 믿음 등

진로결정요인 점검하기 활동 2: 개인특성 요인

- 현재의 나를 있게 한 나의 특성을 적어 보세요(다음 그림의 항목 참조).
- 다음 진로결정에 영향을 미칠 요인에 체크해 보세요.
- 목록에는 없지만 중요한 영향요인이 있다면 빈 동그라미를 추가하여 적어 보세요.
- 당신에게 정말 중요한 영향요인들에 ★해 보세요.

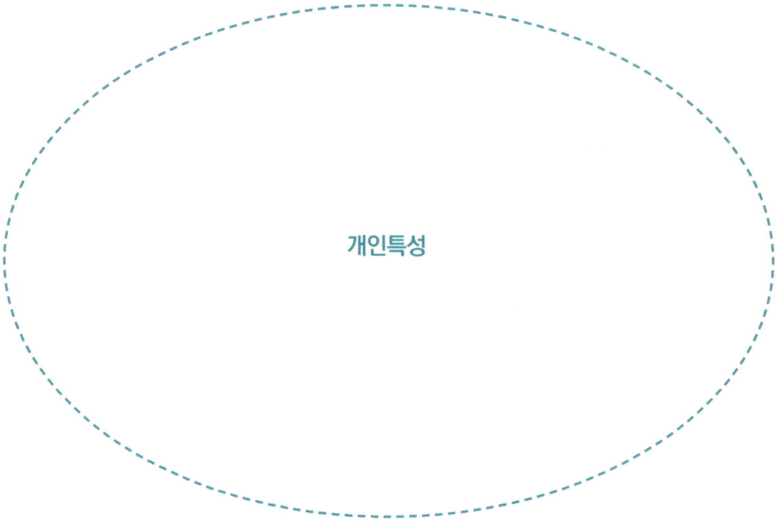

예시

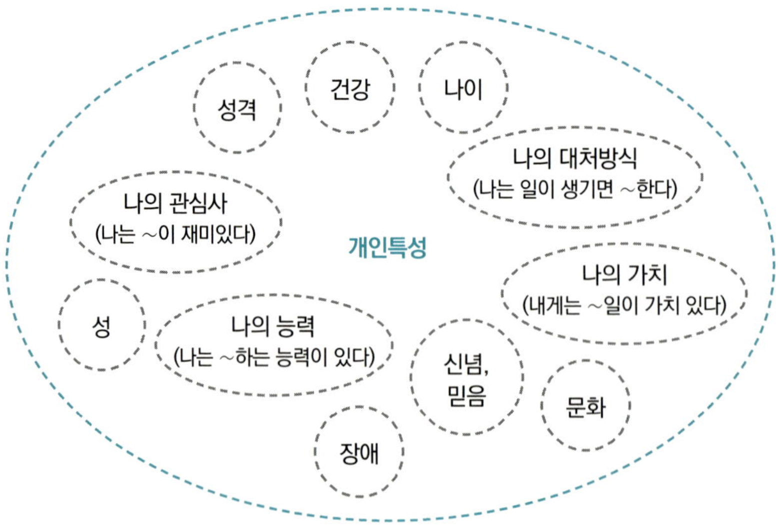

진로결정요인 점검하기 활동 3: 상호작용 요인

- 나의 진로결정에 영향을 미치는 사람들로부터 어떤 영향을 받고 있는지 적어 보세요(다음 그림의 항목 참조).
- 다음 진로결정에 영향을 미칠 요인에 체크해 보세요.
- 목록에는 없지만 중요한 영향요인이 있다면 빈 동그라미를 추가하여 적어 보세요.
- 당신에게 정말 중요한 영향요인들에 ★해 보세요.

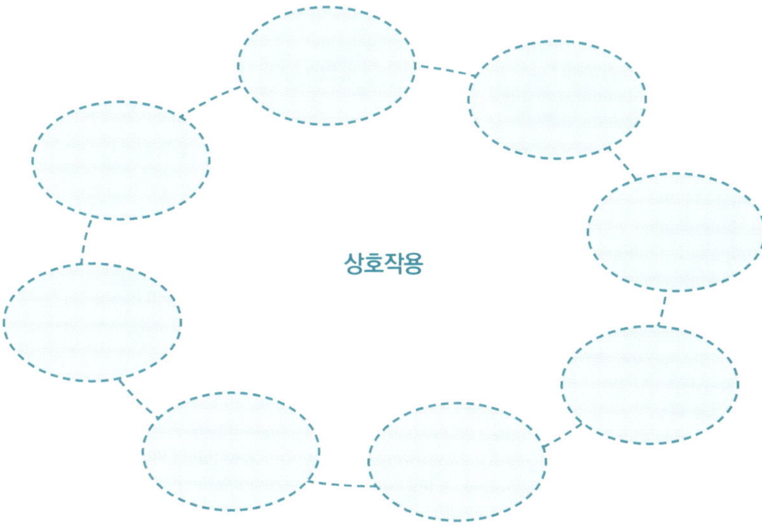

예시

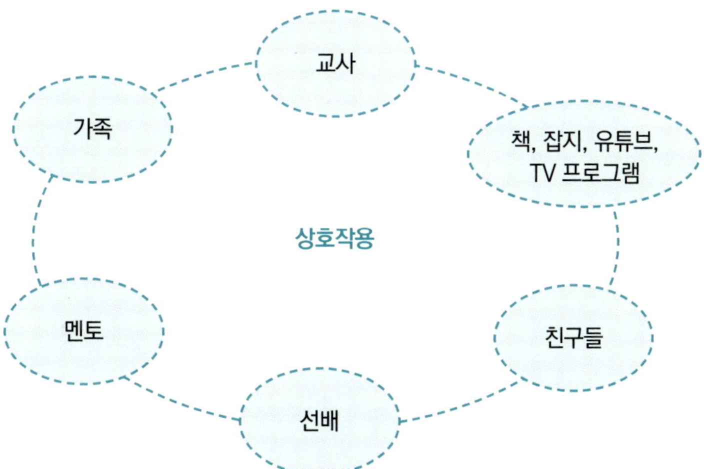

진로결정요인 점검하기 활동 4: 사회환경 요인

- 나의 진로결정에 영향을 미친 사회환경 요인을 적어 보세요(다음 그림의 항목 참조).
- 다음 진로결정에 영향을 미칠 요인에 체크해 보세요.
- 목록에는 없지만 중요한 영향요인이 있다면 빈 동그라미를 추가하여 적어 보세요.
- 당신에게 정말 중요한 영향요인들에 ★해 보세요.

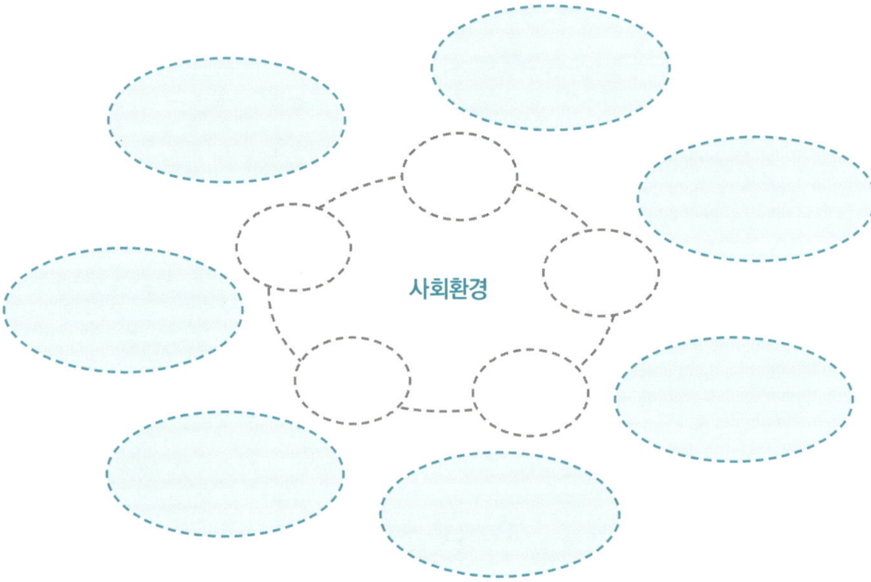

예시

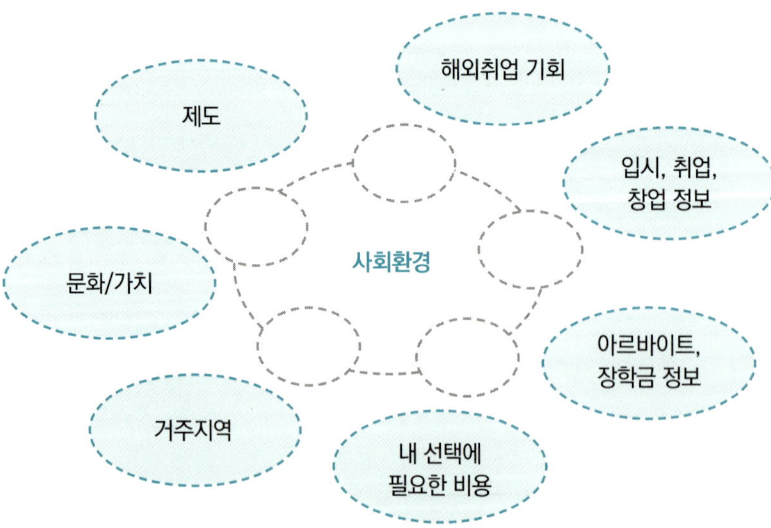

진로결정요인 점검하기 활동 5: 시간 변화와 우연 기회 요인

- 나의 진로에 영향을 미친 과거와 현재의 일들, 미래에 대한 관점이나 목표를 적어 보세요(다음 그림의 항목을 참조).
- 다음 진로결정에 영향을 미칠 요인에 체크해 보세요.
- 목록에는 없지만 중요한 영향요인이 있다면 빈 동그라미를 추가하여 적어 보세요.
- 당신에게 정말 중요한 영향요인들에 ★해 보세요.

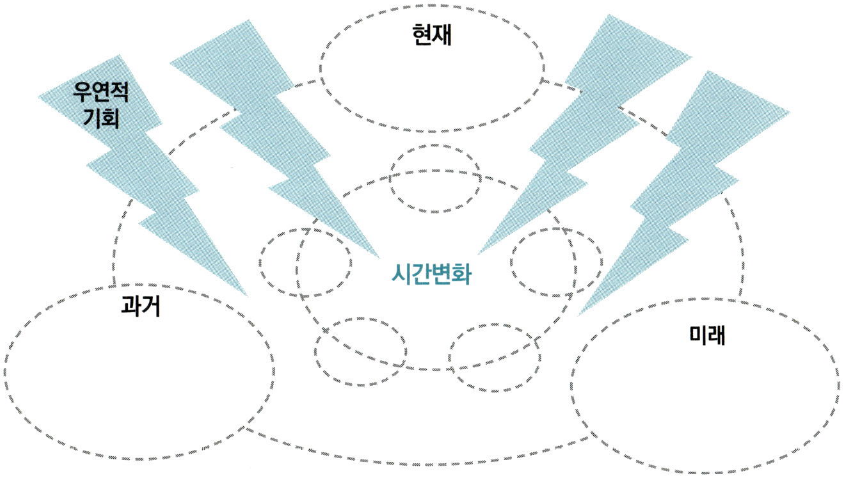

예시

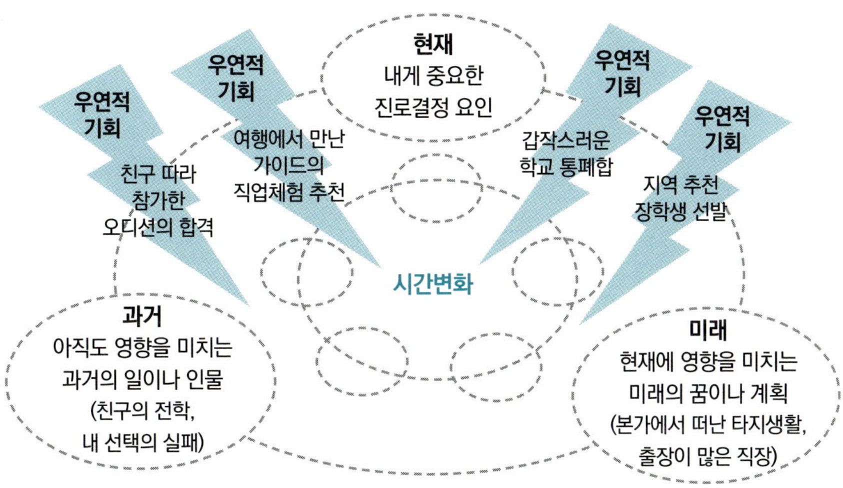

진로결정요인 점검하기 활동 6: 종합하기

- 활동 1~4를 살펴보고 인상 깊은 것들은 선택하여(또는 종합하여) 한 장에 표현해 보세요.
- 한 장에 표현된 '나의 진로영향요인 체계도'를 보면서 다음의 성찰질문에 답해 보세요.

[성찰질문]

- 당신에게 가장 중요한 영향요인은 무엇입니까?
- 가장 덜 중요한 영향요인은 무엇입니까?
- '나의 진로영향요인 체계도'에서 가장 놀라운 것은 무엇입니까?
- 이전에 알지 못했다가 새롭게 알게 된 것은 무엇입니까?
- (알고 있었지만) 이번 작업에서 확인된 것은 무엇입니까?
- 어떤 점이 변화되었으면 좋겠습니까?
- 어떤 점이 유지되었으면 좋겠습니까?
- 당신의 '진로영향요인 체계도'를 보면 어떤 느낌이 드나요?
- 당신에게 가장 가까운 영향요인 중에서, 가장 중요한 것은 무엇인가요? 그것의 중요성을 설명해 보세요.
- 이전의 진로결정에서 직면했던 것은 어떤 요인들입니까? 그것들이 당신에게 어떤 도움이 되었습니까? 그것들이 당신에게 도움이 되지 않는다면 어떻게 대응하면 좋을까요?

'나의 진로영향요인 체계도' 예시

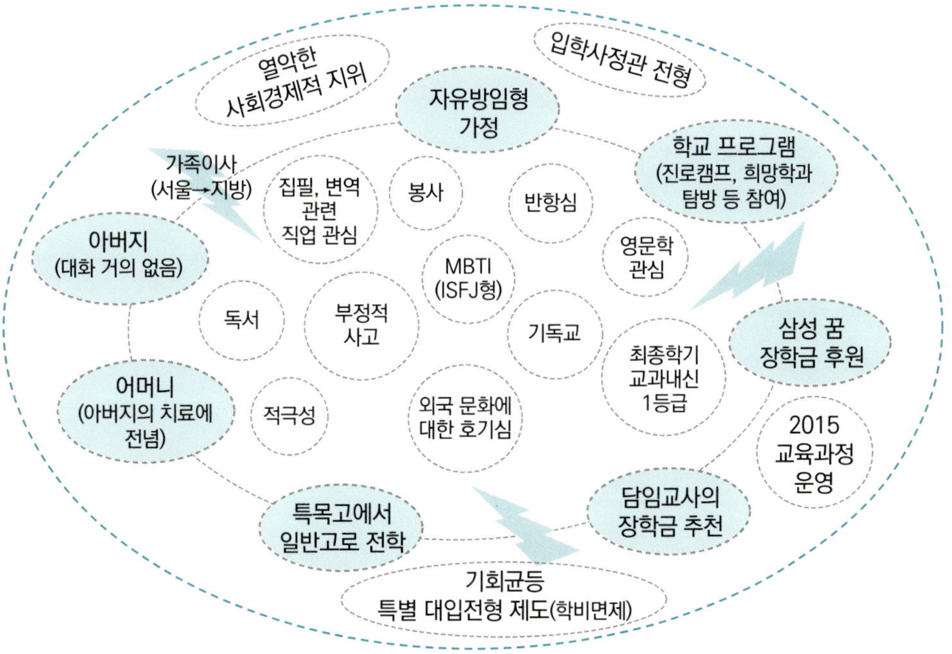

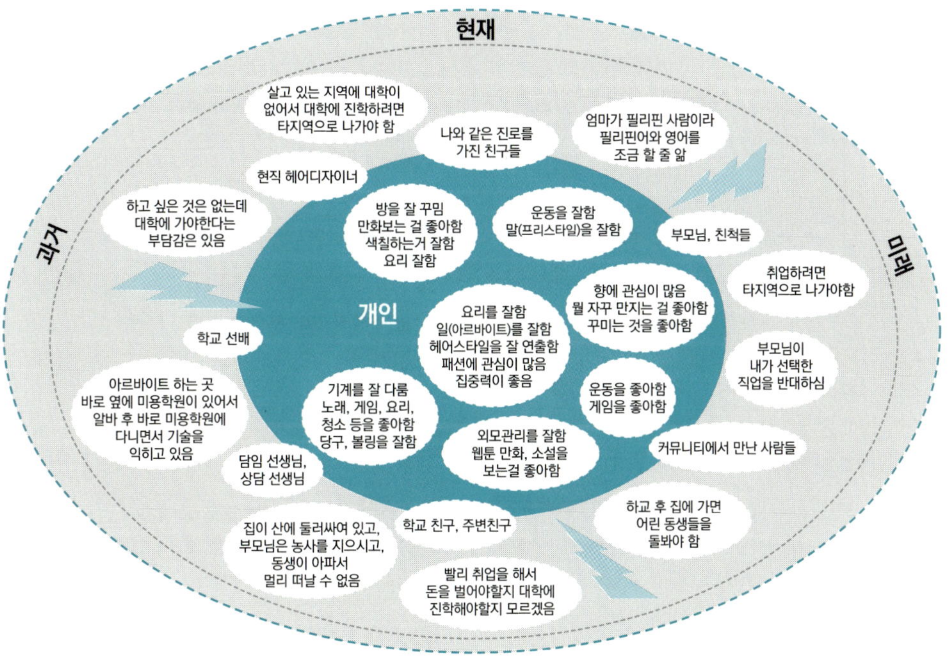

2. 진로결정 과정 점검

진로의사결정에는 단계가 있다. 여기에서 소개하는 진로결정 과정은 CASVE[Communications(의사소통), Analysis(분석), Synthesis(통합), Valuing(평가), Execution(실행)]로 알려졌고, 이것은 진로선택의 단계를 보여 줌과 동시에 의사결정의 방법도 된다.

[그림 9-1]은 진로의사결정의 5단계를 보여 준다. 각 단계는 미래의 직업을 생각하는 1단계, 나 자신이 좋아하는 분야 또는 잘하는 일과 직업에 대해 이해하는 2단계, 자신에게 맞는 전공이나 직업을 몇 가지 고르는 3단계, 전공, 직업, 직무 등을 평가하고 우선순위를 정하는 4단계, 자신이 선택한 전공 또는 직업 및 직무를 이루기 위해 계획을 세우고 실천하는 5단계로 구성된다. [그림 9-1]의 5단계 중 당신은 어디에 머물러 있는가?

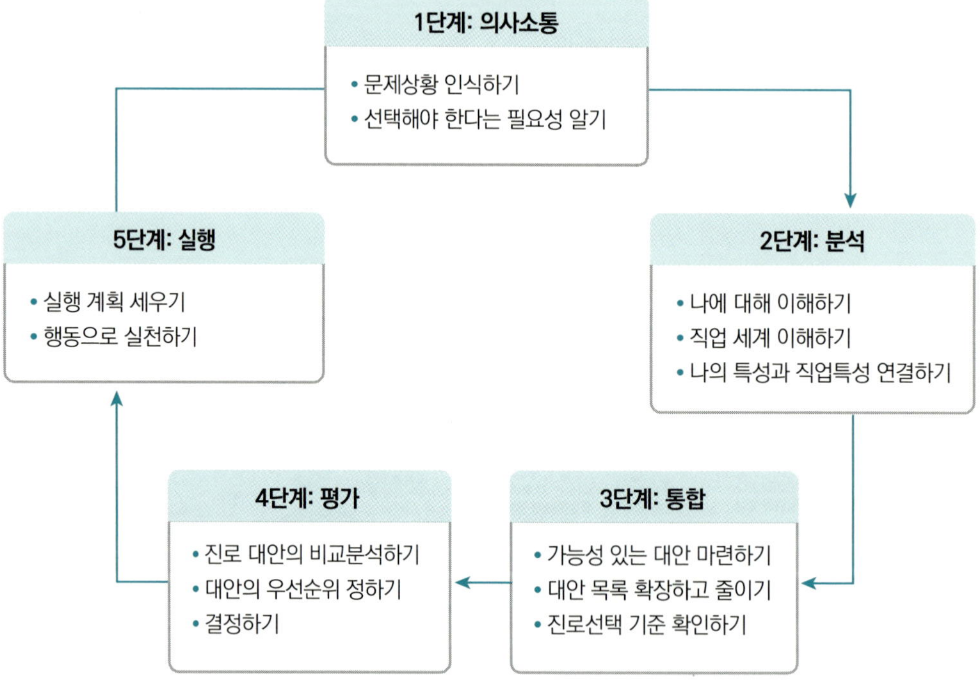

[그림 9-1] 진로의사결정 5단계

출처: Reardon, Lenz, Sampson, & Peterson (2000).

〈표 9-2〉 진로결정 과정별 체크리스트

	질문	Yes	No
진로 결정 과정	1. 결정한 진로를 실천하기 위한 계획이 현재 우선순위에 따라 마련되어 있나요?	□	□
	2. 결정한 진로를 실천하기 위해 진로·직업·학업 관련 활동을 시도하고 완료한 경험이 있나요?	□	□
	3. 잠정적인 진로대안을 나에게 중요한 가치를 토대로 평가하거나 장단점 등을 분석하는 과정이 있었나요?	□	□
	4. 정보수집 후 선택 목록을 확장하거나 제거하며 잠정적으로 직업·직무·학과를 선택해 보았나요?	□	□
	5. 과거, 현재, 미래를 연결하는 나만의 진로기준과 의사결정 패턴을 확인해 보았나요?	□	□
	6. 직업에 대한 이해의 폭을 넓혀서 가능한 관심 직업·직무·학과를 고루 탐색해 보았나요?	□	□
	7. 성격, 흥미, 능력, 가치, 역량 등 나에 대한 충분한 지식과 이해를 토대로 결정했나요?	□	□
	8. 나의 진로문제가 무엇인지 충분히 인식하고 이를 해결하고 싶은 마음이 있나요?	□	□

* 문항 1, 2번(실행단계) /문항 3번(평가단계) /문항 4, 5번(통합단계) /문항 6, 7번(분석단계)/ 문항 8번(의사소통단계)

〈표 9-2〉의 체크리스트는 나의 진로결정을 '과정' 중심으로 점검하는 방식이다. 체크리스트에 응답하면서 1단계에서 5단계 중 나는 어디에 머물러 있는지, 각 단계별 의사결정 기술을 향상시키기 위해 나에게 필요한 것이 있는지 확인해 본다. 각 단계별 의사결정 기술을 향상시키기 위한 방법은 다음과 같다.

1단계: 의사소통 의사소통 단계는 내가 꿈꾸는 이상적인 진로 상태와 현재 상태 사이의 괴리감을 알아차리는 것이다. 이러한 알아차림은 외적·내적 문제의 신호를 통해 우리에게 전달된다. 내적 신호는 전공 선택에 대한 불안감, 내 선택이 실패할 것에 대한 두려움, 의사결정을 미룸으로써 생기는 두통이나 스트레스성 위염 같은 신체적 반응이 포함된다. 외적 신호는 다음 학기까지 희망하는 과목을 선택하라는 학교의 선택과목 수요조사 통지서, 대학을 어디로 갈지 결정했는지, 또는 앞으로의 진로를 어떻게 생각하고 있는지 묻는 가족 및 교사의 질문, 고교학점제와 변화하는 입시제도에 대한 뉴스 기사 등이 포함된다. 개인에게 전달되는 내적 · 외적 신호들을 통해 '내가 선택을 해야 한다.'는 필요성을 알게 된다.

의사소통 단계에서 문제 상황을 인식하기 위해 도움이 되는 질문

- 내가 왜 이런 기분이 들까?
- 무언가 선택해야 한다는 부담감은 어디에서 오는 것인가?
- 문제해결을 위해 내가 반드시 해야 할 것은 무엇인가?
- 진로문제와 관련하여 나 자신과 내 상황에 대해 내가 놓치고 있는 것은 무엇인가?
- 나에게 의미 있는 사람들은 내 선택과 선택과정에 대해 어떻게 생각할까?

2단계: 분석 분석단계는 1단계에서 알게 된 괴리감을 만드는 모든 요인에 대해 가능한 모든 것을 이해하고 학습하는 것이다. 분석단계에서는 진로문제의 해결을 위해 이상적인 상태와 현재 상태의 차이에 대해서 계속적으로 생각해야 한다. 이를 위해 구체적으로 나 자신에 대한 탐색, 직업세계에 대한 탐색, 나의 선택에 대한 이해를 구체화한다. 나의 선택에 대한 이해란 내가 평소에 중요한 결정을 어떻게 생각하고 판단하는지를 아는 것, 의사결정을 할 때 '진로는 한 번 결정하면 절대 바꿀 수 없다.'와 같은 생각의 오류는 없는지 등을 점검하는 것이다.

〈표 9-3〉 분석 역량 향상하기

- 나를 잘 알고 있는지 확인하기 위해 자신의 가치, 흥미(관심사), 적성을 목록화한다.

흥미	적성	성격	선호하는 직업가치	
			□ 안정성	□ 보수
			□ 영향력	□ 즐거움
			□ 성취	□ 소속감
			□ 자율성	□ 도전성
			□ 일과 삶의 균형	□ 자기계발
			□ 사회적 기여	□ 사회적 인정

- 관심직업에 대한 정보가 공신력 있는 정보인지, 정보와 정보 간에 불일치는 없는지, 편협한 정보가 아닌지 등을 확인한다.
- 평소 의사결정을 할 때 자신의 사고와 감정이 어떤 영향을 미치는지 점검해 본다.
- 지금까지 해 왔던 자신의 의사결정이 어떻게 이루어졌는지 생각해 본다.

3단계: 통합 통합단계는 '확장'과 '좁히기'의 2가지 활동으로 구성된다. 먼저, 확장은 진로문제를 해결하기 위해 가능한 모든 해결책을 다양하게 생각하며 선택 목록을 확대해 나가는 것이다. 현실적인 제약은 좁히기에서 다룰 것이기에 확장에서는 가능한 한 많은 해결책을 생각하는 것이 핵심이다. 다음으로, 좁히기는 확장된 대안을 3~5개 정도의 작은 수로 대안을 축소하는 것이다. 예를 들어, 직업가치, 흥미, 적성을 고려한 관심직업 또는 관심학과를 최대한 목록화하는 것은 확장이다. 이 목록 중에서 A와 B 대안에는 사람들과 만나서 진행하는 직무가 많다. 사람들을 직접 만나서 일하는 것이 나에게는 중요한 선택기준이다. 나에게 '보수'라는 직업가치가 중요한데, C 계열의 직업은 보수가 매우 낮은 편이므로, 나의 진로대안에서 C 계열에 대한 선호도는 낮아졌고 제외한다. 이런 식으로 직업선택에서 나에게 중요한 기준, 재정문제, 능력 등을 고려하여 현재 시점에서 가능한 것 3개만 남기는 것은 좁히기다. 이때 나에게 중요한 기준과 관련 있는 구체적인 진로정보는 적절하지 않은 대안들을 제거하는 데 유용하게 활용될 수 있다.

좁히기에서는 자연스럽게 어떤 기준으로 대안들을 좁히면 만족스러운 결정이 될 것인가를 고민하게 되고, 자신에게 중요한 평가 기준을 확인하게 된다. 어떤 기준으로 대안을 비교할 것인지, 그 기준 중 가장 중요한 기준은 무엇인지를 확인하는 것은 중요하다. 통합단계에서 찾은 기준은 4단계의 관심진로와 직업을 평가하고 우선순위를 정해 의사결정을 하는 근거가 된다.

통합 역량을 향상시키는 브레인스토밍

브레인스토밍을 활용하여 최소한의 요구사항을 충족하는 가능한 모든 관심 직업 또는 진로대안 목록을 만드는 것이 중요하다.

- 확장 목록 중 공통된 특성을 가진 대안들을 그룹화하고 그룹화 기준을 확인하기
- 추가적인 진로정보를 얻기 위해 활용 가능한 나만의 자원(예: 취업에 성공한 선배, 멘토, 취업박람회, 교육과정박람회 등)은 무엇인지 확인하기
- 자원을 활용하기 위해 나는 무엇을 해야 하는지 확인하기

4단계: 평가 평가단계는 남겨진 진로대안을 비교·분석하며 재점검하고 대안의 우선순위를 정해 결정을 내리는 것이다. 잠정적인 대안의 순서대로 직업적 선택지나 다른 선택지를 하나씩 평가한다. 이미 3단계에서 충분히 개인에게 중요한 선택기준을 확인했지만 이

단계에서는 남겨진 진로대안을 두고 일자리 전망이나 진입 가능성, 기회비용 등을 더 고려하기도 한다.

"지금 나에게 최선의 선택은 무엇인가?" "이 선택이 나의 미래 삶과 내가 아끼는 사람들에게 어떤 영향을 줄 것인가?" "내가 속한 공동체에는 어떤 영향을 미칠 것인가?" "결정에 아쉬움이 있다면 무엇 때문일까?" 등의 질문을 스스로에게 던져 보는 것은 최종적인 선택을 하는 데 도움이 된다.

평가단계의 기술을 향상시키기 위한 방법으로는 3단계에서 축소된 대안들에 대해 비교 · 분석이 용이하도록 직업체크리스트 혹은 대차대조표 활용하기가 있다. 평가 역량을 향상시키는 데 도움이 되는 활동을 다음에 제시하였다.

평가 역량 향상시키기

① 비교하고 싶은 희망직업(학과) 3개 작성하기
② 직업(학과)선택과 관련하여 나에게 중요한 기준을 정하고 작성하기
③ 판단기준별 내가 생각하는 중요도에 따라 가중치(배점) 매기기
④ 희망직업(학과) 1, 2, 3에 대한 판단기준별 점수 기재 및 각각의 점수 합산하기
⑤ 다음의 질문에 답하면서 최종 의사결정하기

직업(학과)선택과 관련한 나의 판단기준	가중치(배점) 100점 만점	현재 내가 고려하는 직업군		
		희망직업 1 (희망학과 1)	희망직업 2 (희망학과 2)	희망직업 3 (희망학과 3)
재미와 흥미				
능력(성적)				
보수				
고용 안정성				
일과 삶의 균형				
기타 기준 (예: 집과의 거리)				
총합	100			

- 가장 총합이 높은 직업은 무엇인가?
- 비교 후 후순위로 밀려난 대안에 대해 아쉬운가? 아쉬움이 있다면 무엇 때문인가?
- 추가해서 비교해 보고 싶은 직업이 있는가? 그 이유는 무엇인가?
- 관심직업의 판단기준에서 가장 높은 가중치를 둔 기준(비교항목)은 무엇인가? 왜 그것이 가장 중요한가?

5단계: 실행 실행단계는 크게 계획하기, 시도하기, 적용해 보기의 3가지의 활동으로 구성된다. 먼저, 계획하기는 선택을 실행하기 위한 계획이나 전략을 수립하는 것으로, 목표달성을 위해 언제 어디에서 어떻게 이룰 것인지 서면으로 계획표를 작성한다. 3년간 나만의 교육과정 및 로드맵 작성하기도 계획하기의 대표적인 예이다. 다음으로, 시도하기에는 자원봉사를 하거나, 동아리 및 진로활동 체험하기, 아르바이트, 특정 과정 훈련 등이 포함된다. 끝으로, 적용해 보기는 이력서 및 자기소개서 제출, 계획과 목표를 달성하기 위해 지금 바로 실행에 옮기는 모든 절차가 포함된다.

계획을 미루지 않고 꾸준히 행동으로 실천하는 데 유용한 방법 중 하나는 진로 목표를 작고 구체적인 단계로 나누는 것이다. 실행 역량을 향상시키는 데 도움이 되는 활동을 다음에 제시하였다.

실행 역량 향상시키기

① 이름과 날짜, 결정한 목표 작성하기
② 목표에 도달하는 데 도움이 된다고 생각되는 구체적인 행동목록 나열하기
③ 각 활동을 달성하는데 도움이 될 수 있는 구체적인 사람과 정보, 자원 작성하기
④ 적은 활동을 검토하며 활동의 우선순위 정하기
⑤ 활동을 완수할 수 있다고 예상되는 날짜 기록하기
⑥ 활동을 완료했을 경우 체크하며 계획 진전도 확인하기

이름		작성일자		
나의 진로 목표				
목표에 도달하는 데 도움이 되는 활동	필요한 사람 · 정보 · 자원	활동 순서	완수 일자	완료 여부
예: 취업에 필요한 자격증 확인				
예: 분야의 전문가 인터뷰				
예: 교외에서 진행하는 진로 · 직업 체험				
예: 체험프로그램 검색하기				
예: 입시전형 확인하기				

실행 역량 향상시키기

① 꿈/목표: 1~30년 후 희망 진로상태, 혹은 궁극적으로 추구하는 꿈이나 목표 등 자유롭게 작성하기
② 장기계획: 자신이 원하는 수대로 나누어 작성하기
③ 단기계획: 장기계획 각각에 대해 원하는 수대로 나누어 작성하기
④ 실행계획: 단기계획 각각에 대해 원하는 수대로 나누어 작성하기
⑤ 실행계획에 대한 세부 실천계획 작성: 출석을 잘하기 위해, 아침밥을 잘 먹기 위해 당장 생활에서 무엇부터 실천할지에 대해 구체적으로 기록하기
⑥ 실천약속 문장 작성하고 선언하기

나의 꿈 PIE(Purpose, Idea, Effort)	
꿈/목표	
장기계획	예: 학업, 건강, 관계 등
단기계획	예: 학업-성적관리, 독서 등/ 건강-식사, 운동 등
실행계획	예: 성적-출석, 과제 등/식사-비타민, 아침밥 등

실천약속 선언하기

- 나는 내 삶의 운전자입니다.
- 내 삶의 지향점(목표)는 ______________________ 입니다.
  (또는 나는 ______________________가 되기를 희망합니다.)
  (삶의가치) + (직업/진로/직무)
- 그러기 위해 장기적으로 ______________________ 계획을,
  단기적으로 ______________________ 계획을 세웠습니다.
- 그래서 오늘부터 당장 나는 ______________________을 실천할 것입니다.

3. 진로장벽의 이해와 극복

예시 지성과 수빈의 사례

지성: 선생님, 저는 어렸을 때부터 공을 가지고 노는 것을 좋아했어요. 그래서 축구선수가 되고 싶지만, 우리 지역에는 축구선수를 전문적으로 육성하는 학교가 없고, 정보를 찾기가 어려워요. 너무 속상한데 저는 제 꿈을 포기해야 할까요?

수빈: 저는 그림을 그릴 때가 참 행복해요. 주변에서 그림을 잘 그린다는 소리도 많이 들었어요. 그런데 부모님께서는 화가로 성공하기 어렵고, 학원비도 비싸다고 미술은 절대로 안 된대요. 그냥 안정적인 공무원이 되라고 하세요.

진로장벽이란 이 예시는 청소년들이 전형적으로 호소하는 진로장벽들이다. 진로장벽이란 직업 혹은 진로계획에 있어 목표 실현을 방해하거나 가로막는 내적 · 외적 요인을 의미한다. 즉, 취업, 진학, 직업전환 등을 행하는 과정에서 진로선택, 목표 혹은 동기에 영향을 미치거나 행동을 방해하는 것으로 개인을 둘러싼 부정적인 사건을 말한다(손은령, 2001). 쉽게 말하면, 진로장벽이란 진로 문제와 관련하여 목표를 선택하고 그것을 달성해 나가는 과정에서 만나게 되는 모든 걸림돌을 의미한다. 학생들이 자신의 진로를 찾는 과정은 너무 어렵고 힘든 일이다. 그렇게 어렵고 힘들게 찾은 진로를 드디어 이루어 나가려고 할 때 진로장벽이 발생한다면 당사자가 느끼는 고통의 정도도 다른 문제에 비해 훨씬 크고 그것을 극복하는 구체적인 방법을 제시하기도 매우 어렵다.

진로장벽의 유형 진로장벽의 유형으로는 부모와의 의견 차이, 자신에 대한 이해 부족, 결정에 대한 불안, 경제적 여건, 직업에 대한 정보부족, 낮은 성적, 직업 선택에 대한 동기 부족 등이 있다. 진로장벽은 진로선택이나 진로결정 과정에서 개인 내적 장벽과 개인이 속한 사회적 제약이나 환경의 영향을 받는 외적 장벽으로 구성된다. 내적 장벽만을 강조할 경우 인간이 받는 사회적 영향력을 중요하게 여기지 않고, 자유롭게 진로결정을 할 수 있다는 왜곡된 해석을 유도할 수 있다. 이에 진로장벽은 개인의 내적 요인뿐만 아니라 개인이 속한 사회문화적 맥락이나 환경적 요인이 진로선택이나 진로결정 행동에 미치는 영향이 크다.

진로장벽 지도 방법에서 가장 중요한 점은 교사나 상담자가 청소년들이 겪는 물리적인 진로장벽을 사라지게 또는 낮춰 줄 수는 없기 때문에 눈으로 보이는 진로장벽에 초점을 맞추기보다는 진로장벽에 대한 생각 또는 인식을 바꿔 주어야 한다는 것이다. 즉, 청소년들의 진로장벽 극복을 조력하기 위해서는 청소년들의 개인적 특성과 함께 자신 및 외부 환경에 대한 인지 과정이 현실적이고 합리적인지를 여러 도구를 통해 평가해야 한다는 것이다. 더 나아가, 진로와 관련된 잘못된 정보처리, 인지 왜곡, 역기능적인 비합리적 신념 등으로 인한 지각된 진로장벽에 대하여 무력감을 느끼는 학생에게 인지 재구조화를 통하여 장벽요인들에 대한 시각을 수정함으로써 진로장벽을 극복할 수 있도록 도와야 한다.

진로장벽 문제요인 극복을 위한 대처방안

▪ 누구에게나 진로장벽은 있다

우리가 진로장벽을 겪을 때 가장 먼저 느끼는 마음은 '왜 나만 이런 상황을 겪을까?'라는 점에서 오는 억울함이다. 또한 우리는 성공하기 위해서는 목표를 향해 나아가는 과정에서 걸림돌 없이 탄탄대로를 달려야 한다고 생각하기 때문에 장벽을 인식했을 때 성공하지 못할지도 모른다는 불안감이 올라온다. 이러한 잘못된 생각을 바로잡기 위해서는 자신만이 아니라 대부분의 사람이 진로장벽을 겪고 있으며, 성공한 사람조차도 꿈을 이루는 과정에서 작고 큰 진로장벽을 겪었음을 알아야 한다. 예를 들어, 방송인 유재석 씨는 만 18세의 나이로 우리나라 개그맨 최연소 공채 개그맨으로 데뷔했지만, 무대에서 실수를 한 뒤로 울렁증이 생겨 10여년 간 긴 무명생활을 한 끝에 〈무한도전〉 프로그램이 흥행하면서 우리나라 최고의 진행자가 되었다.

▪ 진로장벽을 긍정적으로 인식하라

진로장벽을 극복하기 위해서는 객관적인 상태보다 주관적 인식이 더 중요하다는 점을 강조하는 것이다. 진로장벽의 객관적인 조건이나 상태도 중요하지만 진로장벽에 대한 개인의 인식이 중요한 문제라는 것이다. 즉, 진로장벽의 객관적인 심각성보다는 개인이 얼마나 심각하게 지각하느냐가 더 중요하며, 진로장벽을 부정적인 것이 아니라 긍정적으로 인식하고 이것을 극복 과정에 활용한다면 진로장벽은 걸림돌이 아니라 오히려 디딤돌이 될 수도 있다. 예를 들어, 대한민국 남자 쇼트트랙의 곽윤기 선수는 키가 164cm로 매우 작은 편이었고, 그래서 경기 시 몸싸움에 굉장히 약한 편이었다. 또한 다리가 짧아 피치가 작고 몸무

게가 가벼워서 빠른 속도로 코너를 돌 때 원심력이 기존 선수들보다 약하다는 단점들이 있었다. 그러나 곽윤기 선수는 쇼트트랙 선수로서 이러한 단점을 장점으로 승화시켜 작은 체격 조건을 적극 활용한 스케이팅을 하였으며, 통산 2개의 올림픽 메달을 따낸 메달리스트로 활약하였다.

지지자원을 확보하라

자신이 진짜 원하는 진로를 결정했다면 자신의 진로를 지지해 주고 조력해 주는 지지자원을 확보하는 것은 매우 중요하다. 자신이 선택한 진로를 부모, 교사, 친구 등 주변 사람들이 모두 반대한다면 그들이 왜 반대하는지 생각해 보고 자신이 정말 그 진로를 선택하는 게 맞는지 고민해 보아야 한다. 그래도 그 진로를 꼭 도전해 보고 싶다면 주변 지인들을 설득할 수 있어야 하며, 그 설득이 통해 주변 사람들에게 인정받는다면 그 진로는 자신과 주변 사람들이 인정한 진로로서 지지를 받으며 이루어 나갈 수 있을 것이다.

예를 들어, 프로게이머 페이커(이상혁)는 기초생활수급자 가정에서 자랐으며 중학생 시절에는 공부도 꽤 잘하는 학생이었다. 그러나 고등학교 진학 후 게임에 전념하기 위해 학업을 중단하였다. 위험부담이 컸던 도전이었지만, 교사, 가족의 전폭적인 지지를 받아 가능한 도전이었다. 고등학교 시절 그의 재능을 알아본 교사의 제안으로 학업을 중단하고 프로게이머의 길을 걷기 시작했다. 아버지는 넉넉하지 않은 사정에도 아들이 또래 아이들보다 일찍 컴퓨터를 접할 수 있는 환경을 마련해 주었고, 할머니는 지금도 직접 게임을 하며 손자에게 조언까지 해 주는 열성팬으로 알려져 있다. 이는 페이커가 올바른 가치관을 형성하는 데 큰 몫을 차지하였으며 지금도 최고의 자리에 오르기 위해 끊임없이 노력하는 선수로서 정상의 자리를 놓치지 않을 수 있는 계기가 되었다.

진로장벽 측정방법 다음의 체크리스트에서 자신에게 해당하는 항목에 체크해 보자. 그 다음, 체크한 개수에 따라 자신의 진로장벽 순위를 매겨 보자.

〈표 9-4〉 진로장벽 측정 체크리스트

영역	문항 내용	체크	순위
자신감 부족 (학업 및 성적 문제)	나는 무엇을 하든 자신감이 부족하다.	□	
	나는 끈기가 부족해서 내가 이루고 싶은 꿈을 이루기 어려울 것이다.	□	
	나는 수학을 못해서 내가 원하는 직업을 가질 수 없을 것이다.	□	
	TV와 컴퓨터 등 주위 유혹을 이기지 못해서 미래가 걱정된다.	□	
	나는 컴퓨터를 못해서 원하는 직업을 갖기 어려울 것이다.	□	
	나는 힘든 일이 생기면 해결할 수 없을 것이다.	□	
	나는 잠이 많아서 성공하지 못할 것 같다.	□	
	내가 대학교에 가서도 공부를 잘할 수 있을지 걱정이다.	□	
	내가 원하는 직업을 가질 만큼 실력이 안 된다.	□	
	나는 공부 방법을 몰라서 실력 발휘를 못 할 것이다.	□	
	나는 몸이 약해서 내가 원하는 직업을 갖기 어려울 것이다.	□	
중요한 타인과의 갈등	나는 이성친구가 내가 선택한 직업을 좋아하지 않을까 봐 걱정이 된다.	□	
	내 직업선택은 부모님의 반대나 참견으로 인해 영향을 많이 받을 것이다.	□	
	부모님이나 집안의 기대 때문에 내가 하고 싶은 일을 하지 못할 것이다.	□	
	부모님이나 주변 사람들이 나에게 거는 기대가 너무 높아서 부담스럽다.	□	
	내가 선택한 직업을 친구들이 좋지 않게 얘기하면 그 직업이 싫어진다.	□	
	우리 선생님(학교, 학원, 과외)이 내가 원하는 직업이 나와 맞지 않다고 하면 포기할 것이다.	□	
미래에 대한 불확실성	나중에 내가 직업이 없는 사람이 될까 봐 두렵다.	□	
	나는 앞으로 내가 원하는 직업을 찾지 못할까 봐 불안하다.	□	
	내가 원하는 직업은 인기가 많아서 불안하다.	□	
	내가 선택한 직업이 앞으로 인기가 떨어질까 봐 걱정이다.	□	
경제적 어려움	우리 집에 돈이 없어서 돈을 많이 벌 수 있는 직업을 선택해야만 한다.	□	
	가정형편이 좋지 않아서 원하는 직업을 갖기 어려울 것이다.	□	
	내가 원하는 직업(전공)을 갖기 위해서는 돈이 많이 들어 고민이 된다.	□	
	대학을 생각하면 돈 걱정이 앞선다.	□	
	원하는 학원(과외)에 다닐 형편이 안 돼서 꿈을 이룰 수 없을 것이다.	□	

진로장벽 극복을 위한 활동: 〈엘리멘탈〉 앰버의 이야기

앰버의 고민

부모님이 평생 일군 가게를 잘 물려받는 것만이 자신의 꿈이라고 생각했던 주인공 앰버. 그녀는 전혀 다른 환경에서 자란 웨이드를 만나 새로운 경험을 통해 몰랐던 자신의 재능을 알게 되고, 새로운 꿈이 생겨나게 된다. 하지만 부모님의 기대를 쉽게 저버릴 수 없던 앰버는 자신의 생각을 부모님께 솔직하게 털어놓지 못한다. 이렇듯 이 영화는 부모님의 기대에 부응해야 한다는 자신만의 원칙과 원소끼리는 섞이면 안 된다는 세상의 원칙을 깨고 웨이드와 함께 자신의 행복한 삶을 꾸리기 위해 한 걸음씩 성장하는 주인공의 모습을 그리고 있다. 시행착오 끝 앰버의 최종 선택과 그 결말을 통해 앰버에게 진로 장벽은 부모님이 아니라 그 길만이 부모님의 기대를 부응할 수 있는 유일한 방법이라고 믿는 자신의 생각이 자신을 나아가지 못하게 했던 장벽이었다는 것을 깨닫게 해 준다.

- 앰버가 겪은 장애물은 무엇이며 어떻게 극복하였는가?
- 앰버의 사례를 통해 느낀 점을 적어 보고 다른 사례를 찾아보자.
- 현재 내가 겪고 있는 갈등 상황이나 고민하는 문제를 자유롭게 떠올려 보자.
- 앰버의 고민 중 나의 미래와 관련된 문제가 있다면 해당하는 곳에 밑줄을 그어 보자.
- 혹시 나의 미래와 관련된 문제를 해결하려 노력하는 중에 느꼈던 어려움이나 고민이 있었는지 생각해 보자.

제10장

진로학업설계지도

진로학업설계지도는 자신이 희망하는 진로를 기반으로 학업계획을 수립하고 이와 연계한 교육과정을 이수하도록 지원하는 것이다. 이 장은 진로결정에 따라 장단기 진로계획과 학습계획을 세우고 실천하고자 할 때 유용하다.

자신에 대한 충분한 이해, 희망진로와 관련된 탐색 및 체험을 토대로 의사결정의 재점검까지 완료되었다면 이제는 자신의 진로와 연계한 과목을 능동적으로 선택할 차례이다. 혹시라도 아직 진로선택을 하지 않았거나, 자신의 진로결정에 망설임이 있다면 진로학업설계는 잠시 보류하고 이 책의 제9장 '진로결정 학생의 진로지도'를 참고하여 현재의 진로결정을 재점검 해 보길 추천한다. 진로가 결정된 학생의 진로학업설계지도는 희망대학의 전공 교육과정을 탐색한 후 과목을 선택하는 절차로 진행된다. 과목선택을 위해서는 '희망대학 전공 교육과정 탐색'이 필수적이며, 그 이후 고등학교 과목선택을 권장한다.

이 장에서는 진로학업설계지도 절차에 따라 희망대학 전공 교육과정 탐색 내용과 방법, 고등학교 과목선택을 위한 학교 교육과정 이해 및 과목 선택 방법에 대해 실제적인 도움을 받을 수 있도록 예시와 함께 제시한다.

1. 희망대학 전공 교육과정 탐색

전공 교육과정 탐색은 희망하는 대학의 학과를 진학하였을 때 이수하게 될 전공과목을 확인하는 것이다. 이 장에서는 단순히 전공과목을 확인하는 것 외에 탐색 과정에서 필수적으로 확인해야 하는 몇 가지 내용을 추가해서 살펴본다. 즉, 희망대학 전공 교육과정 탐색이란, 첫째, 입학하고 싶은 대학에서 배우게 될 전공과목 확인과 희망하는 학과(전공)에서 고등학생에게 권장하는 교과목 확인하기, 둘째, 진학을 희망하는 대학의 입시전형과 수능 필수과목 확인하기를 뜻한다.

이쯤 되면 탐색하고 확인해야 할 것이 너무 많다고 여겨질 수도 있다. 하지만 이 과정은 단순히 다양한 과목 중에서 자신이 배울 과목을 스스로 선택하기 위한 것이 아니라 나 자신이 생애 전반에 걸쳐 삶을 설계하고 관리할 수 있는 역량을 키우는 과정이라는 것을 기억해야 한다.

희망대학 전공 교육과정 및 고등학생 권장과목 확인하기 고등학교에서 이수할 과목을 선택하기 전 진학을 희망하는 대학의 전공 교육과정과 고등학교에서 자신이 선택하고자 하는 과목의 관련성을 확인하는 것은 중요하다. 대학의 전공 선택과 고등학교 선택과목은 다음과 같이 밀접하게 연관되어 있기 때문이다.

첫째, 자연계열 학문의 경우 학문의 특성상 학습에 위계(단계)가 존재한다. 대학 전공수업에서 다뤄지는 내용들은 고등학교에서 배우는 과목들에 대한 이해를 바탕으로 하기 때문에 고등학교 때부터 위계(단계)에 따라 충실히 배워야 할 과목을 이수하는 것이 중요하다.

둘째, 동일한 모집단위지만 대학입학 후 희망하는 진로 방향에 따라 여러 가지 세부전공(트랙)으로 구분되어 학습하는 경우가 있다. 예를 들어, D대학의 문화재학과 홈페이지에는 '불교와 관련된 각종 동산·부동산·무형의 자원을 조사·연구, 전시, 교육, 보존 관리할 수 있는 전문 지식인의 양성'을 목표로 하고 있다(2024년 7월 기준). 고고학 외에 보존과학도

경영학과	경영학과
유사학과비교 (경영/경제)	학과 인재상 및 갖추어야 할 자질 비교 경영: 발표, 리더십 강조 경제: 논리성, 분석 능력 강조
대학전공과목	경영학, 경제학, 경영통계, 회계원리, 마케팅, 조직행동 등
고교관련과목	경제, 정치와 법, 사회문화, 심리학, 논술, 수학 I, 수학 II, 마케팅, 조직행동 등
선택과목 탐색	과목특성, 내용체계, 과목 관련 정보 (수능 연계 여부, 관련학과, 관련 직업, 기타 정보)

[그림 10-1] 경영학과 선택 학생의 대학 전공, 고교관련 과목, 선택과목 탐색 예시

출처: 서울특별시교육청 교육연구정보원(2023).

포함하고 있어 보존과학개론, 문화재재료연구 등에 필요한 물리학, 화학의 이수가 필요하다. 물론 학생의 희망 진로분야에 따라 과학 교과목의 이수정도가 달라질 수 있다. S대 수리통계데이터사이언스학부는 수리, 통계학을 바탕으로 하는 모집단위이지만(2024년 7월 기준), 입학 후 순수수학 트랙 외에도 지능형 금융서비스 트랙, 사회조사 분석가 컨설턴트 트랙, 데이터사이언스 분석전문가 트랙 등 다양한 학업 경로가 존재하므로 희망 진로 분야에 따라 수학교과 외에 사회교과, 정보교과 등의 이수가 필요한 경우도 있다.

대학에 따라 반영 정도는 다르지만, 일부 대학에서는 고등학생에게 전공에 따른 교과 이수 권장 과목을 제시하고 있다. 해당 전공을 공부하기 위해 고등학교 교육과정에서 배우길 추천하는 과목들이며, 이 중에서 '핵심 권장과목'은 필수적으로 이수하도록 권하고 있다.

물론 각 대학에서 권장하는 교과목을 이수하지 않았다고 희망대학의 학과를 지원하지 못하는 것은 아니다. 그렇지만 대학 입시에서 서류를 평가할 때 전공(계열 · 학과)과 관련된 과목을 적절하게 선택하고, 선택한 과목을 이수하기 위해 어떤 노력을 하였는지 등을 의미있게 검토할 수 있으므로 권장과목을 확인하는 것은 중요하다. 과목의 선택을 시작으로 교과의 성격에 맞는 역량을 키우는 것 또한 중요하다.

대학의 전공 교육과정과 고등학생에게 요청하는 권장과목의 정보를 얻을 수 있는 다양한 정보원이 존재며, 학생이 희망하는 전공의 교육과정에 대해 입체적인 정보를 비교 · 분석하는 것이 바람직하다. 다만, 진학을 희망하는 대학마다 전공 및 전공기초 과목이 조금씩 다르므로 희망하는 대학의 홈페이지에서 지원하고자 하는 학과의 교육과정을 확인하는 것을 가장 추천한다. 〈표 10-1〉은 희망대학 전공 교육과정 및 고등학교 권장과목을 분석할 수 있는 활동지를 예시로 제시하였다([부록 10] 참조).

〈표 10-1〉 전공(학과) 및 대학 분석하기 활동지 예시

<table>
<tr><th colspan="3">전공(학과) 및 대학 분석하기</th></tr>
<tr><td colspan="2">학과</td><td>데이터사이언스융합전공</td></tr>
<tr><td colspan="2">대학명</td><td>S대학교</td></tr>
<tr><td colspan="2">희망 대학의 전공 교육과정</td><td>• 교양 및 기초: 컴퓨팅사고와 SW코딩, 문제해결과 알고리즘, 인공지능을 위한 기초수학, AI 기초와 활용
• 전공핵심: 확률 및 통계, 자료 구조 및 알고리즘, 미적분 및 선형대수, 파이썬, 데이터 윤리와 사회적 영향, 데이터사이언스와 R, 메타데이터설계실습
• 전공심화: 데이터베이스, 데이터보완, 지식그래프, 네트워크분석, 데이터마케팅, 데이터모델링, 위치기반데이터분석</td></tr>
<tr><td rowspan="2">권장 과목</td><td>핵심</td><td>수학 I · II, 미적분, 기하</td></tr>
<tr><td>권장</td><td>확률과 통계</td></tr>
<tr><td colspan="2">정보출처</td><td>대학교 데이터사이언스융합전공 홈페이지, S대학교 고교생활안내서</td></tr>
</table>

고등학교에서는 무엇을 준비해야 할까요?

공통과목	일반선택과목	진로선택과목
국어, 수학, 영어, 한국사	독서, 문학, 화법과 작문, 언어와 매체, 수학 I · II, 미적분, 확률과 통계, 영어 I , 영어회화, 독해와 작문, 탐구(경제, 사회문화, 물리 I , 화학 I)	기하, 경제수학, 수학과제탐구, 실용수학, 물리학 II, 융합과학, 정보과학

TIP 희망학과에 권장과목이 없는 경우는 어떻게 하면 좋을까요?

모든 대학이 고등학생 권장과목을 지정하고 있는 것은 아니다. 권장과목을 제시하고 있는 대학일지라도 '계열'에 따라 권장과목 지정 유무가 다른 경우도 있다. 예를 들어, 전공 연계 교과 이수 과목을 제시한 서울대학교는 사범대학이나 사회과학대학 내의 다른 학과에서는 필수적으로 이수를 권장하는 핵심 권장과목을 제시하지 않는다. 자연계열 학문 분야는 권장과목을 제시하지만, 사회가 인문학적 소양과 사회과학적 지식이 융합된 인재를 선호한다는 이유로 인문 사회계열 분야는 선택과목에 제한을 두지 않는 대학이 대부분이다.

권장과목을 별도로 제시하지 않은 학과에서는 학생의 진로 · 적성에 따른 적극적인 선택과목 이수를 권장한다. 자율적으로 교과목을 선택하게 되었을 때, 자신의 '진로목표'와 '희망학과에 대한 정보'는 과목선택의 나침반이 된다.

나와 비슷한 진로목표를 달성한 이들의 성공 수기가 작성된 자료 또는 희망학과와 관련된 타 대학의 권장과목 자료, 시 · 도교육청에서 발간된 자료들을 참고하여 희망학과와 관련된 고교 관련 교과목을 충분히 확인할 수 있다. 대학마다 세부 전공과목이 일부 다를 수 있으나 수도권 대학의 경영학과에서 배우게 될 전공과목과 비수도권 대학의 경영학과에서 배우게 될 전공과목이 전혀 다른 내용은 아니기 때문이다.

권장과목이 없을 때 과목선택에 참고할 수 있는 대표적인 자료들은 다음과 같다.

시 · 도교육청 자료집

- 각 시 · 도교육청 홈페이지의 자료실에서 pdf 파일 다운 가능
- 부산광역시의 경우, 유튜브 채널을 통해 '고교학점제 선택과목 맛보기' 자료 제공

서울대학교 전공 연계 교과 이수 과목

- 서울대학교 진학과 상관없이 과목선택 참고자료로 활용 가능
- 매년 모집단위(학과, 계열)별로 전공 분야의 학문을 공부하는 데 기초 소양이 되는 학문 제시
- 이수 과목의 구분
  - 핵심 권장과목: 학과(부)에서 공부하기 위해 필수적으로 이수를 권장하는 과목
  - 권장과목: 학과(부)에서 공부하기 위해 이수를 권장하는 과목
- 서울대학교 입학처 홈페이지 '입학전형 시행계획' pdf 문서에서 확인 가능
- 입학전형 계획은 세부내용이 매년 달라지기 때문에 당해연도의 자료를 확인해야 함

서울대학교 전공 연계 교과 이수 과목(일부 제시)

모집단위		핵심권장과목	권장과목
사회과학대학	경제학부	없음	미적분, 확률과 통계
사범대학	지리교육과	없음	한국지리, 세계지리, 여행지리
자연과학대학	화학부	화학Ⅱ, 미적분	확률과 통계, 기하
	생명과학부	생명과학Ⅱ, 미적분	화학Ⅱ, 확률과 통계, 기하

모집단위		핵심권장과목	권장과목
공과대학	화학생물공학부	물리학 II, 미적분, 기하	화학 II 또는 생명과학 II
	산업공학과	미적분	확률과 통계
의과대학	의예과	생명과학 I	생명과학 II, 미적분, 확률과 통계, 기하

출처: 2024학년도 대학신입생입학전형 예고사항발표(2021.07.20.). 서울대학교 입학본부. 원자료의 일부제시.

5개 대학 자연계열 학문분야의 권장 과목

- 자연계열 진학을 희망하거나 희망학과가 수학 및 과학의 학습이 필요한 학생에게 유용
- 경희대 · 고려대 · 성균관대 · 연세대 · 중앙대 5개 대학이 공동연구를 통해 자연계열 전공 학문 분야의 교과 이수 권장과목을 제시
- 이수 과목의 구분
  - 핵심과목: 학과(부)에서 수학하기 위해 '필수'로 이수해야 하는 과목
  - 권장과목: 학과(부)에서 수학하기 위해 '가급적' 이수를 권장하는 과목
- 대학의 자연계열 모집단위를 '수학' '컴퓨터' '산업' '물리' '기계' 등 14개 학문 분야의 중계열 수준으로 나눠 학과별 권장과목 제시에 따른 부담을 줄임
- 각 대학의 입학 관련 홈페이지에서 리플릿 pdf 파일과 「고등학교 교과이수 과목의 대입전형 반영 방안 연구(2022)」 보고서 확인 가능

자연계열 학분 분야의 수학 · 과학 교과 이수 권장과목(예시)

학문분야	모집단위	핵심과목	권장과목
수학	〈경희대〉 수학과, 응용수학과 〈고려대〉 수학과, 수학교육과 〈성균관대〉 수학과, 수학교육과, 통계학과 〈연세대〉 수학과, 응용통계학과 〈중앙대〉 수학과	미적분, 기하	확률과 통계
컴퓨터	〈경희대〉 소프트웨어융합학과, 컴퓨터공학부, 인공지능학과, 컴퓨터공학부 컴퓨터공학과 〈고려대〉 데이터과학과, 사이버국방학과, 스마트보안학부, 컴퓨터학과 〈성균관대〉 소프트웨어학과, 컴퓨터교육과 〈연세대〉 IT융합공학과, 인공지능학과, 컴퓨터과학과 〈중앙대〉 AI학과, 산업보안학과, 소프트웨어학부, 예술공학부	미적분, 기하	확률과 통계, 인공지능 수학

출처: 경희대 · 고려대 · 성균관대 · 연세대 · 중앙대 공동연구(2022).

희망대학 학과의 대입전형특징 및 수능 지정과목 확인하기 대학 및 학과마다 전형요소, 평가방법, 지원자격에 차이가 있기 때문에 희망대학의 모집 요강을 중심으로 학생에게 적합한 전형을 확인해야 한다. 특히 체육이나 미술, 음악 분야의 경우에는 대학마다 실기 실시 여부나 실기 종목이 다르기 때문에 반드시 확인해야 한다.

정시의 경우 수능 지정과목과 반영 비율을 확인해야 한다. 선택과목 중에는 대학수학능력시험의 범위에 해당하는 과목이 있다. 지원을 희망하는 대학이나 학과에서 요구하는 수능 지정과목을 고려하여 선택한다. 학생부 종합전형의 경우에는 대학별 종합전형 평가영역과 영역별 중요도를 확인할 필요가 있다. 학생부 교과전형의 경우에는 반영 과목과 과목별 반영 비율 등을 확인해야 한다.

과목선택과 밀접하게 연결되는 대입전형은 학생부 종합전형이다. 학생부 종합전형에서 학생의 역량을 평가하는 방식은 '학업성취' 및 '세부능력 및 특기사항'을 통한 정성평가 외에도 수업 참여도와 역할 등 수업태도, 수행평가, 학업 수행과정에서의 주도적인 태도와 탐구능력, 교과 독서의 경험, 지적 호기심의 발현 사례와 해결방법 및 완성도 등 여러 경험의 결과를 반영한다.

학생부 교과전형은 교과 성적이 정량평가로 반영된다. 정량평가는 교과성적, 즉 내신등급을 기준으로 학생을 선발하는 것이다. 하지만 최근에는 학생부 교과전형과 수능 위주 전형에 교과목의 정성평가가 도입되고 있다. 교과목의 정성평가는 학생이 이수한 교과목이 무엇이며 그 교과목을 통해 어떤 학습의 경험을 했는지를 살피는 것이다. 학생부 교과전형이나 수능 위주 전형을 준비하는 경우에도 과목 선택이 중요해지고 있다는 뜻이다. 교과목의 정성평가에서는 학습의 과정에서 자기를 성장시키는 교과 선택을 한 학생이 긍정적으로 평가될 수 있다. 〈표 10-2〉는 학과 및 대학의 대입전형을 분석할 수 있는 활동지 예시이다 (활동지는 [부록 11] 참조).

〈표 10-2〉 학과 및 대학의 대입전형 분석하기 활동지 예시

희망학과	전기공학과
대학명	J 대학교
모집단위	공과대학 전기공학부
전형유형	학생부 종합
모집인원	16명
전형방법 및 전형요소별 반영비율	• 1단계: 서류 100%(4배수) • 2단계: 1단계 70%+면접 30%
수능최저 학력기준	• 미적용
기타	• 서류: 학교생활기록부 • 서류평가요소: 전공(계열) 준비도, 학업 수행역량, 학업 외 소양, 인성역량 • 면접평가요소: 학업수행역량, 인성역량 • 학생부종합전형 모집단위별 관련교과: 수학, 물리학(물리학 I · II)

전공 교육과정 탐색 방법 전공 교육과정 탐색 방법에는 크게 대학 홈페이지 활용, 대학별 학생부(종합)전형 가이드북 활용, 대학별 전공 가이드북 활용, 온라인 공개강좌 서비스를 통해 전공 수업을 미리 들어 보는 방법이 있다.

■ 대학 홈페이지의 활용

많은 대학에서 전공(학과)정보, 입학 관련 정보를 제공하는 홈페이지를 개설하여 운영하고 있다. 전공 교육과정은 대부분 학교 메인홈페이지를 통해 학과(전공) 홈페이지로 연결되며 '교육과정' 메뉴를 통해 확인할 수 있다.

■ 대학별 학생부(종합)전형 가이드북 활용

학생부전형 가이드북은 주로 전년도 입시 경쟁률과 해당 연도의 학생부전형 주요 사항을 안내하고 있다. 대학마다 차이가 있지만 최근에는 선배들의 합격 수기와 합격한 선배들의 과목 선택 및 진로학업 스토리가 함께 소개되어 있어 유용하다. 희망대학의 홈페이지에서 학생부전형 가이드북을 검색하여 다운받을 수 있으며, 서울진로진학정보센터 홈페이지의 '대학진학정보-고3 수시자료-학생부종합전형 가이드북'에서는 해당 연도에 업데이트

된 학생부전형 파일을 대부분 확인할 수 있다.

대학별 전공가이드북 활용

대학에서는 홈페이지 외에도 전공가이드북을 제공해서 배부하고 있다. 전공가이드북에는 학과 소개, 주요 전공과목, 전공준비 팁, 교수와 선배들에게 듣는 전공생활, 학과 내 동아리 소개, 졸업 후 진로, 졸업생들의 생생한 취업 후기 등이 담겨 있다. 학교 홈페이지에서 전공가이드북을 검색하여 다운받을 수 있다.

온라인 공개강좌 서비스를 통해 전공수업 미리 들어보기

K-MOOC(한국형 온라인 공개강좌, Massive Open Online Course)란 온라인을 통해서 누구나, 어디서나 원하는 강의를 무료로 들을 수 있는 온라인 공개강좌 서비스로, 양방향 학습이 가능하다. 이용은 K-MOOC 홈페이지(www.kmooc.kr)와 국가평생교육진흥원 홈페이지(www.nile.or.kr)를 참고하면 된다.

2. 고등학교 과목선택

1) 학교 교육과정의 이해

2025년 고등학교 1학년 신입생부터 2022 개정 고등학교 교육과정을 이수하게 된다(교육과정 정보에 대한 자세한 탐색은 국가교육과정정보센터, 에듀넷 티 클리어 사이트 참조). 2022 개정 교육과정은 크게 교과(군)과 창의적 체험활동으로 편성된다. 교과(군)는 보통 교과와 전문 교과로 구분되며, 창의적 체험활동은 자율 · 자치활동, 동아리활동, 진로활동으로 구분된다([그림 10-2] 참조).

교과(군)의 보통 교과는 공통 과목과 선택 과목으로 구분한다. 선택 과목은 일반 선택, 진로 선택, 융합 선택으로 나뉜다. 전문 교과의 과목은 전문 공통, 전공 일반, 전공 실무로 구분된다.

학생들은 소속된 학교의 교육과정 편제에 따라 보통 교과의 공통 과목은 지정되어 필수로 이수해야 하고, 일반 선택, 진로 선택, 융합 선택의 선택 과목은 자신의 진로에 맞춰 선택한 과목을 이수할 수 있다.

주: 색깔 표시는 2015 교육과정에서 재구조화된 교과 표시임

[그림 10-2] 2022 개정 교육과정 편제

출처: 서울특별시교육청(2024), p. 20.

고등학교 교과(군) 고등학교 교육과정에서 학생이 수강하고자 하는 과목을 선택하기 위해서는 교과(군)에 대한 이해가 필요하다. 고등학교 교과(군)는 보통 교과와 전문 교과로 구분된다. 그래서 일반계 고등학교는 보통 교과로 교육과정을 구성하고, 특성화 고등학교는 보통 교과와 전문 교과로 교육과정을 구성하며, 특수목적 고등학교는 보통 교과의 과학, 체육, 예술 계열 선택 과목을 교육과정에 편성한다.

▪ 보통 교과

보통 교과는 공통 과목과 선택 과목으로 나뉜다. 공통 과목은 모든 고등학교 교육과정에 지정되어 고등학생들이 공통적으로 이수하는 과목이다. 선택 과목은 일반 선택, 진로 선택, 융합 선택으로 나뉘며, 특수목적 고등학교 선택 과목은 과학, 체육, 예술 계열에 관한 과목들이다.

〈표 10-3〉 보통 교과의 공통 과목과 선택 과목

<table>
<tr><th rowspan="2">교과
(군)</th><th rowspan="2">공통 과목</th><th colspan="3">선택 과목</th></tr>
<tr><th>일반 선택</th><th>진로 선택</th><th>융합 선택</th></tr>
<tr><td>국어</td><td>공통국어1
공통국어2</td><td>화법과 언어,
독서와 작문,
문학</td><td>주제 탐구 독서,
문학과 영상,
직무 의사소통</td><td>독서 토론과 글쓰기,
매체 의사소통,
언어생활 탐구</td></tr>
<tr><td rowspan="2">수학</td><td>공통수학1
공통수학2</td><td rowspan="2">대수, 미적분 Ⅰ,
확률과 통계</td><td rowspan="2">기하, 미적분 Ⅱ,
경제 수학,
인공지능 수학,
직무 수학</td><td rowspan="2">수학과 문화,
실용 통계,
수학과제 탐구</td></tr>
<tr><td>기본수학1
기본수학2</td></tr>
<tr><td rowspan="2">영어</td><td>공통영어1
공통영어2</td><td rowspan="2">영어 Ⅰ, 영어 Ⅱ,
영어 독해와 작문</td><td rowspan="2">영미 문학 읽기,
영어 발표와 토론,
심화 영어,
심화 영어 독해와 작문,
직무 영어</td><td rowspan="2">실생활 영어 회화,
미디어 영어,
세계 문화와 영어</td></tr>
<tr><td>기본영어1
기본영어2</td></tr>
<tr><td rowspan="2">사회
(역사/
도덕
포함)</td><td>한국사1
한국사2</td><td rowspan="2">세계시민과 지리,
세계사,
사회와 문화,
현대사회와 윤리</td><td rowspan="2">한국지리 탐구,
도시의 미래 탐구,
동아시아 역사 기행,
정치, 법과 사회, 경제,
윤리와 사상,
인문학과 윤리,
국제 관계의 이해</td><td rowspan="2">여행지리,
역사로 탐구하는 현대 세계,
사회문제 탐구,
금융과 경제생활,
윤리문제 탐구,
기후변화와 지속가능한 세계</td></tr>
<tr><td>통합사회1
통합사회2</td></tr>
<tr><td rowspan="2">과학</td><td>통합과학1
통합과학2</td><td rowspan="2">물리학, 화학,
생명과학,
지구과학</td><td rowspan="2">역학과 에너지, 전자기와 양자,
물질과 에너지,
화학 반응의 세계,
세포와 물질대사,
생물의 유전, 지구시스템과학,
행성우주과학</td><td rowspan="2">과학의 역사와 문화,
기후변화와 환경생태,
융합과학 탐구</td></tr>
<tr><td>과학탐구실험1
과학탐구실험2</td></tr>
<tr><td>체육</td><td></td><td>체육1, 체육2</td><td>운동과 건강,
스포츠 문화*,
스포츠 과학*</td><td>스포츠 생활1,
스포츠 생활2</td></tr>
<tr><td>예술</td><td></td><td>음악, 미술, 연극</td><td>음악 연주와 창작,
음악 감상과 비평,
미술 창작, 미술 감상과 비평</td><td>음악과 미디어,
미술과 매체</td></tr>
</table>

〈계속〉

교과(군)	공통 과목	선택 과목		
		일반 선택	진로 선택	융합 선택
기술·가정/정보		기술·가정	로봇과 공학세계, 생활과학 탐구	창의 공학 설계, 지식 재산 일반, 생애 설계와 자립*, 아동발달과 부모
		정보	인공지능 기초, 데이터 과학	소프트웨어와 생활
제2 외국어/한문		독일어, 프랑스어, 스페인어, 중국어, 일본어, 러시아어, 아랍어, 베트남어	독일어 회화, 프랑스어 회화, 스페인어 회화, 중국어 회화, 일본어 회화, 러시아어 회화, 아랍어 회화, 베트남어 회화,	독어권 문화, 프랑스어권 문화, 스페인어권 문화, 중국 문화, 일본 문화, 러시아 문화, 아랍 문화, 베트남 문화
제2 외국어/한문			심화 독일어, 심화 프랑스어, 심화 스페인어, 심화 중국어, 심화 일본어, 심화 러시아어, 심화 아랍어, 심화 베트남어	
		한문	한문 고전 읽기	언어생활과 한자
교양		진로와 직업, 생태와 환경	인간과 철학, 논리와 사고, 인간과 심리, 교육의 이해, 삶과 종교, 보건	인간과 경제활동, 논술

- 선택 과목의 기본 학점은 4학점이다. 단, 체육, 예술, 교양 교과(군)의 기본 학점은 3학점이다.
- 선택 과목은 1학점 범위 내에서 증감하여 편성·운영할 수 있다.
- * 표시한 과목의 기본 학점은 2학점이며, 1학점 범위 내에서 감하여 편성·운영할 수 있다.
- 체육 교과는 매 학기 이수하도록 한다. 단, 특성화 고등학교와 산업수요 맞춤형 고등학교의 경우, 현장실습이 있는 학년에는 탄력적으로 운영할 수 있다.

출처: 교육부(2022b), pp. 26-27.

〈표 10-4〉 보통 교과의 선택 과목(특수목적 고등학교)

계열	교과(군)	선택 과목	
		진로 선택	융합 선택
과학 계열	수학	전문수학, 이산 수학, 고급 기하, 고급 대수, 고급 미적분	
	과학	고급 물리학, 고급 화학, 고급 생명과학, 고급 지구과학, 과학과제 연구	물리학 실험, 화학실험, 생명과학 실험, 지구과학 실험
	정보	정보과학	
체육 계열	체육	스포츠 개론, 육상, 체조, 수상 스포츠, 기초 체육 전공 실기, 심화 체육 전공 실기, 고급 체육 전공 실기, 스포츠 경기 체력, 스포츠 경기 기술, 스포츠 경기 분석	스포츠 교육, 스포츠 생리의학, 스포츠 행정 및 경영
예술 계열	예술	음악 이론, 음악사, 시창 · 청음, 음악 전공 실기, 합창 · 합주, 음악 공연 실습	음악과 문화
		미술 이론, 드로잉, 미술사, 미술전공 실기, 조형 탐구	미술 매체 탐구 미술과 사화
		무용의 이해, 무용과 몸, 무용 기초 실기, 무용 전공 실기, 안무, 무용 제작 실습, 무용 감상과 비평	무용과 매체
		문예 창작의 이해, 문장론, 문학 감상과 비평, 시 창작, 소설 창작, 극 창작	문학과 매체
		연극과 몸, 연극과 말, 연기, 무대 미술과 기술, 연극 제작 실습, 연극 감상과 비평, 영화의 이해, 촬영 · 조명, 편집 · 사운드, 영화 제작 실습, 영화 감상과 비평	연극과 삶 영화와 삶
		사진의 이해, 사진 촬영, 사진 표현 기법, 영상 제작의 이해, 사진 감상과 비평	사진과 삶

- 특수 목적 고등학교 선택 과목은 과학, 체육, 예술 계열에 관한 과목으로 한다.
- 특수 목적 고등학교 선택 과목의 기본 학점은 4학점이며, 2학점 범위 내에서 증감하여 편성 · 운영할 수 있다. 단, 체육 · 예술 계열의 실시 · 실습 과목의 이수 학점은 교육과정의 목표 및 내용을 고려하여 학교장이 정할 수 있다.

출처: 교육부(2022b), p. 28.

전문 교과

특성화 고등학교의 전문 교과는 국가직무능력표준(NCS: National Competency Standards)을 고려하여 경영 · 금융, 보건 · 복지, 문화 · 예술 · 디자인 · 방송, 미용, 관광 · 레저, 식품 · 조리, 건축 · 토목, 기계, 재료, 화학 공업, 섬유 · 의류, 전기 · 전자, 정보 · 통신, 환경 · 안전 · 소방, 농림 · 축산, 수산 · 해운, 융복합 · 지식 재산으로 구분된다.

교과별 전문 공통, 전공 일반, 전공 실무 과목은 서울특별시교육청의 '서울특별시 고등학교 교육과정' 42~46쪽을 참고하면 되며, 〈표 10-5〉에 예시를 제시하였다.

서울특별시교육청(https://www.sen.go.kr)
홈-[교육정보]-[서울 교육자료]-[교육과정]-[지침/연수자료]-서울특별시 고등학교 교육과정 일부 개정(고시 제2024-13호)

〈표 10-5〉 전문 교과의 예시(보건 · 복지 교과)

교과(군)	선택 과목			기준 학과
	전문 공통	전공 일반	전공 실무	
보건 · 복지		인간 발달 보육 원리와 보육 교사 보육 과정 아동 생활 지도 아동 복지 보육 실습 영유아 교수 방법 생활 서비스 산업의 이해 복지 서비스의 기초 사회 복지 시설의 이해 공중 보건 인체 구조와 기능 간호의 기초 기초 간호 임상 실무 보건 간호 보건 의료 법규 치과 간호 임상 실무	영유아 건강 · 안전 · 영양 지도 사회 복지 시설 실무 요양 지원 영유아 놀이 지도 대인 복지 서비스	보육과 복지과 간호과

출처: 서울특별시교육청(2024), p. 42.

과목에 대한 더 자세한 정보를 확인하고 싶다면 서울특별시교육청 또는 전북특별자치도교육청 고교학점제 지원시스템을 추천한다.

서울특별시교육청 고교학점제 지원센터(https://seoulhsc.sen.go.kr)
홈-[선택과목 안내]-[보통교과]-[선택과목명] 클릭

전북특별자치도교육청 고교학점제 지원시스템(https://jbecredit.kr)
홈-[자료마당]-[과목선택 안내]-[과목별]

우리 학교 교육과정 단위 학교의 교육과정은 대학교와 마찬가지로 학교의 여건 및 구성원의 요구를 반영하여 고등학교 교과(군)와 학점을 정하여 운영한다. 고교학점제의 실행으로 이제 고등학교 학생들은 입학한 학교의 교육과정 편성표를 확인하여 1학년 시기에 3년 동안 수강할 과목을 선택해야 한다. 만약, 자신이 수강하고자 하는 과목이 우리학교 교육과정 편성표에 없을 경우에는 공동교육과정에서 선택하여 이수할 수 있다. 공동교육과정은 '과목선택 방법'에서 안내한다(213쪽 참조).

우리 학교 교육과정은 학교 홈페이지(예: [학교안내]-[교육과정])에서 확인하거나 소속 교육청의 고교학점제 지원시스템에서 학교명을 검색하여 확인할 수도 있다. 그리고 우리 학교 교육과정 편성표는 '나의 과목 선택' 시 중요한 자료이므로, 3개년 교육과정 편제를 전체적으로 확인해야 한다.

2024학년도 전 학년 교육과정 편성표

학교번호			40				학교명				00고등학교			
교과 영역	교과(군)	과목	과목 유형	이수 구분	선택 과목수	기준 단위	1학년		2학년		3학년		운영 단위	개설여부
								2학기	1학기	2학기	1학기	2학기		
기초	국어	국어	공통	지정	1	8	4	4					8	개설
기초	수학	수학	공통	지정	1	8	4	4					8	개설
기초	영어	영어	공통	지정	1	8	4	4					8	개설
기초	한국사	한국사	공통	지정	1	6	3	3					6	개설
탐구	[illegible]	통합사회	공통	지정	1	8	3	3					8	개설
탐구	과학	통합과학	공통	지정	1	8	3	3					6	개설
탐구	과학	과학탐구실험	공통	지정	1	2	1	1					2	개설
체육·예술	체육	체육	일반선택	지정	1	5	2	2					4	개설
체육·예술	예술	음악	일반선택	지정	1	5	2	2					4	개설
생활·교양	기술·가정	기술·가정	일반선택	지정	1	5	2	2					4	개설
생활·교양	교양	진로와 직업	일반선택	지정	1	5	1	1					2	개설
기초	국어	문학	일반선택	지정	1	5			4				4	개설
기초	국어	독서	일반선택	지정	1	5				4			4	개설
탐구	과학	생명과학Ⅱ	진로선택	선택10	3	5					3	3	6	개설
탐구	과학	지구과학Ⅱ	진로선택	선택10	3	5					3	3	6	개설
탐구	과학	융합과학	진로선택	선택7	3	5					3	3	6	미개설
탐구	과학	과학사	진로선택	선택10	3	5					3	3	6	미개설
탐구	과학	생활과 과학	진로선택	선택10	3	5					3	3	6	개설
체육·예술	예술	음악 감상과 비평	진로선택	선택13	1	5					1	1	2	개설
체육·예술	예술	미술 감상과 비평	진로선택	선택13	1	5					1	1	2	개설
생활·교양	제2외국어	일본어Ⅱ	진로선택	선택12	1	5					1	1	2	개설
생활·교양	제2외국어	중국어Ⅱ	진로선택	선택12	1	5					1	1	2	미개설
생활·교양	한문	한문Ⅱ	진로선택	선택12	1	5					1	1	2	미개설
학기별 교과 이수단위						180	29	29	29	29	30	30	180	
순증 단위(공동 교육과정, 소수 선택 과목)							0	0	0	0	0	0	0	
학기별 창의적체험활동 이수시간						306(18) 408(24)	51	51	51	51	68	68	340	

[그림 10-3] 고등학교 교육과정 편성표 예시

성적처리 방식 고등학교 교육과정에서 과목을 선택할 때, 과목 유형에 따른 성적처리 방식도 고려하여 장기적인 내신 성적을 관리하는 것이 필요하다. 2023년 12월 말에 발표한 '2028 대학입시제도 개편 확정안'에 따르면, 교과목 성적처리 방식은 〈표 10-6〉과 같이 보통 교과와 전문 교과는 유사하지만, 교과(군)에 따라 평가방법이 상이하다.

〈표 10-6〉 2022 개정 교육과정에 따른 성적처리 방식

구분	절대평가		상대평가	통계정보		
	원점수	성취도	석차등급	성취도별 분포비율	과목평균	수강자수
보통 교과	○	A · B · C · D · E	5등급	○	○	○
사회 · 과학 융합 선택	○	A · B · C · D · E	-	○	○	○
체육 · 예술/과학탐구실험	-	A · B · C	-	-	-	-
교양	-	P	-	-	-	-
전문 교과	○	A · B · C · D · E	5등급	○	○	○

출처: 서울특별시교육청(2024), p. 82.

보통 교과와 전문 교과는 절대평가와 상대평가를 함께 기재한다. 이때, 상대평가는 5등급제로 평가한다(예: 문학, 상업경제 등). 〈표 10-6〉에 밑줄로 표시된 사회 · 과학 융합 선택, 체육 · 예술 및 과학탐구실험, 교양 교과는 절대평가를 실시하고 상대평가는 기재하지 않는다(예: 여행지리, 음악, 진로와 직업). 이에 해당하는 교과나 과목명에 대한 정보는 앞서 제시한 '고등학교 교과(군)'(203~206쪽)를 참고하면 된다.

창의적 체험활동 창의적 체험활동은 학생들이 건전하고 다양한 활동에 자발적으로 참여하여, 나눔과 배려를 실천하고 개인의 소질과 잠재력을 계발하며, 창의적인 사람의 태도와 공동체 의식을 함양하는 교육과정이다. 이러한 창의적 체험활동은 학생들이 고등학교 교육과정에서 창의적인 다양한 활동에 주도적으로 참여함으로써 개인의 소질과 잠재력을 계발하여 창의적인 삶의 태도를 기르고 공동체 의식을 함양하고자 학생들에게 요구되는 활동이다. 창의적 체험활동은 자율 · 자치활동, 동아리활동, 진로활동의 세 영역으로 구성된다(교육부, 2022a).

- 자율 · 자치 활동: 학생의 자기주도성과 민주시민성 함양을 위해 이루어지는 영역으로 자율활동과 자치활동으로 구성된다. 자율활동은 정규교육과정 내에 실시한 학생자치활동, 학년 · 학급단위의 활동 등에서 드러난 학생의 개별적인 행동 특성, 참여도, 협력, 활동실적 등을 평가한다. 이 활동의 목표와 예시는 〈표 10-7〉과 같다.

〈표 10-7〉 자율 · 자치 활동의 목표와 예시 활동

활동	목표	예시 활동
자율 활동	학생이 주제를 스스로 선택하여 활동함으로써, 신체적 · 정신적 · 환경적 변화에 적응하고 자신의 삶을 개척해 나가는 자기주도성을 함양한다.	• 주제탐구 활동: 개인 연구, 소집단 공동 연구, 프로젝트 등 • 적응 및 개척 활동: 입학 초기 적응, 학교 이해, 정서 지원, 관계 형성 등 • 프로젝트형 봉사활동: 개인 프로젝트형, 공동 프로젝트형 봉사활동 등
자치 활동	성숙한 민주시민으로서 타인과 원활하게 소통하고 공동체의 문제를 상호 연대하여 해결할 수 있는 역량을 함양한다.	• 기본생활습관 형성 활동: 자기관리 활동, 환경 · 생태의식 함양 활동, 생명존중 의식 함양 활동, 민주시민 의식 함양 활동 등 • 관계 형성 및 소통 활동: 사제동행, 토의 · 토론, 협력적 놀이 등 • 공동체 자치활동: 학급 · 학년 · 학교 등 공동체 중심의 자치활동, 지역사회 연계 자치활동 등

• 동아리활동: 학생의 진로, 흥미와 적성에 부합하도록 동아리를 구성하거나 가입하여 다양한 체험을 하도록 하며, 나눔과 봉사를 실천함으로써 포용성과 시민성을 함양하는 데에 초점을 두는 영역으로 학술 · 문화 및 여가활동, 봉사활동 등으로 구성된다. 정규 동아리활동 중 개인의 참여도, 협력, 적극성, 활동실적과 역할이 평가에 반영되며, 적극적 협조도 평가될 수 있다. 이 활동의 목표와 예시는 〈표 10-8〉과 같다.

〈표 10-8〉 동아리활동의 목표와 예시 활동

활동	목표	예시 활동
학술 · 문화 및 여가 활동	동아리 활동을 통해 다양한 학술분야와 문화에 대해 관심을 가지고 탐구력과 심미적 감성을 함양한다.	• 학술 동아리: 교과목 연계 및 학술 탐구 활동 등 • 예술 동아리: 음악관련 활동, 미술관련 활동, 공연 및 전시 활동 등 • 스포츠 동아리: 구기 운동, 도구 운동, 계절 운동, 무술, 무용 등 • 놀이 동아리: 개인 놀이, 단체 놀이 등
봉사 활동	학교 안팎에서 나눔과 봉사를 실천함으로써 포용성과 시민성을 함양한다.	• 교내 봉사활동: 또래상담, 지속가능한 환경 보호 등 • 지역사회 봉사활동: 지역사회 참여, 캠페인, 재능 기부 등 • 청소년 단체 활동: 각종 청소년 단체 활동 등

- 진로활동: 학생이 긍정적 자아개념을 형성하고 자신의 홍미와 적성에 따른 진로를 탐색 및 설계하도록 하기 위한 영역으로 학생 자신과 직업세계에 대한 이해를 바탕으로 적성에 맞는 진로를 탐색 · 설계 · 경험하기 위한 진로탐색 활동과 진로설계 및 실천 활동 등으로 구성된다. 진로 활동은 학생의 자질, 수행한 노력과 활동을 바탕으로 학생의 활동 참여도, 적극성, 태도의 변화 등 진로활동과 관련된 사항을 평가한다. 그리고 진로활동에 기재된 내용은 학업역량, 학업태도, 학업 외 소양, 진로역량, 공동체역량 평가에 반영된다(신동우, 2023). 이 활동의 목표와 예시는 〈표 10-9〉와 같다.

〈표 10-9〉 진로활동의 목표와 예시 활동

활동	목표	예시 활동
진로탐색 활동	긍정적인 자아개념을 형성하고 진로 및 직업 세계의 특성과 변화를 이해하여 자신의 진로와 관련된 건강한 직업 가치관을 확립한다.	• 자아탐색 활동: 자기이해, 생애 탐색, 가치관 확립 등 • 진로이해 활동: 직업 홍미 및 적성 탐색, 진로 검사, 진로 성숙도 탐색 등 • 직업이해 활동: 직업관 확립, 일과 직업의 역할 이해, 직업 세계 변화 탐구 • 직업정보 탐색 활동: 학업 및 진학정보 탐색, 직업정보 및 자격(면허) 제도 탐색, 진로진학 및 취업 유관기관 탐방 등
진로설계 및 실천 활동	자신의 진로에 대한 이해를 바탕으로 희망하는 진로와 직업의 경로를 설계하고 실천한다.	• 진로준비 활동: 진로목표 설정, 진로실천 계획 수립 등 • 진로계획 활동: 진로상담, 진로 의사결정, 진로 설계 등 • 진로체험 활동: 지역사회 · 대학 · 산업체 연계 체험활동 등

창의적 체험활동은 학생 개인의 특징이 잘 드러나 있는 내용을 학업능력, 학업태도, 학업 외 소양, 진로역량, 공동체역량의 평가에 반영한다. 2022 개정 창의적 체험활동 교육과정은 서울특별시교육청(https://www.sen.go.kr) 자료실에 제시되어 있다. 또한 창의적 체험활동은 크레존(https://www.crezone.net)에서 체험활동 자원, 체험활동 프로그램, 현장체험학습에 대한 정보를 제공하고 있다. 더 자세한 대학의 계열 및 학과별 창의적 체험활동은 『대한민국 진로진학 가이드북』(에듀진, 2023)에서 자율활동 사례, 동아리활동 방법, 진로활동 사례 등을 참고하면 된다.

서울특별시교육청(https://www.sen.go.kr)
홈-[교육정보]-[서울 교육자료]-[교육과정]-[지침/연수자료]-2022 개정 교육과정 창의적 체험활동 교육과정

크레존(https://www.crezone.net)
홈-[창의적 체험활동]

2) 과목선택 과정

진로탐색과 고등학교 교육과정에 대한 이해가 되었다면, 이제는 과목을 선택할 시간이다. 과목선택은 고교학점제의 학업설계에서 매우 중요한 과정이다. 학생들은 자신의 진로와 적성에 맞는 과목을 고등학교 교육과정에서 선택하여 총 174학점을 이수해야 한다(창의적 체험활동 18학점을 포함하면 총 192학점이며, 일반 고등학교 및 특수 목적 고등학교와 특성화 고등학교 및 산업수요 맞춤형 고등학교의 필수 이수 학점과 자율 이수 학점은 [부록 15]에 제시).

과목선택을 위해 학생들은 자신의 진로에 맞는 희망계열 및 희망학과와 관련된 과목을 찾아보고(과목 설계도), 과목 선택방법을 이해한 후, 자신이 이수하고사 하는 과목을 선택하여 이에 대한 점검을 해야 한다. 여기에서는 [그림 10-4]와 같은 과목선택 과정을 제안한다.

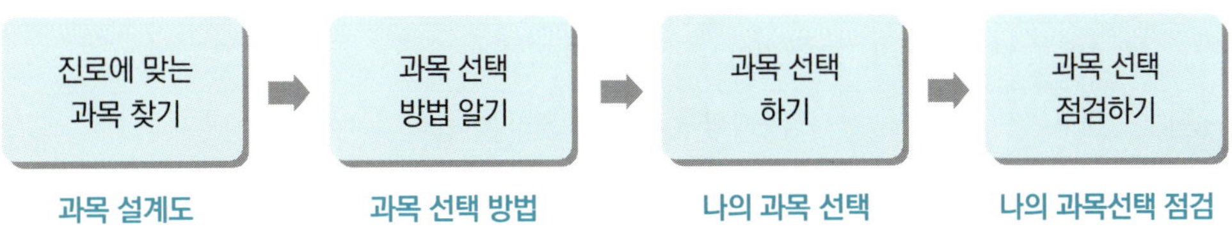

[그림 10-4] 과목선택 과정

과목 설계도 자신의 진로와 적성을 고려한 희망계열 및 희망학과에서 추천하는 과목을 탐색하여 〈표 10-10〉과 같이 과목 설계도를 작성한다. 〈표 10-10〉은 어문계열, 국어국문과를 희망하는 학생이 제시된 탐색 경로를 이용하여 작성한 과목 설계도의 예시이다(활동지는 [부록 16] 참조).

〈표 10-10〉 과목 설계도(예시)

희망계열과 희망학과에서 추천해 주는 과목을 확인하여 과목 설계도를 작성한 예시

희망계열 (어문계열)	계열별 과목	학과(전공)별 과목	
희망학과 (국어국문과)	서울특별시교육청	커리어넷	메이저맵

*계열별: 서울특별시교육청 고교학점제 지원센터 - [선택과목 안내] - [계열별 학과 안내]

*학과별: 커리어넷 - [학과정보] - 학과 검색하기 - [학과개요] - 관련 고교교과목 확인

메이저맵 - [학과검색] - 학과 검색하기 - 대학 선택 - [선택 교과] 확인

대입정보포털 - [대학/학과/전형] - 학과정보

고용24 - [직업 · 진로] - 학과정보

공통 과목	기초	국어	수학	영어			
	탐구	한국사	통합사회	통합과학	과학탐구 실험		
일반 선택 과목	기초	화법과 작문	독서	언어와 매체	문학	확률과 통계	미적분
		수학 I ,II	영어 I ,II	영어 독해와 작문	영어 회화		
	탐구	세계사	세계지리	사회/문화	윤리와사상	동아시아사	생활과윤리
	체육 예술	미술	음악	연극			
	생활 교양	한문 I	심리학	논술	종교학	논리학	철학
진로 선택 과목	기초	심화국어	고전읽기	영미 문학읽기			
	탐구	과학사	사회문제 탐구	고전과 윤리			
	체육 예술	미술감상과 비평	음악감상과 비평				
	생활 교양	한문2					

주: ① 계열 관련 과목 기재 ② 계열과 학과 중복 추천 과목은 밑줄 표시 ③ 그 외 학과관련 과목은 파란색 표시함

과목 선택 방법 학생들은 고등학교 교육과정에서 자신이 수강하고 싶은 과목을 선택할 수 있다. 이를 위해, 과목 선택에 대한 가이드라인을 알고, 구체적인 과목 선택 방법을 이해한 후 자신이 수강할 과목을 선택해야 한다.

과목선택은 다음과 같은 기본적인 가이드라인이 있다.

① 자신의 진로와 적성에 맞는 과목 선택

② 2학년 시기에는 일반선택과목 위주로 선택

(고등학교 단계에서 필요한 각 교과별 학문의 기본적 이해를 바탕으로 한 과목)

③ 3학년 시기에는 진로선택과목 위주로 선택

(교과 융합학습, 심화학습, 체험학습 등이 가능하며, 진로선택권 확대를 위해 3개 이상 이수)

④ 위계가 있는 과목은 배울 과목의 순서를 고려하여 선택

(학교 교육과정 편성표에서 학년/학기별 과목을 선택하여 설계하면 위계가 반영)

①을 제외한 과목선택 가이드라인은 소속학교의 교육과정에 반영되어 있다.

구체적인 과목 선택 방법은 다음과 같다.

① **희망계열, 희망학과와 관련된 과목을 선택**

- [과목 설계도]를 참조(212쪽)

② **희망대학의 전공 연계 필수 이수 과목, (핵심) 권장 과목을 선택**

- 입학 모집요강을 반드시 확인! 유사 전공(학과)을 고려하여 과목 선택의 폭을 넓히는 것도 필요함

③ **희망대학의 모집단위별 지정된 수능 선택과목을 확인하여 선택**

- 국어, 수학, 탐구, 제2외국어

④ **이수해야 되는 과목이 우리학교 교육과정에 없다면, 공동교육과정을 확인하여 선택**

- [수강신청] 메뉴를 통해, 신청시 유의사항을 반드시 확인
- 정규 수업시간 내/외, 지역사회 협력을 통한 학교 밖 공동교육과정 등 확인

예: **서울특별시교육청 고교학점제 지원센터**(https://www.sen.go.kr)
홈–[학교 간 공동교육과정(콜라캠퍼스)]–[수강안내/신청]–과정 소개

- 학교 간 협력(공동) 교육과정 설명이 담긴 영상: 콜라캠퍼스(서울특별시교육청TV)

학교 간 협력 교육과정 안내	듣고 싶은 과목이 우리학교에 없다면?	외국어, 잘하고 싶어?

나의 과목 선택 나의 과목 선택은 먼저 우리 학교 교육과정 편성표에서 지정과목(■)과 선택과목(□)을 기재하고, 편성표의 이수구분별 선택 가능한 과목수를 확인(표의 '□ 중 택 ○') 한 후 '구체적인 과목 선택 방법'을 참고하여 과목 설계도에 있는 자신이 수강할 과목을 체크(☑)한다. 이때, 자신이 꼭 선택해야 하는 과목이 우리 학교 교육과정에 누락되었다면 공동교육과정에서 〈표 10-11〉의 '철학'과 같이 과목을 찾아 선택(▣)한다(활동지는 [부록 17] 참조).

〈표 10-11〉 나의 과목 선택(예시)

○○고등학교, 작가/국어국문과/전북대 선택 ■ 학교 지정 ☑ 학생 선택

<table>
<tr><th rowspan="2">교과(군)</th><th colspan="2">1학년</th><th colspan="2">2학년</th><th colspan="2">3학년</th><th rowspan="2">나의 이수 학점</th><th rowspan="2">필수 이수 학점</th></tr>
<tr><th>1학기</th><th>2학기</th><th>1학기</th><th>2학기</th><th>1학기</th><th>2학기</th></tr>
<tr><td>국어</td><td colspan="2">■국어4</td><td rowspan="3">■언어와 매체4
■수학 I 4
■영어 I 4
□고전문학 감상
☑현대문학 감상2
☑영미문학 읽기2
□기하
□수학과제 탐구
□ 중 택(2)</td><td rowspan="3">■독서4
■수학 II 4
■영어독해와 작문4
☑심화 국어2
□경제 수학
□인공지능 수학
☑영어권 문화2
□심화 영어회화 I
□생태와환경[과학]
□ 중 택(2)</td><td colspan="2" rowspan="3">☑화법과 작문3
☑문학3
□미적분
☑확률과 통계3
☑영어 회화3
□영어 II
□ 중 택(4)</td><td>32</td><td>8</td></tr>
<tr><td>수학</td><td colspan="2">■수학4</td><td>22</td><td>8</td></tr>
<tr><td>영어</td><td colspan="2">■영어4</td><td>26</td><td>8</td></tr>
<tr><td rowspan="2">사회
(역사/
도덕
포함)</td><td colspan="2">■한국사3</td><td colspan="2"></td><td colspan="2"></td><td>6</td><td>6</td></tr>
<tr><td colspan="2">■통합사회3</td><td rowspan="2">□세계지리
□동아시아사
☑사회 · 문화4
☑윤리와 사상4
□물리학 I
□화학 I
□생명과학 I
□지구과학 I
□ 중 택(2)</td><td rowspan="2">□한국지리
☑세계사4
□정치와 법
☑생활과 윤리4
□물리학 I
□화학 I
□생명과학 I
□지구과학 I
□ 중 택(2)</td><td colspan="2" rowspan="2">□여행지리
☑사회문제 탐구2
☑고전과 윤리2
□세계 문제와 미래사회
□물리학 II
□화학 II
□생명과학 II
□지구과학 II
☑과학사2
□생활과 과학
□공학일반[기술 · 가정]
☑심리학[교양]2
□ 중 택(5) 4개 선택!</td><td>30</td><td>8</td></tr>
<tr><td>과학</td><td colspan="2">■통합과학3
■과학탐구실험1</td><td>16</td><td>10</td></tr>
<tr><td>체육</td><td colspan="2">■체육2</td><td colspan="2">■운동과 건강2</td><td colspan="2">■스포츠 생활1</td><td>10</td><td>10</td></tr>
<tr><td>예술</td><td colspan="2">■음악2</td><td colspan="2">■미술1</td><td colspan="2">■미술1
■음악감상과 비평1</td><td>10</td><td>10</td></tr>
<tr><td>기술
가정</td><td colspan="2">■기술 · 가정2</td><td colspan="2"></td><td colspan="2">■정보과학1</td><td rowspan="3">22</td><td rowspan="3">16</td></tr>
<tr><td>제2
외국어/
한문</td><td colspan="2"></td><td colspan="2">□일본어 I
□중국어 I
☑한문 I 2
□ 중 택(1)</td><td colspan="2">□일본어 회화 I
□중국어 회화 I
☑한문 II 3
□ 중 택(1)</td></tr>
<tr><td>교양</td><td colspan="2">■진로와 직업1</td><td colspan="2"></td><td colspan="2">▣철학(공동교육과정)2</td></tr>
<tr><td>학점계</td><td>29</td><td>29</td><td>29</td><td>29</td><td>29</td><td>29</td><td>174</td><td>-</td></tr>
</table>

- 학교 지정(■)과 학생 선택 과목(☑) 옆의 숫자는 학점을 나타냄
- 3학년 사회/과학 영역에서 5과목 중 4과목을 선택하고, 1과목은 공동교육과정에서 선택하였음

나의 과목선택 점검 나의 과목선택 점검은 학생 스스로 자신의 과목 선택이 적절하게 이루어졌는지 확인하는 것이다. 학교마다 선택한 과목을 수정할 수 있는 제도가 마련되어 있지만, 미리 점검하여 나의 과목 선택의 오류나 수정을 방지하는 것이 더욱 현명한 방법이다. 과목선택 후 필수적인 점검 사항은 〈표 10-12〉와 같다.

〈표 10-12〉 과목선택 후 체크리스트

<table>
<tr><th>문항</th><th>체크</th></tr>
<tr><td>• 희망계열, 희망학과(과목 설계도)의 과목이 잘 반영되었는가?</td><td>☐</td></tr>
<tr><td>• 진로선택과목을 3개 이상 선택했는가?</td><td>☐</td></tr>
<tr><td>• 과목별 위계가 반영되었는가?</td><td>☐</td></tr>
<tr><td>• 교과 영역별 필수 이수 학점을 충족했는가? (예: 일반고, 특성화고는 [부록 15] 참조)
<table>
<tr><th>교과(군)</th><th>필수학점</th><th>교과(군)</th><th>필수학점</th><th>교과(군)</th><th>필수학점</th></tr>
<tr><td>국어</td><td>8</td><td>한국사</td><td>6</td><td>체육</td><td>10</td></tr>
<tr><td>수학</td><td>8</td><td>사회</td><td>8</td><td>예술</td><td>10</td></tr>
<tr><td>영어</td><td>8</td><td>과학</td><td>10</td><td>생활교양</td><td>16</td></tr>
</table>
</td><td>☐</td></tr>
<tr><td>• 수능 응시 희망과목을 선택했는가?</td><td>☐</td></tr>
<tr><td>• 대학의 전공 연계 교과이수 기준, (핵심) 권장과목이 반영되었는가?</td><td>☐</td></tr>
<tr><td>• 꼭 선택해야 하는 과목이 누락 되었다면, 공동교육과정을 찾아보았는가?
- 학교 또는 해당 교육청의 공동교육과정에서 확인 가능</td><td>☐</td></tr>
<tr><td>• 총 174학점(학기별 29학점)을 확인했는가?
- 나의 과목 선택에서 우리 학교 교육과정 편성표에 있는 학점을 숫자로 표기하여 합산하기
- 나의 교육과정(활동지)를 작성하여 3개년 수강과목과 학점을 정리할 수 있으므로 '나의 교육과정 예시' 참고(활동지는 [부록 18] 참조)
- 소속 교육청의 고교학점제 지원 온라인 사이트에서 제공될 수 있으니 확인 요망</td><td>☐</td></tr>
</table>

〈표 10-13〉 나의 교육과정 예시

(○○대학교 인문계열/국어국문과/방송작가)

○○고등학교 2023학년도 교육과정 적용

구분	1학년				2학년				3학년				합계
	1학기	학점	2학기	학점	1학기	학점	2학기	학점	1학기	학점	2학기	학점	
국어	국어	4	국어	4	언어와 매체	4	독서	4	화법과 작문	3	화법과 작문	3	22
					현대문학감상	2	심화국어	2	문학	3	문학	3	10
수학	수학	4	수학	4	수학 I	4	수학 II	4	확률과 통계	3	확률과 통계	3	22
영어	영어	4	영어	4	영어 I	4	영어독해와 작문	4	영어회화	3	영어회화	3	22
					영미문학읽기	2	영어권문화	2					4
사회 (역사/도덕 포함)	한국사	3	한국사	3	사회 · 문화	4	세계사	4	사회문제탐구	2	사회문제탐구	2	18
	통합사회	3	통합사회	3	윤리와 사상	4	생활과윤리	4	고전과 윤리	2	고전과 윤리	2	18
과학	통합과학	3	통합과학	3					과학사	2	과학사	2	10
	과학탐구실험	1	과학탐구실험	1									2
체육	체육	2	체육	2	운동과 건강	2	운동과 건강	2	스포츠생활	1	스포츠생활	1	10
예술	음악	2	음악	2	미술	1	미술	1	미술	1	미술	1	8
									미술감상과 비평	1	미술감상과 비평	1	2
기술 · 가정/ 정보/ 제2외국어/ 한문/교양	기술 · 가정	2	기술 · 가정	2	한문 I	2	한문 I	2	정보과학	1	정보과학	1	10
	진로와 직업	1	진로와 직업	1					한문 II	3	한문 II	3	8
									심리학	2	심리학	2	4
소계		29		29		29		29		27		27	170
공동교육과정									철학	2	철학	2	4
합계		29		29		29		29		29		29	174

제3부

진로학업설계 실천을 위한 출발

- 제11장 • 진로 포트폴리오
- 제12장 • 학습전략

교사·상담자·학부모가 알아야 할

진로학업설계 지도방법

제11장

진로 포트폴리오

이 장에서는 개인의 진로 포트폴리오를 설계하는 시간을 갖는다. 진로 포트폴리오(career portfolio)는 개인의 능력, 경력, 교육 및 훈련 이력을 체계적으로 수집하고 정리하여 증명하는 자료로 자기탐색, 자기주도 학습, 진로 개발의 과정을 포함하며, 한 사람의 성장과 진로와 관련된 모든 내용을 포함한다(천성문 외, 2017). 이는 취업 시 지원자의 경력과 역량을 보완하고 증명하는 중요한 역할을 한다. 진로 포트폴리오는 단순한 자료 모음집을 넘어, 자신의 진로 여정과 미래 목표를 체계적으로 정리하고 반영하는 중요한 도구로서, 자신을 깊이 이해하고 진로와 관련된 다양한 활동과 성과를 한눈에 확인하며, 자신의 성장과 발전 과정을 명확히 인식할 수 있게 해 준다. 또한 자신의 경험과 자질에 가치를 부여할 수 있는 훌륭한 도구이다.

진로 포트폴리오를 설계하는 과정에서는 내가 원하는 것이 무엇인지 명확하게 파악하고, 이를 바탕으로 향후 진로 목표를 설정하게 된다. 이 과정은 자기성찰과 책임감을 높이며, 구체적인 진로 계획을 수립하는 데 중요한 역할을 한다. 이를 통해 진로 포트폴리오의 의미를 다시 한번 되새기고, 다양한 이점을 경험할 수 있다.

1. 진로 포트폴리오의 개념과 구성

진로 포트폴리오의 개념 진로 포트폴리오는 오랜 시간에 걸쳐 형성된 개인의 지식, 기술, 경험, 전문성의 성장을 보여 주는 기록들의 모음집이다. 이는 진로교육을 받는 학생들이 주체적으로 진로를 탐색하는 과정을 보여 주는 개인 자료집으로 정의할 수 있다(손영민, 2014).

진로 포트폴리오는 진로교육과 관련된 자료를 수집한 포트폴리오로, 이를 통해 학생들은 자기 자신에 대한 이해를 더욱 구체화하고, 추상적으로 인식했던 자신의 모습을 명확히 그려 나갈 수 있다. 진로 포트폴리오는 학생으로 하여금 다양한 진로 활동이 무의미한 과정이 아니라, 종합적으로 자신을 이해하는 과정임을 인식하고 그 결과를 축적할 수 있도록 도우며, 학생의 자기 반성적 사고를 가능하게 한다(이태곤, 김종운, 2012). 자신의 활동에 대한 성찰을 통해 반성과 책임의식을 갖고 스스로 자신의 학습이나 계획을 주도해 나갈 수 있도록 하는 데 의의가 있다. 포트폴리오를 만들기 위해 자신이 관여하고 있는 다양한 영역의 자료들을 다루면서 자신에 대한 깊은 이해와 통찰이 이루어진다. 자신의 약점과 강점을 돌아보고, 자신이 인식한 문제를 해결하기 위한 대책을 모색하는 과정에서 객관적인 자기 점검이 이루어지기도 한다(김진숙 외, 2017).

진로 포트폴리오의 기능 진로 포트폴리오는 다른 포트폴리오와 마찬가지로 자존감을 고양시키는 데 도움을 준다. 진로 포트폴리오는 자아 탐색 및 직업 탐색을 기반으로 인생을 설계하는 내용을 담고 있으며, 이는 자아에 대한 깊은 이해와 직업 세계에 대한 이해를 바탕으로 이루어진다(빈윤경, 윤채영, 김정섭, 2015). 이러한 과정 자체만으로도 자존감을 키울 수 있다.

또한 진로 포트폴리오는 활동에 대한 동기유발을 촉진할 수 있다. 자아에 대한 정보와 인생에 대한 설계가 포트폴리오에 지속적으로 축적되면서, 학생들은 포트폴리오 활동에 더 적극적으로 참여하게 된다. 이는 학생들이 자신의 목표를 명확히 하고, 그 목표를 달성하기 위한 구체적인 계획을 세우는 데 도움을 준다.

더 나아가, 진로 포트폴리오는 진로에 대한 고민을 이어 갈 수 있게 하여 진로 구체화에 도움을 준다. 진로교육의 특성상 이전 활동을 바탕으로 다음 활동이 이루어지는 경우가 많다. 진로 포트폴리오를 통해 이전 활동에 대한 기록을 남기면, 진로에 대한 불연속적인 사고가 연속적으로 이어져 진로가 구체화되는 데 큰 도움이 된다(곽충훈, 2021). 포트폴리오는 학생들이 자신의 진로를 체계적으로 계획하고 준비할 수 있도록 돕는 중요한 도구이다.

이러한 이유로 진로 포트폴리오는 자아 탐색과 직업 탐색을 통해 자존감을 높이고, 동기부여를 촉진하며, 진로 구체화에 기여하는 중요한 역할을 한다. 포트폴리오 제작 과정에서 학생들은 자신의 강점과 약점을 파악하고, 이를 통해 더 나은 진로 계획을 세우게 된다(박상순, 2011).

- 자존감 향상: 제작 과정에서 자존감이 고양되고 진로 개척에 용기를 얻음
- 능력 개발: 다른 학생들과 비교하여 부족한 점을 발견하고 개발할 수 있음. 학업 및 동아

리 활동에 대한 동기유발이 가능해짐

- 능력 증명: 다양한 경험을 사진, 수료증, 인증서 등으로 증명하여 자신의 능력을 드러낼 수 있음. 전인격적으로 평가받을 수 있음
- 상호 이해 증진: 포트폴리오 공개를 통해 상호 이해를 높이고, 다른 학생들의 정보를 얻을 수 있음

진로 포트폴리오의 구성 진로 포트폴리오에는 자신의 직업과 관련된 모든 것을 포함할 수 있다. 그러나 포트폴리오의 목적에 따라 포함해야 할 내용과 접근 방식이 달라질 수 있다. 다시 말해, 자기 이해, 진로 인식, 진로 탐색, 진로 선택, 진로 준비, 진로 유지, 진로 변경 등 진로발달 단계에 따라 진로 포트폴리오의 구성요소는 다르다(김판욱, 2005). 진학을 원하는 사람과 취업을 원하는 사람의 경우, 각각의 포트폴리오 구성 요소와 전략이 다를 수 있다.

먼저, 진학을 원하는 사람의 경우, 학업 성취와 관련된 자료를 중점적으로 포함해야 한다. 여기에는 최근 성적표, 수상 및 표창장, 학업 프로젝트 및 연구 성과, 참여한 동아리 및 학교 활동, 봉사활동 등이 포함된다. 또한 대학 입시를 준비하는 과정에서 작성한 자기소개서나 추천서도 중요한 요소로 포함될 수 있다. 이 모든 자료는 해당 학생이 얼마나 학업적으로 준비되어 있고, 학문적 호기심과 열정을 가지고 있는지를 보여 주는 데 중점을 둬야 한다.

반면, 취업을 원하는 학생의 경우, 전문적 성취와 경력 관련 자료를 중점적으로 포함해야 한다. 여기에는 이력서, 실습 경험, 진로와 관련된 주요 프로젝트 및 성과, 기술 및 역량 목록, 자격증, 추천서 등이 포함된다. 포트폴리오에는 자신의 전문성을 증명할 수 있는 작업 샘플이나 사례 연구를 포함하여, 지원하는 직무에 얼마나 적합한지를 강조해야 한다. 또한 전문적인 직업 활동이나 인턴십 경험도 중요한 요소로 다뤄져야 한다.

이처럼 진로 포트폴리오는 목적에 따라 다르게 구성되어야 한다. 진학을 목표로 하는 포트폴리오는 학업적 준비와 성취를, 취업을 목표로 하는 포트폴리오는 직무 적합성과 전문성을 중심으로 구성해야 한다. 포트폴리오를 준비할 때는 항상 자신의 최고의 성과와 가장 자신 있는 작업을 선별하여 포함하는 것이 중요하다. 이를 통해 자신의 능력과 잠재력을 최대한으로 보여 줄 수 있다.

진로 포트폴리오의 구성 세부 내용 예시를 제시하면 [그림 11-1]과 같다.

생애 설계
- 진로계획서
- 자기소개서
- 학업계획서
- 진로에세이
- 일기장

특별 활동
- 창의적 체험활동
- 동아리활동
- 자율활동(임명장)
- 봉사활동
- 단체활동
- 공연 행사활동
- 적응활동

독서 이력
- 학년별 독서목록
- 독서기록장
- 독후감
- 멘토링 도서 독후감
- 독서신문
- 독서만화

성적 자료
- 성적표
- 학교생활기록부
- 성적 분석 자료

학습 결과
- 교과 학습활동 자료
- 자유학기제 주제선택
- 프로그램 활동지 및 결과물

교과 세부사항
- 방과후 학습수강 목록
- 공모전 참가 목록
- 교과 관련 현장학습 활동지

취미, 특기
- 취미활동
- 문화예술 특기활동
- 문화예술활동
- 체육활동
- 여가활동

추천서
- 추천서
- 추천서 예비자료
- 자기 추천서

대학교 탐방
- 대학탐방 소감문
- 학과탐방 소감문
- 대학프로그램 캠프/참가활동지 및 자료

대회 참가
- 수험표
- 참가 신청서
- 대회 사진
- 참가 작품 또는 사진
- 수상 목록
- 상장
- 대회 준비자료

진로 체험
- 진로심리검사 결과자료
- 진로특강 소감문
- 직업인 인터뷰보고서
- 직업체험 보고서
- 교과 연계 진로체험 보고서

자격증 인증
- 자격증 목록
- 자격증
- 인증 목록
- 인증서
- 자격고사 참가 수험표

[그림 11-1] 진로 포트폴리오 구성 세부 내용 예시

출처: 충청남도교육청교육연수원(2020). 4차 산업혁명 시대를 대비한 진로 · 진학 교육-진로 포트폴리오 (https://youtu.be/ENFpq5xDZZg?si=EJmBoEMgYd2TRu7E).

2. 진로 포트폴리오 준비하기

경력관리 AI 서비스 잡케어를 활용한 준비 진로 포트폴리오는 자신의 생애설계를 바탕으로 진로와 관련된 특성 · 역량 · 자격 · 경험 등을 축적한 자료이며, 진로를 탐색 · 결정하고 계획 및 준비하는 과정을 일목요연하게 정리한 서류철을 의미한다. 또한 개인의 성장과 진로에 관련된 내용을 모두 포함하게 되고, 자신이 보유하고 있는 능력이나 경력을 증명하기 위하여 교육이나 훈련받은 정도와 자격 여부 등을 나타내야 하므로, 이와 관련된 자료들을 체계적으로 준비하는 노력이 요구된다.

따라서 학생들이 우수한 진로 포트폴리오를 작성하기 위해서는 자신의 진로 특성에 적합한 직업 선택이나 취업 준비에 필요한 여러 조건을 안내하고 지원해 주는 정보원을 활용하는 것이 필요하다. 이를 위하여 고용24의 AI 기반 경력관리 서비스인 잡케어(JobCare)를 활용해 보고자 한다. 경력관리 AI 서비스 잡케어는 전 생애에 걸쳐 경력개발 단계에서 개인의 진로탐색, 경력개발, 취업 준비를 지원하기 위한 데이터 분석 기반의 맞춤형 직업 탐색 및 경력개발을 지원하는 서비스이다. 또한 빅데이터 및 인공지능 기반 직업상담 지원시스템으로서, 학생들의 진로 특성에 맞춘 경력설계 및 맞춤형 서비스를 제공하여 직무역량 중심의 진로 설계와 취업 준비를 위한 직업상담을 지원한다.

잡케어는 관심 키워드 검색이나 개인이 작성한 프로필 내용을 기반으로 자신의 직업역량과 각 직업별 요구 역량을 비교하여 희망/추천/연관 직종에 대한 개인 보유 직무능력을 안내하며, 직업별 직무역량, 취업시장 정보, 경력개발경로 및 추천 정보 등을 제공하고 있다. 잡케어 활용 방법은 관심 키워드 간편입력이나 프로필 작성의 상세입력 등 사용자 데이터 입력을 통해 관심사항 직업 설계서나 프로필 직업 설계서가 출력된다. 자세한 활용과정은 다음과 같다.

[그림 11-2] 잡케어 활용 방법: 메인 화면

출처: 고용24 잡케어 홈페이지(https://www.work24.go.kr/wk/jc/a/c/1000/jobCareIntroExp.do).

잡케어 직업 설계서 만들기에는 '새롭게 관심 있는 직업이 있어요(관심사항으로 직업 설계서 만들기)'와 '준비된 학력 · 경력이 있어요(프로필로 직업 설계서 만들기)' 등 두 개의 방식이 있다. 관심사항으로 직업 설계서 만들기는 관심 키워드 입력과정에서 학생들이 평소 관심을 가지고 있던 전공, 자격증, 훈련과정, 직업, 직무, 기술과 관련된 키워드를 입력하여 검색하면, 잡케어가 입력된 키워드와 연관되어 있는 관련 직업들을 추천해 주는 방식이다.

직업분석 과정에서는 관심사항으로 입력된 키워드를 통해 추천된 10개의 직업별로 직업 설명과 주요 업무 및 직업예시 확인을 거쳐 원하는 직업을 선택하여 직업 설계서를 만들게 된다. 직업 설계서 만들기 과정에서는 경력개발경로와 필요 상세 직무역량을 확인하며, 일자리, 자격증, 직업훈련, 학력/전공, 연령 관련 취업시장 정보와 선택한 직무 분야의 추천된 직업훈련 및 자격증 정보, 일자리 정보를 확인하여 직업 설계서를 완성하게 된다.

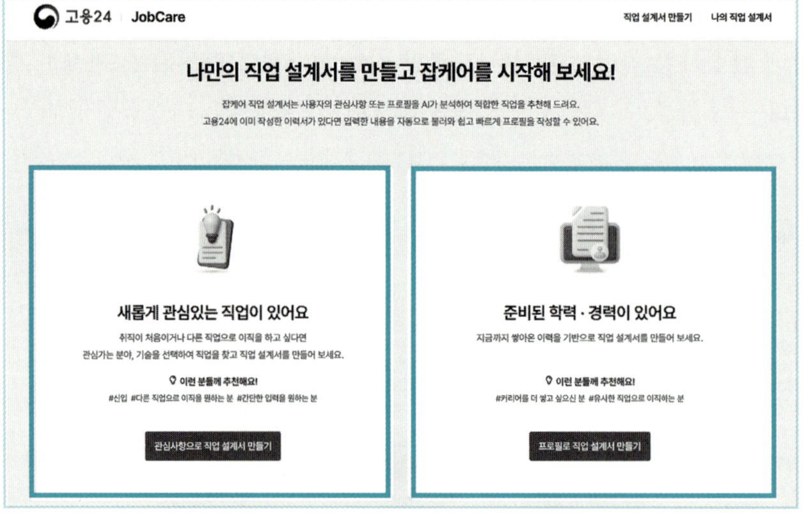

[그림 11-3] 잡케어 활용 방법: 직업 설계서 만들기

프로필로 직업 설계서 만들기는 학생들이 학력, 경력, 경험 등 자신의 프로필을 먼저 작성한 후 이를 바탕으로 잡케어가 프로필에 입력된 직무역량 분석을 통해 연관된 직업들을 추천해주는 방식이어서, 관심사항으로 직업 설계서 만들기에 비하여 프로필에 기반한 연관 직업 추천이 이루어지므로 좀 더 개인 맞춤식 지원이 가능하다는 장점이 있다.

프로필 작성 과정에서 학생들이 자신의 학력, 전공, 수강과목, 직업훈련, 자격증, 경력/경험, 보유능력 등의 프로필을 작성해야 하는데, 이를 충실하게 입력할수록 보다 정확하게 분석하여 보유직무역량 분석과 직업 설계서가 정교하게 만들어질 수 있다. 고용24에서 사전에 자신의 이력서를 등록해 놓았다면 자신이 입력한 내용을 자동으로 불러와 쉽고 빠르게 프로필을 작성할 수도 있다. 프로필 작성이 완료되면 잡케어가 이를 바탕으로 연관 직업들을 추천해 주며, 이 중에서 희망 직업들을 서로 비교하여 자신에게 보다 적합한 직업을 선택하면 최종 나의 직업 설계서가 만들어진다.

잡케어를 활용하여 고등학교 3학년에 재학 중인 학생의 사례를 프로필로 직업 설계서 만들기를 통하여 학력사항, 직업훈련, 자격증, 경력/경험, 보유능력 등의 프로필을 작성한 후, 추천된 연관 직업들을 분석하고 선택한 최적의 희망 직업으로 나의 직업 설계서를 작성한 경우가 다음 예시와 같다.

예시 잡케어 활용 사례: 고등학교 3학년 학생

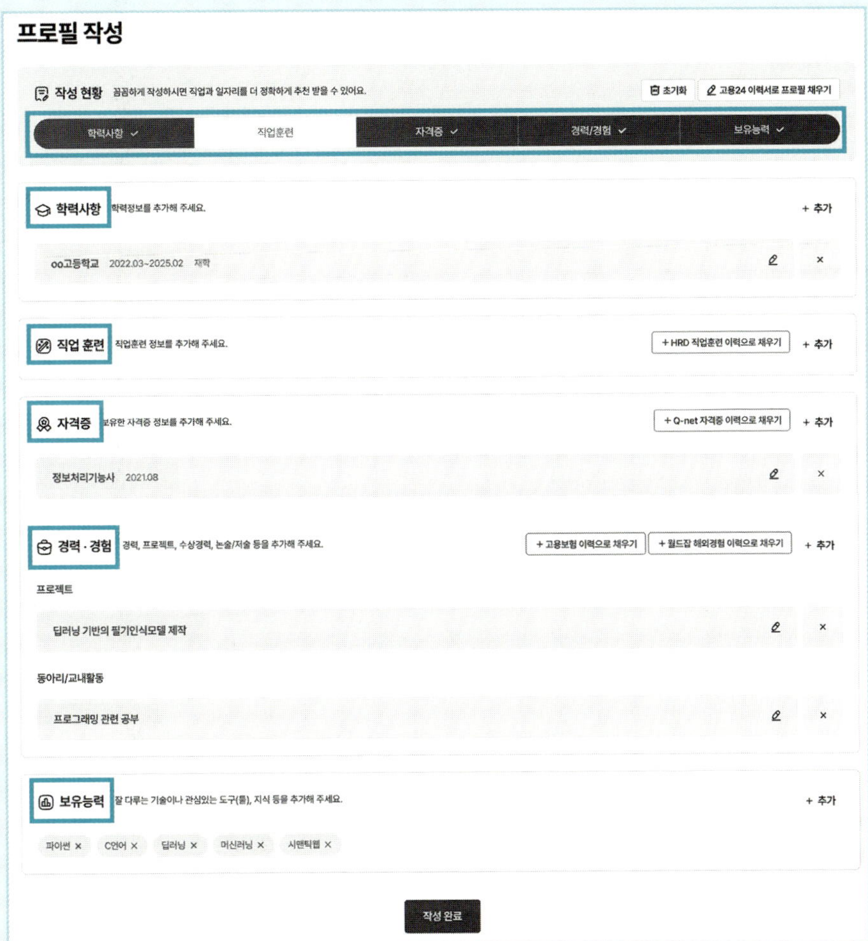

평소에 컴퓨터 소프트웨어와 IT 분야에 관심이 있던 학생의 학력사항과 자격증 보유현황 및 경력/경험으로 딥러닝 기반의 필기인식모델 제작, 프로그래밍 공부 경험을, 보유능력으로 파이썬, C언어, 딥러닝, 시멘틱웹 등으로 프로필을 작성하고 연관 직업 분석을 한 결과, 다음과 같이 10개의 관련 직업이 추천되고 있다. 추천된 직업별로 직종 설명, 주요 업무, 직업 예시 등 세부 정보를 확인한 후 프로필과 추천 직업 TOP3 관계 차트 보기를 실행해 보니 응용 소프트웨어 개발자, 시스템 소프트웨어 개발자, 웹 개발자 등 3개의 우선 직업이 추천되었다. 이 중에서 관심 직업인 웹 개발자로 최종 나의 직업 설계서를 만들어 보았다.

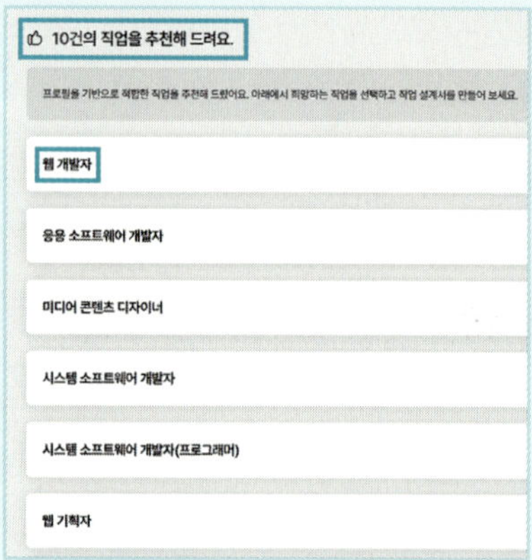

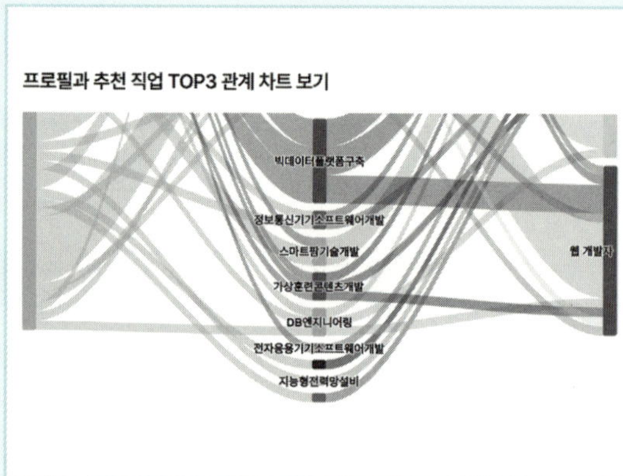

나의 직업 설계서에서는 기본정보로 웹 개발자의 직업 개요, 관련 직업 동영상을 확인할 수 있으며, 웹 개발자에 대해 자신이 보유하고 있는 직무역량이 58%임을 확인하고 그 외 부족한 역량을 파악할 수 있도록 도와준다. 취업시장 정보에서는 웹 개발자의 지역별 일자리 정보와 자격증 동향, 직업훈련, 전공, 연령, 임금 동향 등의 상세한 시장정보를 확인할 수 있다. 또한 경력개발 로드맵에서는 로드맵을 참고하여 경력개발경로를 설계할 수 있는데 직무별, 수준별로 보유/미보유한 능력단위가 매트릭스 표로 구성되어 경로를 한눈에 보기 적합한 구조이다. 기타 추천정보에서는 일자리, 직업훈련, 자격증 정보를 제공하고 있어서 취업과 능력개발에 필요한 정보를 찾아보기에 적합하다.

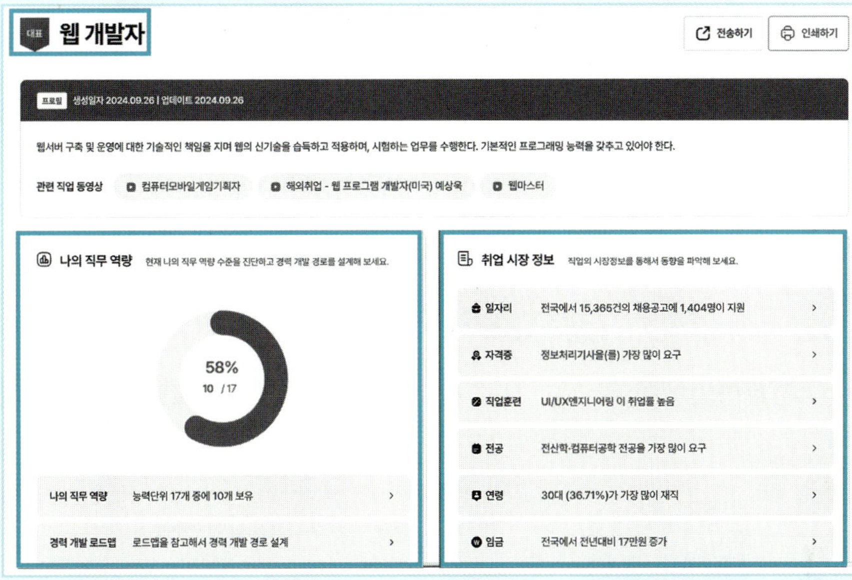

출처: 고용24 잡케어 홈페이지(https://www.work24.go.kr/wk/jc/a/c/1000/jobCareIntroExp.do).

진로 포트폴리오 우수사례 진로 포트폴리오 우수사례를 소개하면 다음과 같다. [그림 11-4]는 인천광역시교육청에서 주관한 자기주도적 진로개발 역량 강화를 위한 2022 학생 진로설계 발표대회의 우수사례로서, 고등학교 1학년 학생의 다양한 진로 활동에 대한 소개와 앞으로의 진로 계획을 담고 있다. 이 학생은 1학년 때 대학생과의 인터뷰, 진로심리 검사, 직업체험, 계열학과 마실가기 발표 등 10가지의 진로개발 활동을 하였다. 특히 '동아시아시민 진로아카데미'는 다양한 분야의 교수들의 강의를 통해 자신이 원하는 전공에 대한 공부를 할 수 있어서 3학년이 되어서도 다시 참여하는 것으로 진로 계획을 수립하였다. 그리고 '고교-대학 연계 교육청 프로그램'과 '학교 밖 창체진로활동' 또한 앞으로의 진로 계획에 포함하였다.

1학년 **나의 활동들**

활동1.대학생과의 인터뷰	활동6.동아리 활동
활동2.진로심리 검사	활동7.전공캠프
활동3.직업체험	활동8.대학교 학과 탐방
활동4.계열학과 마실가기 발표	활동9.직업인 멘토링
활동5.독서 활동	활동10.동아시아시민 아카데미

앞으로의 진로 계획

진로아카데미

고교 대학 연계 교육청 프로그램

2023학년도 상반기(5~8월)
고교-대학-교육청 연계프로그램 운영계획

1 전공학과 설명회 및 전공체험

○ 신청기간: 5월 프로그램 : 2023. 5. 10.(수) 17:30 ~ 5. 14.(일) 23:00 (선착순)
6월~7월 프로그램 : 2023. 5. 10.(수) 17:30 ~ 5. 28.(일) 23:00 (선착순)
○ 신청대상: 관내 고등학생
○ 신청방법: (인천사이버진로교육원 홈페이지 – 열린공간 – 공지사항에 신청방법 안내)
인천사이버진로교육원 홈페이지 접속(https://cyberjinro.ice.go.kr) → 인천사이버진로교육원 → 회원가입 → 로그인 → 신청접수 → 프로그램신청 → 고교대학연계프로그램 선택 → 프로그램명 확인 후 참가신청
※ 신청 시 학교명, 학번, 성명, 연락처, 이메일 등을 정확히 기재(기재 오류 시 참가명단에서 누락될 수 있음)
○ 기타: 신청 완료 후 대학에서 ZOOM 주소 등 안내문자 발송 예정

학교 밖 창체진로활동

2022학년도 고교학점제 선도지구
학교 밖 교육 창의적체험활동(진로활동) 운영 개요(3차)

구분	내용		
	운영 기간	요일 및 시간	비고
운영 기간	10.21.(금)~11.12.(토)	학기 중 평일 저녁 및 토요일	• 총 17시간(첫 시간은 온라인 수업) • 대면 수업이 원칙, 코로나 상황에 따라 변경 가능
운영 대상	고등학교(특성화고 제외) 1, 2학년 학생 모두 신청 가능		
운영 개요	- 한 프로그램당 15명 내외, 참가비 무료, 선착순 모집 - **1차, 2차, 추가프로그램에서 탈락된 학생은 3차에 신청 가능** - **1차, 2차 추가프로그램의 선정학생은 신청 불가능** - 학생의 활동 내용을 학교생활기록부 기록(창의적체험활동 진로활동 영역) - 2/3 이상 출석 한 경우 이수 인정. **참여 학생 공문 발송 후 중도 포기 불가능** - 수업별 협력교사 1명을 배치하여 수업강사와 협력교사의 코티칭으로 진행		
프로그램수	총 18 개		

[그림 11-4] 진로 포트폴리오 우수사례(고등학생)

출처: 인천광역시교육청(2022; https://www.youtube.com/live/1ijNe0F17ZE?si=wJZLWS4Qp3SSvr_u).

[그림 11-5]는 전남대학교 공학교육혁신센터의 포트폴리오 전시에 올라와 있는 우수사례 수상작으로서 대학생의 사례이지만 고등학생들이 진로 포트폴리오의 목차나 내용을 구성하는 데 참고하면 좋을 것이다.

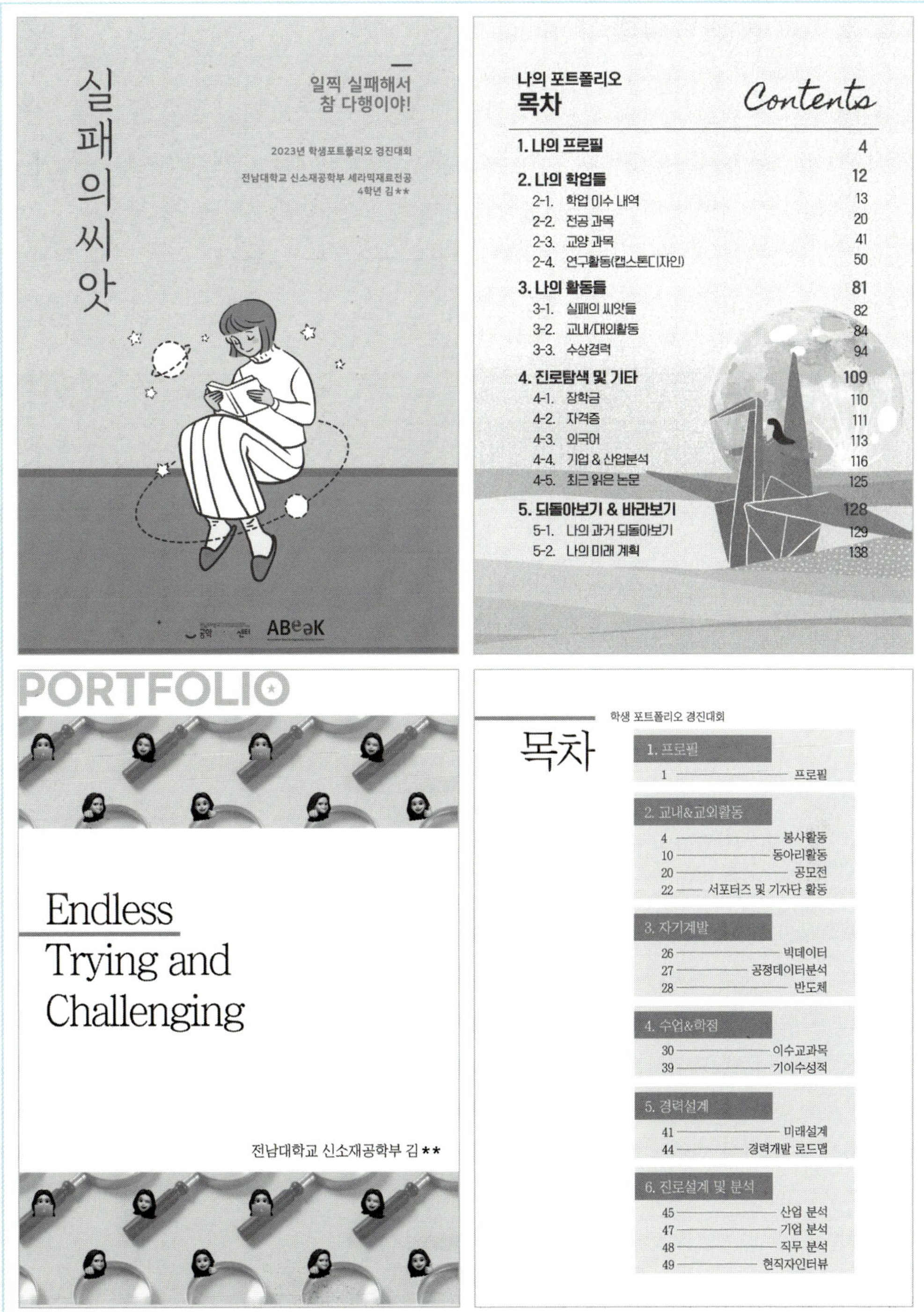

[그림 11-5] 진로 포트폴리오 우수사례(대학생)

출처: 전남대학교 공학교육혁신센터 홈페이지(https://icee.jnu.ac.kr/icee/index.do).

3. 진로 포트폴리오 만들기

나의 목표설정 진로 포트폴리오를 만들기 전에 자신의 목표를 다시 한번 확인하는 것이 중요하다. 〈표 11-1〉의 진로계획 설정 체크리스트는 자신이 살고 싶은 삶, 가고 싶은 대학과 학과, 그리고 갖고 싶은 직업 등을 명확히 하는 데 도움이 될 것이다. 각 항목을 체크해 보면서 목표와 계획을 구체적으로 설정해 본다(활동지는 [부록 19] 참조).

〈표 11-1〉 진로계획 설정 체크리스트 예시

항목	질문	답변
1. 내가 살고 싶은 삶		
삶의 목표	이루고 싶은 가장 중요한 목표는 무엇인가요?	사람들에게 도움을 줄 수 있는 상담사가 되는 것
가치관	중요하게 여기는 가치는 무엇인가요? (예: 가족, 건강, 자유, 안정, 도전 등)	가족, 건강, 성취
라이프 스타일	꿈꾸는 라이프스타일은 어떤 모습인가요? (예: 도시/농촌, 혼자/가족과 함께, 활동적/여유롭다 등)	도시에서 일하며 여유로운 주말
취미와 여가	즐기고 싶은 취미와 여가 활동은 무엇인가요?	독서와 산책
사회적 관계	어떤 사람들과 교류하며 살고 싶은가요? (예: 가족, 친구, 동료 등)	긍정적이고 공감을 잘하는 사람
2. 가고 싶은 대학		
대학 이름	가고 싶은 대학은 어디인가요?	서울대학교/이화여자대학교
지역	선호하는 대학의 위치는 어디인가요? (예: 국내, 해외, 특정 도시 등)	국내 수도권
대학의 특징	가고 싶은 대학의 특징은 무엇인가요? (예: 명성, 캠퍼스 환경, 교육 프로그램, 연구시설 등)	실무중심교육과 우수한 연구시설
3. 학과 선택		
관심 분야	관심 있는 학문 분야는 무엇인가요?	상담심리학
학과 이름	선택하고 싶은 학과는 무엇인가요?	상담심리학과
학과의 특성	선택한 학과의 장점은 무엇인가요? (예: 커리큘럼, 교수진, 연구 기회 등)	이론과 실습을 균형 있게 배울 수 있음

항목	질문	답변
4. 갖고 싶은 직업		
직업 이름	갖고 싶은 직업은 무엇인가요?	심리상담사
직업의 역할	이 직업에서 맡게 될 주요 역할과 책임은 무엇인가요?	심리적 문제를 진단하고 해결 지원
필요한 기술과 자격	이 직업을 갖기 위해 필요한 기술과 자격은 무엇인가요?	심리상담 및 해석상담 기술, 청소년 상담사, 전문상담사 등 자격증
근무 환경	원하는 근무 환경은 어떤 모습인가요? (예: 사무실, 야외, 특정 산업 등)	조용한 상담실
직업의 전망	이 직업의 미래 전망은 어떤가요? (예: 성장 가능성, 안정성 등)	안정적 수요와 성장 가능성
5. 구체적인 실행계획		
단기 목표	앞으로 1~2년 내에 이루고 싶은 단기 목표는 무엇인가요?	상담심리학과 진학
중기 목표	앞으로 3~5년 내에 이루고 싶은 중기 목표는 무엇인가요?	상담 자격증 취득
장기 목표	앞으로 10년 내에 이루고 싶은 장기 목표는 무엇인가요?	대학원 진학 및 개인상담소 운영
행동 계획	각 목표를 이루기 위해 어떤 행동을 취할 것인가요?	학위 취득, 실무 경험 쌓기

나의 진로 포트폴리오 만들기 목표 설정을 완료한 후, 나의 진로 포트폴리오를 작성한다. 이 포트폴리오는 학업 성취도와 다양한 활동을 기록하여 자신의 진로를 계획하고 준비하는 데 사용된다(〈표 11-2〉 참조). 각 항목을 체크하고, 목표와 계획을 명확하게 설정해 본다.

〈표 11-2〉 진로 포트폴리오 양식

[표지]

항목	내용
이름	
학교	
학년	

[목차]

번호	항목
1	이력서
2	성적표 사본
3	나의 진로 계획서
4	진로 검사 결과(예: 홀랜드 검사, 성격 검사 등)
5	취업을 위한 인증서(예: 자격증, 수료증 등)
6	취업 추천서
7	취미나 특기
8	수상경력
9	기타 활동(예: 동아리, 봉사활동 등)

출처: 김판욱(2005).

[세부 내용]

1. 이력서

이 력 서

1. 인적사항

사진	성명	
	생년월일	
	주소	
	전화번호	
	E-mail	

2. 학력사항

기간	학교명	주요 과목

3. 취미 및 특기

취미	특기 능력	관련 경험

4. 자격 및 기타사항

취득년월일	자격증	발령청

5. 수상경력

상명	수상 내역	주최처

2. 성적표 사본

학년	내용
1학년	[성적표 사본 첨부]
2학년	
3학년	

3. 나의 진로 계획서

학년	목표	계획
1학년	예: 컴퓨터 과학 분야로의 진로 탐색 및 기초 지식 습득하기	예: 매주 토요일마다 온라인 코딩 클래스 참여하여 프로그래밍 기초 배우기
2학년		
3학년		

4. 진로 검사 결과

검사	결과
1. MBTI 검사	예: ESTP, 에너지가 넘치고 실용적이며, 즉흥적인 결정을 내리는 것을 즐기는 '사업가'
2. 직업흥미 검사	
3. 직업가치관 검사	
4. 주요능력효능감 검사	

5. 취업을 위한 인증서

항목	내용
1. 자격증	인증서명(년도)
2. 수료증	

6. 취업 추천서

항목	내용
추천서	[추천서 첨부]

7. 취미나 특기

항목	내용
1. 취미	예: 독서, 축구
2. 특기	예: 컴퓨터 활용(MS Office, 포토샵)

8. 수상경력

항목	내용
상명	상명(년도)

9. 기타 활동

항목	내용
1. 동아리 활동	활동 1
2. 봉사 활동	활동 2

진로 포트폴리오의 효과적 표현 방법 진로 포트폴리오를 효과적으로 표현하기 위해서는 몇 가지 중요한 방법을 유념해야 한다.

첫째, 문자 표현은 최대한 줄이는 것이 좋다. 이력서와 자기소개서에서 이미 충분히 문자로 자기 표현을 했기 때문에, 포트폴리오에서는 시각적인 요소에 중점을 두는 것이 효과적이다. 만약 글자가 포함되어야 한다면, 간결하고 한눈에 보기 좋은 내용으로 정리해야 한다. 또한 서체는 눈에 잘 들어오는 것을 선택해 가독성을 높여야 한다(천성문 외, 2017).

둘째, 적절한 컬러 사용은 포트폴리오의 가치를 높일 수 있다. 하지만 단순히 꾸미기 위한 컬러 사용은 오히려 지저분하게 보일 수 있으므로 주의해야 한다. 컬러는 강조를 위해 사용하고, 자신의 이미지를 충분히 표현할 수 있는 색깔을 선택하는 것이 바람직하다.

셋째, 통일되고 일관된 패턴을 통해 잘 정리된 모습을 보여 주는 것이 중요하다. 담당자는 수많은 포트폴리오를 보게 되는데, 정돈되지 않고 혼란스러운 포트폴리오는 매력적이지 않다. 따라서 일관된 스타일과 구조를 유지하여 포트폴리오의 완성도를 높여야 한다.

진로 포트폴리오 작성 시 유의사항 진로 포트폴리오 작성 시에는 몇 가지 중요한 사항을 유념해야 한다.

첫째, 포트폴리오의 목적을 명확히 정의해야 한다. 취업, 진학, 또는 개인적 발전을 위해 작성하는 포트폴리오는 각각 다른 접근 방식을 필요로 하며, 목적을 명확히 함으로써 포함할 정보를 결정하는 데 도움이 된다. 목적에 맞는 포트폴리오를 제작하고, 다른 사람의 것을 무조건 따라 하지 않는 것이 중요하다.

둘째, 포트폴리오에는 자신의 최고의 작품만 포함시켜야 한다. 평범한 작품을 포함시키는 것은 오히려 성공 가능성을 낮출 수 있으므로, 가장 자랑스러운 성과와 프로젝트를 선별하여 포함하는 것이 좋다. 내용이 적다고 해서 관련 없는 정보를 담지 말고, 너무 오래된 자료는 최신 성과가 없다는 인상을 줄 수 있으므로 피해야 한다.

셋째, 포트폴리오는 동적인 도구이다. 새로운 성과나 프로젝트가 있을 때마다 정기적으로 업데이트하여 최신 정보를 반영하도록 유지해야 한다. 사실만을 기록하고, 꾸준히 포트폴리오를 준비하고 관리함으로써 자신의 능력과 성취를 효과적으로 보여 줄 수 있도록 한다(천성문 외, 2017).

제12장

학습전략

학생이 자신의 진로와 관련한 교과목을 선택하고 수강하도록 고등학교 교육과정이 변화하면서, 학생들은 작업에 필요한 선택과목별 필수 학점을 확인하고, 자신의 진로와 관련된 교과목을 선택하고 수강하고 이수해야만 한다. 따라서 진로 지도는 진로 상담을 넘어 과목 선택, 학습설계, 학업관리 상담을 포함하는 의미로 확장하게 되었다.

학생도 자율적 존재로 스스로 진로를 설계하는 자기주도적 학습자, 더불어 살고 소통하며 새로운 가치를 창조하는 학습자가 되어야 한다. 또한 학생들은 다양한 과목을 자신의 진로에 따라 의미 있는 학습 경로를 거쳐 이수할 수 있도록 학습전략을 잘 짜는 것이 중요하다. 자신이 설정한 진로목표(직업, 직무, 학과)에 도달하기 위해 필요한 전반적인 학습 계획을 설계했다면, 진로학업설계에 필요한 학습을 잘 수행하기 위해 도움이 되는 전략들을 이해하는 것이 필요하다.

앞선 장에서 여러 가지 활동을 통하여 진로에 대해서 탐색해 보았다. 이러한 활동들은 지금까지 습득한 자신의 진로에 대한 정보의 재점검을 통해 학습전략을 수립하는 데 도움이

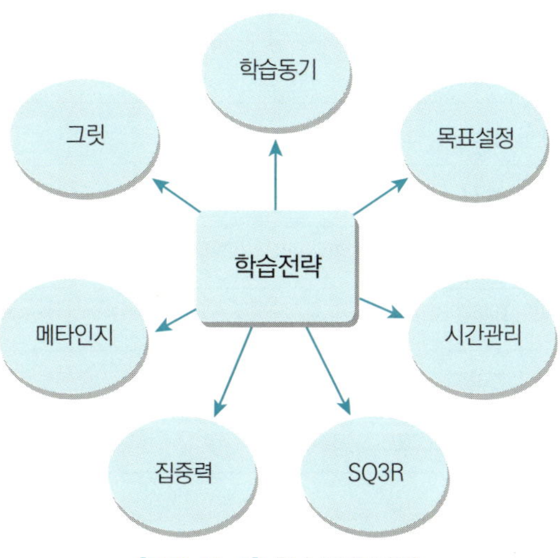

[그림 12-1] 학습전략 방법

되었을 것이다. 또한 내가 얻고 싶은 직업, 내가 가고 싶은 학과, 그 학과가 개설되어 있는 학교들을 알아볼 수 있었다. 이 장에서는 잠정적으로 결정한 진로를 실현하기 위한 목표 수립 방법, 시간 활용 방법 등을 제시한다.

1. 학습전략 방법

학습동기 향상 전략

▪ 공부하는 이유 탐색하기

학습전략을 세우기 앞서 자신의 학습에 대한 동기를 탐색하는 것이 중요하다. 학생들은 자신이 왜 공부를 해야 하는지 그 이유를 명확히 알아야 학습에 대한 동기가 증진될 수 있기 때문이다. 공부는 그냥 싫고 힘든 거라는 생각보다는 왜 공부를 하려고 하는지에 대해서 성찰하는 시간을 가지고 공부에 임한다면 보다 효율적으로 공부를 수행할 수 있을 것이다.

〈표 12-1〉 공부를 하는 이유 체크리스트

	공부하는 이유	순위
1	새로운 것을 배우는 것 또는 배우는 자체가 즐거워서	
2	새로운 나를 발견하고 나 자신의 꾸준한 성장을 위해서	
3	지금까지 배운 지식을 잊어버리지 않기 위해서	
4	나의 실력이 후퇴하는 것이 싫어서	
5	남들보다 좋은 점수를 얻기 위해서	
6	좋은 직장을 얻기 위해서	
7	선생님이나 부모님께 칭찬을 받고 싶어서	
8	더 많은 돈을 벌기 위해서	
9	부모님께 혼나지 않으려고	
10	남들에게 무시 당하지 않으려고	

출처: 박동혁(2018).

학생들이 어떤 이유로 공부를 하는지, 중요하다고 생각하는 순서대로 3가지를 골라 순위를 적어 본다. 1~4번은 내적 동기, 5~10번은 외적 동기에 해당한다. 외적 동기는 보상, 인정, 처벌, 회피 등 우리 외부의 요인에서 비롯되는 것을 말하며, 내적 동기는 행위 그 자체를 하는 것이 긴장의 해소에 도움이 되고 그것에 만족을 느끼는 것을 말한다. 외적 동기로 공부를 시작할 수 있지만, 내적 동기만큼 지속력을 가지기는 어렵다. 따라서 학습의 즐거움을 찾을 수 있도록 실생활과 학습 내용을 연결하며 의미화하는 작업이 필요하다.

■ 인생에서 중요한 것 탐색하기

길고 힘겨운 학업의 과정을 잘 밟아 나가기 위해서는 우선 학생들이 무엇을 원하고 있는지, 그것이 얼마나 중요하고 가치 있는 것인지 확인해야 한다. 학생들의 삶에서 중요한 것은 무엇인지, 왜 그것이 중요하다고 생각하는지 다음과 같이 확인해 보는 것이 필요하다. 이러한 활동을 통해 자신에게 필요한 가치가 명료해지면, 이러한 가치를 실현하기 위해 학업에 매진할 수 있다. 즉, 학생들에게 중요한 가치는 학업동기로 작용할 수 있다.

나에게 중요한 것은 첫째,

그 이유는

나에게 중요한 것은 둘째,

그 이유는

나에게 중요한 것은 셋째,

그 이유는

목표설정 전략 마음속에 꿈만 품어서는 이루어지지 않는다. 꿈을 목표로 전환시킬 수 있어야 하며 목표는 꿈을 이루는 가장 효과적인 도구이다.

목표달성에 보다 쉽게 도달하기 위해서는 명확한 목표를 설정해야 한다. 스티어스(Steers, 1989)는 성과를 높이는 과업목표의 특징을 다음과 같이 소개한다. 첫째, 목표설정에 자신이 직접 참여한다. 둘째, 목표를 구체적으로 설정한다. 셋째, 도전감이 있는 목표를 설정한다. "공부 열심히 하기"라는 막연한 목표보다는 "영어점수를 90점 이상 받기 위해 매일

영어단어를 50개씩 외우고, 문제집 2장 풀기"라는 목표가 훨씬 구체적이며, 목표를 달성했을 때 성취감과 자신감이 향상될 수 있다.

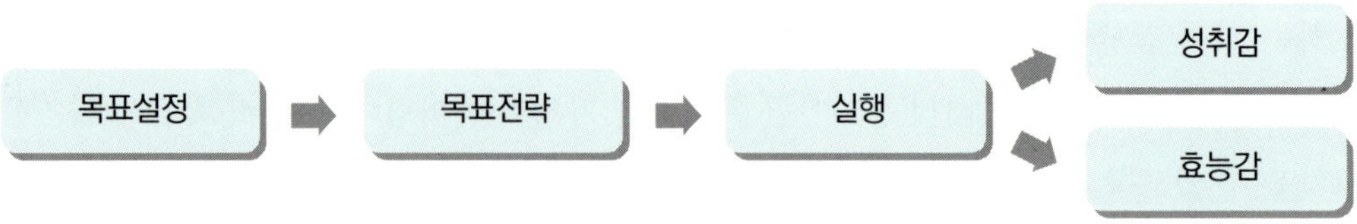

[그림 12-2] 목표설정 과정

성취경험 찾아보기

학생들은 자신의 흥미와 관심분야에 대한 다양한 경험을 반복하게 되면 성취감과 잠재력을 발견할 수 있다. 아무것도 노력하지 않고 가만히 있는다면 평생 자신의 능력과 잠재력을 발견하기 어려울 것이다. 자신이 어떠한 능력과 잠재력을 가지고 있는지 가장 빠르고 정확하게 알아내기 위해서는 다양한 경험을 해 보아야 한다. 예를 들어, 영화 보는 것에 흥미를 가지게 되면서 영화 제작과 관련된 수업 듣기, 영화 동아리 활동, 단편영화 제작에 참여, 단편영화에서 연기하기 등 다양한 경험에 참여할 수 있으며, 이러한 과정을 통해 연기에 대한 재능을 발견하게 될 수도 있다.

[그림 12-3] 성취경험 과정

단계별 목표전략

우리는 누구나 이루고 싶은 꿈이나 막연한 로망을 가지고 살아가고 있다. 그것을 그냥 생각으로만 흘려버리지 말고 분명한 목표로 잡아 둔다면 꿈에서 그치는 것이 아니라 꿈을 현실로 이뤄 낼 수 있다. 목표를 설정하는 것은 학생들이 이상적인 미래를 구체적으로 떠올리는 과정이며, 이는 이상을 현실로 만들기 위한 작업의 첫 단추이다. 목표를 설정함으로써 어디에 노력을 집중해야 하는지, 학생들이 어떤 것을 원하는지 정확히 알 수 있고, 주어진 시간과 자원을 효율적으로 조직하여 삶을 최대한으로 활용할 수 있다.

장기(최종목표)	우주선 개발자
중기(5년)	국내외 대학 항공우주공학과 입학
단기(1년)	내신 및 정시 1~2등급
1개월	중간, 기말 고사 준비
일주일	수리 · 탐구 영역 문제풀이
하루	수리 · 탐구 영역 문제풀이

[그림 12-4] 단계별 목표설정 예시

시간관리 전략 지금까지 설정한 목표를 통해서 학생들은 자신이 거둬야 하는 내신성적, 수능성적, 비교과 활동, 직업준비 활동 등을 주어진 시간 내에 해내야 하는 과제에 봉착하게 된다. 과제를 잘 달성해 내기 위해서는 시간관리가 매우 중요하다. 학생이 원하는 진학이나 직업이 비교과 활동을 많이 필요로 하는 분야라면 더욱더 시간관리가 중요해진다. 비교과 활동을 해내면서도 학교를 충실히 다녀야 하고, 내신도 관리해야 하고, 수능에 대한 준비도 해야 하기 때문이다. 학년이 올라갈수록 짧은 시간안에 많은 공부를 해내야 하기 때문에 시간관리는 필수이며, 현재 자신의 시간관리 상황을 체크하고 효율적인 시간관리 전략을 수립해야 할 것이다.

▪ 현재 공부 상황 점검하기

먼저, 〈표 12-2〉의 시간관리 체크리스트를 통해 자신의 시간관리 상태를 확인하는 것이 필요하다. 자신의 총점을 확인한 후, 점수대별 설명을 읽어 보면 도움이 될 것이다.

〈표 12-2〉 시간관리 체크리스트

	문항	매우 아니다	아니다	그렇다	매우 그렇다
1	나는 전화 때문에 항상 방해를 받는다. 그리고 통화가 대부분 쓸데없이 길다.	0	1	2	3
2	가족을 포함해 친구들 때문에 종종 공부에 집중하지 못한다.	0	1	2	3
3	공부 시간이 너무 오래 늘어지는 경우가 빈번하다. 그리고 공부 결과가 내 입장에서 만족스럽지 않을 때가 많다.	0	1	2	3
4	공부할 양이 많고 시간을 집중적으로 들어야 해서 하기 싫었던 공부는 대부분 미룰 수 있을 때까지 미룬다. 또는 그런 공부들을 마무리하는 데 큰 난항을 겪기 때문에 늘 마음이 편치 않다.	0	1	2	3
5	뚜렷한 우선순위가 없을 때가 많다. 때문에 많은 일을 한꺼번에 처리하려고 애쓴다. 또 잡무를 너무 많이 보느라 가장 중요한 공부에 집중할 시간이 너무 적다.	0	1	2	3
6	공부일정과 마감기한을 촉박한 시간에 쫓기면서 겨우겨우 진행할때가 빈번하다. 왜냐하면 항상 예기치 못한 일이 중간에 끼어들거나 내가 너무 많은 일정을 잡아 놓았기 때문이다.	0	1	2	3
7	책상 위에 너무 많은 책과 짐이 쌓여 있다. 내 책상은 깨끗하게 정돈된 상태라고 보기 어렵다.	0	1	2	3
8	다른 친구들과의 의사소통이 부족한 경우가 많다. 때늦은 정보교환, 오해, 심지어 불화가 나의 일상이다.	0	1	2	3
9	팀작업에서 업무 분담이 제대로 이루어지는 경우가 거의 없다. 때문에 다른 팀원의 일을 내가 처리해야 하는 경우가 빈번하다.	0	1	2	3
10	다른 사람들이 나에게 뭔가 요구하면 사실 내 일을 처리하기도 바쁜데 거절하기 어렵다.	0	1	2	3
11	내 인생 설계에서 공부 또는 개인적 영역의 뚜렷한 목표설정이 결여되어 있다. 때문에 종종 하루 종일 하는 일에서 의미를 찾을 수 없을 때가 많다.	0	1	2	3
12	때로는 하고자 하는 일을 끝까지 관철하기 위해 반드시 필요한 의지가 내게는 부족하다.	0	1	2	3
	총점				

0~17점: 당신은 '시간 계획'이라는 것을 세울 줄 모르는 사람이다. 타인이 당신에게 시키거나 타인이 결정하는 대로 따르고 만다. 당신은 자신도 타인도 제대로 통솔하지 못한다. 당장 시간관리를 시작해야만 새롭고 성공적인 인생을 끌어갈 수 있다.

18~24점: 당신은 시간을 관리하려는 시도는 하지만 지속적인 성과를 얻기 위해 일관성이 부족하다.

25~30점: 당신의 시간관리는 비교적 훌륭하다. 하지만 한층 더 개선할 여지가 있다.

31~36점: 당신은 시간관리를 배우고 싶어하는 사람들의 모범이다. 유익한 당신의 경험을 다른 사람들과 함께 나눠야 한다.

출처: 로타르 J. 자이베르트(2016).

우선순위 결정하기

효과적인 공부 분담을 위해 간단하고 유용한 팁이 있다. 미국의 34대 대통령 드와이트 D. 아이젠하워가 사용한 결정패턴을 형성하는 법칙이다. 이 법칙은 특히 어떤 일에 우선순위를 두어야 하는지 신속히 결정할 때 대단히 쓸모가 있다. 우선순위는 기본적인 두 가지 기준(중요성, 긴급성)을 고려해 설정한다.

유감스럽게도 우리 사회의 '긴급함'은 광기에 가깝다. 모든 사람이 모든 일을 즉시 처리하기를 바란다. 또한 급한 일은 모두 제일 먼저 처리하려고 든다. 문제는 급한 일들 중 중요하지 않은 것들이 있고, 중요한 일들 중 급하지 않은 것들이 많다는 사실이다. 긴급성이 주는 압박에 휘둘리지 말고 목표달성에 도움이 되는 우선순위를 분명하게 설정하는 것이 중요하다. 학생들이 많은 공부량에 압도당하지 않도록 하기 위해서는 반드시 해야 하는 공부와 여러 비교과 활동들을 나열한 후, 우선순위를 결정하여 하나씩 해 나갈 수 있도록 도와야 한다.

① 해야 할 일 LIST

② 우선순위 결정하기

중요하고 긴급함	중요하지만 긴급하지 않음
중요하지 않지만 긴급함	중요하지도 않고 긴급하지도 않음

[그림 12-5] 아이젠하워 매트릭스

SQ3R을 통한 효과적인 읽기전략 효과적인 학습을 하기 위해서는 읽기전략도 중요하다. SQ3R은 미국의 독서 교육 전문가인 프란시스 로빈슨(Fransis P. Robinson)이 처음 제안한 독서 방법으로, 효율적인 독서를 위해 글의 중심 내용을 정확하게 파악하고 이를 효율적으로 기억하는 것을 목적으로 하는 방법이다. 학생들이 책을 읽을 때 SQ3R 기법을 활용하여 읽기습관을 잘 들여 놓는다면 학습을 효율적으로 할 수 있을 것이다.

〈표 12-3〉 SQ3R 단계

단계	명칭	내용
1단계	Survey (훑어보기)	**윤곽을 잡아가는 과정으로 미리 내용을 생각해 보는 단계** • 제목, 목차, 서론, 첫 문단, 그림 그래프 마지막 문단의 결론 등을 살펴본다. • 글 전체를 1분 정도 짧은 시간 동안 훑어 본다.
2단계	Question (질문하기)	**지문을 본격적으로 읽기 전에 스스로 자신의 호기심을 자극하는 단계** • 30초 동안 Survey(훑어보기)한 내용을 바탕으로 '어떤 내용일까?' '이 단락은 왜 있는 걸까?' 등을 생각한다. • 질문을 통해 읽기에 능동적으로 개입할 수 있다.
3단계	Read (자세히 읽기)	**지문 읽는 단계** • 첫 문장과 마지막 문장을 집중해서 읽는다. • 주장이나 키워드는 밑줄을 긋거나, 동그라미로 표시하면서 읽는다. • 질문한 내용에 답을 얻으면서 읽는다.
4단계	Retain (정리하기)	**문단을 전체적으로 정리하는 단계** • 주제, 키워드, 수업내용, 요약으로 나누어 정리한다. • 중요한 부분은 빨간색으로 체크하면서 정리한다.
5단계	Review (다시 보기)	**전체 내용을 정리하는 단계** • 핵심내용을 떠올리고 생생하게 기억해 본다. • 질문에 답하기를 반복한다.

출처: 이상욱(2024).

집중력 향상전략 주의집중 능력은 인지 및 학습의 전 과정에 영향을 미치는 중요한 능력이다. 학습 장면에서 많은 학습자가 주의집중의 어려움을 호소하지만, 구체적으로 탐색해 보면 그 내용과 원인이 매우 다양하다. 이는 주의집중 능력이 매우 포괄적인 개념이며 다차원적 요소를 포함하고 있기 때문이다. 〈표 12-4〉의 체크리스트를 통해 학생이 취약한 영역을 파악하고, 문제의 원인을 해소시킴으로써 집중력이 향상될 수 있도록 하는 것이 필요하다.

〈표 12-4〉 집중력 체크리스트

요인	내용	체크
환경적 요인	근처 사람들의 대화에 신경이 쓰인다.	
	공부하는 도중에 방해하는 친구가 있다.	
	늘 TV, 컴퓨터, 스마트폰과 함께한다.	
	공부하는 주위에 더 흥미가 가는 물건이나 책들이 있다.	
	공부방의 공기가 답답하다.	
	책상, 의자가 불편하다.	
신체적 요인	운동을 전혀 하지 않아 몸이 긴장되어 있다.	
	잠을 못 자서 피곤하다.	
	최근에 감기나 기타 질병을 앓은 적이 있다.	
	컨디션이 쉽게 나빠진다.	
학습적 요인	14분 이상 책 읽기가 어렵다.	
	공부 내용이 어려워서 힘들다.	
	공부할 분량이 명확히 계획되어 있지 않다.	
	하루에 한두 과목 이외에는 공부하기가 힘들다.	
심리적 요인	가족이나 친구와의 관계가 불편하다.	
	스트레스가 많다.	
	인터넷(혹은 스마트폰)이 계속 하고 싶다.	
	이성친구가 보고 싶다.	
	음악을 들어야 공부가 된다.	
	내가 하고 있는 것이 정말 나를 위한 것인지 모르겠다.	
	공부나 시험에 대한 불안감이 크다.	

출처: 최정원, 이영호(2006).

TIP 집중력을 향상시키는 방법

시각적 요인

- 공부와 관계없는 것들은 책상 위에 놓지 않는다.
- TV를 보지 않을 때는 반드시 끄고 공부한다.
- 공부하는 위치에서 눈앞을 점검해 보고 필요 없는 것들을 깔끔하게 치워 버린다.

청각적 요인

- 공부할 때 방문을 닫고 문 앞에 '공부 중'이라는 표시해 놓는다.
- 텔레비전이나 라디오 등의 음악을 되도록 듣지 않는다.
- 공부하는 동안에는 전화를 받지 않는다.

환경적 요인

- 책상의 크기는 적당해야 하며, 책이나 필기도구를 잘 정리한다.
- 허리를 똑바로 펴서 앉으며, 바른 자세를 유지한다.
- 공부에 필요한 자료를 쉽게 이용할 수 있도록 가까운 위치에 둔다.
- 공부를 마친 후에는 책과 필기도구를 처음 있던 장소에 놓고 주변을 정리한다.
- 공부는 되도록 언제나 같은 장소에서 한다.

심리적 요인

- 항상 어떤 일이든 '나는 할 수 있다'고 생각한다.
- 항상 긍정적으로 생각하고, 부정적인 생각이 떠오르면 재빨리 긍정적인 생각으로 바꾼다.
- 한번에 한 가지만 해낸다는 원칙을 세우도록 한다.
- 목표는 구체적으로, 계획표를 세밀하게 짜도록 한다.
- 처음에는 목표의 범위를 작게 세워 완벽하게 실천함으로써 자신만의 목적을 달성한다.
- '나도 목표를 이루었다'는 자신감과 성취감을 맛본 후 좀 더 큰 목표를 세운다.

메타인지 향상 전략 메타인지란 미국의 심리학자 존 H. 플라벨(J. H. Flavell)이 처음 제시한 개념으로, 자신을 객관적으로 바라보는 능력을 뜻한다. 메타(meta)라는 단어에는 고차원, 초월이라는 뜻이 들어 있는데, 즉 더 높은 곳에서 자기 자신을 바라보는 것이 메타인지라고 할 수 있다.

〈표 12-5〉 메타인지 특징

메타인지가 높은 사람의 특징	메타인지가 낮은 사람의 특징
자신의 상황과 능력을 객관적으로 파악할 수 있음	자신의 능력을 객관적으로 파악하지 못함. 따라서 현재 자신에게 부족한 점은 무엇이고 필요한 것이 무엇인지 캐치하기 어려움
삶에서 만나는 다양한 문제를 객관적으로 조망하고 해결책을 구상할 수 있음	자기 자신을 객관적으로 바라보지 못하기 때문에 중요한 것은 놓치고 불필요한 부분에만 집착할 수 있음

▪ 꾸준히 복습하기

꾸준한 복습은 메타인지 능력을 높이기 위한 가장 중요한 메타인지 학습법 중 하나이다. 복습을 통해 학습한 내용을 다시금 상기시키고, 어떤 내용을 기억하지 못하고 있는지, 이해하지 못한 부분이 어디에 있는지를 파악할 수 있다. 이러한 과정을 통해 무엇을 모르는지 알았다면, 몰랐던 부분을 이해가 될 때까지 다시 공부하며 자신의 것으로 만들 수 있다.

▪ 강의하는 것처럼 설명하기

공부한 내용을 다른 사람에게 강의하는 것처럼 설명하는 것도 효과적인 메타인지를 키우는 방법이다. 누군가에게 공부한 내용을 설명하기 위해서는 완벽한 이해가 선행되어야 한다. 혼자서 공부할 때도 강의하는 것처럼 설명하다 보면, 자연스럽게 이해도가 높아지고 암기 속도도 빨라지게 된다. 설명이 막히는 부분은 모르는 내용, 제대로 이해하지 못한 내용에 해당하기 때문에 체크해 두고 보완해 나가면 된다.

▪ 이미지 트레이닝

이미지 트레이닝이란 암기하고자 하는 내용이나 학습하려는 내용을 머릿속에서 이미지화하는 것이다. 새롭게 학습한 내용이 있다면 그대로 흘려보내지 않고, 잠시 눈을 감고 공부한 내용을 이미지화하여 떠올려 본다. 그러면 그 이미지가 뇌에 잔상처럼 남아 더 많은 내용을 오랫동안 기억할 수 있다. 이처럼 이미지 트레이닝을 활용하면 학습 내용을 쉽게 이해하고 기억할 수 있으며, 학습 효율을 높여 주는 결과로 이어진다.

그릿 향상 전략 성공한 사람들의 공통적인 특징이 있다. 첫 번째는 대단히 회복력이 강하고 근면하다는 것이고, 두 번째는 자신이 원하는 바가 무엇인지 매우 깊이 있게 이해하고 있다는 것이다. 그릿(GRIT)이란 자신이 성취하고자 하는 목표를 끝까지 해내는 힘을 말하며 역경, 어려움, 슬럼프가 있더라도 그 목표를 향해 오랫동안 꾸준히 정진할 수 있는 능력을 의미한다(앤절라 더크워스, 2022). 한마디로 그릿은 장기적 목표를 향한 지치지 않는 열정과 끈기라고 볼 수 있다. 공부는 단시간에 효과가 나타나는 일이 아니기 때문에 학생들은 때때로 오랫동안 공부를 하고도 성적이 잘 나오지 않는 것에 대해서 불만을 가지고 지치기도 한다. 그러나 공부는 꾸준히 노력해야 성과가 나오는 활동이기 때문에 힘들더라도 끝까지 이끌어가는 능력, 즉 그릿이 있어야 어렵고 긴 공부의 여정을 지치지 않고 잘 해낼 수 있을 것이다.

■ 나의 그릿 점검하기

〈표 12-6〉의 그릿 체크리스트를 자신의 그릿 점수를 평가하고 미국의 성인 표본과 비교하며 점검해 볼 수 있다. 〈표 12-6〉의 질문들을 읽고 나에게 해당되는 정도를 체크한 후 점수를 합산하여 평균을 내면 그릿 점수가 도출된다.

〈표 12-6〉 그릿 체크리스트

	내용	전혀 아니다	아니다	약간 그렇다	그런 편이다	매우 그렇다
1	나는 새로운 아이디어와 프로젝트 때문에 기존의 것에 소홀해진 적이 있다.	5	4	3	2	1
2	나는 실패해도 실망하지 않는다. 나는 쉽게 포기하지 않는다.	1	2	3	4	5
3	나는 한 가지 목표를 세워 놓고 다른 목표를 추구한 적이 종종 있다.	5	4	3	2	1
4	나는 노력가다.	1	2	3	4	5
5	나는 몇 개월 이상 걸리는 일에 계속 집중하기 힘들다.	5	4	3	2	1
6	나는 뭐든 시작한 일은 반드시 끝낸다.	1	2	3	4	5
7	나의 관심사는 해마다 바뀐다.	5	4	3	2	1
8	나는 성실하다. 나는 결코 포기하지 않는다.	1	2	3	4	5
9	나는 어떤 아이디어나 프로젝트에 잠시 사로잡혔다가 얼마 후에 관심을 잃은 적이 있다.	5	4	3	2	1
10	나는 좌절을 딛고 중요한 도전에 성공한 적이 있다.	1	2	3	4	5

백분지수	10%	20%	30%	40%	50%	60%	70%	80%	90%	95%	99%
그릿 점수	2.5	3.0	3.3	3.5	3.8	3.9	4.1	4.3	4.5	4.7	4.9

* 자신의 점수를 미국 성인 대표본과 비교해 볼 수 있다. 예를 들어, 학생의 점수가 4.1이면 우리 표본에 속한 성인의 70%보다 그릿이 높은 것이다.

출처: 앤절라 더크워스(2022).

▪ 그릿의 특징

- 관심: 하는 일을 진정으로 즐기고 매력을 느끼며 호기심을 내비치는 사람들이 보이는 것
- 연습: 특정 영역에서 관심을 느끼고 발전시킨 다음, 온 마음을 다해 집중하고 난관을 극복하며 숙달시키는 것
- 목적: 자신의 일이 중요하다는 확신이 열정으로 오는 것
- 희망: 위기에 대처하게 해 주는 끈기

▪ 그릿을 강화하는 대화하기

마인드셋 사고방식에는 고정형 사고방식과 성장형 사고방식이 있다. 고정형 사고방식은 모든 성공을 자신이 원한다는 증거로, 실패를 자신의 결함을 드러내는 증거로 받아들인다. 반면, 성장형 사고방식은 자라나는 식물과 같으며, 자신이 열심히 노력하면 더 잘할 수 있다고 믿는다. 성장형 사고방식을 키우는 방법 중 하나는 장애물이 있을 거라는 사실과 앞으로 나아가기 위해서는 그 장애물에 맞서야 한다는 사실을 아는 것이다.

〈표 12-7〉 그릿 대화법

고정형 사고방식과 그릿을 약화하는 표현	성장형 사고방식과 그릿을 강화하는 표현
너는 타고 났어! 마음에 든다.	열심히 배우는구나! 마음에 든다.
적어도 노력은 했잖니!	결과가 안 좋았네. 어떤 식으로 했는지 어떻게 하면 나을지 이야기해 보자.
참 잘했어. 굉장한 재능이구나.	참 잘했어. 더 개선할 부분은 뭐가 있을까?
어려운 거야. 설령 못하더라도 상심할 건 없어.	어려운 거야. 아직 못한다고 상심할 건 없어.
이건 네 강점이 아닌가 보다. 네가 기여할 다른 일이 있을 테니까 걱정하지 마.	나는 목표 기준을 좀 높게 잡아. 같이 그 기준에 도달할 수 있도록 내가 이끌어 줄게.

2. 학업실패 트라우마

학업실패 트라우마(academic trauma)란 학업과 관련하여 심리적으로 충격이나 상처가 되었던 일시적 사건이나 지속적으로 반복되는 경험을 의미한다. 학업은 학생 신분에서 수행해야 할 가장 핵심적 과업이다. 학생들은 학업을 제대로 해내지 못했을 때 자신을 인생의 낙오자 혹은 실패자로 인식하기 때문에 학업실패 자체가 트라우마 사건이 될 수 있다. 또한 학업실패에 대한 타인의 반응이 트라우마가 되기도 한다. 나아가 시험 자체가 강한 스트레스가 되어 여러 가지 신체화 증상이 나타나기도 하는데, 이런 신체적 반응의 경험과 이로 인한 시험 실패가 함께 트라우마가 된다. 학업에서의 성취가 지나치게 중시되는 우리나라의 경우 학업과 관련된 어려움과 고통은 트라우마로 경험될 만큼 심각하다. 학업은 그 과정보다는 성취에서의 성공과 실패라는 결과로 나타나 삶의 여러 영역에 영향을 미친다(황매향, 2021).

학업실패 트라우마 유형 학생들이 경험하고 있는 학업실패 트라우마는 크게 성취실패, 공부 강요, 관계 폭력으로 나타난다(〈표 12-8〉 참조).

〈표 12-8〉 학업실패 트라우마 유형

트라우마 유형	내용
성취실패	• 원하던 진학에서의 실패와 성적이 급격하게 떨어지거나 특정 과목을 포기하게 되거나 자신의 기대에 미치지 못하게 되는 성적 하락 • 유급, 중퇴, 새학년 적응 실패와 같은 적응에서 실패
공부 강요	• 과중한 공부 양 • 성취 압박 • 원치 않는 공부/진로 강요
관계 폭력	• 성적 때문에 부모를 비롯한 주변인으로부터 폭력을 경험하는 경우 • 비난이나 욕, 차별이나 경멸의 말을 듣는 등 정서적 학대와 심한 체벌이나 집에서 쫓겨나는 등의 신체적 폭력이 모두 포함

학업실패 트라우마의 영향 학업실패가 마음에 남긴 상처 영역에는 정서적 상처, 자아상의 손상, 과제에 대한 부정적 태도와 정서, 관계 악화, 세상에 대한 회의감 등이 포함된다. 즉, 학업실패로 인해 학생들의 부정적 정서 경험은 자신에만 그치는 것이 아니라 과제, 타

인과의 관계, 세상을 바라보는 관점에도 부정적 영향을 미친다.

다양한 정서 경험 가운데 학생들이 어떤 정서를 경험하고 있는지 탐색할 필요가 있고, 자아상 손상은 정서적 상처도 동반하는 경우도 많으므로 연결지어 다루어야 한다. 학업실패 트라우마는 과제에 대한 부정적 태도와 정서를 형성하고 관계 악화를 가져오며, 세상에 대한 회의감을 초래해 이후 적응을 어렵게 하기도 한다. 따라서 학업실패 트라우마가 미치는 영향을 학생의 내적 상태만이 아니라 맥락에 대한 지각과 함께 파악해야 한다.

학업실패 트라우마 극복하기 학업실패가 반드시 학생들에게 부정적 경험만 주는 것이 아니라 실패 경험 그 자체가 개인에게 긍정적 효과를 주고, 실패 극복 후에 다양한 긍정적 효과를 획득한다.

실패 경험을 시도했다는 증거로 받아들이고 또 다른 학습과정으로 의미화한다면 그것은 학생에게 긍정적인 영향을 미칠 수 있다. 또한 실패를 극복하기 위해 노력하고 성취했을 때 다양한 긍정적인 효과가 나타날 수 있다. 〈표 12-9〉는 학업실패 트라우마를 극복할 수 있는 방법을 제시하고 있다.

〈표 12-9〉 학업실패 트라우마 극복 방법

	내용	극복 방법
실패 극복을 위해 노력하기	학업실패 경험을 극복하기 위해 행동적 변화 추구나 정서·인지 조절, 외부적 도움 추구 등 다양한 노력을 기울일 수 있다.	• 공부 목표 구체적으로 세우기 • 공부방법 바꾸기 • 동기 및 정서조절하기 • 여유 갖기 • 타인의 도움 받기 • 진로 대안 찾기 • 잘하는 것에 집중하기
실패라는 경험을 해보는 것의 효과를 경험하기	학업실패 경험 자체가 자신에게 준 긍정적 효과를 찾아볼 수 있다.	• 새로운 각오를 하는 계기 갖기 • 자신의 문제점 알기 • 실패를 수용하기 • 자신의 한계 수용하기 • 다른 길 찾아보기
실패 극복 후 얻은 것을 찾아보기	실패 극복 후 얻은 것으로 현실적으로 생각하고 판단하는 능력과 정신적으로 성숙해지는 것이다.	• 자기 성장하기 • 그릿 발휘하기 • 성취감 맛보기 • 힘든 시기를 견딜 수 있는 힘 기르기 • 자신감, 자존감 향상시키기

제 4 부

교사, 상담자, 학부모의 역할

교사·상담자·학부모가 알아야 할

진로학업설계 지도방법

제13장

교사와 상담자의 역할

고교학점제 도입으로 학생의 진로와 연계한 과목 선택의 다양화, 학급 운영의 변화, 학생 맞춤형 책임교육, 학점제형 공간 조성 등 고등학교 교육체제 전반에 변화가 일어나고 있다. 그러나 학교 현장에서 고교학점제의 이상을 구현하는 과정은 쉽지 않으며, 본래의 의도가 결과로 나타나는 것 역시 쉽지 않다. 그럼에도 불구하고 고교학점제의 취지를 교육현장에 실현하기 위해서는 학생의 진로학업설계 및 과목선택 지도, 교수·학습 및 평가의 실행, 교육과정의 편성·운영 및 협력적인 학교 문화 형성 등 교사와 상담자의 역할이 필요하다.

진로상담은 학생들의 바람직한 인격 성장을 돕고 긍정적인 사회적 능력과 가치를 배워 자신의 진로목표를 달성할 수 있도록 이끌어 주는 일이다. 이는 일반적인 상담과 유사하지만, 진로와 관련된 학생의 삶의 문제를 정확하게 파악하고(김봉환 외, 2018), 학생들이 희망하는 일이나 직업에 초점을 두고 생애발달을 돕는 과정이다. 이 장에서는 고교학점제 시행에 따른 교사의 역할에 대해 알아보고, 진로상담에 대한 이해를 토대로 교사와 상담자의 진로상담자 역할 수행에 중점을 두어 살펴보고자 한다.

1. 고교학점제에서 교사의 역할

1) 고교학점제를 위한 교사의 역할 변화

예시 민지(고등학교 1학년)의 사례

민지는 평소 영상편집에도 관심이 있고, 디자인 쪽에도 관심이 있지만, 진로에 대한 구체적인 계획은 아직 세우지 못했다. 이 외에도 다양한 분야에 흥미를 가지고 있는 데 비해 자신이 어떤 분야에 더 적성이 맞는지 확신하지 못하고 있는 상태이다. 민지는 현재 자신에게 맞는 과목을 선택하는 과정에서 어려움을 겪고 있다.

민지: 선생님, 이번에 과목 선택을 해야 하는데 어떤 과목을 들어야 할지 잘 모르겠어요. 관심 있는 분야가 여러 가지라서. 어떻게 하면 좋을까요?

김 교사: 고민이 많을 수 있지. 고교학점제에서는 너의 흥미와 진로에 맞게 과목을 선택하는 게 중요하니까 우선 네가 가장 관심 있는 분야가 뭔지 이야기해 볼래?

민지: 가장 관심 있는 분야라면 저는 영상 편집에도 관심이 있고, 디자인 쪽에도 흥미가 있어요.

김 교사: 두 분야 모두 매력적이고 앞으로도 발전 가능성이 큰 분야야. 우선, 이번 학기에는 두 분야 모두 체험해 볼 수 있도록 '영상 편집 실습'과 '그래픽 디자인' 과목을 함께 선택하는 게 어떨까? 이 과목들은 네가 두 분야 중 어떤 것이 더 적성에 맞는지 판단하는 데 도움이 될 거야.

민지: 그럼 두 가지를 다 들어볼게요! 그런데 혹시 제 진로를 더 구체적으로 정하는 데 도움이 될 만한 활동이 있을까요?

김 교사: 물론이지. 학교에서 진행하는 진로 체험 프로그램을 통해 영상 제작사나 디자인 회사에서 직업 체험을 해볼 수 있어. 그리고 내가 알고 있는 영상 편집 전문가나 디자이너와 함께 멘토링 시간을 가져보면 실제 현장에서의 경험을 더 생생하게 들을 수 있을 거야. 이런 경험을 통해 네가 어느 쪽에 더 흥미와 적성이 있는지 찾을 수도 있어.

민지: 와, 정말 도움이 될 것 같아요! 그런데 이런 과목이나 활동에서 어떻게 평가를 받는지도 궁금해요. 시험만으로 평가되는 건가요?

김 교사: 좋은 질문이야! 고교학점제에서는 시험뿐만 아니라 다양한 평가 방식이 적용돼. 이번 학기에는 네가 직접 만든 영상 포트폴리오, 디자인 작품, 그리고 수업에서 진행한 프로젝트 등을 평가에 반영할 거야. 이런 방식으로 네가 배운 것과 성장한 과정을 종합적으로 평가할 수 있어.

민지: 그럼 시험 점수가 아니더라도 제가 실제로 잘할 수 있는 분야에서 성과를 보여 줄 수 있겠네요.

김 교사: 맞아. 단순히 시험 점수가 아닌, 네가 과목을 통해 얼마나 성장했는지, 그리고 어떤 노력을 했는지를 보여 주는 게 더 중요하니까. 그리고 네가 친구들과 함께 프로젝트를 진행할 때, 서로의 강점을 살려 협력하면서 과제를 완성하는 경험도 굉장히 의미 있는 평가 요소가 될 거야.

민지: 친구들과 협력해서 과제를 하면 더 재미있을 것 같아요! 그런데 역할을 어떻게 나눠서 해야 할지 고민이 돼요.

김 교사: 그럴 때는 함께 모여서 서로 잘하는 부분과 관심 있는 부분을 이야기해 보는 게 좋아. 예를 들어, 한 친구는 영상 촬영을 맡고, 또 다른 친구는 편집을 담당하며, 네가 디자인을 맡는 식으로 각자의 역할을 정하면 돼. 만약 어려움이 있으면 내가 언제든지 도와줄게.

민지: 네, 그럼 친구들과 함께 협력하면서 과제를 해 보겠습니다! 선생님이 조언해 주셔서 이제 조금 더 명확하게 길이 보이는 것 같아요.

김 교사: 좋았어, 그렇게 도전해 보는 거야! 그리고 앞으로도 과목 선택이나 진로에 대한 고민이 있으면 언제든지 상담하러 와. 선생님은 너의 성장과 발전을 항상 응원하고 지원할 거야.

이 사례는 김 교사가 민지의 관심사와 적성을 고려하여 학생이 관심 있는 분야에 맞는 과목을 추천하고, '진로 · 직업 교육 강화'를 위해 진로 체험 프로그램과 멘토링을 안내하며, 학생이 프로젝트와 포트폴리오를 통해 배움을 경험할 수 있도록 교육과정 운영 및 개발을 안내하고 있다. 또한 '평가 방식의 개선과 다변화'에 따른 다양한 평가 방식을 소개하고, '학생 간 협력 학습 지원'을 통해 협력 과제의 중요성과 방법을 안내하는 등 고교학점제에서 학생 중심 교육의 주체로서 교사의 역할을 종합적으로 보여 주고 있다.

그러나 지금까지의 고교학점제 교육과정 이수 지도는 개별 상담이나 희망 대학 및 학과에 따른 관련 과목 안내 수준에서 논의되어 오고 있다. 고교학점제 연구학교 운영 매뉴얼(교육부, 한국교육과정평가원, 2019)에서도 상담 방법에 대한 내용이 주를 이루고 있으며, 학업설계지도는 상담 결과를 바탕으로 학업계획서를 작성하는 기술적인 측면을 강조하고 있다. 그러나 개별 상담이나 희망 대학 진학에 따른 과목 안내만으로는 학생의 교육과정 이수를 종합적으로 지도하는 데는 한계가 있다. 교사들은 고교학점제 도입으로 인해 강조되는 학업설계 지도 역량에 대한 부족을 인식하고 있으며, 이로 인해 많은 교사가 진로학업 설계 지도에 대한 경험 부족으로 어려움을 겪고 있다.

교사는 곧 교육과정의 핵심 고교학점제가 도입 취지에 맞게 개인 맞춤형 교육과정을 위한 도구로 활용되려면, 고교학점제의 철학과 방향에 대한 충분한 고민이 필요하다. 학점제 운영 방식은 학생의 학습 수준, 학교 규모, 교사 역량, 학부모의 요구, 학교 자원 등 다양한 요소에 따라 각 학교의 특색을 반영하지만, 학점제의 철학과 방향성을 명확히 제시해야 학생들이 자신의 진로를 선택하는 데 도움이 될 것이다. 따라서 학교에서 추구하는 학점제의 철학과 가치는 무엇인지, 이를 교육과정에 얼마나 반영하고 있는지를 명확히 전달하여 학생들과 학부모들이 올바른 선택을 할 수 있도록 지원해야 한다.

교사는 곧 교육과정의 핵심이다. 교육과정을 잘 구성하고 교재를 효과적으로 제작하더라도, 교사의 수준과 역량이 뒷받침되지 않으면 효과를 기대하기 어렵다. 교사가 교육과정을 직접 디자인하게 될 경우, 교육과정에 대한 전문성과 기획력이 향상되며, 집단지성을 토대로 개별 교사의 역량을 안정화할 수 있을 것이다.

이처럼 고교학점제에서 교사의 역량은 매우 중요하다. 교사는 단순한 지식 전달자의 역할을 넘어 학습 코치로서의 역할을 수행해야 한다. 즉, 교육과정이라는 소프트웨어가 효과적으로 운영되고, 교실 공간과 시설이라는 하드웨어가 기본적으로 뒷받침되는 환경에서, 교사와 학생의 역량이라는 휴먼웨어가 성공 여부를 결정짓는 중요한 요소가 될 것이다.

교사들의 관점 전환 필요 교사는 학생의 진로와 과목 선택을 지나치게 경직되게 바라보는 관점을 전환시킬 필요가 있다. 학생들은 진로미결정이나 변경으로 인한 진로학업설계의 어려움을 호소할 수 있다. 진로 탐색과 설계는 개인의 성향, 가정환경, 학습 경험 등에 따라 시기와 속도가 다를 수 있으며, 성인이 된 이후에도 지속될 수 있다. 특히 다양한 경험이나 자기 이해가 아직 부족한 고등학생의 진로는 불확실할 수 있으며 언제든지 변화할 수 있다. 따라서 교육적 성장은 학생들이 시행착오를 겪으면서 스스로 성찰하고 결정을 내리는 과정에서 일어날 수 있다는 점에 주목해야 한다(박진희 외, 2020). 학생의 진로미결정 또는 재탐색과 변경은 자연스러운 과정이며 언제든 가능하다는 전제하에, 학생들이 새롭고 다양한 것을 폭넓게 배우면서 자신과 세상에 대해 탐색하고 실험해 볼 수 있도록 융통성 있는 진로학업 설계지도와 교육과정 편성이 필요하다.

전 교직원의 역할 재조직화 및 협력화 학생들이 자신의 진로와 적성을 고려하여 과목을 선택하고 학업 계획을 수립하기 위해서는 담임교사, 진로전담교사, 교과교사, 교육과정 담당교사를 포함한 모든 교직원의 역할이 새롭게 재조직화될 필요성이 있다.

교장과 교감은 변혁적 리더십을 바탕으로 교육과정 비전을 제시하고, 교육의 3주체(학생, 학부모, 교사) 간의 소통을 강화하며, 교원 협업 시스템을 구축해야 한다. 고교학점제에서 담임교사는 개별 학생의 특성을 가장 많이 알고 있는 조력자로서 진로전담교사와 협업하여 학생의 진로학업 설계를 안내하며, 학생이 스스로 과목을 선택할 수 있도록 상담하고 지도 · 조언하는 역할이 필요하다. 또한 학생의 과목 선택 결과를 일차적으로 확인 · 검토하고, 고등학교 3년간 학생이 이수할 과목을 점검하며, 학생의 과목 이수 과정을 모니터링하고, 개인별 상담 활동을 통해 학생들의 진로 성장을 지원해야 한다.

진로전담교사는 고교학점제에 맞춰 학교 진로교육을 총괄하며, 담임교사와 협력하여 맞춤형 진로설계 상담을 강화해야 한다. 이를 위해 개별 학생의 진로에 대한 이해 및 진로 변화 경로를 파악하고, 학생의 교육과정 및 학업 설계, 수강신청 지도, 졸업(학점) 등 교육과정 이력을 체계적으로 관리할 수 있어야 한다. 교과교사는 교과목 정보를 제공하고, 학업 설계 및 이수 과정을 지도하며 학생들이 최소 성취 수준에 도달하도록 보충 지도를 실시하여야 한다. 만약 진로 및 학업 설계 지도 전담교사가 지정되지 않았을 경우, 교육과정 담당교사와 진로전담교사가 협력하여 지도하거나 담임교사의 역할을 재구성해야 한다. 필요시 직업인 멘토링, 졸업생 특강, 대학생 멘토링, 학부모 지원단 등의 프로그램을 운영할 수 있다.

이처럼 고교학점제는 교사의 역할 변화를 요구하며, 과목 선택을 위한 교육과정 이수 지도는 대학 입학을 희망하는 일부 학생이 아닌 모든 학생을 대상으로 학교 교육과정과 긴밀한 연계가 필요하다. 또한 교육과정 이수 지도를 담당하는 몇몇 교사가 아니라 다양한 역할의 교사가 모두 협력할 필요가 있으며, 교육과정 이수지도 역량 신장을 위한 방안이 끊임없이 모색되어야 한다.

2) 학생 중심 교육의 주체로서 교사의 주요 역할

앞서 제시한 민지와 김 교사 사례에서 보듯이, 고교학점제는 학생들의 관심사, 진로 등을 고려하여 개인 맞춤형 교육과정을 디자인하고, 모든 학생이 학교에서 의미 있는 배움을 경험하도록 하는 것이 핵심이다. 이러한 접근은 학생들이 자신의 적성과 진로에 맞는 과목을 선택할 수 있는 기회를 제공하여, 각자의 학습 목표를 보다 효과적으로 달성할 수 있도록 돕는다.

이러한 시스템에서 교사의 역할은 과거보다 훨씬 더 중요하고 다양해졌다. 단순히 지식을 전달하는 것을 넘어 학생들의 학습을 지원하고, 진로를 상담하며, 교육과정을 설계하는 등 능동적인 역할을 수행해야 한다. 이처럼 고교학점제는 학생들이 자신의 진로와 적성에 맞는 과목을 선택하여 학습할 수 있도록 하는 제도로, 교사의 역할도 변화하고 있다. 학생 중심 교육의 핵심 주체로서 교사의 주요 역할을 살펴보면 다음과 같다.

학생 맞춤형 교육 설계 교사는 학생들의 다양한 흥미와 적성을 이해하고, 그에 맞는 개별 상담을 통해 진로 목표를 파악하는 중요한 역할을 맡고 있다. 학생들은 이러한 상담을 통해 자신의 진로에 적합한 과목을 선택할 수 있는 정보를 얻고, 보다 효과적인 선택을 할 수 있도록 지원받게 된다.

또한 교사는 학생들이 스스로 학습 계획을 세우고 목표를 달성할 수 있도록 돕는 데에도 중요한 역할을 한다. 학생이 자기 주도적으로 학습할 수 있도록 필요한 지침과 도구를 제공함으로써 자신의 학습 과정을 관리하고 성취감을 느끼게 된다.

이와 함께 교사는 학생들의 다양한 학습 스타일과 수준을 반영하여 교수법을 다양화해야 한다. 강의식 수업뿐만 아니라 협동 학습, 프로젝트 기반 학습, 실험 및 체험 학습 등 여러 교수법을 적용함으로써 학생들의 참여도를 높이고, 각자에게 최적화된 학습 효과를 극대화할 수 있다.

- 개별 학생 상담: 학생의 흥미, 적성, 진로 목표를 파악하고, 이에 맞는 과목 선택 지원
- 학습 계획 수립: 학생이 스스로 학습 계획을 세우고 자신의 진로 목표를 달성할 수 있도록 지원
- 다양한 교수법 활용: 학생의 학습 스타일과 수준에 맞는 다양한 교수법을 적용

진로 · 직업 교육 강화 교사는 학생들이 자신의 흥미와 적성을 기반으로 진로를 탐색할 수 있도록 돕는 진로 상담을 진행한다. 이를 위해 다양한 진로관련 정보를 제공하고, 학생들과 상담을 통해 그들의 관심 분야와 목표를 파악하여, 각 학생의 강점과 약점을 분석한다. 이러한 과정은 학생들이 자신에게 맞는 진로 방향을 찾도록 지원하는 중요한 첫걸음이 된다.

또한 교사는 학생들에게 다양한 직업 체험 기회를 제공하여 실질적인 경험을 쌓을 수 있도록 한다. 지역사회와 협력하여 인턴십, 직업 체험 프로그램, 현장 학습 등을 운영함으로써, 학생들은 실제 직업 환경을 경험하고 자신의 적성과 흥미를 확인할 수 있다. 직업 체험 후에는 피드백 세션을 통해 학생들이 느낀 점과 배운 점을 공유하고, 이를 바탕으로 진로 선택에 대한 통찰을 얻도록 도와야 한다.

아울러, 교사는 학생들이 장기적인 진로 목표를 설정하고 이를 달성하기 위한 구체적인 계획을 수립하는 데 중요한 역할을 한다. 학생과 함께 목표를 세우고 필요한 학습 경로, 경험, 자격증 등을 구체적으로 계획함으로써, 학생들은 자신의 진로 목표를 명확히 하고 단계적으로 목표를 달성하기 위한 실행 가능한 계획을 갖게 된다. 이 과정에서 교사는 지속적으

로 학생의 진로 로드맵을 점검하고, 필요한 조언과 지원을 제공하여 학생들이 목표를 향해 나아가도록 도울 수 있다.

- 진로 상담: 학생들의 진로 탐색을 돕고, 관련 정보를 제공
- 직업 체험 활동 지원: 다양한 직업 체험 기회를 제공하여 학생들이 자신의 진로를 탐색할 수 있도록 지원
- 진로 로드맵 설계: 학생들의 장기적인 진로 목표를 설정하고 이를 달성하기 위한 구체적인 계획을 수립하도록 지원

교육과정 운영 및 개발 교사는 학생들의 흥미와 진로 목표에 맞춰 다양한 과목을 개설하고 운영하는 역할을 수행한다. 이를 위해 학생들의 요구를 조사하고, 지역사회의 특성과 산업 동향을 반영하여 새로운 과목을 개발하고, 교과 간 융합 과목이나 특화된 선택과목을 도입함으로써 학생들이 선택할 수 있는 과목의 폭을 넓히고, 자신의 관심 분야를 탐색하고 진로에 맞는 학습을 할 수 있는 기회를 제공해야 한다.

또한 교사는 시대의 변화에 맞춰 교육과정을 지속적으로 개발하고 개선하는 데 중요한 역할을 한다. 최신 교육 트렌드와 기술을 반영하여 기존 교육과정을 분석하고 필요에 따라 개정함으로써, 학생들에게 보다 효과적이고 의미 있는 학습 경험을 제공할 수 있도록 노력해야 한다. 이를 위해 다양한 교육 자료와 연구 결과를 활용하며, 학생, 학부모, 동료 교사와의 의견을 수렴하여 교육과정의 질을 높이는 데 기여해야 한다.

이와 더불어, 교사는 온라인 학습 플랫폼을 활용하여 학생들의 학습 편의성을 높이는 데 중추적인 역할을 맡고 있다. 따라서 다양한 디지털 도구와 자료를 활용하여 학생들이 언제 어디서나 학습할 수 있도록 지원하며, 수업 자료를 디지털화하고 비대면 수업을 위한 콘텐츠를 제작하여 접근성을 높인다. 온라인 학습의 효과를 극대화하기 위해서는 학생들에게 온라인 학습 방법과 자기 주도 학습 전략을 안내하고, 지속적인 피드백을 통해 학습 성과를 점검해야 한다.

- 다양한 과목 개설: 학생들의 선택권을 확대하기 위해 다양한 과목을 개설 및 운영
- 교육과정 개발: 시대의 변화에 맞춰 교육과정을 지속적으로 개발 및 개선
- 온라인 학습 환경 구축: 온라인 학습 플랫폼을 활용하여 학생들의 학습 편의성을 극대화

평가 방식의 개선과 다변화 교사는 학생들이 학습 목표를 얼마나 달성했는지를 평가하는 성취 기준 중심의 평가를 도입하여 명확한 목표 기준을 설정하고 학생들에게 이를 안내함으로써 목표 지향적인 학습이 이루어질 수 있어야 한다. 성취 기준에 기반한 평가는 학생들에게 목표를 명확히 인식하게 하고, 자신의 학습 성과를 객관적으로 평가할 수 있는 기회를 제공한다. 이러한 과정은 학생들이 자신의 학습 진행 상황을 이해하고, 필요한 부분에 집중하여 개선할 수 있도록 돕는다.

또한 교사는 학생들의 성장을 종합적으로 평가하기 위해 지필평가뿐만 아니라 포트폴리오, 프로젝트, 서술형, 발표 평가 등 다양한 도구와 방법을 활용하여 학생들의 다양한 역량을 평가한다. 이러한 접근은 학생들이 단순히 지식을 암기하거나 시험 점수에 의존하는 것이 아니라, 실제 학습 과정에서의 노력과 결과를 반영할 수 있도록 돕는다. 예를 들어, 서술형 평가는 학생들이 자기 생각을 논리적으로 표현하고 정리하는 능력을 평가하며, 발표 평가는 의사소통 능력과 자신감을 증진시키는 데 기여한다. 또한 포트폴리오를 통해 학생들은 자신의 학습 성과를 지속적으로 기록하고 반영할 수 있으며, 프로젝트 평가를 통해 팀워크와 문제해결 능력 등 다양한 역량을 평가받게 된다. 이처럼 다양한 평가 방식을 사용함으로써 학생들의 이해력과 적용 능력을 키울 수 있도록 지원하여, 전인적 성장을 도모하고 각자의 강점을 드러낼 수 있는 기회를 제공한다.

- 성취기준 중심평가: 학생들이 학습 목표를 얼마나 달성했는지 평가하는 성취 기준 중심의 평가 도입
- 다양한 평가 방법 활용: 지필평가뿐만 아니라 서술형, 발표, 포트폴리오, 프로젝트 평가 등 다양한 평가 방법을 활용하여 학생들의 다양한 역량을 평가

학생 간 협력 학습 지원 교사는 토론 및 발표 활동을 통해 학생들이 자신의 생각을 자유롭게 표현하고 다른 사람의 의견을 존중하는 태도를 함양하기 위해 학생들이 충분한 정보를 바탕으로 의견을 형성할 수 있도록 주제를 선정하고, 관련된 배경 자료를 제공하며, 서로의 의견을 존중하면서 원활한 의사소통을 할 수 있도록 토론 규칙을 설정한다. 마지막으로, 각 그룹이 자신의 주장을 발표하고 피드백을 받는 과정을 통해 발표 능력을 키우고 다양한 의견을 수용하는 태도를 배우게 하여, 이러한 활동들이 고교학점제의 목표인 학생 중심의 학습 환경을 조성하고 학생들이 협력과 소통의 중요성을 이해하며, 실제로 적용할 수 있도록 기회를 제공한다.

- 팀 프로젝트 활동: 학생들이 서로 협력하여 문제를 해결하고 성장할 수 있는 기회 제공
- 토론 및 발표 활동: 학생들이 자신의 생각을 자유롭게 표현하고 다른 사람의 의견을 존중하는 태도 함양

2. 진로상담자의 역할

1) 진로상담의 이해

진로상담의 목표 교육부는 학생들이 변화하는 직업세계에 능동적으로 대처하고 자신의 소질과 적성을 최대한 실현하여 행복한 삶과 사회·경제 발전에 기여할 수 있도록 진로교육법을 제정하여 추진하고 있다(정성진, 2024). 그러나 안타깝게도 대부분의 학생들이 진로와 관련된 다양한 어려움을 가지고 있어 교사나 상담자는 학생의 진로상담 목표를 구체화하여 이에 따른 적절한 개입을 해야 한다. 이를 위한 진로상담의 목표는 다음의 5가지로 정리할 수 있다(김봉환 외, 2018).

- 자신에 대한 보다 정확한 이해를 증진시켜야 한다. 학생들이 자신에게 가장 적합한 일과 직업을 선택하여 성공감과 행복감을 경험하는 일은 결코 쉬운 일이 아니다. 따라서 학생들이 자기에게 맞는 일과 직업을 선택하기 위해서 자신의 개인적 특성인 성격, 적성, 흥미, 가치관 등을 아는 일이 선행되어야 한다.
- 직업세계에 대한 이해를 증진시켜야 한다. 과학기술과 사회의 발전은 직업의 변화와 전문화를 가속시키고 있다. 미래학자들은 2000년대 중반이 되기 이전에 현존하는 직업의 50%가 사라지고 새로운 직업들이 생겨날 것으로 전망한다. 그러나 대부분의 학생은 직업세계에 대해 협소하게 알고 있거나 매우 피상적인 수준의 정보만 알고 있다.
- 합리적인 의사결정 능력을 증진시켜야 한다. 많은 능력과 정보를 가지고 있다고 해서 올바른 의사결정을 할 수 있는 것은 아니다. 의사결정을 합리적으로 잘하는 것은 진로를 결정하는 것뿐만 아니라 진로선택에 따른 개인의 능력 발휘, 사회경제적 지위, 정신건강 등 전 생애에 미치는 영향이 크다.
- 정보탐색과 활용 능력을 길러야 한다. 합리적인 의사결정을 하려면 일과 관심직업에 대해 구체적인 정보가 필요하다. 따라서 진로상담자는 학생이 직업세계에 대해 정확하고 충

분한 정보 탐색을 할 수 있도록 도와야 한다. 정보화 시대를 살아가는 학생들은 자신에게 필요한 다양한 정보를 수집하고 분석하여 활용할 수 있는 능력을 키워야 한다.

- **일과 직업에 대한 올바른 가치관과 태도를 형성할 수 있게 도와야 한다.** 일과 직업은 부를 창조하고 생계의 수단으로서도 가치가 있지만, 사회에 기여하고 자아실현의 수단으로서도 그 의미가 있다. 학생들이 정확한 정보를 알아보기도 전에 특정 직업을 기피하거나 과대평가하는 것은 고쳐야 할 사고이다. 이러한 인습을 바로잡기 위해서 진로상담자는 학생들이 올바른 직업관과 직업의식을 갖도록 조력해야 한다.

1. 정확한 자기 이해
2. 직업세계에 대한 이해
3. 합리적 의사결정 능력
4. 정보탐색과 활용 능력
5. 올바른 가치관과 태도 형성

[그림 13-1] 진로상담의 목표

진로상담자의 준비 성공적인 진로상담이 이루어지기 위해서 진로상담자는 자신의 역할에 대한 이해를 토대로 학생들의 직업과 삶에 대한 비전을 제시할 수 있어야 한다. 고교학점제의 시행으로 진로상담자는 다음과 같은 준비가 되어 있어야 한다(김봉환 외, 2018 참조).

- 학생이 자신의 특성을 이해할 수 있도록 표준화된 검사를 비롯한 다양한 심리검사를 실시하고 해석하기
- 학생의 경험을 바탕으로 하는 창의적 체험활동(예: 직업체험, 동아리, 인터뷰 등)을 하도록 격려하기
- 진로정보 시스템을 활용하여 진학 또는 직업의 세계를 이해하도록 돕기
- 학생의 의사결정 기술을 향상시킬 수 있는 기회 제공하기
- 학생이 자신의 진로계획을 설계하도록 격려하기

- 학생의 진로선택에 맞는 학업설계를 할 수 있도록 조력하기
- 진학 또는 직업탐색 전략 등을 가르치기
- 학생이 심리적 어려움을 경험할 때 도움 제공하기
- 학생의 직업과 삶의 역할을 통합하도록 돕기

진로진학상담 과정 진로상담자는 학생들의 진로학업설계를 위해 진로상담과 진학상담이 연계된 상담 과정이 필요하다. 〈표 13-1〉에 제시한 일반계 고등학교 진로진학상담 모형은 진로상담자의 효과적인 진로상담 과정과 주요 상담 요소를 단계별로 제시(장창곡, 이지연, 장진이, 2012)하고 있어, 진로진학상담을 진행하고 그 과정을 점검하는 데 유용하다.

진로학업설계를 위한 상담과정은 먼저 접수단계에서 라포 형성과 내담자의 기대나 현재 진로상태를 확인하는 것부터 시작한다. 그리고 진로상담 단계는 성격유형 분석, 직업흥미 유형 분석, 적성 이해, 가치관 확인, 긍정적 자아개념 형성, 합리적 의사결정 능력 배양, 성격과 흥미관련 심리검사 결과 해석, 직업 전망, 대학과 학과 탐색, 직업 이해, 생애 진로방향 설계 등을 실시한다. 진학가능성 상담 단계는 대학입시 전형요소, 입학사정관 전형, 대학입시의 흐름을 이해하여 현재 성적으로 지원 가능한 대학과 학과를 파악하고, 목표 대학의 모집요강 및 수능 최저 학력기준 등을 확인한다. 학습전략 상담 단계는 학습 동기, 자기주도적 학습 의욕 고취, 학습습관 및 태도 확인, 학습계획표 등을 작성한다. 추수상담 단계는 목표점수 도달과 학습 계획 실천 등을 확인하고 학생을 격려하는 시간이다.

이러한 진로진학상담 과정은 진로상담과 진학상담을 연계하여 진로포부와 진로계획이 실제적인 진학과 연결되도록 학습전략 상담 단계를 포함하고 있어 고등학생에게 특히 더 효과적이다. 아울러, 학생들에게 전 생애에 걸친 진로방향을 설계하도록 상담함으로써 삶과 진로에 대한 관점을 확장시켜 주는 이점도 있다.

〈표 13-1〉 일반계 고등학교 진로진학상담 모형

단계	구분	주요 상담 요소
1단계	접수	• 라포 형성 • 내담자의 기대 확인 • 내담자의 현재 진로상태 파악
2단계	진로상담	• 성격유형 분석 • 직업흥미 유형 분석 • 적성에 대한 이해 • 가치관에 따른 진로선택 • 긍정적 자아개념 형성 • 합리적인 의사결정 능력 배양 • 각종 성격 및 흥미 관련 심리검사 결과 해석 • 향후 직업 전망 • 대학 및 학과의 특성 파악 • 다양한 직업들의 특성 이해 • 전 생애에 걸친 진로방향 설계
3단계	진학 가능성 상담	• 대학입시의 전형요소(내신, 면접, 논술, 적성고사, 실기 등) 이해 • 입학사정관 전형 이해 • 대학입시의 전반적인 흐름 이해 • 현재 성적으로 지원 가능한 대학 및 학과 • 목표 대학의 모집요강 이해 • 수시모집의 수능 최저학력 기준 충족 가능성
4단계	학습전략 상담	• 자기주도학습의 중요성 강조로 학습 의욕 고취 • 성취 가능한 목표를 토대로 한 학습 동기 • 학습 습관 및 태도 확인 • 학습 계획표 작성
5단계	추수 상담	• 목표점수 미도달 시 원인 분석 및 격려 • 학습 계획표의 실천 상황 확인

2) 개인상담자로서 역할

학생의 심리상담과 진로상담은 엄격하게 구분하기 힘들다. 학생의 심리적인 문제가 진로와 얽혀 있는 경우도 있고, 진로문제가 해결되면 심리적인 문제가 해결되는 경우도 있다. 진로상담자는 학생의 진로와 관련된 다양한 어려움을 조력하기 위해 학생과 학부모를 대상으로 상담할 수 있어야 한다.

학생 진로상담자로서 역할 학생 진로상담은 개인의 진로발달을 촉진하거나, 진로 · 직업의 선택과 결정, 실천, 직업 적응, 진로변경 등의 과정을 돕기 위한 활동이다(김봉환, 2014). 고교학점제의 시행에 따라 진로상담자는 학생들이 생애 동안 일과 관련해서 경험하고 거쳐야 하는 과정에 대해 도움을 줄 수 있어야 한다. 학생들의 진로문제는 개인의 심리적인 특성과 학업의 문제가 얽혀 있는 경우가 많으므로 진로상담자는 학생들의 호소문제를 적극적으로 경청해야 한다. 또한 학생들의 진로문제를 개인 내적인 문제로 한정시키지 않고, 학생들에게 진로장벽으로 작용하는 환경적 · 관계적 영향도 이해할 수 있어야 한다. 그래서 임은미 등(2017)은 기존의 진로진학상담에 다문화 · 사회정의 개념을 통합한 상담과정을 제안하였다.

다문화 · 사회정의 진로진학상담의 과정은 관계 형성 및 상담지원체제 확립을 시작으로 한다. 이때, 진로상담자는 학생들과 신뢰관계를 형성하고 내담자의 기대를 확인한다. 특히 소수자 또는 취약계층 학생들과 신뢰관계를 형성할 때에는 학생 개인의 자원뿐만 아니라 부모, 교사, 지역사회 등 도움을 줄 수 있는 외부 지원체계를 파악하여 활용하는 전략을 포함한다. 문제 진단 단계는 진로상담자가 학생 개인의 문제를 포함해서 가족, 학교, 지역사회, 입시제도 등 학생을 둘러싼 체계의 문제를 함께 다룬다. 목표 설정 단계는 학생의 진로선택과 진로발달을 고려한 전 생애적 관점에서 삶과 진로 그리고 학습 목표를 설정하고 현재 내담자의 진로를 방해하는 환경적 요인의 탐색과 극복을 포함한다. 진학 가능성 상담 단계에서는 학생의 가족, 학교, 지역사회가 도울 수 있는 방법을 확인하고 정보와 도움을 제공할 수 있어야 한다. 진로장벽 발견과 극복 단계에서는 학생의 진로목표를 달성하는 과정에 내재되어 있거나 잠재되어 있는 어려움을 검토함으로써 진로장벽을 인식하고 극복하는 방안을 함께 논의한다. 이러한 상담과정을 통해 학생 스스로 진로결정과 진로준비에 자신감이 생겼을 때 상담을 종결하는 것이 바람직하다. 진로상담자는 학생과 함께 남은 과제를 점검하고 추후 실천방안과 추수상담 여부를 논의한다. 추수상담에서 진로상담자는 소수자 또는 취약계층 학생의 진로장벽을 탐색하여 지지적인 환경을 조성할 수 있는 대응방안도 함께 이야기 나눈다.

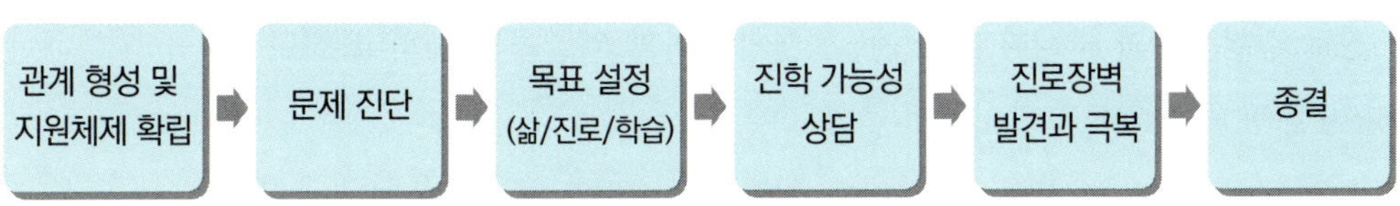

[그림 13-2] 다문화 · 사회정의 진로진학상담 과정

학생들의 진로상담에 있어 진로상담자는 역할과 범위에 대한 인식을 확대할 필요가 있다. 즉, 진로상담자는 관련 기관과의 협업이나 지역자원 연계뿐만 아니라 공공정보 제공이나 사회정치적 활동이 요구되는 상황에서 학생들을 도울 수 있어야 한다. 이는 학생의 진로문제가 개인 차원의 문제가 아니라 국내외 경제불황이 장기화되고 고용부진이 심화되는 가운데에서 발생되는 사회적 · 환경적 맥락을 고려하여 사회적 상황과 체제를 변화시키고자 노력하는 것을 포함해야 함을 의미한다(이소연, 서영석, 김재훈, 2018).

학부모 지원자로서 역할 진로상담자는 학생의 진로성숙을 기반으로 학부모가 학생의 진로발달을 촉진하고, 부정적인 영향을 최소화하기 위해 학부모상담을 실시할 수 있어야 한다. 진로상담자가 학부모 상담을 실시할 때 유의할 점이 있다(교육과학기술부, 2011).

진로상담자는 학생의 발달 단계에 따른 차별화된 상담을 실시해야 한다. 즉, 학교급별로 차별화된 학부모 진로상담이 필요하다. 또한 상담에 참여하는 학부모 개개인의 욕구를 만족시키는 맞춤형 상담을 실시해야 한다. 상담의 효과는 내담자의 욕구를 충족시키는 데서 나타나므로, 각 학부모의 요구에 맞는 접근이 필요하다. 더불어 학부모들끼리 서로 의견을 나누고 토의하는 프로그램을 병행하는 것도 효과적이다. 상담자가 학부모들이 서로 도움을 주고받을 수 있는 집단모임 형태를 구성하면 학부모로서의 성장을 촉진할 수 있다. 그리고 학부모들의 참여를 적극적으로 이끌기 위해 흥미를 유발하고, 실제적으로 유익한 정보를 제공하는 것이 중요하다. 학부모들이 자녀를 위한 진로상담이 편안하고 유익하다고 여길수록 학부모상담의 효과가 극대화되기 때문이다.

3) 진로 집단상담자로서 역할

진로상담자는 학생의 진로상담을 위해 좀 더 많은 학생이 참여할 수 있도록 집단상담을 활용할 수 있다. 특히 진로 집단상담은 발달지향적인 성격이 강하기 때문에 진로지도에 효과적이다. 진로상담자는 진로와 관련된 어려움을 겪는 학생들을 소규모로 구성하여 상호교류를 통해 각자의 진로를 발달시켜 나갈 수 있도록 도울 수 있다. 이를 위해 진로상담자는 진로 집단상담의 구성자, 개발자, 진행자로서의 역할을 이해하고 집단상담을 수행해야 한다(손은령 외, 2020).

프로그램 구성자로서 역할 진로 집단상담 프로그램 구성자로서 진로상담자는 학생들이 얻고자 하는 진로와 학업과 관련된 요구에 부합하고 경제적인 프로그램을 구성해야 한다. 학생의 의도나 필요에 맞지 않으면 학생들이 시간적 · 경제적 손실을 감당해야 되기 때문이다. 또한 진로 집단상담 프로그램은 실시하기 쉽고 효과가 뚜렷해야 한다. 진로 집단상담 프로그램의 내용이 너무 전문적이거나 복잡하면 학생들은 지루하고 제 2의 수업이라고 여겨 아무리 좋은 진로 프로그램이라 하더라도 능동적으로 참여하지 않을 가능성이 높다. 그리고 진로 집단상담 프로그램의 내용은 진로, 상담, 학습이론에 근거를 두고 구성되어야 한다. 학문적 기초가 없이 만들어진 집단상담 프로그램은 효과가 일관되지 못하고 부작용이 나타날 수 있기 때문이다. 이러한 진로 집단상담 프로그램은 효과를 평가할 수 있어야 한다. 이는 좋은 진로 집단상담 프로그램이 실시 과정이나 실시 후에 그 효과를 객관적으로 보여 줄 수 있어야 함을 의미한다.

프로그램 개발자로서 역할 진로 집단상담 프로그램은 합리적인 절차에 의해 개발되어야 한다. 이를 위해, 첫 번째 단계에서는 프로그램 개발의 목표와 대상을 명백히 해야 한다. 진로 집단상담 프로그램을 사용할 학생의 특성과 요구를 분명하게 파악하고 이를 집단상담의 목표로 설정해야 한다. 두 번째 단계에서는 진로나 학업 관련 문헌이나 관련 자료를 충분히 검토해야 한다. 기존의 개발된 진로 프로그램을 충분히 검토 · 분석하여 긍정적인 요소들을 참고할 때 진로 집단상담 프로그램의 효과성을 높일 수 있다. 세 번째 단계는 진로 집단상담 프로그램의 내용을 선정하고 효율적인 운영방법을 결정해야 한다. 이는 두 번째 단계에서의 충분한 선행연구 검토를 바탕으로 다양한 진로 상황에 적용할 수 있는 내용과 방법을 구성하는 것이 중요함을 의미한다. 마지막 단계에서는 진로 집단상담 프로그램 개발을 평가하여 수정 · 보완하는 과정을 통해 좀 더 나은 진로 프로그램이 될 수 있도록 지속적으로 노력해야 한다. 진로상담자는 학생들과 상담을 하면서 끊임없이 고민하고 적절한 조력 방법에 대해 생각함으로써 더 나은 진로 프로그램이 개발될 수 있음을 기억해야 한다.

프로그램 진행자로서 역할 진로 집단상담 프로그램은 일정한 과정이나 단계를 통해 학생들의 진로문제나 행동, 태도 등의 변화를 일으킨다. 그렇기 때문에 진로 집단상담의 진행자로서 진로상담자는 집단의 발달단계에 요구되는 역할을 명확하게 인지하고 그 역할을 수행할 수 있어야 한다.

도입 단계에서 진로상담자는 인사말과 참여자에 대한 소개, 그리고 롤모델이 되어 학생들이 진로집단상담에 참여한 것에 대한 불안과 두려움에서 벗어나도록 안정적인 분위기를 조성해야 한다. 첫 단추가 잘 꿰어져야 그 이후의 집단상담 과정이 순조롭게 진행될 수 있다. 준비 단계에서는 진로상담자가 촉진자의 역할을 통해 학생들이 진로와 학업과 관련된 자신의 느낌이나 생각을 표현할 수 있도록 도와야 한다. 작업 단계에서는 학생들의 행동 변화를 위한 자기 노출, 감정의 정화, 비효과적인 행동패턴을 다루고, 자각과 통찰을 바탕으로 대안을 탐색하며 과제 부여와 수행 여부를 통해 바람직한 진로학업 행동 방안을 모색할 수 있도록 도와야 한다. 마지막 집단의 종결 단계에서 진로상담자는 학생들이 진로학업에 대한 실천의지와 희망을 가지고 편안하게 집단을 떠나도록 격려해야 한다.

진로상담 전문가는 상담수행 과정과 관련된 지식 및 기술의 습득도 중요하지만, 진로상담자로서의 태도 및 개인의 역량이 더욱 중요하다. 이는 학업과 진로문제로 힘들어 하는 학생들을 공감하고 이해하는 능력, 정서적으로 지지해 주는 능력이 우선적으로 필요함을 의미한다. 또한 단순히 주어진 업무를 수행하는 것이 아니라, 학생들이 학업 및 진로와 관련된 어려움의 원인을 스스로 탐색하고 이를 해결하기 위해 노력할 수 있도록 학생들의 다양한 생애 문제해결에 도움을 주려는 전문가로서 끊임없는 자기계발 역량이 요구됨을 의미한다.

제14장

학부모의 역할

진로탐색 과정에서 부모의 지원과 격려, 지지적이고 협력적인 태도는 자녀의 자기효능감을 높이고 흥미를 갖게 하는 데 크게 기여한다. 반면, 부모의 지나친 기대나 일방적인 요구, 통제적 태도는 개방적인 진로 탐색에 장애가 될 수 있다. 또한 전통적인 관점에서 '좋은 직업'을 강하게 권장할 경우 자녀의 동기를 저하시키고, 진로의사결정을 방해할 위험이 존재한다. 그러므로 부모는 자녀의 자율성을 존중하며 지지하고 협력적인 태도를 보여야 한다. 이 장에서는 자녀의 진로동기촉진과 진로의사결정을 돕는 부모의 역할을 구분하여 구체적으로 다룬다.

TIP

부모의 자가 점검 리스트

1. 자녀의 강점 인식

- 자녀가 잘하는 활동이나 과목은 무엇인가요?
- 자녀가 자주 칭찬받는 점은 무엇인가요?
- 자녀가 자신감을 느끼는 분야는 어디인가요?

2. 자녀의 관심사 탐색

- 자녀가 흥미를 보이는 취미나 활동은 무엇인가요?
- 자녀가 자주 이야기하는 주제나 관심사는 무엇인가요?
- 자녀가 좋아하는 책, 영화, 게임 등은 어떤 것들이 있나요?

3. 자녀의 행동 관찰

- 자녀가 스스로 선택하여 즐기는 활동은 무엇인가요?
- 자녀가 친구들과 함께할 때 주로 어떤 역할을 맡나요?
- 자녀가 스트레스를 받을 때 해소하는 방법이나 활동은 무엇인가요?

4. 자녀와의 대화

- 자녀와 자신의 꿈이나 목표에 대해 이야기를 나눈 적이 있나요?

- 자녀가 좋아하는 직업이나 직종에 대해 질문해 본 적이 있나요?
- 자녀의 미래에 대한 생각이나 희망을 들어 본 적이 있나요?

5. 부모의 지원

- 자녀의 관심사와 강점을 바탕으로 어떤 지원을 해 주고 있나요?
- 자녀가 새로운 경험을 할 수 있도록 환경을 조성하고 있나요?
- 자녀의 결정을 존중하고 지지하는 태도를 보이고 있나요?

1. 진로동기 촉진을 돕는 부모

허용적인 분위기 조성 자녀의 진로방향성에 대해 부모가 허용적인 태도를 보이는 것은 자녀의 진로동기유발에 매우 중요한 역할을 한다. 부모가 생각했을 때 안정적인 진로목표가 아니라고 해서 "쓸데없는 생각이야, 그 직업으로는 먹고 살기 힘들어!"라는 식의 단정적인 말투로 자녀의 생각을 차단하는 것은 부적절한 태도이다. 허용적인 분위기 조성을 위해 부모에게 필요한 자질은 다음과 같다.

첫째, 경청의 태도이다. 이는 자녀가 자신의 생각과 감정을 자유롭게 표현할 수 있도록 충분한 시간을 주고, 그들의 의견에 귀 기울이는 것이다. 부모가 자녀의 이야기를 진지하게 듣는다면 자녀는 자신이 존중받고 있다는 느낌을 받을 수 있다. 경청의 태도로 자녀의 관심사와 흥미를 있는 그대로 존중함으로써 열린 대화가 가능하며, 자녀 스스로 생각을 더 확장할 수 있도록 도울 뿐 아니라, 개방적이고 자율적인 대화를 통해 자녀의 미래에 대한 생각이나 희망을 탐색해 볼 수 있다.

둘째, 긍정적인 피드백을 제공하는 것이다. 자녀가 선택한 진로에 대해 긍정적인 반응을 보이고, 그들의 노력을 인정해 주는 것이 동기를 높이는 데 기여한다. 비판보다는 격려의 메시지를 전달함으로써 자녀가 자신감을 가질 수 있도록 도와야한다.

셋째, 자율성을 존중하는 것이다. 자녀가 스스로 선택할 수 있는 권리를 부여함으로써 그들의 자율성을 존중해야 한다. 부모가 지나치게 간섭하거나 강요하는 태도를 보이면 자녀는 오히려 반발심을 가지게 될 수 있다.

허용적인 분위기에서 나눌 수 있는 대화 예시

자녀: 엄마, 아빠, 나 음악을 전공하고 싶어.

부모: 음악을 전공하고 싶다고? 정말 멋진 선택이야! 어떤 음악 분야에 관심이 있어?

자녀: 작곡과 편곡에 관심이 많아. 내가 만든 음악으로 사람들에게 감동을 주고 싶어.

부모: 그렇구나! 음악으로 사람들에게 감동을 주는 건 정말 의미 있는 일이야. 어떤 곡을 작곡해 봤어?

자녀: 최근에 작은 멜로디를 만들어 봤어. 그런데 주변에서 '그런 직업으로는 힘들다'고 해서 좀 걱정돼.

부모: 그럴 수도 있지만, 네가 정말 열정을 가지고 있다면 그 길을 가는 것도 좋다고 생각해. 어려움이 있을 수 있지만, 네가 좋아하는 일을 한다면 더 큰 보람을 느낄 거야.

자녀: 엄마, 아빠가 그렇게 말해 주니 힘이 돼. 그럼 어떻게 하면 더 발전할 수 있을까?

부모: 우선, 음악 관련 수업에 참여해 보는 건 어때? 그리고 우리가 함께 음악 관련 책이나 자료를 찾아보는 것도 좋을 것 같아.

자녀: 좋아! 그리고 혹시 내가 작곡한 곡을 들어볼래?

부모: 물론이지! 너의 음악을 듣는 것이 정말 기대돼. 네가 어떻게 발전해 나가는지를 함께 지켜보는 것도 좋을 것 같아.

자녀의 능력 탐색하기 진로무동기 학생은 자기가 잘하는 것이 없어서 주변의 무시를 당하고 있다고 여기며, 사회적 비교에 민감하고, 주변의 무관심, 실패에 대한 두려움, 목표설정에 대한 어려움, 소극적 태도, 자기효능감 상실 등의 특성을 보인다. 이와 같은 특징들은 스스로의 능력을 인식하고, 자신감과 동기를 회복하는 데 장애요인이 될 수 있다. 이처럼 동기가 없는 자녀에게 부모가 먼저 자녀의 능력과 강점을 알아차리고 자녀와 대화할 수 있다면 이들에게 필요한 중요한 접근법이 될 것이다. 자녀의 능력을 탐색하기 위해서는 먼저 자녀의 일상을 주의 깊게 관찰하는 자세가 필요하다. 부모가 평소에 자녀의 학교생활에 관심이 없고, 자녀와의 의사소통이 원활하지 않다고 지각한 청소년의 경우 자신의 능력에 대한 믿음이 낮은 무동기의 특성을 보인다. 다음 사례를 통해 진로무동기 학생의 능력을 탐색하는 과정을 구체적으로 제시하였다.

진로무동기 자녀의 능력 탐색 과정 사례

어느 날, 민수의 부모는 민수의 일상에 관심을 기울이기로 결심하였다. 민수는 최근 들어 학교에서도 집에서도 무기력한 모습을 보이며, "나는 아무것도 잘하지 못해."라는 말을 자주 하곤 했다. 부모는 이러한 민수의 태도에 걱정을 느끼고, 그가 진정으로 흥미를 느끼는 것이 무엇인지 알아보려 했다. 부모는 민수가 집에서 보내는 시간을 주의 깊게 관찰하기 시작했다. 민수가 방에서 그림을 그리고 있는 모습을 발견하였고, 그의 표정은 그 어느 때보다 밝았다. 민수가 집중하여 그림을 그리는 모습을 보면서 부모는 그가 예술에 대한 흥미가 있음을 깨달았다.

이후 부모는 민수에게 다가가서 말했다. "민수야, 너는 그림 그리는 것을 정말 좋아하는 것 같아. 어떤 그림을 그리고 있니?" 민수는 처음에는 수줍어했지만, 곧 자신이 그린 그림에 대해 설명하기 시작했다. 그 과정에서 부모는 민수의 눈빛이 반짝이는 것을 느꼈고, 그가 그림을 그릴 때의 열정이 얼마나 큰지를 알게 되었다. 부모는 이러한 발견을 바탕으로 민수에게 다양한 예술 관련 활동을 제안하였다. "전시회에 가 보는 건 어때? 그리고 혹시 미술 학원에 다녀 볼 생각은 없니?" 민수는 처음에는 망설였지만, 부모의 진심 어린 관심과 격려 덕분에 조금씩 마음을 열게 되었다. 결국 민수는 미술 학원에 등록하고, 다양한 작품을 만들어 내며 자신감을 되찾기 시작했다.

부모는 민수가 자신의 능력을 발견하고 발전해 나가는 모습을 지켜보며, 자녀의 일상에 주의를 기울이고, 그들의 관심사와 흥미, 능력을 찾아 지원하는 것이 진로 동기를 갖게하는 데 중요한 역할을 한다는 것을 깨닫게 되었다.

지지적 환경 조성하기 진로무동기 학생의 동기를 촉진하기 위해 부모가 제공하는 지지적 환경은 학생이 자신의 진로에 대해 긍정적인 태도를 가질 수 있도록 도와주는 다양한 요소를 포함한다. 특히 부모는 자녀에게 안정적인 정서적 지지자가 되어야 한다. 자녀가 진로에 대해 고민할 때, 그들이 느끼는 불안이나 두려움을 이해하고 지지해 주는 것이 필요하다. 부모가 항상 곁에 있다는 믿음을 심어 줄 때, 자녀는 더 큰 자신감을 가지고 진로를 탐색할 수 있다. 또한 자녀가 실패를 성장의 기회로 여기고 두려워하지 않도록 지원해야 한다. 혹여 진로선택이 잘못되어 실패한 인생을 살게 될까 봐 선택을 못하고 있는 자녀가 있다면, 실패 사례를 공유하며 실패에서 배운 교훈을 강조하는 것은 자녀에게 재도전할 수 있는 용기를 줄 수 있다. 이때, 작은 성과라도 칭찬하고 지지해 줌으로써 자기효능감을 높여 진로동기를 높일 수 있다. 이러한 지지적 환경은 자녀가 지닌 자원을 긍정적으로 인식하고, 앞으로 나아갈 수 있는 자신감을 심어 줄 것이다.

부모는 지지적 환경을 만드는 데 학교와 협력이 필요하다. 학교와 부모 간의 원활한 소통은 학생의 진로 발달 상황에 대한 정보를 공유하는 데 필수적이다. 이를 통해 부모는 자녀의 학교생활과 진로교육에 대한 이해를 높일 수 있다. 또한 학교에서 부모를 대상으로 진행하는 진로교육 관련 행사나 세미나에 참여함으로써 자녀에게 진로 탐색의 중요성과 방법에 대한 정보를 제공할 수 있어 지지적 환경을 만드는 데 도움을 얻을 수 있다.

지지적 환경 조성을 위한 부모-자녀 대화 예시

자녀: 엄마, 요즘 진로가 너무 걱정돼. 내가 하고 싶은 게 뭔지 모르겠어. 친구들은 다 뚜렷한 목표가 있는데, 나는 아무것도 없어서 불안해.

부모: 그런 기분이 드는구나. 나도 네 나이 때 비슷한 고민을 했었어. 그때는 정말 힘들었지만, 그 경험이 나를 성장하게 해 준 것 같아.

자녀: 그럼 엄마도 실패한 적이 있었던 거야?

부모: 응, 사실 내가 원하는 대학에 떨어졌었어. 그때는 정말 실망했지만, 그 경험을 통해 내가 무엇을 더 준비해야 하는지 깨달았지. 그 후에 더 열심히 공부해서 원하는 곳에 갈 수 있었어.

자녀: 그런 일이 있었구나. 그래서 엄마는 실패를 두려워하지 않았던 거야?

부모: 맞아. 실패는 그 자체로 나쁜 것이 아니라, 배우고 성장할 수 있는 기회라고 생각해. 네가 실패하더라도 그 경험에서 무엇을 배울 수 있는지를 생각해 보면 좋을 것 같아.

자녀: 그렇게 생각하니까 조금 마음이 편해져. 그래도 여전히 불안한 건 사실이야.

부모: 그럴 수 있어. 하지만 내가 항상 네 곁에 있다는 걸 잊지 마. 네가 어떤 결정을 하든지, 나는 너를 지지할 거야. 작은 성과라도 잘하고 있다면 꼭 이야기해 줘. 그때마다 칭찬해 줄게.

자녀: 고마워, 엄마. 나도 조금씩 시도해볼게. 그리고 실패해도 괜찮다는 걸 기억할게.

다양한 경험 제공 진로 선택은 개인의 경험과 환경적 요인에 의해 크게 영향을 받는다. 부모가 제공하는 다양한 경험은 자녀의 진로 탐색 과정에서 중요한 역할을 하며, 이는 진로 무동기 상태에서 벗어나는 데 필요한 자극을 제공한다. 자녀는 이러한 경험을 통해 자신의 흥미와 적성을 탐색하고, 진로에 대한 명확한 비전을 세울 수 있게 된다.

라이언과 디시(Ryan & Deci, 2000)는 자기결정성 이론에서 외적 동기와 내적 동기는 서로 양극단의 입장이 아니라 상호 보완적이고 연속선상에 있다고 보았다. 처음에는 무동기에서 외적 동기로, 그리고 점점 자기결정성에 따라 내재적 동기로 발전한다고 하였다. 자기결정성 이론에 따르면, 개인의 동기는 자율성, 유능감, 관계성의 세 가지 기본 욕구에 의해 영향을 받는다. 부모가 자녀에게 다양한 경험, 즉 외적 동기를 제공함으로써 자녀는 자신의 선택에 따라 새로운 직업(영역)을 탐색할 수 있는 자율성을 느끼게 된다. 또한 다양한 경험을 통해 자신의 능력을 확인하고 발전시킬 기회를 가지게 되어 유능감을 증진시킬 수 있다. 뿐만 아니라 다른 사람과 사회적 관계를 맺으면서 협동학습을 통해 자신이 가치 있다고 느낄 수 있다.

이처럼 부모의 다양한 경험 제공은 자녀가 스스로 목표를 설정하고 성취하며, 필요에 따라서는 목표나 계획을 수정하거나 발전시킬 수 있는 능력을 향상시킬 수 있는 기회를 부여한다. 이처럼 다양한 경험을 통한 자기결정성 향상은 진로무동기 학생의 동기 향상에 긍정적인 영향을 미친다.

따라서 부모는 자녀가 직간접적으로 직업세계를 체험해 볼 수 있는 방법을 모색하고, 다양한 경험을 할 수 있도록 독려해야 한다. 직접적인 직업체험으로는 아르바이트, 직장체험, 사회봉사활동 등이 있고, 간접적인 직업체험은 친인척 또는 지인과의 인터뷰, 유튜브, SNS, 웹사이트 등을 통해 실제 직업을 가진 사람들의 정보를 수집하고 그들의 일상을 경험해 볼 수 있다. 부모가 다양한 직업 체험 기회를 제공해야 하는 이유는, 첫째, 흥미와 적성 발견이다. 자녀가 어떠한 형태로든 다양한 직업을 체험하고 학습하게 된다면 자신의 흥미와 적성을 발견할 수 있는 기회를 얻을 수 있다. 우연히 참여하게 된 직업체험 부스, 박람회, 인터뷰, 사회봉사활동, 취미활동 등을 통해 자녀가 진로 선택에 방향성을 잡을 수 있기 때문이다. 둘째, 현실적인 직업세계 이해를 위해서이다. 직간접적인 직업 체험을 통해 자녀는 각 직업의 실제 환경과 요구 사항을 이해하게 된다. 이는 막연한 환상을 줄이고, 보다 현실적인 진로 계획을 세우는 데 기여한다. 셋째, 동기부여이다. 부모가 자녀에게 적극적으로 다양한 경험의 기회를 제공하고 지원함으로써, 자녀는 자신의 미래에 대한 긍정적인 기대감을 갖게 되고, 도전에 대한 두려움을 극복할 수 있다.

다음 사례는 다양한 경험을 제공하기 위해 부모와 자녀가 나눌 수 있는 대화의 예시이다. 여기서 중요한 것은 진로무동기 학생이 스스로 움직이지 않을 가능성이 있기에 부모의 권유가 필요하지만, 그렇다고 강요하거나 부모의 생각을 주입하지 않도록 유의해야 한다.

다양한 경험 제공을 위한 부모-자녀 대화 예시

부모: 요즘 학교생활은 어때? 진로에 대해 고민하는 건 없니?

자녀: 그냥 그런 것 같아요. 사실 어떤 직업을 선택해야 할지 전혀 감이 안 잡혀요. 그냥 무기력해요.

부모: 그럴 수 있어. 하지만 다양한 경험을 해 보는 게 좋은 시작이 될 수 있어. 혹시 아르바이트나 자원봉사 같은 걸 해 볼 생각은 없니?

자녀: 아르바이트는 좀 부담스러워요. 뭘 해야 할지도 모르겠고요.

부모: 그럴 땐 간단한 사회봉사활동부터 시작해 보는 건 어때? 예를 들어, 지역아동센터에서 도와주는 거라든지, 동물 보호소에서 봉사하는 것 말이야. 이런 경험이 네가 어떤 환경에서 일하는 게 맞는지를 알게 해 줄 수 있어.

자녀: 그건 괜찮을 것 같아요. 그런데 다른 방법은 없을까요?

부모: 물론 있지! 친척이나 지인들에게 인터뷰를 요청해 보는 것도 좋은 방법이야. 그들이 어떤 직업을 가지고 어떻게 일하는지 직접 이야기 들어보면, 더 현실감 있게 느낄 수 있을 거야. 혹시 도움이 필요하면 언제든 말해.

자녀: 그럼 유튜브나 SNS를 통해서도 정보를 찾을 수 있겠네요?

부모: 맞아! 요즘은 다양한 직업 관련 콘텐츠가 많으니까, 그런 걸 보면서 흥미를 느낄 수도 있어. 예를 들어, 어떤 직업인의 일상이나 일하는 모습을 보면, 그 직업에 대해 좀 더 이해가 깊어질 거야.

자녀: 그런 경험들이 저한테 어떻게 도움이 될까요?

부모: 일단, 너의 흥미와 적성을 발견할 수 있는 기회가 될 거야. 또 각 직업의 실제 환경을 이해하게 되면, 막연한 환상이 줄어들고 더 현실적인 진로 계획을 세울 수 있게 돼. 그리고 이런 경험을 통해 너의 미래에 대한 긍정적인 기대감을 가질 수 있지. 도전에 대한 두려움도 줄어들 거고.

자녀: 그럼 저도 한번 시도해 볼게요. 아르바이트나 봉사활동을 통해 좀 더 알아봐야겠어요.

부모: 잘 생각했어! 언제든지 네가 원하는 경험을 찾는 데 도와줄게. 함께 고민해 보자!

전문가 도움의 기회 제공 부모는 자녀의 진로동기를 촉진하기 위하여 교사, 진로상담 전문가, 멘토 등에게 도움을 청하는 방법이 있다. 자녀의 관심 분야에 맞는 멘토를 찾아 연결해 주는 것도 중요하다. 멘토와의 대화는 자녀가 직업 세계에 대한 현실적인 정보를 얻고, 자신이 원하는 진로에 대해 더 깊이 고민할 수 있는 기회를 제공한다. 이를 통해 자녀는 자신의 진로 선택에 대한 확신을 가질 수 있게 된다. 전문가의 도움을 제공하는 방법으로 교사, 진로 상담 전문가, 멘토로 구분하여 설명하면 다음과 같다.

첫째, 교사와의 협력이다. 부모는 자녀의 학업 상황과 흥미를 파악하기 위해 정기적으로 교사와 소통해야 한다. 이를 통해 교사는 자녀의 학습 스타일과 강점을 이해하고, 적합한 진로 방향을 제시할 수 있다. 부모는 학교 행사나 학부모 상담에 적극 참여하여 교사와의 관계를 강화하고, 자녀의 필요에 맞는 지원을 요청할 수 있다. 또한 자녀가 관심 있는 과목이나 활동에 대한 정보를 교사에게 요청하여, 자녀가 그 분야에서 더욱 깊이 탐구할 수 있도록 돕는 것이 중요하다.

둘째, 진로 상담 전문가의 활용이다. 부모는 자녀의 진로 선택에 대해 고민할 때, 전문적인 진로 상담의 필요성을 인식해야 한다. 진로 상담 전문가는 자녀의 성격, 흥미, 가치관 등을 분석하여 적합한 직업이나 진로 방향을 제시할 수 있다. 또한 변화하는 직업세계에서 미래 유망 직업과 창업·창직에 대한 정보를 제공 받을 수 있다. 부모는 학교나 지역사회에서 제공하는 진로 상담 프로그램에 자녀를 참여시키고, 상담 후의 피드백을 통해 자녀가 진로에 대한 확신을 가질 수 있도록 지원해야 한다. 이를 통해 자녀는 보다 체계적이고 전문적인 조언을 받을 수 있다.

셋째, 멘토를 통한 경험 공유이다. 부모는 자녀의 관심 분야에 맞는 멘토를 찾아 연결해 주는 것이 중요하다. 멘토는 해당 분야에서의 경험과 지식을 바탕으로 자녀에게 현실적인 직업 정보와 조언을 제공할 수 있다. 부모는 자녀가 멘토와의 만남을 통해 자신의 진로에 대한 질문을 자유롭게 할 수 있도록 격려하고, 멘토와의 대화가 자녀에게 의미 있는 경험이 될 수 있도록 지원해야 한다.

전문가에게 도움을 요청하는 부모의 대화 예시

1. 교사와의 대화 사례

부모: 안녕하세요, 선생님. 제 아이가 요즘 수학에 흥미를 느끼고 있는 것 같아요. 혹시 수학 관련 진로에 대해 상담해 주실 수 있을까요?

교사: 안녕하세요! 네, 물론입니다. 수학에 관심이 있다면 데이터 분석이나 금융 분야에 대한 탐색도 좋을 것 같아요. 제가 수학 관련 특별 활동이나 진로 설명회를 추천해 드릴게요.

부모: 감사합니다! 그런 프로그램이 있다면 꼭 참여시키도록 하겠습니다. 추가로, 어떤 과목을 더 보강하면 좋을까요?

교사: 수학과 함께 과학도 중요하니, 과학탐구 활동에 참여하는 것도 좋습니다. 제가 관련 자료를 보내 드릴게요.

2. 진로 상담 전문가와의 대화 사례

부모: 안녕하세요, 상담 선생님. 제 아이가 진로에 대해 혼란스러워하고 있어요. 상담을 통해 어떤 도움을 받을 수 있을까요?

진로 상담 전문가: 안녕하세요! 자녀의 성격, 흥미, 가치관을 분석해 적합한 직업을 추천해 드릴 수 있습니다. 먼저 자녀와의 상담을 통해 어떤 분야에 관심이 있는지 파악해 보겠습니다.

부모: 좋습니다. 상담 후에는 어떤 과정을 거치게 되나요?

진로 상담 전문가: 상담 후에는 진로 탐색을 위한 자료와 활동을 제공해 드리고, 필요시 추가 상담도 진행할 수 있습니다.

3. 멘토와의 대화 사례

부모: 안녕하세요, 멘토님. 제 아이가 디자인에 관심이 많은데, 이 분야에 대한 조언을 주실 수 있을까요?

멘토: 네. 물론입니다. 디자인 분야는 매우 넓고 다양한 진로가 있어요. 먼저 학생이 어떤 디자인에 특히 흥미를 느끼는지 알아보는 것이 중요합니다.

부모: 우리 아이는 주로 그래픽 디자인 쪽에 관심을 보이고 있어요. 앞으로 멘토님과의 대화가 큰 도움이 될 것 같습니다.

멘토: 그렇다면, 제가 이전에 참여했던 프로젝트나 경험을 공유해 드릴게요. 또한 관련된 워크숍이나 대회 정보를 제공할 수 있습니다.

2. 진로의사결정을 돕는 부모

자신에게 맞는 진로를 찾는 과정은 누구에게나 쉽지 않다. 수학 공식의 답처럼 딱 떨어지는 일이 아니기 때문이다. 하지만 진로를 고민하는 과정에서 어떻게든 길을 찾을 수 있다는 것만은 분명하다. 너무 성급하게 결과를 얻으려는 마음은 잠시 내려두고 차례차례 방향을 찾아 나가다 보면 어느새 가고자 하는 길이 보일 수 있다.

지금부터 자녀와 함께 진로의사결정을 향한 여정을 시작해 보자. 이 여정에서 부모는 제9장에서 확인한 진로의사결정의 단계에 존재하는 자녀의 과제를 어떻게 도울 것인지 알 수 있다.

진로문제 논의에 대한 저항과 양가감정에 함께 머물러 주기 진로의사결정의 1단계는 문제 상황을 인식하고 선택의 필요성을 인식하는 단계다. 진로 관련 집단 상담에 참여했던 고등학생들의 경험을 묻는 연구에서 학생들은 "직면하기 무서워서 회피하려던 현실을 마주하는 것이 고통스러웠다."고 하였다. 자녀들은 진로에 대한 고민의 필요성은 인식하지만 그것을 최대한 미루고 싶어 하거나 이야기하기를 꺼리는 경향이 있다. 자신의 고민을 털어놓고 의논하고 싶어 하면서도 한편으로는 부모님에게 자신의 어려움과 약점을 드러내는 것을 주저하는 마음도 있다. 부모가 자녀들의 이런 마음을 이해하고 자녀의 진로를 궁금해하며 이야기할 수 있는 시간과 공간을 마련해 주는 것은 자녀에게 의미 있는 경험이 된다.

문제 상황 앞에 놓인 자녀와 어떻게 함께 머물러 줄 수 있을까? 첫째, 자녀에게 모든 이야기를 해야 하는 것이 아니며, 이야기하고 싶은 만큼만 이야기해도 된다고 말해 준다. 이는 고민을 털어놓고 싶기도 하고 주저하기도 하는 양가감정에 공감이 될 수 있다. 둘째, 진로에 대해 고민하는 자녀를 칭찬한다. 자녀들은 진로선택을 앞두고 '지금까지 해 놓은 게 없다', '이번에도 실패다.'라는 생각들로 낙담할 수 있다. 문제를 인식하고 고민하고 있다는 점을 칭찬하고 실수한 경험을 통해 배울 수 있는 점을 함께 이야기하면서, 여러 번의 시도 끝에 성공할 수 있음을 알려 준다. 이때 부모의 성공경험을 지나치게 강조하는 것은 자녀들이 부모와의 대화 과정을 결국 부모가 원하는 방향으로 자신의 진로를 유도하는 것이라 느끼게 만든다. 셋째, 부모의 표현방식을 점검한다. 이러려고 시작한 대화가 아닌데 잔소리와 지적으로 끝나 대화의 끝이 씁쓸한 경험은 모두 있을 것이다. 자녀들은 비난받거나 비교를 당하면 상처받기 쉽고, 자신의 상황에 대해 솔직하게 이야기할 수 없게 된다. 자녀의 이야기를 경청하면서 좀 더 말할 수 있도록 해 본다. 자녀에게 문제행동을 꼭 알려줘야 한다면 옛날 일까지 꺼내지 말고 오늘 일만 말하는 것이 자녀와의 대화를 이어 나가는 데 도움이 된다.

경청의 표현(○)	비난의 표현(×)
• 요즘 위로받고 싶은 일들이 있어? • 최근에 어떤 변화(어려움)를 경험하고 있어? • 생각은 많지만 자기를 표현한다는 게 쉽진 않지? • 애쓰고 있던데, 노력하고 있는 게 뭔지 궁금해.	• 왜 그거 안 했니? • 언제 하려고 그래? • 다른 친구들은 벌써 다 했다던데. • 그렇게 잠을 많이 자고 언제 공부할 수 있을까?

다양한 관점에서 자신에 대한 이해를 돕기 진로의사결정의 2단계는 나의 특성과 직업특성을 이해하고 이를 연결하는 단계다. 부모는 자녀가 좋아하는 것과 잘하는 것이 무엇인지 스스로 정리할 수 있게 도와야 한다. 자녀가 좋아하고 잘하는 것을 바로 찾으면 좋겠지만, 이를 발견하기까지는 부모의 세심한 관찰과 기다림이 필요하다. 가정에서 자녀와 진로를 주제로 여러 번 대화하더라도 자녀에게 진로에 대한 견해가 바로 확립되는 것은 아니다. 진로는 일생 동안 일과 관련해 경험하고 거쳐 가는 모든 체험으로 정의되는 만큼 자기이해를 포함한 자녀의 진로의식은 충분한 자기성찰의 시간이 필요하다.

자녀의 자기이해를 돕기 위해 기억해야 할 것은 부모와 자녀 우리 모두는 시간적 맥락 속에서 성장한다는 것이다. 구체적으로 살펴보면, 첫째 부모는 자녀가 현재의 진로와 과거 경험의 연결을 할 수 있도록 질문해야 한다. 과거의 경험을 돌아보고 말할 기회를 가질 때 자녀는 스스로 의미를 만들게 된다. 둘째, 자녀들의 현재에 주목한다. 자녀가 현재 어떤 것에 관심을 가지고 어떠한 활동을 하고 있는지를 물어본다. 현재 하고 있는 노력이 자신의 과거 경험을 다른 관점으로 바라보고, 미래를 현실적으로 꿈꿀 수 있게 하는 자원이 될 수 있다. 어떤 기회가 찾아올지 알 수 없으므로 다양한 경험에 도전해 보도록 격려한다. 셋째, 자녀의 미래 희망에 대해 이해한다. 자녀의 삶의 목표가 현재의 행동을 결정할 수 있다. 자녀가 현재를 충실히 살아가지 않는 것처럼 느껴질 때, "어떤 삶을 살고 싶어?" "예전에는 ~한 꿈이 있었던 것 같은데!"와 같이 질문하며 자녀들이 진로와 삶의 목표를 생각할 수 있도록 도울 수 있다. 긍정적인 호기심을 가지고 자녀들이 어떤 경험을 통해 현재의 진로고민과 자기이해를 완성했는지 물어야 한다.

자녀의 자기이해를 돕는 방법

경험 제공 및 경험의 의미 묻기	꿈에 대한 다양한 표현의 허용
• 학교에서 진행되는 진로교육에 대한 관심 보이기 • 진로교육의 기회 충분히 제공하기 • 자녀의 경험에 대해 묻고 들어주기	• '꿈=직업'이 아님을 알려 주기 • 사소하더라도 자녀에게 가치 있는 것들, 이상적인 행동들을 말하도록 허용하기
창의력 향상 돕기	**충분히 스스로 생각할 시간 주기**
• 자신만의 시각: 똑같은 일상에서 다른 모습 발견하도록 돕기 • 재해석 능력: 새로운 것을 발견 후 자신의 방식으로 해석해 보게 하기 • 표현하기: 자신이 해석한 것을 글과 그림 등으로 표현하게 하기	• 창의력을 키우기 위한 시간이 필요함을 인정하기 • 충분히 기다리며 생각할 시간 주기
경험에 의미를 부여할 수 있도록 돕는 질문	
• 어떻게 그 활동에 참여하게 된 거야? • 활동에서 맡은 역할은 무엇이었어? • 하면서 어려웠던 점은 없었어? 어떻게 대처했어?	• 어떻게 그렇게 행동할 수 있었던 거야? • 그 과정에서 떠올랐던 생각이나 느낌은 무엇이었어? • 결과가 어땠는지 궁금하다.

다양한 경험과 생각을 기록할 수 있도록 독려하는 것은 자녀의 자기이해를 돕는 데 중요하다. 자신에 대해 알기 위해서는 자기성찰에 많은 시간과 노력을 기울여야 한다. 자녀들은 기록을 통해 스스로에 대해 성찰하게 되고, 누적된 자기의 기록을 보면서 다음 계획을 세우는 데 도움을 받을 수 있다.

시간적 맥락 속에서 성장하는 자신을 이해하고, 기록하는 것 외에 여러 가지 진로검사를 받아보는 것은 자녀들이 객관적인 자신을 파악하는 데 도움이 될 수 있다. 자녀의 심리검사를 활용할 때 주의해야 할 사항을 다음에 제시하였다.

TIP 자녀의 자기이해를 돕기 위한 '심리검사' 활용 시 유의사항

많은 학부모가 자녀의 진로를 탐색하기에 앞서 자녀의 적성, 흥미 등을 이해하고 그에 맞춰 진로심리검사를 활용한다. 진로심리검사는 일정한 주기를 두고 필수적으로 체크해야 하는 것은 아니지만, 이를 통해 자녀의 관심, 흥미, 진로성숙도 등의 변화를 확인할 수 있다.

대부분의 학교에서는 새 학기가 되면 진로교육활동의 일환으로 직업흥미검사, 직업적성검사 등 다양한 진로심리검사를 실시한다. 주로 커리어넷과 고용24를 이용하여 실시하고 있으며, 중 · 고등학생을 대상으로 하는 검사는 크게 4가지 종류(직업적성검사, 직업가치관검사, 직업흥미검사, 진로성숙도 검사)가 있다.

꼭 기억해야 할 것은, 진로 심리검사가 자녀의 모든 것을 말해 주는 것은 아니라는 점이다. 아무리 높은 수치의 적성과 흥미, 재능을 가지고 있어도 자녀가 의지를 가지고 스스로 이루어나가는 노력이 없다면 그 분야에서 좋은 결과를 얻기 힘들 것이다. 검사결과는 부모님이 자녀의 성향 또는 적성 등을 이해할 수 있도록 돕는 하나의 자료이자 자녀가 진로를 설계할 때 방향을 잡아주는 도구로 활용하는 것이 바람직하다.

Q. 진로특성은 변하지 않나요?	자녀는 성장과정에서 경험한 것들을 바탕으로 얼마든지 변화 발전할 수 있습니다. 따라서 지금의 검사결과만으로 판단하기보다는 자녀가 여러 경험을 통해 진로를 탐색할 수 있도록 격려해 주십시오.
Q. 검사 결과값이 들쑥날쑥한데 상관없나요?	진로심리검사는 개개인의 특성을 이해하고 진로를 탐색하는 데 참고하기 위한 도구일 뿐입니다. 단순히 결과값이 높거나 낮은 것만으로 성향이 좋다, 나쁘다를 구분할 수는 없습니다. 따라서 자녀의 성향을 이해하는 데 참고하는 자료로 활용해 주시기 바랍니다.
Q. 자녀가 희망하는 학과와 검사결과가 다르게 나왔어요.	진로에 있어 가장 중요한 것은 자녀의 관심과 계획입니다. 따라서 검사결과가 자녀가 원하는 진로와 다르게 나오더라도 자녀가 원래 관심 있어 하던 직업과 함께 심리검사 결과가 추천하는 직업을 폭넓게 탐색하는 것이 필요합니다.

출처: 커리어넷 〉 진로심리검사 〉 결과해석가이드

변화하는 일과 직업세계에 대해 함께 알아가기 진로의사결정의 2단계에서 직업세계에 대해 부모가 함께 알아가는 것이 필요하다. 일과 직업세계의 이해 영역은 일과 직업에 대한 올바른 가치관 및 태도 형성에서 출발해 앞으로 진입하게 될 직업세계의 구성과 체계(직업 유형과 경로, 고용과 근로환경, 직업윤리 등)에 대한 이해로 확장된다.

무엇보다 급속한 변화의 시대를 살아가야 하는 자녀들에게 직업세계가 어떻게 달라지고 있는지 이해시키고, 탐색해 보도록 도우며, 거기에 맞게 적응해 나갈 수 있도록 대비시키는 것이 중요하다. 이를 위해 관심직업에 대한 정보를 구체적으로 알아가는 것과 함께 미래 사회의 직업세계 변화 동인도 함께 알아가야 한다. 직업탐색의 모든 과정에 자녀가 적극적으로 참여하도록 유도하되 진로정보를 어디까지 수집하도록 도울 것인지도 고민해야 한다.

TIP 자녀의 직업세계에 대한 이해를 돕는 방법

직업의 의미 확장해 주기

자녀에게 무엇을 하고 싶은지 묻기 전에 어떤 사람이 되고 싶은지를 먼저 물어본다. 남을 돕는 사람, 치유해 주는 사람, 재미를 주는 사람 등 자녀가 원하는 모습으로 살아가는 데 필요한 직업은 무엇인지 함께 이야기해 본다. 건강한 직업의식은 일과 삶의 만족감을 만들어 낼 수 있고, 이는 성장을 위한 노력과 개인의 역량강화 및 일자리 기회 확대로 연결될 수 있다.

자녀: 나는 돈을 많이 벌 수 있는 변호사가 될 거야! 엄마, 아빠도 좋지?
부모: (돈을 벌겠다는 생각만으로 직업을 찾는다는 건 아닌데, 스스로 직업의 가치를 고민하도록 도와줄 방법이 없을까?)

Q1. 직업은 돈을 벌기 위한 수단 아닌가요?

직업은 돈을 벌기 위한 수단이 맞지만, 그것만이 유일한 목적은 아니에요. 일 자체의 즐거움이나 자신의 능력을 키우는 성취감 없이 돈만 바라보고 직업을 선택했을 때, 재미없다 나답지 않다 무기력하다는 감정을 느끼며 스트레스 받을 수 있어요.

Q2. 자녀의 건강한 직업의식을 위해 먼저 해야 할 일은 무엇인가요?

자녀가 직업을 선택할 때 우선으로 두는 가치기준을 물어봐 주세요. 간단한 질문으로 자녀의 성향을 알 수 있어요. (예: ○○이는 직업을 선택할 때 어떤 기준이 가장 중요하다고 생각하니?)

〈직업의 의미가 확장된 예〉

나는 돈을 많이 벌 수 있는 개발자가 될 거야.	➡	나는 사람들의 삶을 편리하고 풍요롭게 만들 수 있게 돈을 많이 버는 개발자가 될 거야.

나는 어디서든 인정받는 변호사가 될 거야.	➡	나는 억울한 사람의 마음을 알아주는 인정받는 변호사가 될 거야.

출처: 정동순 외(2018).

자녀들이 살아갈 미래 변화 트렌드에 관심 갖기

인공지능, 컴퓨팅, 유전공학 등 다양한 기술들이 산업 전반과 우리의 일상을 이미 바꿔 놓았고, 앞으로도 급격한 변화를 겪게 될 것이다. 고용노동부의 「신직업 발굴 계획보고서」(2021)에 따르면, 현재의 직업들이 모두 사라지는 것은 아니지만 새로운 직업들의 등장으로 인해 2030년경에는 사람들이 최소 여섯 번 이상 직업을 바꾸게 될 것이다. 학부모들이 먼저 미래 변화 트렌드에 관심을 가질 때, 자녀들은 자연스럽게 익숙한 고정관념을 버리고 미래에 대비하면서 변화에 대한 도전을 두려워하지 않고 즐길 수 있다.

총 6가지 미래 변화 트렌드와 유망직업

초연결 초지능화	저출산 고령화	세계화	지구 온난화	소비의 고도화	위험의 일상화

지구 온난화에 대처하는 녹색직업 기후변화 전문가, 미래농업 전문가, 전기자동차 개발자	**4차 산업혁명을 이끄는 첨단기술 직업** 3D프린트 전문가, 가상현실 전문가, 드론전문가
글로벌 & 다문화 직업 국제개발협력전문가, 다문화 언어지도사, 국제회의전문가	**바이오 헬스케어 직업** 기능성식품연구원, 스마트헬스케어 기획자, 생체인식 전문가
기존 산업과 IT 기술이 융합한 직업 감성인식개발자, 법의학자, 재난재해 전문가	

출처: 커리어넷 > 진로동영상 > 변화하는 직업을 이해하고 미래 나의 직업만들기

이전에는 한 가지 분야를 깊게 공부해서 높은 수준의 지식을 갖춘 이들을 전문가로 보았지만, 최근에는 사회의 양상이 복잡해짐에 따라 '깊이에 넓이를 더한 지식인'을 추구한다. 미래 사회의 변화로 자녀들이 함양해야 할 다양한 역량 중 여기에서는 도전과 혁신의 '기업가 정신'을 소개한다.

기업가 정신은 나만의 생각과 관점으로 변화 속에서 기회를 포착하고 혁신을 통해 자신만의 브랜드로 비즈니스를 펼쳐 나가는 리더십을 말한다. 즉, 창업가처럼 자신의 삶을 주도적으로 창조해야 하는 것이다. 학생, 프리랜서, 창업가 등 어떤 직업이나 역할을 갖게 되더라도 우리는 성공하기 위해 스스로 나서서 내가 어떤 사람인지 알려야 한다. 내가 알고 있는 나의 이야기를 타인이 읽을 수 있도록 널리 알려줄 필요가 있다. 변화는 새로운 학습과 끊임없는 도전을 시도함으로써 만들어진다는 것을 기억하고, 자녀들이 스스로 변화와 자신만의 진로 이야기를 만들 수 있도록 돕자.

자녀의 기업가 정신을 키우기 위해 기억할 것

- 자녀가 자신의 자원(예: 사람, 자금, 계획 등)을 인식하도록 돕기
- 지속적인 학습 촉진하기
- 자원을 관리할 수 있도록 돕기
- 기회를 포착하고 인식할 수 있도록 돕기
- 세상 사람들이 겪는 어려움을 해결하기 위해 무엇이 필요한지 생각하도록 돕기

청소년 기업가 정신 실천 사례

E고 2학년 학생 5명은 학교에서 버스정류장이 멀어 통학이 불편하다는 문제를 발견하고, 이를 해결하기 위해 학생들이 함께 쓰는 자전거 서비스를 만들었다. 이들은 자전거 공유 서비스에 대한 수요 조사를 하고, 친구들의 자전거를 빌려 일주일간 시범운영을 해 본 뒤 본격적인 행동에 나섰다. 학교 근처 아파트를 돌아다니며 버려진 자전거를 모아 깨끗하게 수리해서 사용한다는 계획을 세웠다. 커뮤니티에 글을 올려 쓰지 않는 자전거를 기부받기도 했다. 힘들게 구해 왔으나 수리하기 어려워 결국 버려야 했던 자전거도 많았지만 좌절하지 않았다. 타이어에 바람을 넣고 가벼운 고장을 모두 고쳤다. 이렇게 1개월에 2천 원이라는 저렴한 회비를 내면 학교에서 버스정류장까지 자전거를 이용할 수 있는 빠밤이(빠른 바이크가 이곳에) 서비스가 탄생했다.

출처: 중앙일보(2018.04.23.).

정보통합과 대안탐색을 돕기 진로의사결정의 3단계는 진로 문제를 해결하기 위해 다양한 정보를 하나로 통합하고 대안목록을 확장하거나 좁혀가는 통합단계다. 자녀들은 자기이해와 직업세계 탐색과정을 통해 상당히 많은 정보를 수집하게 된다. 수집된 정보를 통합할 때 부모는 자녀가 진로정보를 왜곡하거나 무시, 과장하고 있지 않은지 확인해야 한다. 브레인스토밍, 마인드맵, 시네틱스의 확산적 사고기법은 자녀들이 수집한 정보를 통합하고 가능한 한 많은 해결책을 생각하는 데 유용하다. 자녀들이 수집한 정보에는 공통점 또는 일정한

패턴이 존재할 수 있는데, 브레인스토밍과 마인드맵을 작성하다 보면 자녀들은 자연스럽게 자신만의 패턴을 확인할 수 있다.

마인드맵(Mind map)	시네틱스(Synetics)
마인드맵이란? 지도를 그리듯 생각을 이미지화하여 표현하는 것이다. 개념을 파악하고 그것들이 어떻게 연관되어 있는지를 간단한 기호, 그림 등으로 나타낸 뒤 색과 디자인을 사용하여 표현한다.	시네틱스란? 여러 대상을 두고 대상과 비슷한 것을 생각하는 '유추사고'로부터 아이디어나 힌트를 얻는 방법이다. 이는 사람들이 판에 박힌 사고방식에서 벗어나 창의적 아이디어나 힌트를 생각해 내는 것을 촉진한다.
마인드맵을 그리는 방법과 주의할 점 종이와 여러 가지 색의 펜을 준비한다. 종이 한가운데에 해결하고자 하는 문제의 주제를 이미지로 그리거나 중심생각을 써넣는다. 중심에서부터 여러 가지를 쳐 나가며 그림이나 상징적 기호를 더 그려 넣는다.	운영과정 진행자는 문제점을 간단히 기술하고, 구성원들은 문제를 확인하고 분석한다. 문제해결을 위해 실질적인 전략을 생각하고 그 전략을 현실적으로 적용할 수 있는 방안을 생각한다. 이때 진행자는 아이디어를 암시하거나 해결책을 제시하지 않도록 주의한다.
마인드맵 주제의 예시 • '진로'의 개념 정리하기 또는 관련된 연관 단어 떠올리기 • 마인드맵을 통해 나만의 자원목록 만들기	시네틱스 주제의 예시 • 국어교육학과와 헤어 메이크업의 공통점을 나열해 보기 • 발명과 인생의 공통점을 나열해 보기

출처: 발명교육포털사이트 〉 창의적 사고로 문제를 해결하는 확산적 사고기법

가능한 많은 해결책이 도출되었다면 이제는 어떤 기준으로 대안들을 좁혀서 만족스러운 결정을 할 것인가 고민해야 한다. 자녀들이 자신에게 중요한 평가 기준을 확인하는 것은 중요하다. 자칫 편견에 의해서, 부모의 요구에 의해서, 친구의 권유에 의해서 의사결정을 할 경우 결과에 대해 불만을 갖게 되고 결국 여러 부작용을 낳게 된다. 평가 기준은 자녀의 일 가치관과 밀접하게 연관된다. 일을 통해 얻고자 하는 보상이 무엇인지, 이 일 가치관이 자녀에게 왜 중요한지, 이 일 가치관이 실현되지 않으면 어떨 것 같은지 등을 물어봄으로써 자녀의 평가기준 탐색을 도울 수 있다.

많은 자녀가 현실적인 제약을 먼저 고려하기 때문에 통합단계의 대안확장과 좁히기에 어려움을 겪는다. 이때, 부모는 자녀들의 자기효능감을 촉진할 수 있어야 한다. 자기효능감을 촉진하는 방법 중 하나는 과거의 성공경험을 떠올리도록 돕는 것이다. 아무리 작고, 남

이 몰라주더라도 뭐라도 해낸 것이 있었다는 것을 부모가 찾아주고 이야기해 주는 게 도움이 된다.

TIP 자녀의 자기효능감을 촉진하는 대화반응

- 진로고민을 하지 않고 회피할 수도 있는데 지금 이렇게 아빠 엄마와 이야기하면서 문제에 마주하고 있잖아. 대견한걸?
- 학교에서 하는 동아리 활동에 참여했었지! 그건 어떻게 빠지지 않고 꾸준히 할 수 있었어?

비교분석을 통해 결정하도록 돕기 진로의사결정의 4단계는 남겨진 진로대안을 비교 · 분석하며 재점검하고 대안의 우선순위를 정해 결정하는 단계다. 의사결정의 과정에서 논리적이고 체계적인 '합리적 결정'과 직관을 사용하며 감정에 주의를 기울이는 '직관적 결정'은 모두 필요하다. 빠른 속도로 변화하는 세계에서는 모든 가능성을 최대한 활용하는 의사결정 전략이 도움이 된다.

진로대안을 비교 · 분석하는 데 도움이 되는 방법 중 하나는 장점과 단점 목록을 만들어 보는 것이다. 정보를 범주별로 나눠 보는 것도 상황을 명료화하는 데 도움이 된다. 또 다른 방법은 자녀에게 두 가지 목록을 작성하게 하는 것이다. 한 목록에는 고려하고 있는 모든 진로 대안을 적고 다른 한 목록에는 임금, 안정성, 승진 기회 등과 같은 자녀 자신의 평가 기준을 중요도별로 순위를 정하여 적게 한다. 그리고 상위 몇몇 고려 사항에 맞지 않는 진로 대안은 지워 나가도록 한다. 자녀 중 일부는 의사결정의 재료로 본인의 정서 상태를 가장 중요하게 사용하여 비교적 빠르게 의사결정을 내리는 경우도 있다. 자녀들의 직관적인 의사결정을 구체화하고 확신의 수준을 명료화하는 데 도움이 되는 질문들을 다음에 제시하였다.

- 이 결정을 할 때 가장 고려했던 '느낌, 감정'은 무엇인가?
- 이 결정을 할 때 머릿속을 스치고 지나갔던 것, 직관적으로 떠올랐던 것은 무엇인가?
- 어떤 부분에서 이 결정이 가장 마음에 끌리는가? 왜 이 결정에 끌리는가?
- 미래의 나 역시 이 결정에 끌릴 것 같은가?
- 이 결정을 한 후, 어떤 감정들을 느끼게 되면 '이것을 선택하길 잘했다'고 할 것 같은가?
- 다른 사람들은 잘 알지 못하지만 나만의 감, '딱 이것이다'라는 것을 좀 더 설명해 본다면?

- 이전에 '딱 이것이다'라고 감에 따라 선택한 적이 있었는가? 지금 그 결정에 대해 다시 생각해 보면 어떤가? '딱 이것이다'라는 감을 대체적으로 따르기는 하지만, 여기에 무엇이 추가되면 이 결정에 더 확신을 더 할 수 있을까? (예: 실제적 정보, 지금 현재 추세 등)

출처: 유현실 외(2021).

의사결정은 포기 과정을 필연적으로 수반한다. 고려하는 대안들 중 하나를 취한다는 것은 다른 말로 나머지 대안들은 버린다는 뜻이다. 모든 대안을 한 번에 동시에 취하는 것은 현실적으로 가능하지 않으며, 잘 버리는 과정이 선택과정에 필연적으로 수반됨을 자녀에게 이해시키는 것이 중요하다.

이때 나머지 대안들을 버리는 것이 영구적으로 이 진로대안을 포기하거나 가질 수 없다는 것으로 자녀들이 받아들이지 않도록 주의를 환기할 필요가 있다. 어떤 학생의 경우, 대안들을 계속 비교하기만 하며, 최종적으로 대안 하나를 선택하지 못하고 주저하는 경우가 종종 있다. 이는 선택하는 대안에 대한 확신보다도 버리는 대안에 대한 아쉬움에 더 집중하는 경우일 수 있다. 이러한 경우 '버리는 대안 B에 대해 아쉽더라도, 굳이 선택을 해야 한다면 최종적으로 A를 선택해야 하는 이유를 환기시켜야 한다. 이 버리는 대안은 나중에라도 원할 경우 다시 취할 수 있음을, 그때는 보다 분명한 확신으로 B를 취할 수 있음을 안내할 수 있다. 진로의사결정은 '한 번'의 사건이 아니라 많은 경우 계속적인 평가와 변화의 과정을 포함하고 있다.

한 연구에서는 자신이 원하는 진로로 이직을 한 성인들에게 '어떻게 해서 본인이 원하는 이 진로를 발견하고 확신할 수 있었나?'라는 질문을 했을 때 상당수가 이전의 불만스러웠던 직장 생활을 통해 내가 진정 무엇을 원하는지 알게 되었다'고 응답하였다. 따라서 대안 B를 버리는 것이 반드시 잘못된 실수에 의한 것도 아니고 대안 B가 영구적으로 제외되는 것은 아님을 안내하며, 현재 시점에서 본인에게 가장 최선인 대안을 선택하도록 조언하는 것이 필요하다.

일부 자녀들에게는 결정의 단계가 잠깐 쉬면서 지켜봐야 하는 시간일 수도 있다. 시간이 지나면서 새로운 관점이 생겨나고 보다 자신의 직관적 부분에 주목할 기회가 나타날 수도 있다. 산책을 하거나 완전히 다른 일을 해 본다거나 하는 것처럼 환경의 측면을 변화시킬 때 이런 기회는 더 많아질 수 있다. 기운을 회복하고 다시 문제를 보면 자신의 창의력과 문제 해결력을 보다 잘 활용할 수 있다(이동혁 외, 2013).

구체적인 실행을 돕기 진로의사결정의 5단계는 실행계획을 세우고 실천하는 단계다. 진로에서의 성공은 진로목표를 결정한 것만으로는 완성되지 않는다. 목표를 달성하기 위한 현실적인 계획과 부단한 실천 노력이 함께 수반되어야 한다.

계획은 구체적일수록 실행가능성이 높아진다. 자녀가 계획을 세분화하여 구체적으로 수립하도록 돕고 현실적인 계획인지 점검해 주는 것이 필요하다. 계획을 점검할 때는 실행 과정에서 만날 수 있는 장애물도 점검해 준다.

TIP

구체적인 계획 수립을 촉진하는 질문 예시

- 이번 방학에 직업체험을 하는 데 시간을 많이 쓰려고 하나 보구나. 구체적으로 어디에서 무엇을 할지 정해봤니?
- 그것을 위해서 준비해야 하는 것들은 뭐가 있을까? 아빠 엄마가 무엇을 도와주면 좋을까?
- 계획대로 수행하는 과정에서 혹시 예상되는 장애물이 있을까?
- 만약 있다면, 그것을 어떻게 해결해 볼 수 있을까?

계획을 추진해 나가면서 자녀들은 마음먹은 것처럼 실행이 잘되지 않아 좌절할 수 있다. 이때 부모는 자녀가 성취나 성공보다 성장하고 있음에 집중하며 용기를 북돋아 주어야 한다. 용기는 마음의 근육이다. 아무리 좋은 계획도 용기가 없다면 실행을 위해 한 발짝을 내딛기 어려울 수 있음을 기억해야 한다. 자녀들이 용기를 가질 수 있도록 지지하고 격려해 준다.

TIP

용기를 촉진하는 질문 예시

- 비록 원하는 만큼 진행하지 못했지만, 해봤다는 게 중요해. 이 과정에서 OO이의 능력과 생각이 성장했을 것 같은데, 어떤 것이 있었을까?
- 지금처럼 꾸준히 노력하면 언젠가는 원하는 결과에 다가가 있을 수 있어. 다시 시작해 보자.

3. 진로갈등을 지혜롭게 대처하는 부모

진로를 결정하는 과정에서 부모와 자녀가 갈등을 일으키는 것은 어쩌면 자녀양육 과정에서 자연스러운 일이다. 하지만 자녀에게 부모와의 의견차이나 갈등은 마주하기 어려운 진로장벽으로 다가오기도 한다. 갈등의 내용이 무엇이든지 자녀와 진로 관련 생각이 다를 때 지혜롭게 해결할 수 있는 방법은 '공감'이다. 공감은 '내가 틀린 게 아니구나.' '내가 잘못된 게 아니구나.'라고 생각할 수 있도록 자기에 대해 안심하도록 도와주는 것이다. 공감을 할 때는 자녀의 마음을 있는 그대로 충분히 존중하는, 머리와 가슴이 함께하는 온전한 공감을 해야 한다.

원하는 진로가 부모와 다를 때 공감적 대화 예시

아빠: 수연아, 진로는 좀 고민해 봤어?

수연: 응. 나 크리에이터가 될 거야!

아빠: 크리에이터?

수연: 난 유튜브도 좋아하고 SNS도 열심히 하니까 이왕이면 좋아하는 일을 하는 게 좋잖아?

아빠: (마음속으로, 크리에이터라니… 그게 직업으로 삼기에 괜찮은 분야인가? 마음 같아서는 당장 꿈을 바꾸라고 하고 싶지만… 공감이 중요하다고 했지!) 수연이가 크리에이터에 관심이 생겼구나. 그게 정말 꿈이 될 수 있을 거로 생각하니?

수연: 내가 꿈이라는데 아빠 왜 말을 그렇게 해?

(대화의 중단)

엄마: 여보, 그건 공감하는 척이고! 진짜 공감은 수연이의 마음과 생각을 인정하는 거야.

아빠: 하지만 공감만 하고 부모의 의견을 전달하지 않을 순 없잖아.

엄마: 생각을 전달하지 말라는게 아니야. 수연이의 마음을 존중하는 자세를 먼저 가지는 게 중요하다는 뜻이지. 아이들도 자기 생각을 가진 인격체잖아. 존중받았을 때 안정을 느낄 수 있어. 그다음에 의견을 전달하면 수연이도 우리 마음을 존중하기 위해 노력할 거야.

(아빠의 시도)

아빠: 수연아, 크리에이터라는 직업에 관심이 생겼구나. 무언가에 관심을 두는 건 참 멋진일이지. 크리에이터의 어떤 부분에 관심이 생겼어?

수연: 좋아하는 일을 마음껏 하면서 사는 직업처럼 보였어.

아빠: 수연이에게는 좋아하는 일이 중요하구나! 수연이는 어떤 크리에이터가 되고 싶어?

수연: 음…… 거기까지는 아직 잘…….

아빠: 진로를 고민할 때는 다양한 조건과 상황들을 함께 고려해 보는 것도 좋아. 지금 수연이는 어떤 크리에이터가 되고 싶은지에 대한 목적이 없으니 꿈을 더 구체화하는 과정이 필요해 보이는구나.

수연: 아빠 얘기 들어보니까 내가 크리에이터라는 직업 자체에만 집중해서 생각했던 것 같아. 나도 좀 더 진로에 대해 깊게 고민하는 시간을 가져 볼게요.

구체적으로 부모 자녀의 진로갈등은 '진로선택에서의 갈등'과 '진로전환에서의 갈등'으로 나누어 살펴볼 수 있다.

진로선택에서의 갈등을 함께하기 자녀가 스스로 선택하고자 하는 진로의 장점과 확신을 부모에게 알리고 정확한 정보를 제공한다면 갈등이 발생하지 않을 가능성이 높다. 자녀들의 입장에서는 누구나 부모가 원하지 않는 진로를 선택하는 것에 부담을 갖는다. 그렇다고 무조건 부모가 원하는 일을 선택하는 것은 수용하기 어렵기 때문에 부모와 갈등하게 된다. 이 경우 자녀가 얼마나 확신을 가지고 있는지 듣고 자녀가 추구하는 진로에 대한 직업세계 정보를 확보할 수 있도록 조력하는 것이 부모가 해야 할 일이다. 부모가 보기에 제대로 알아보지 않은 것처럼 보인다면, 자녀의 입장에서 진로 관련 정보를 찾아보면서 의사결정과정에 대해 다시 되짚어 보는 과정이 필요하다. 부모가 일방적으로 판단하기보다 자녀가 스스로 결정한 과정을 재경험할 수 있도록 탐색해 보는 과정을 거쳐야 한다(김미례 외, 2022).

자녀가 유튜브를 비롯한 SNS를 통해 제공받은 정보에만 의존하고 있는 경우, 다양한 정보원을 소개하고(〈표 6-1〉 직업정보 탐색 방법, 〈표 6-3〉 진로정보망 예시 참고) 자신이 가진 정보와 모순되는 정보를 어떻게 다룰 것인지를 함께 의논해 볼 수 있다. 다만 자녀에게 필요한 모든 정보를 부모가 가지고 있기는 현실적으로 쉽지 않다. 그렇다고 많은 정보를 부모가 모두 알 수 없으니 자녀에게 알아서 찾아보라고 해서는 안 된다. 필요한 정보를 같이 찾고 좋은 정보인지 검토하고 의사결정에 활용하는 과정을 함께 하는 것이 자녀에게 큰 도움이 된다. 이때, 그냥 정보를 수집하기보다 필요한 정보의 항목을 정하고 각 항목을 채워 나가는 방식으로 하는 것이 효과적이다(128p 「직업정보 정리하기 예시」 참고). 정보를 채워나가는 과정을 자녀와 협력해 작성하거나 자녀와 부모가 각자 작성해 비교해 보는 것도 가능하다.

진로전환에서의 갈등을 해결하기 이미 정해진 진로에 계속 머물 것인지 전환할 것인지에 대해 갈등하는 경우도 있다. 특히 예체능 진로의 경우, '정말 성공할 만한 재능을 가지고 있는가?', '성공에 필요한 노력을 기울일 수 있는가?', '성공했을 때 정말 괜찮은 삶을 살아갈 수 있는가?' 라는 질문을 가지고 있는 경우가 많다. 큰 성과 없이 지속해야 하는 연습과 훈련과정에서 오는 피로감이 높은 경우 자녀들은 의사결정을 후회하거나 선택을 잘못했다고 생각할 수 있다. 이럴 경우 무엇보다 자녀 스스로 자신의 진로에 대한 탐색이 충분히 이루어질 수 있도록 돕는 것이 필요하다. '하루라도 빨리 결정해야 손해를 덜 본다.'는 조급함을 내려놓을 수 있도록 해야 하고, 진로에 대한 확신이 흔들린 현재가 진로를 다시 탐색해 볼 가장 좋은 기회라는 점을 부모가 분명히 알려줘야 한다.

TIP 자녀가 의사결정 후 후회하고 있는 경우

자녀가 자신이 선택을 잘못했다고 생각하고 있다면 아직 선택에 적응을 하지 못한 것 때문일 수 있음을 인식하도록 돕는다. 그리고 선택에 어떻게 적응할 것인지에 대해 의논하고 함께 해결책을 찾아 나간다. 이전 선택에 잘 적응하지 못하는 대부분의 이유는 선택한 바를 이루기 위해 실천하기를 포기했기 때문이므로 무엇을 포기했는지 그리고 어떤 것이 어려울 것이라고 예상했는지 탐색하고, 예상과 실제에는 어떤 차이가 있는지 어려움을 극복하기 위해 지금까지 시도했던 방법들은 무엇인지, 그 효과는 어떤지에 대해 점검한다.

부모가 구체적인 방안을 제시하려고 하기보다는 자녀가 어떻게 하기를 원하는지 듣고 따라가 주는 것이 효과적이다. 자녀가 부모가 지시해 주기를 원하더라도, 스스로 무엇을 원하고 어떻게 할 수 있을지 함께 생각하고 고민해 보는 것에 충분한 시간을 할애하면서 적응을 돕는 것이 필요하다.

부록

교사·상담자·학부모가 알아야 할

진로학업설계 지도방법

[부록 1] 68개 직무동사카드

(카드를 복사해서 잘라 활용하면 더욱 효과적임)

매우 그렇다	그렇다	보통이다	그렇지 않다	전혀 그렇지 않다

컨설팅하다

전문 지식이나 경험을 바탕으로 다른 사람이나 조직에게 조언을 주거나 문제를 해결하는 데 도움을 주는 일

설계하다

새롭고 혁신적인 방법, 교육 프로그램, 제품 또는 환경을 고안하고 체계화하는 일

가르치다

다른 사람들에게 어떤 지식이나 기술을 전달하는 일

연구하다

어떤 주제나 문제에 대해 깊이 이해하고자 정보를 수집 · 분석하며, 실험하는 등의 과정을 통해 새로운 지식이나 해결책을 찾아내는 일

판매 · 유통하다

상품이나 서비스를 소비자에게 팔고, 그것들이 사람들이 쉽게 구입할 수 있는 곳으로 옮기는 일

글쓰다

보고서, 편지, 기사, 광고문구, 이야기, 소설 또는 교육용 교재를 작성하는 일

시험 · 평가하다

품질, 타당성, 숙련 정도 등을 측정하고 확실하게 점검하는 일

사람들을 만나다

새로운 사람들을 만나서 자신의 편으로 끌어들이거나, 폭넓은 인간관계를 맺는 일

편집하다

어떤 자료나 내용을 조사하고, 검토하여 필요한 부분을 추가, 삭제 또는 수정하는 일

기획하다

어떤 제품이나 서비스, 이벤트 등을 만들기 위해 계획을 세우는 일

교정하다

어떤 작업이나 결과물에 오류나 불완전한 부분을 찾아내고, 그것을 바로잡는 일

보도하다

어떤 사건이나 정보를 뉴스 형태로 대중에게 알리는 일

분류하다

여러 가지 사물이나 정보를 그룹으로 나누어 범주화 및 체계화하는 일

조사하다

어떤 상황, 사건, 주제, 문제의 원인, 과정 및 결과에 대한 사실적 데이터를 수집하고 정리하는 일

의사소통하다

말이나 글을 통해 사람들과 1:1 대면, 그룹 상황, 인터넷, SNS 등을 통해 정보, 생각, 느낌을 주고받는 일

번역하다

한 언어로 쓰인 문장이나 단어를 다른 언어로 바꾸는 것

기업을 경영하다

기업의 모든 활동을 관리하고, 그 기업이 목표를 달성할 수 있도록 이끄는 일

연출하다

연극이나 영화 등의 작품을 만들거나 제작할 때, 배우들의 동작, 대사, 장면 전환 등을 계획하고 조정하는 일

손으로 만들다

다양한 물건이나 용품 등을 직접 손으로 만들거나 수리하는 일

공감하다

다른 사람의 감정과 생각에 대한 깊은 이해와 그것을 함께 나누는 행위를 하는 일

융합하다

서로 다른 분야의 지식이나 기술, 아이디어 등을 결합하여 새로운 가치를 창출하는 일

관찰하다

사물, 현상, 사람 등을 주의 깊게 들여다보고 조직적으로 파악하는 일

분석하다

복잡한 정보나 데이터를 여러 부분으로 나누어 파악하고, 그것들 사이의 패턴이나 관계를 찾아 결론을 도출하는 일

숫자를 다루다

계산 및 정량적 문제에 대해 계산하고, 조직하고, 이해하고, 해결하는 일

여러 가지 일을 동시처리하다

다양한 업무와 프로젝트들을 동시에 효과적으로 관리 및 운영하는 일

기계를 다루다

기계나 장비를 조립, 정비, 수리 또는 조작하는 일

아이디어를 구상하다

새로운 아이디어를 얻기 위해 깊게 생각하고, 상상하고, 꿈꾸고, 브레인 스토밍하는 일

변화에 적응하다

업무 전환, 근무환경 및 우선순위 변화에 대해 쉽고 빠르게 대응하는 일

협상하다

개인 또는 조직의 권리 또는 이익을 위해 설득하고 흥정하는 일

문제를 해결하다

다양한 상황이나 주제에 대하여 증상을 분석하고 원인을 찾아내서 해결책을 찾는 일

고치다

어떤 것이 잘못되었거나 부족한 부분이 있다면 그것을 바로잡아서 더 좋은 상태로 만드는 일

출판하다

책, 잡지, 신문 등의 저작물을 검토하고 편집한 후, 이를 인쇄하거나 디지털 형태로 만들어 대중에게 공개하는 일

인사관리를 하다

조직 내에서 인력을 관리하고, 직원들의 근로 환경과 복지를 책임지는 일

법을 해석 · 집행하다

법률이나 정책을 이해하고, 그에 따라 실제로 실행하고 적용하는 일

정책을 입안하다

사회의 다양한 문제나 목표에 대응하는 새로운 정책이나 계획을 만들어 내는 일

조정하다

다양한 요소들 사이에서 균형을 찾아 나가거나 문제 상황을 바로잡는 일

지원하다

필요한 곳에 도움이 되는 자원이나 서비스를 제공하여 그들의 목표 달성에 보탬을 주는 일

관리하다

주어진 자원이나 상황, 장소 등을 정돈하고 처리하여 원활하게 운용하도록 하는 일

실행하다

어떤 계획이나 명령, 프로그램 등을 실제로 작동시키거나 실제 행동으로 옮기는 일

회계를 작성하다

금전적인 거래와 그 결과에 대해 기록을 정확하게 만들고 정리하는 일

개발하다

아이디어나 계획을 실제로 구현하여 새로운 제품, 서비스, 기술 등을 만들어 내거나, 기존의 것을 더 좋게 개선하는 일

실험하다

어떤 주장이나 생각을 확인하기 위해 실제 상황에서 테스트를 해 보는 일

제작하다

원재료나 정보, 아이디어 등을 활용하여 새로운 제품이나 작품 등을 만들어 내는 일

치료하다

병이나 상처 등을 건강한 상태로 되돌리기 위해 약을 주거나 수술을 하는 등의 방법으로 고치는 일

생산하다

원재료나 정보를 가공하여 필요한 제품이나 서비스를 만들어 내는 일

가공하다

어떤 물질이나 정보를 변형하거나 개선하여 새로운 제품이나 결과물을 만들어 내는 일

즉흥적으로 대처하다

미리 계획하지 않은 상황이나 문제에 대해 바로바로, 그 자리에서 해결책을 찾아내는 일

건설하다

설계도를 바탕으로 필요한 자재와 기술을 활용하여 건물이나 다리, 도로 등의 구조물을 짓는 일

유지 · 보수하다

기계나 건물, 시스템 등을 제대로 작동할 수 있도록 관리하고, 수리하는 일

돌보다

어떤 사람이나 동물, 식물 등을 보살피고 관리하는 일

훈련시키다

필요한 능력이나 지식을 배우고 숙달할 수 있도록 지속적인 연습과 학습을 제공하는 일

검사하다

어떤 사물이나 상황을 자세히 살펴보아 문제가 없는지, 또는 원하는 조건에 맞는지 확인하는 일

시술하다

필요로 하는 서비스나 치료 등을 제공하기 위해 전문가들이 자신들의 전문성과 기능성을 발휘하는 일

연주하다

주어진 악기를 사용하여 음악을 만들어 내는 일

연기하다

주어진 역할이나 시나리오에 따라 특정한 캐릭터나 상황을 표현하는 일

춤추다

리듬과 멜로디에 맞춰 몸을 움직이며 감정이나 이야기를 표현하는 일

디자인하다

새로운 제품이나 시각적 요소를 만들기 위해 아이디어를 구상하고 그것을 시각적으로 표현하는 일

요리하다

음식 재료를 가공하고 조합하여 새로운 맛과 모양의 음식을 만드는 일

노래하다

목소리와 감정을 사용하여 노래의 멜로디와 가사를 표현하는 일

그림을 그리다

자신의 상상력과 창조력을 활용하여 눈으로 볼 수 있는 이미지를 만드는 일

경기하다

특정 스포츠나 게임에서 규칙에 따라 상대방과 승부를 겨루는 일

구조하다

위험한 상황이나 어려운 환경에서 사람이나 동물을 안전한 곳으로 이동시키는 일

봉사하다

자신의 시간과 능력을 사용하여 다른 사람이나 사회에 도움을 주는 일

범죄를 수사하다

범죄 사건이 발생했을 때 그 진상을 규명하고, 범인을 찾아내는 일

동기부여하다

사람들에게 참여를 독려하고, 에너지를 끌어내고, 최고의 성과를 올리도록 자극하는 일

행사를 진행하다

행사 진행을 위한 기획, 계획 수립, 자원 조달 및 진행을 관리하는 일

팀워크 · 협동 작업하다

목표를 달성하기 위하여 다른 사람들과 효과적이고도 마찰 없이 함께하는 일

사람들을 즐겁게 해 주다

다른 사람들에게 기쁨이나 즐거움을 주는 일

출처: 한국고용정보원에서 제작한 '재능카드' 내용을 일부 수정하여 재구성함

[부록 2] 직무동사카드와 생성형 AI를 활용한 직업탐색 활동지

[학년/반/번호: ______________________ 학생 이름 : ______________________]

내가 찾은 관심 동사			

내가 찾은 관심 분야			

기타 자료	* 진로탐색 결과 종합 자료 입력(흥미, 적성, 가치관, 기타 자기탐색 결과 종합 자료)

▸ 검색어 입력

▸ '생성형 AI' 추천 직업

▸ 내가 선택한 직업

[부록 3] 직업 선택 체크리스트

직업 선택 기준		매우 중요함	중요함	그다지 중요하지 않음
1. 고용 전망	전체 일자리가 증가하고 있다.			
	자동화나 기계화(인공지능)로 하는 일이 없어질 가능성(기술 대체 가능성)이 낮다.			
	취업 경쟁률이 높지 않다.			
2. 고용 안정	본인이 원하면 계속 일을 할 수 있다(연령증가에 따른 육체적 한계가 적음, 고용안정을 법적으로 보장 등).			
3. 고용 평등	성별이나 나이, 인종 등으로 임금, 승진 등에서 차별받지 않는다.			
4. 보상	임금을 기대한 만큼 받을 수 있다.			
	임금 외 복지혜택(휴가, 재교육 등)이 기대 수준을 충족한다.			
5. 근무여건	법정근로시간 외에 초과근무, 야간근무, 휴일근무 등이 많지 않다.			
	육체적 · 정신적 스트레스가 크지 않다.			
	작업환경(소음, 냄새, 위험, 먼지)이 감내할 정도이다.			
6. 직업 전문성과 발전가능성	전문지식을 활용한다.			
	경력이 쌓일수록 자기개발 또는 전문성이 향상된다.			
	승진 기회가 많다.			
	경력을 쌓은 후 다른 직업으로 전직 또는 창업이 가능하다.			
7. 사회 기여	(사회봉사) 다른 사람을 직접적으로 도울 수 있다.			
	사회적 평판이 높다.			
8. 적성과 흥미	나의 능력을 마음껏 발휘해 볼 수 있는 일이다.			
	내가 흥미를 갖고 재미있게 할 수 있는 일이다.			

[부록 4] 직업정보 정리하기 활동지

관심 직업		
관련 학과		
직업정보	하는 일	
	자격 또는 조건	
	수행 업무	
	업무에 필요한 능력	
	업무에 필요한 성격	
	직업 전망	
직업가치관		
역할 모델		
관련 직업		

[부록 5] 고용24 직무기반 직업추천 활동지

	직업추천 결과조회 중 본인 희망 우선순위 직업
1순위	
2순위	
3순위	

[부록 6] 국가직무능력표준(NCS) 활용 직무분석 활동지

	대분류	중분류	소분류	세분류	능력단위
직무: (마케팅 전략기획)					
직무 1: ( )					
직무 2: ( )					
직무 3: ( )					

[부록 7] 잡이룸 직무사전 활용 직무분석 활동지

직무	직무내역	필요역량

[부록 8] 직무정보 정리하기 활동지

<table>
<tr><td>관심 직무</td><td></td></tr>
<tr><td>필요 역량</td><td></td></tr>
<tr><td>관련 직업</td><td></td></tr>
<tr><td>하는 일</td><td></td></tr>
<tr><td>관련 학과</td><td></td></tr>
<tr><td rowspan="4">진입 방법</td><td>교육 훈련</td></tr>
<tr><td></td></tr>
<tr><td>관련 자격</td></tr>
<tr><td></td></tr>
<tr><td>미래 전망</td><td></td></tr>
</table>

[부록 9] 관심학과(전공)에 대한 탐색 과정 활동지

▌관심학과(전공) 및 이 학과(전공)를 선택한 이유를 적어 보자.

관심 학과(전공)	① 시각디자인학과	②	③
관심 학과(전공) 선택 이유	• 굿즈 디자인에 관심이 생김 • 인터넷에서 시각디자인학과에 대해 알게 됨		

▌위에서 작성한 관심학과(전공)와 관련하여 내가 이미 알고 있는 것과, 앞으로 알아야 할 것은 무엇인지 체크해 보자(해당란에 ✓).

관심학과(전공)	내용	
① 시각디자인학과	• 학과명은 알지만 어떤 것을 배우는지 구체적인 건 모른다.	✓
	• 학과에 대한 정보를 얻을 수 있는 방법을 알고 있다.	
	• 학과에서 배우는 교육 내용에 대해 어느 정도는 알고 있다.	
	• 이 학과가 있는 대학, 관련 직업 및 진출 분야, 관련 자격증 등 세부적인 학과정보에 대해 알고 있다.	
②	• 학과명은 알지만 어떤 것을 배우는지 구체적인 건 모른다.	
	• 학과에 대한 정보를 얻을 수 있는 방법을 알고 있다.	
	• 학과에서 배우는 교육 내용에 대해 어느 정도는 알고 있다.	
	• 이 학과가 있는 대학, 관련 직업 및 진출 분야, 관련 자격증 등 세부적인 학과정보에 대해 알고 있다.	
③	• 학과명은 알지만 어떤 것을 배우는지 구체적인 건 모른다.	
	• 학과에 대한 정보를 얻을 수 있는 방법을 알고 있다.	
	• 학과에서 배우는 교육 내용에 대해 어느 정도는 알고 있다.	
	• 이 학과가 있는 대학, 관련 직업 및 진출 분야, 관련 자격증 등 세부적인 학과정보에 대해 알고 있다.	

[부록 10] 관심학과(전공) 정보조사 활동지

<table>
<tr><td>관심학과(전공)명</td><td colspan="3">※ 같은 학과명이라도 대학별 커리큘럼이 다를 수 있음</td></tr>
<tr><th>구분</th><th colspan="3">관심학과(전공) 분석</th></tr>
<tr><td>관련학과
(전공)</td><td></td><td>주요 관심 직업</td><td></td></tr>
<tr><td>관심학과(전공)
주요 학습내용</td><td colspan="3"></td></tr>
<tr><td>관심학과(전공)가
개설되어 있는
대학</td><td colspan="3">※ 관심학과(전공)가 개설되어 있는 대학을 찾아보고, 그 중 본인이 관심있는 대학 10개를 선정해서 적어 보자.
• 4년제(6개):
• 2~3년제(4개):</td></tr>
<tr><td>관심학과(전공)
필요 적성</td><td colspan="3">※ 관심학과(전공)의 필요 적성은 무엇인지 찾아보고, 그중 본인에게 적합한 적성은 무엇이 있는지 적어 보자.</td></tr>
<tr><td>관심학과(전공)
관련 자격증</td><td colspan="3">※ 관심학과(전공) 관련 자격증을 찾아서 적어 보고, 그중 본인이 관심있는 자격증에 체크해 보자.</td></tr>
<tr><td>관심학과(전공)
진출 분야</td><td colspan="3">※ 관심학과(전공)가 진출할 수 있는 직업을 찾아보고, 그중 본인이 관심있는 진출 분야 10개를 선정해서 적어 보자.</td></tr>
<tr><td>관심학과(전공)
진로탐색 활동</td><td colspan="3"></td></tr>
<tr><td>관심학과(전공)
사회적 기여</td><td colspan="3">※ 해당 학과가 사회적으로 어떤 기여를 하는지는 학과 설명 또는 학과 개요에서 찾아볼 수 있음</td></tr>
</table>

[부록 11] 진로결정 과정별 체크리스트

	질문	Yes	No
진로 결정 과정	1. 결정한 진로를 실천하기 위한 계획이 현재 우선순위에 따라 마련되어 있나요?	☐	☐
	2. 결정한 진로를 실천하기 위해 진로 · 직업 · 학업 관련 활동을 시도하고 완료한 경험이 있나요?	☐	☐
	3. 잠정적인 진로대안을 나에게 중요한 가치를 토대로 평가하거나 장단점 등을 분석하는 과정이 있었나요?	☐	☐
	4. 정보수집 후 선택 목록을 확장하거나 제거하며 잠정적으로 직업 · 직무 · 학과를 선택해 보았나요?	☐	☐
	5. 과거, 현재, 미래를 연결하는 나만의 진로기준과 의사결정 패턴을 확인해 보았나요?	☐	☐
	6. 직업에 대한 이해의 폭을 넓혀서 가능한 관심 직업 · 직무 · 학과를 고루 탐색해 보았나요?	☐	☐
	7. 성격, 흥미, 능력, 가치, 역량 등 나에 대한 충분한 지식과 이해를 토대로 결정했나요?	☐	☐
	8. 나의 진로문제가 무엇인지 충분히 인식하고 이를 해결하고 싶은 마음이 있나요?	☐	☐

주: 문항 1, 2번(실행단계) /문항 3번(평가단계) /문항 4, 5번(통합단계) /문항 6, 7번(분석단계)/ 문항 8번(의사소통단계)

[부록 12] 진로장벽 측정방법 활동지

영역	문항 내용	체크	순위
자신감 부족 (학업 및 성적 문제)	나는 무엇을 하든 자신감이 부족하다.	☐	
	나는 끈기가 부족해서 내가 이루고 싶은 꿈을 이루기 어려울 것이다.	☐	
	나는 수학을 못해서 내가 원하는 직업을 가질 수 없을 것이다.	☐	
	TV와 컴퓨터 등 주위 유혹을 이기지 못해서 미래가 걱정된다.	☐	
	나는 컴퓨터를 못해서 원하는 직업을 갖기 어려울 것이다.	☐	
	나는 힘든 일이 생기면 해결할 수 없을 것이다.	☐	
	나는 잠이 많아서 성공하지 못할 것 같다.	☐	
	내가 대학교에 가서도 공부를 잘할 수 있을지 걱정이다.	☐	
	내가 원하는 직업을 가질 만큼 실력이 안 된다.	☐	
	나는 공부 방법을 몰라서 실력 발휘를 못 할 것이다.	☐	
	나는 몸이 약해서 내가 원하는 직업을 갖기 어려울 것이다.	☐	
중요한 타인과의 갈등	나는 이성친구가 내가 선택한 직업을 좋아하지 않을까 봐 걱정이 된다.	☐	
	내 직업선택은 부모님의 반대나 참견으로 인해 영향을 많이 받을 것이다.	☐	
	부모님이나 집안의 기대 때문에 내가 하고 싶은 일을 하지 못할 것이다.	☐	
	부모님이나 주변 사람들이 나에게 거는 기대가 너무 높아서 부담스럽다.	☐	
	내가 선택한 직업을 친구들이 좋지 않게 얘기하면 그 직업이 싫어진다.	☐	
	우리 선생님(학교, 학원, 과외)이 내가 원하는 직업이 나와 맞지 않다고 하면 포기할 것이다.	☐	
미래에 대한 불확실성	나중에 내가 직업이 없는 사람이 될까 봐 두렵다.	☐	
	나는 앞으로 내가 원하는 직업을 찾지 못할까 봐 불안하다.	☐	
	내가 원하는 직업은 인기가 많아서 불안하다.	☐	
	내가 선택한 직업이 앞으로 인기가 떨어질까 봐 걱정이다.	☐	
경제적 어려움	우리 집에 돈이 없어서 돈을 많이 벌 수 있는 직업을 선택해야만 한다.	☐	
	가정형편이 좋지 않아서 원하는 직업을 갖기 어려울 것이다.	☐	
	내가 원하는 직업(전공)을 갖기 위해서는 돈이 많이 들어 고민이 된다.	☐	
	대학을 생각하면 돈 걱정이 앞선다.	☐	
	원하는 학원(과외)에 다닐 형편이 안 돼서 꿈을 이룰 수 없을 것이다.	☐	

[부록 13] 전공(학과) 및 대학 분석하기 활동지

<table>
<tr><th colspan="4">전공(학과) 및 대학 분석하기</th></tr>
<tr><td colspan="2">학과</td><td></td><td></td></tr>
<tr><td colspan="2">대학명</td><td></td><td></td></tr>
<tr><td colspan="2">희망 대학의
전공
교육과정</td><td></td><td></td></tr>
<tr><td rowspan="2">권장
과목</td><td>핵심</td><td></td><td></td></tr>
<tr><td>권장</td><td></td><td></td></tr>
<tr><td colspan="2">정보출처</td><td></td><td></td></tr>
</table>

<table>
<tr><th colspan="3">고등학교에서는 무엇을 준비해야 할까요?</th></tr>
<tr><td>공통과목</td><td>일반선택과목</td><td>진로선택과목</td></tr>
<tr><td></td><td></td><td></td></tr>
<tr><td></td><td></td><td></td></tr>
</table>

[부록 14] 학과 및 대학의 대입전형 분석하기 활동지

항목	내용
희망학과	
대학명	
모집단위	
전형유형	
모집인원	
전형방법 및 전형요소별 반영비율	
수능최저 학력기준	
기타	

[부록 15] 교과 영역별 필수 이수 학점

학생이 자신이 수강할 과목을 선택하더라도 교과(군)별로 균형 있는 학습을 위해 반드시 배워야 할 필수 이수 학점이 있다. 그렇기 때문에 대부분의 교과(군)는 학교 교육과정을 따라 그대로 이수하면 충족되지만, 사회 · 과학 교과군의 경우에는 반드시 2학년, 3학년 때 1과목 이상을 이수해야 한다(위 사항은 학교의 교육과정 편제에 이미 반영되어 있음).

고등학교 3년 동안 이수해야 할 필수 이수 학점은 일반 고등학교 및 특수목적 고등학교와 특성화 고등학교 및 산업수요 맞춤형 고등학교별로 다음과 같다.

일반 고등학교(자율 고등학교 포함) 및 특수목적 고등학교의 필수 이수 학점

<table>
<tr><th>교과(군)</th><th>공통 과목</th><th>필수 이수 학점</th><th>자율 이수 학점</th></tr>
<tr><td>국어</td><td>공통국어1, 공통국어2</td><td>8</td><td rowspan="10">학생의 적성과 진로를 고려하여 편성</td></tr>
<tr><td>수학</td><td>공통수학1, 공통수학2</td><td>8</td></tr>
<tr><td>영어</td><td>공통영어1, 공통영어2</td><td>8</td></tr>
<tr><td rowspan="2">사회
(역사/도덕 포함)</td><td>한국사1, 한국사2</td><td>6</td></tr>
<tr><td>통합사회1, 통합사회2</td><td>8</td></tr>
<tr><td>과학</td><td>통합과학1, 통합과학2
과학탐구실험1, 과학탐구실험2</td><td>10</td></tr>
<tr><td>체육</td><td></td><td>10</td></tr>
<tr><td>예술</td><td></td><td>10</td></tr>
<tr><td>기술 · 가정/정보/
제2외국어/한문/교양</td><td></td><td>16</td></tr>
<tr><td colspan="2">소계</td><td>84</td><td>90</td></tr>
<tr><td colspan="2">창의적 체험활동</td><td colspan="2">18(288시간)</td></tr>
<tr><td colspan="2">총 이수 학점</td><td colspan="2">192</td></tr>
</table>

- 필수 이수 학점은 해당 교과(군)의 최소 이수 학점이다. 특수목적 고등학교와 자율 고등학교의 경우 예술 교과(군)는 5학점 이상, 기술 · 가정/정보/제2외국어/한문/교양 교과(군)는 12학점 이수하도록 한다.
- 국어, 수학, 영어 교과의 이수 학점 총합은 81학점을 초과하지 않도록 하며, 교과 이수 학점이 174학점을 초과하는 경우에는 초과 이수 학점의 50%를 넘지 않도록 한다.
- 창의적 체험활동의 학점 수는 최소 이수 학점이며, ( ) 안의 숫자는 이수 학점을 시간 수로 환산한 것이다.
- 총 이수 학점 수는 고등학교 졸업을 위해 3년간 이수해야 할 최소 이수 학점을 의미한다.

특성화 고등학교 및 산업수요 맞춤형 고등학교의 필수 이수 학점

<table>
<tr><th>교과(군)</th><th>교과(군)</th><th>공통 과목</th><th>필수 이수 학점</th><th>자율 이수 학점</th></tr>
<tr><td rowspan="10">보통 교과</td><td>국어</td><td>공통국어1, 공통국어2</td><td rowspan="3">24</td><td rowspan="9">학생의
적성과
진로를
고려하여
편성</td></tr>
<tr><td>수학</td><td>공통수학1, 공통수학2</td></tr>
<tr><td>영어</td><td>공통영어1, 공통영어2</td></tr>
<tr><td rowspan="2">사회
(역사/도덕 포함)</td><td>한국사1, 한국사2</td><td>6</td></tr>
<tr><td>통합사회1, 통합사회2</td><td rowspan="2">12</td></tr>
<tr><td>과학</td><td>통합과학1, 통합과학2</td></tr>
<tr><td>체육</td><td></td><td>8</td></tr>
<tr><td>예술</td><td></td><td>6</td></tr>
<tr><td>기술・가정/정보/
제2외국어/한문/
교양</td><td></td><td>8</td></tr>
<tr><td>소계</td><td></td><td>64</td><td rowspan="2">30</td></tr>
<tr><td>전문 교과</td><td>소계</td><td></td><td>80</td></tr>
<tr><td colspan="3">창의적 체험활동</td><td colspan="2">18(288시간)</td></tr>
<tr><td colspan="3">총 이수 학점</td><td colspan="2">192</td></tr>
</table>

- 필수 이수 학점은 해당 교과(군)의 최소 이수 학점이다.
- 창의적 체험활동의 학점 수는 최소 이수 학점이며, ( ) 안의 숫자는 이수 학점을 시간 수로 환산한 것이다.
- 총 이수 학점 수는 고등학교 졸업을 위해 3년간 이수해야 할 최소 이수 학점을 의미한다.

*출처: 교육부(2022b), pp. 24-25.

[부록 16] 나의 과목 설계도 활동지

희망계열 ( )	계열별 과목	학과(전공)별 과목	
	서울특별시교육청	커리어넷	메이저맵
희망학과 ( )			

*계열별: 서울특별시교육청 고교학점제 지원센터 - [선택과목 안내] - [계열별 학과 안내]

*학과별: 커리어넷 - [학과정보] - 학과 검색하기 - [학과개요] - 관련 고교교과목 확인

메이저맵 - [학과검색] - 학과 검색하기 - 대학 선택 - [선택 교과] 확인

대입정보포털 - [대학/학과/전형] - 학과정보

고용24 - [직업 · 진로] - 학과정보

공통 과목	기초	국어	수학	영어			
	탐구	한국사	통합사회	통합과학	과학탐구실험		
일반 선택 과목	기초						
	탐구						
	체육 예술						
	생활 교양						
진로 선택 과목	기초						
	탐구						
	체육 예술						
	생활 교양						

[부록 17] 나의 과목 선택 활동지

- 작성요령: 학교 교육과정 편성표로 기재(214쪽 예시 참고)

■ 학교 지정 □ 학생 선택(✓ 체크)

교과(군)	1학년		2학년		3학년		나의 이수 학점	필수 이수 학점
	1학기	2학기	1학기	2학기	1학기	2학기		
국어	■국어		■ □ □ □ □ 중 택(　)	■ □ □ □ □ 중 택(　)	■ □ □ □ □ 중 택(　)	■ □ □ □ □ 중 택(　)		8
수학	■수학							8
영어	■영어							8
사회(역사/도덕 포함)	■한국사							6
	■통합사회		□ □ □ □ □ □ 중 택(　)	□ □ □ □ □ □ 중 택(　)	□ □ □ □ □ □ 중 택(　)	□ □ □ □ □ □ 중 택(　)		8
과학	■통합과학 ■과학탐구실험							10
체육	■체육							10
예술	■음악							10
기술가정								16
제2외국어/한문			□ □ □ □ 중 택(　)	□ □ □ □ 중 택(　)	□ □ □ □ 중 택(　)	□ □ □ □ 중 택(　)		
교양								
학점계							174	-

[부록 18] 나의 교육과정 활동지

구분	1학년				2학년				3학년				합계
	1학기	학점	2학기	학점	1학기	학점	2학기	학점	1학기	학점	2학기	학점	
국어	국어		국어										
수학	수학		수학										
영어	영어		영어										
사회 (역사/도덕 포함)	한국사		한국사										
	통합사회		통합사회										
과학	통합과학		통합과학										
	과학탐구실험		과학탐구실험										
체육	체육		체육										
예술													
기술 · 가정/ 정보/ 제2외국어/ 한문/교양													
소계		0		0		0		0		0		0	0
공동교육과정													
합계		0		0		0		0		0		0	0

[부록 19] 진로계획 설정 체크리스트

항목	질문	답변
1. 내가 살고 싶은 삶		
삶의 목표	이루고 싶은 가장 중요한 목표는 무엇인가요?	
가치관	중요하게 여기는 가치는 무엇인가요? (예: 가족, 건강, 자유, 안정, 도전 등)	
라이프스타일	꿈꾸는 라이프스타일은 어떤 모습인가요? (예: 도시/농촌, 혼자/가족과 함께, 활동적/여유롭다 등)	
취미와 여가	즐기고 싶은 취미와 여가 활동은 무엇인가요?	
사회적 관계	어떤 사람들과 교류하며 살고 싶은가요? (예: 가족, 친구, 동료 등)	
2. 가고 싶은 대학		
대학 이름	가고 싶은 대학은 어디인가요?	
지역	선호하는 대학의 위치는 어디인가요? (예: 국내, 해외, 특정 도시 등)	
대학의 특징	가고 싶은 대학의 특징은 무엇인가요? (예: 명성, 캠퍼스 환경, 교육 프로그램, 연구 시설 등)	
3. 학과 선택		
관심 분야	관심 있는 학문 분야는 무엇인가요?	
학과 이름	선택하고 싶은 학과는 무엇인가요?	
학과의 특성	선택한 학과의 장점은 무엇인가요? (예: 커리큘럼, 교수진, 연구 기회 등)	
4. 갖고 싶은 직업		
직업 이름	갖고 싶은 직업은 무엇인가요?	
직업의 역할	이 직업에서 맡게 될 주요 역할과 책임은 무엇인가요?	
필요한 기술과 자격	이 직업을 갖기 위해 필요한 기술과 자격은 무엇인가요?	
근무 환경	원하는 근무 환경은 어떤 모습인가요? (예: 사무실, 야외, 특정 산업 등)	
직업의 전망	이 직업의 미래 전망은 어떤가요? (예: 성장 가능성, 안정성 등)	

항목	질문	답변
5. 구체적인 실행 계획		
단기 목표	앞으로 1~2년 내에 이루고 싶은 단기 목표는 무엇인가요?	
중기 목표	앞으로 3~5년 내에 이루고 싶은 중기 목표는 무엇인가요?	
장기 목표	앞으로 10년 내에 이루고 싶은 장기 목표는 무엇인가요?	
행동 계획	각 목표를 이루기 위해 어떤 행동을 취할 것인가요?	

참고문헌

강혜정, 강성현, 임은미(2016). 일반계 고등학생의 학업동기와 진로동기 수준에 따른 집단분류 가능성 탐색. **아시아교육연구**, 17(2), 151-175.

고용노동부, 한국고용정보원(2019). 청년 직무기반 취업가이드.

고용노동부, 한국산업인력공단(2024). 국가직무능력표준(NCS) 개발 · 개선 매뉴얼.

곽충훈(2021). 일반고 학생들을 위한 진로포트폴리오 활용 진로설계 프로그램 개발. 한국교원대학교 교육대학원 석사학위논문.

광주광역시교육청(2023). 빛고을진로학업설계서.

교육부(2022a). 창의적 체험활동 교육과정. 교육부 고시 제2022-33호 [별책 40]

교육부(2022b). 초 · 중등학교 교육과정 총론. 고시 제2022-33호 [별책 1]

교육부, 울산광역시교육청, 한국청소년상담복지개발원(2019). 진로성숙 검사 활용 도움서(고등학생용).

교육부, 한국교육개발원(2023). 2023년 한국 성인의 평생학습 실태.

교육부, 한국교육과정평가원(2020). 고교학점제 단계적 도입에 따른 진로 · 학업 설계 지도의 현황 및 인식 분석.

교육부, 한국교육과정평가원(2022). 고교학점제 도입 · 운영 안내서(연구자료 ORM 2022-43).

교육부, 한국직업능력개발원(2018). 제4차 산업혁명시대 미래직업 가이드북.

국가평생교육진흥원(2021a). 너의 꿈을 응원할게. 학부모용 진로소식지 드림레터 대표작 모음집 고등학교편.

국가평생교육진흥원(2021b). 학부모, 상담이 필요해요! 학부모상담 안내서.

군산제일고등학교(2023). 2023학년도 교육과정 과목선택 안내: 학생 학업계획 지원을 위한 워크북.

권석만(2017). **성격심리학**. 학지사.

권순이, 오홍빈, 은혜정(2023). **십대를 위한 진로 콘서트**. 꿈결.

권오현, 민경찬 배상훈, 오대영, 이광형, 장상현, 허준(2022). **미래의 인재, 대학의 미래**. 포르체.

권정현, 김해숙(2024). 무전공 입학 대학생들의 자율전공학부 대학생활에 대한 질적사례연구. **교육문화연구**, 30(4), 303-324.

김동심, 주경희(2021). 대학생의 진로무동기 관련 변인에 관한 연구. 인문사회 21, 12(5), 2701-2716.

김미례, 정현주, 이성직, 김희숙, 박동혁, 조난숙, 황매향(2022). **부모교육 및 상담**. 학지사.

김민선, 서영석(2010). 자기효능감, 개인배경, 맥락적 변인이 청소년의 진로미결정 수준 변화에 미치는 영향에 관한 종단연구. **한국청소년연구**, 21(2), 67-96.

김보람(2012). 계획된 진로 우연 척도의 개발 및 타당화. 고려대학교 대학원 석사학위논문.

김봉환(2019). **진로상담의 이론과 실제**. 학지사.

김봉환, 강은희, 강혜영, 공윤정, 김영빈, 김희수, 선혜연, 손은령, 송재홍, 유현실, 이제경, 임은미, 황매향(2018). **진로상담(2판)**. 학지사.

김삼향 외 4인(2021). 고교학점제, 어떻게 실천할 것인가? 맘에 드림.

김영기, 김원배, 김종필, 김해숙, 윤경로, 이만휘, 한혜정, 황금택(2018). (한발 앞서 내다보는) 유망 직업 미래지도. 일상과이상.

김영빈, 김동규, 김소현, 박가열, 오민홍, 장현진, 정윤경(2017). **직업세계와 직업정보 탐색 지도**. 사회평론아카데미.

김종윤(2020). OECD Education 2030 프로젝트 1단계 연구 성과. **교육광장**, 73(1), 26-29.

김진숙, 조채영, 김경미, 형정은(2017). 학생포트폴리오 참여 확산을 위한 구성 항목 개발 연구. **학습자중심교과교육연구**, 17(1), 673-697.

김춘경, 김숙희, 최은주, 류미향, 조민규, 장효은(2018). **활동을 통한 성격심리학의 이해**. 학지사.

김판욱(2005). **생애설계를 위한 포트폴리오의 이해와 실제**. 문음사.

김혜경(2012). 진로장벽, 진로포부, 진로결정 자기효능감이 고등학생의 진로태도성숙에 미치는 영향: 북한이탈청소년과 남한청소년 비교연구. 건국대학교 대학원 석사학위논문.

로타르 J. 자이베르트(2016). **독일 사람들의 시간관리법**. 중앙북스.

류규태(2023). 고교학점제 운영을 위한 특수교사의 핵심역량 및 하위지표 개발. **지적장애연구**, 25(3), 225-250.

박동혁(2018). **대학생을 위한 학습전략의 실제**. 학지사.

박상순(2011). 진로포트폴리오를 활용한 진로탐색 프로그램이 고등학생의 진로성숙도에 미치는 효과. 충남대학교 교육대학원 석사학위논문.

박수미(2016). 진로장벽과 고등학생의 진로준비행동의 관계에서 자기결정성의 매개효과. 국민대학교 교육대학원 석사학위논문.

박신자(2011). 성취목표지향성 프로그램이 초등학생의 성취목표지향성, 학습전략 및 학업성취에 미치는 영향. 전주교육대학교 대학원 석사학위논문.

박진희, 조현영, 김빛나, 박운재(2020). 과목선택권 확대를 통해 본 학습자 주도성의 의미 재고: S고 학생들의 공동교육과정 경험을 중심으로. **교육과정 연구**, 38(2), 81-104.

빈윤경, 윤채영, 김정섭(2015). 포트폴리오를 활용한 진로교육프로그램이 여중생의 진로성숙도와 진로결정 자기효능감에 미치는 효과. **여성학연구**, 25(2), 41-70.

서울특별시 교육청교육연구정보원(2023). 2023학년도 서울 고교학점제 기반 조성을 위한 2015 개정 교육과정 선택 과목 안내서.

서울특별시교육청(2023). 고등학생을 위한 진로연계교육 프로그램.

서울특별시교육청(2024). 2025학년도 고등학교 교육과정 편성운영 안내: 일반계 고등학교 중심으로.

서울특별시교육청(2023). 중학교 3학년을 위한 고교학점제 워크북.

세종특별자치시교육청 중등교육과(2020). 보인다 10.0 진로상담 사례집.

소경희, 허예지, 이종아(2016). 한국의 창의성 교육 정책에 대한 비판적 고찰: 5 · 31 교육 개혁 이후를 중심으로. **대한사고개발학회 사고개발**, 12(1), 1-20.

손영민(2014). 커리어포트폴리오를 활용한 진로교육프로그램이 대학 저학년 학생들의 진로결정 자기효능감과 진로준비행동에 미치는 효과. **한국교육학연구**, 20(1), 229-252.

손은령(2001a). 여자대학생이 지각한 진로장벽. 서울대학교 대학원 박사학위논문.

손은령(2001b). 진로 장벽연구의 동향과 후속 연구과제. **학생생활연구**, 28, 81-97.

손은령, 문승태, 임경희, 김희수, 손진희, 임효진, 여태철, 최지영, 손민호, 고홍월, 공윤정, 허창수(2020). **진로진학상담 교육론**. 사회평론아카데미.

손주은, 이소영, 도현명, 신태균, 이형우, 이혜영, 송인수(2022). **채용 대전환 학벌 없는 시대가 온다: 7인의 전문가가 들려주는 채용과 교육에 관한 놀라운 이야기**. 우리학교.

신동우(2023). **대한민국 진로진학 가이드북**. 에듀진.

신창환, 이효녕, 김초복, 허재홍(2018). 중학생이 인지한 부모양육태도와 학습동기가 학업성취에 미치는 영향. **사회과학연구**, 29(2), 155-171.

씨마스(2021). 고등학교 진로와 직업.

안윤정, 서지윤(2013). 일희망과 진로동기가 진로스트레스에 미치는 영향. **청소년연구**, 20(11), 55-81.

앤절라 더크워스(2022). **그릿(GRIT)**. 비즈니스북스.

유현실, 강성현, 안진아, 이아라, 이은설, 이항심(2020). **고등학교 진로교육의 실제**. 사회평론아카데미.

윤옥한(2024). 전공 자율 선택(무전공) 입학제도 정착 방안 탐색. **한국콘텐츠학회논문지**, 24(6), 461-471.

은지영(2015). 진로장벽 탐색 프로그램이 여대생의 진로장벽과 진로결정수준에 미치는 효과. 경북대학교 교육대학원 석사학위논문.

이랑, 김정진(2012). **십대를 위한 직업 콘서트**. 꿈결.

이무근(1999). **직업교육학 원론**. 교육과학사.

이미영(2024). 고교학점제 단계적 도입에 따른 진로 · 학업 설계 지도의 현황 및 인식 분석. **교육과정평가연구**, 27(1), 29-57.

이상욱(2024). **SQ3R 독서기술**. 예영커뮤니케이션.

이상은, 백선희(2019). 고교학점제 선택과목 확대 가능성 탐색 : 교사 전공별 담당교과 현황 및 인식분석을 중심으로. **한국교원교육연구**, 36(2), 49-73.

이소연, 서영석, 김재훈(2018). 사회정의에 기초한 진로상담 및 직업상담: 상담자 역할과 상담자 교육에 대한 시사점. **한국심리학회지: 상담 및 심리치료**, 30(3), 515-540.

이오북스(2021). 고등학교 진로와 직업.

이은경, 곽현(2017). 청소년 및 부모가 지각한 부모지원, 청소년의 무동기, 학업적 자기효능감의 종단적 관계. **청소년문화포럼**, 52, 73-101.

이주연, 우라미(2021). 고교학점제에 따른 학교 교육과정 개발 과정에서 학생 참여의 양상 및 쟁점 분석. **교육과정평가연구, 24**(4), 59-83.

이지연, 이광우, 진경애, 이미숙, 이민형, 장현진(2020). **고교학점제 도입에 따른 교육과정 이수 지도 방안 탐색: 학생의 진로 · 학업 설계를 중심으로**. 한국교육과정평가원.

이지연, 장현진, 김나라, 방혜진, 이윤진, 박은규, 김재희(2015). 진로선택기 고등학교 1학년 학생의 학교진로상담(지도) 유형 진단을 위한 진로길잡이 H1. 교육부. 한국직업능력개발원.

이태곤, 김종운(2012). e-커리어 포트폴리오 활용 진로교육 프로그램이 초등학교 고학년의 진로성숙도에 미치는 효과. *Journal of The Korean Data Analysis Society, 14*(1), 319-337.

이혁규(2013). 한국의 학교 문화와 수업 비평. **한국사회과수업학회 학술대회지, 2013**(1), 45-65.

임은미, 강성현, 고홍월, 김경은, 김장회, 김희수, 박가열, 손진희, 어윤경, 이형국, 이효남, 최윤정, 최지영, 허은영(2020). **미래사회 진로교육과 상담**. 사회평론아카데미.

임은미, 강혜영, 고홍월, 공윤정, 구자경, 김봉환, 손은령, 손진희, 이제경, 정진선, 황매향(2017). **진로진학상담 기법의 이론과 실제**. 사회평론아카데미.

임은미, 이보라, 이정림, 유재식, 김수정, 이우연(2025). **고등학교 진로와 직업**. 씨마스.

장창곡, 이지연, 장진이(2012). 일반계 고등학생 진로진학상담 모형 개발을 위한 델파이 연구. **한국심리학회지: 학교, 9**(2), 251-273.

전라북도교육청(2023). 진로학업설계서.

전북대학교 사범대학교육연수원, 전라북도교육청(2023). 2023년 진로선택 생활 · 교양교과목지도 교사 역량강화 직무연수(진로와 직업).

전북특별자치도교육청(2024). 진로 · 학업설계.

전북특별자치도교육청, 전북대학교(2024). 교사 진로 · 학업설계 지도 역량강화 심화연수 프로그램.

전종희(2024). 자율전공선택제('무전공' 제도)의 주요 내용과 방안 연구. **문화교류와 다문화교육, 13**(3), 511-543.

정미라, 곽충훈, 노병태, 박기윤, 서승억(2021). **고교학점제, 진로교육을 다시 디자인하다**. 맘에 드림.

정성진(2024). 고교학점제 도입에 따른 중등 일반교사의 진로연수 참여 경험에 대한 합의적 질적 연구. **질적탐구, 10**(1), 179-200.

정철영, 서우석(2023). **대학생을 위한 진로탐색과 설계**. 학지사.

조지혜(2007). 성취동기, 직업가치, 진로장벽이 진로태도성숙 및 진로준비 행동에 미치는 영향. 대학교 대학원 석사학위논문.

조진행(2020). 사회맞춤형 인재양성을 위한 계약학과 제도의 경로변화 분석: 역사적 신제도주의의 제도 변화 관점을 중심으로. 충남대학교 행정대학원 석사학위논문.

주인중(2016). **직무분석의 이해와 활용**. 도서출판 범신사.

중앙일보(2018.04.23.). 기업가 정신이 필요한 이유.

천성문, 김미옥, 함경애, 박명숙, 문애경(2017). **대학생을 위한 진로코칭**. 학지사.

최정원, 이영호(2006). 주의집중력 향상 전략. 학지사.

최화숙, 박지회(2024). 전공자율선택제 도입에 따른 대학 교육과정 편성 및 운영 방안 연구. 학습자중심교과교육연구, 24(14), 813-832.

한국고용정보원(2014). 청년취업역량 프로그램.

한국고용정보원(2019). 4차 산업혁명 시대 내 직업 찾기.

한국고용정보원(2022a). 미래 일자리 세계의 변화 중장기 인력수급 전망 2020-2030.

한국고용정보원(2022b). 인공지능기반 직업상담 지원시스템 잡케어서비스 활성화 방안.

한국고용정보원(2023). '23년은 신직업 · 미래직업에 관심을 가질 때. 보도자료.

한국고용정보원(2024). 잡케어 활용 가이드.

한국고용정보원, MBN(2017). 4차 산업혁명 미래 일자리 전망.

한국교육개발원(2018). 제4차 산업혁명 시대의 교육. (연구보고 RR 2018-01)

한국교육과정평가원 (2021). 고교학점제 도입에 따른 교사의 교육과정 이수 지도 역량 강화 방안.

한국교육학술정보원(2021). 청소년의 행복한 삶을 위한 진로디자인.

한국직업능력개발원(2004). 직업교육훈련과정 개발을 위한 직무분석.

허예지, 김영은(2023). 고교학점제 학생 선택형 교육과정에 대한 교사와 학생의 경험 탐색. 교육과정평가연구, 26(3), 53-79.

허은영(2014). 진로장벽, 걸림돌인가 디딤돌인가. 행복한 교육 2014년 06월호.

황매향(2021). 학업실패 트라우마 상담. 학지사.

Bandura, A. (2001). Social cognitive theory: An agentic perspective. *Annual Review of Psychology, 52*(1), 1-26.

Bandura, A. (2006). Toward a Psychology of Human Agency. *Perspectives on Psychological Science, 1*(2), 164-180.

Costa, P. T. Jr., & McCrae, R. R. (1980). Influence of extraversion and neuroticism on subjective well-being: happy and unhappy people. *Journal of Personality and Social Psychology, 54*, 296-308.

Gardner, H. (2006). *Multiple intelligences: New horizons in theory and practice*. Perseus Books.

Gati, I., Krausz, M., & Osipow, S. H. (1996). A taxonomy of difficulties in career decision making. *Journal of Counseling Psychology, 43*, 510-526.

Holmes, W., Bialik, M., & Fadel, C. (2020). 인공지능시대의 미래교육 가르침과 배움의 함의(*Artificial intelligence in education promises and implications for teaching and learning. Center for Curriculum Redesign*). (정제영, 이선복 역). 박영스토리. (원전은 2019년에 출판)

Jun, H. S. (2009). *Multicultural social justice counseling, and practice: Beyond a conventional approach*. Sage Publication.

Klemenčič, M. (2015). What is student agency? An ontological exploration in the context of research on student engagement. in M. Klemenčič, S. Bergan, & R. Primožič (Eds.), *Student engagement in Europe: society, higher education and student governance* (pp. 11-29). Council of Europe Publishing.

Legault, L., Green-Demers, I., & Pelletier, L.(2006). Why do high school students lack motivation in the classroom?: Toward an understanding of academic motivation and the role of social support. *Journal of Educational Psychology, 98*(3), 567-582.

Lent, R. W., Brown, S. D., & Hackett, G. (1994).Toward a unifying social cognitive theory of career and academic interest, choice, and performance. *Journal of Vocational Behavior, 45*, 79-122.

London, M. (1997). London's career motivation theory: an update on measurement andresearch. *Journal of Career Assessment, 5*(1), 61-80.

McMahon, M., & Watson, M. (2022). 구성주의 진로상담(*Career assessment: Qualitative approaches*). (임은미, 강혜정, 김혜영, 정지영 공역). 학지사. (원전은 2015년에 출판)

McMahon, M., Patton, W., & Watson, M. (2017a). *My System of Career Influences* (2nd ed). Brisbane, Australia: Australian Academic Press.

McMahon, M., Watson, M., Chetty, C., & Hoelson, C. N. (2012). Examining process constructs of narrative career counselling: An exploratory case study. *British Journal of Guidance & Counselling, 40*(2), 127-141.

Mitchell, K. E., Al Levin, S., & Krumboltz, J. D. (1999). Planned happenstance: Constructing unexpected career opportunities. *Journal of counseling & evelopment, 77*(2), 115-124.

Mitchell, L. K., & Krumboltz, J. D. (1996). Krumboltz's learning theory of career choice and counseling. D. Brown, L. Brooks, & Associates (Eds.), *Career choice and development* (3rd ed.) (pp. 230-280). Jossey-Bass.

Norris, W. (1979). *The Career Information Service*. Rand McNally.

OECD (2018). *The Future of Education and Skills: Curriculum Analysis*. OECD Publishing.

OECD(2019a). *OECD Future of Education and Skills: Education 2030. Concept note: Student Agency for 2030*. OECD Publishing.

OECD(2019b). *OECD Future of Education and Skills: Education 2030. Concept note: OECD Learning Compass 2030*. OECD Publishing.

OECD(2019c). *OECD Future of Education and Skills: Education 2030. Concept note: Core Foundations*. OECD Publishing.

OECD(2019d). *OECD Future of Education and Skills: Education 2030. Concept note: Transformative competencies for 2030*. OECD Publishing.

Patton & McMahon (2014). 나의 진로영향요인 체계.

Reardon, R. C., Lenz, J. G., Sampson, J. P., & Peterson, G. W. (2000). *Career development and planning: A comprehensive approach*. Thomson Brooks/Cole Publishing Co.

Ryan, R. M., & Deci, E. L. (2000). Intrinsic and extrinsic motivations: classic definitions and new directions. *Contemporary Educational Psychology, 25*, 54-67.

Savickas, M. L. (2016a). 커리어 카운슬링(*Career counseling*). (김봉환, 김소연, 정희숙 공역). 박영스토리. (원전은 2011년에 출판)

Savickas, M. L. (2016b). Reflection and reflexivity during life-design interventions: Comments on career construction counseling. *Journal of Vocational Behavior, 97*, 84-89.

Seligman, M. E. P. (1975). Learned helplessness. *Annual Review of Medicine, 23*, 407-412.

Seligman, M. E. P. (2006). 긍정심리학(*Authentic happiness*). (김인자 역). 물푸레. (원전은 2002년에 출판)

Wanberg, C. R., & Muchinsky, P. M. (1992). A typology of career decision status: Validity extension of the vocational decision status model. *Journal of Counseling Psychology, 39*(1), 71-80.

고교학점제. https://www.hscredit.kr

고용24. www.work24.go.kr

국가교육과정 정보센터. https://ncic.re.kr

과학기술정보통신부(2022). https://doc.msit.go.kr/SynapDocViewServer/viewer/doc.

교육부(2002). 『2022 개정 교육과정』 질의 · 응답 자료. https://www.moe.go.kr/boardCnts/viewRenew.do?boardID=294&boardSeq=93459&lev=0&searchType=null&statusYN=W&page=1&s=moe&m=020402&opType=N

교육부 공식 블로그 티스토리. https://if-blog.tistory.com/10679

구글 제미나이. https://gemini.google.com/?hl=ko

국립국어원(nd). 일. 국립국어원 표준국어대사전. https://stdictkorea.go.kr/SearchView.do (2024년 10월 1일 검색)

국립국어원(nd). 직업. 국립국어원 표준국어대사전.

대입정보포털. https://www.adiga.kr

뤼튼. http://wrtn.ai

메이저맵. https://www.majormap.net/

에듀넷 티 클리어. https://www.edunet.net

서울특별시교육청. https://www.sen.go.kr

서울특별시교육청 고교학점제 지원센터. https://seoulhsc.sen.go.kr

전국학부모지원센터(2022). 고등학교 드림레터. 2022-1호. www.parents.go.kr

전라북도교육청 고교학점제 지원시스템. https://jbecredit.kr

충청남도교육청교육연수원(2020). 4차 산업혁명 시대를 대비한 진로 · 진학 교육-진로 포트폴리오. https://youtu.be/ENFpq5xDZZg?si=EJmBoEMgYd2TRu7E.

커리어넷. https://www.career.go.kr

크레존. https://www.crezone.net

한국교육신문(2022. 10.). "교사들의 다과목 지도 ...번 아웃 우려돼". 14https://www.hangyo.com/mobile/article.html?no=97394

한국대학교육협의회(2023). 2026학년도 대학입학전형기본사항. https://school.jbedu.kr/_cmm/fileDownload/dongam/M010501/71f2f84de6672a56e2487b65bc23eb24

한국대학교육협의회. https://www.kcue.or.kr/index_kor.php

한국대학신문(2024. 07. 22). [2025 수시특집/신설학과 및 차별화 교육 프로그램 소개] '학생성공'과 '미래가치' 창출에 앞장서는 대학들. https://news.unn.net/news/articleView.html?idxno=566187

University's Line(2024. 2. 26.). 기획특집 4차산업혁명이 푸는 '무전공 입학. https://url.kr/t1vl44.

찾아보기

• 인명

• 내용

ㅊ

ㅌ

저자 소개

임은미(Lim Eun Mi)
전북대학교 교육학과 교수
서울대학교 대학원 교육학과 교육상담전공 박사
한국상담학회 1급 전문상담사
전) 한국 교육상담학회 회장

김혜영(Kim, Hye-Young)
전북대학교 진로진학상담대학원 강사(교육학 박사)
전북RIS미래수송기기사업단 인재양성 팀장
한국상담학회 1급 전문상담사

정성진(Jeong Seong Jin)
전북대학교 진로진학상담대학원 강사(교육학 박사)
한국상담학회 2급 전문상담사
청소년상담사 2급, 전) 청소년동반자

유미옥(Yu Mi Ok)
전북대학교 진로진학상담대학원 강사(교육학 박사)
㈜휴먼제이앤씨 이사
한국상담학회 2급 전문상담사, 사회복지사 2급

강혜정(Kang Hye Jeong)
전북대학교 진로진학상담대학원 강사(교육학 박사)
한국상담학회 1급 전문상담사
청소년상담사 1급, 직업상담사 2급

김순미(Kim, Sun Mi)
혜전대학교 강사(교육학 박사수료)
㈜모두다 느린학습자성장지원센터장
한국상담학회 2급 전문상담사, 청소년상담사 2급

이성자(Lee Sung Ja)
전북대학교 진로진학상담대학원 강사(교육학 박사)
싹(ssac)심리상담센터 대표, 전문상담교사 2급
한국상담학회 2급 전문상담사, 청소년상담사 1급

유아신(Liu Yaxin)
전북대학교 교육학과 박사수료
청소년상담사 2급
군산대학교, 우석대학교 학생상담센터 상담사

정지영(Jeong Ji Young)
전북대학교 진로진학상담대학원 강사(교육학 박사)
전북대학교 행복드림센터 전임상담원
한국상담학회 2급 전문상담사

교사 · 상담자 · 학부모가 알아야 할

진로학업설계 지도방법

How to Teach Career Academic Design
for Teachers, Counselors, Parents to Know

2025년 4월 25일 1판 1쇄 인쇄
2025년 4월 30일 1판 1쇄 발행

지은이 • 임은미 · 정성진 · 강혜정 · 이성자 · 정지영
김혜영 · 유미옥 · 김순미 · 유아신

펴낸이 • 김진환
펴낸곳 • ㈜학지사
04031 서울특별시 마포구 양화로 15길 20 마인드월드빌딩
대표전화 • 02-330-5114 팩스 • 02-324-2345
등록번호 • 제313-2006-000265호

홈페이지 • http://www.hakjisa.co.kr
인스타그램 • https://www.instagram.com/hakjisabook

ISBN 978-89-997-3408-3 93370

정가 23,000원